Weiblichkeit und Tod in der Literatur

Renate Berger/Inge Stephan (Hrsg.)

Weiblichkeit und Tod in der Literatur

1987

Böhlau Verlag Köln Wien

CIP-Kurztitelaufnahme der Deutschen Bibliothek

Weiblichkeit und Tod in der Literatur / Renate Berger; Inge Stephan (Hrsg.). – Köln; Wien: Böhlau, 1987.
ISBN 3-412-03087-2

NE: Berger, Renate [Hrsg.]

Satz: H.-D. Günther, Studio für Ästhetik-Fotosatz, Köln
Druck: Hans Richarz Publikations-Service, Sankt Augustin

Printed in Germany
ISBN 3-412-03087-2

Inhalt

EINLEITUNG

> Es gibt keine Poetik, und es kann keine geben, die verhindert, daß die lebendige Erfahrung ungezählter Subjekte in Kunst-Objekten ertötet und begraben wird. Sind also diese Kunst-Objekte („Werke") auch Produkte der Entfremdung innerhalb dieser Kultur, deren andere perfektere Produkte zum Zweck der Selbstvernichtung produziert werden?
> Christa Wolf, Voraussetzungen einer Erzählung: Kassandra

Im Mai 1986 fand in Hamburg die dritte internationale Tagung von Frauen in der Literaturwissenschaft unter dem Leitthema „Frauen – Literatur – Politik" statt[1]. Das Stichwort „Politik" sollte signalisieren, daß über den engeren literarischen und literaturtheoretischen Bereich hinaus der gesellschaftliche Bezug feministischer Literaturwissenschaft zur Debatte stand. Diese Debatte wurde in den vier Sektionen in unterschiedlicher Weise geführt: Während die Sektionen II „Eurozentrismus – Zum Verhältnis von sexueller und kultureller Differenz", III „Politische Erfahrungen in der Literatur – Politische Effekte literarischer Strategien" und IV „Theorie (Ver)Lust" den Politik-Begriff schon von der Formulierung her direkt thematisierten, war der Bezug in der Sektion I „Frau und Tod/Tötung" weniger direkt, aber doch vorhanden. Auch hier ging es um die Gewaltverhältnisse, die sich aus der Geschlechterbeziehung ergeben und die im Tod, bzw. der Tötung von Frauen nur ihre extreme symbolische Zuspitzung finden.

Bei der Ausschreibung des vierten Sektionsthemas war es vor allem darum gegangen, die widersprüchliche Doppelstruktur im Verhältnis von Weiblichkeit und Tod anzudeuten, die letztlich die widersprüchli-

[1] Annegret *Pelz*, Marianne *Schuller*, Inge *Stephan*, Sigrid *Weigel* (Hrsg.), Frauen – Literatur – Politik. Dokumentation der dritten internationalen Tagung von Frauen in der Literaturwissenschaft. Berlin 1988.

che Konzeption des Weiblichen in patriarchalischen Systemen widerspiegeln. Auf der Ebene des Textes führt das zur Imagination von Frauenfiguren, die häufig beides sind: Unterworfene und Ausgegrenzte, Opfer und Heldin, Getötete und Tötende. Als ermordete Töchter, als tote Geliebte, als leblose Marmorstatuen, als schöne Leichen sind sie Opfer männlichen Herrschafts- und Besitzdenkens, Objekte eines tödlichen Begehrens. Als mordende, tötende, Tod bringende Mänaden, als phallische, kastrierende Frauen feiern die Toten ihre Wiederauferstehung im Text. Klytämnestra, Medea, Judith, Salomé – sie alle sind Variationen eines Themas: der Wiederkehr der Verdrängten, Ausgegrenzten, Getöteten.

Zwischen getöteten und tötenden Frauen gibt es jedoch noch ein Drittes: die Nichtanwesenheit, die Sprachlosigkeit, die Ausgegrenztheit aus dem männlichen Diskurs. Damit ist eine Position des Weiblichen markiert, die zwischen Leben und Tod angesiedelt ist: nicht tot, aber auch nicht lebendig.

Als Projektionsfläche männlicher Imagination gewinnt die Frau im Text keine Vitalität. Auch da, wo sie ursprünglich als aktive und handelnde Figur konzipiert ist, bleibt sie merkwürdig unlebendig, dem Tode geweiht. Emma Bovary, Anna Karenina, Effi Briest sind Verkörperungen jenes morbiden Frauentypus' in der zweiten Hälfte des 19. Jahrhunderts, der schließlich zugrunde geht. Aus den lebenslustigen, leidenschaftlichen und liebeshungrigen Mädchen werden kränkelnde, melancholische und todessüchtige Frauen.

Wenn es auch möglich ist, eine solche Entwicklungslinie gesellschaftskritisch zu deuten, so verweist die lustvolle Inszenierung des weiblichen Todes in den Texten auf ein Moment, das in der gesellschaftskritischen Lesart nicht ohne weiteres aufgeht: auf den Zusammenhang von weiblichem Tod und Ästhetik. Schon für Poe war der Tod einer schönen Frau das „poetischste Thema der Welt"[2]. Weibliche Schönheit und Tod bilden nicht nur in seinem Werk eine problematische Einheit, die mehr ist als die Verbindung von Eros und Thanatos, von der Nietzsche gesprochen hat:

> „Jede große Liebe bringt den grausamen Gedanken mit sich, den Gegenstand der Liebe zu töten, damit er einfüralle mal dem frevelhaften Spiel des Wechsels entrückt sei: Denn vor dem Wechsel graut der Liebe mehr als vor der Vernichtung."[3]

[2] Vgl. den Beitrag von Elisabeth *Bronfen* in diesem Band.
[3] Zit. nach Isolde *Ohlbaum*, Denn alle Lust will Ewigkeit. Erotische Skulpturen auf

Es geht um mehr als um die Koppelung von Lust und Schmerz, die de Sade in seinem Werk beschwört, und um anderes als um die Verewigung der Lust im Tod der Geliebten oder im gemeinsamen Liebestod, von der die romantischen Dichter schwärmen. In der ästhetischen Koppelung von Weiblichkeit und Tod kommen die aggressiven Potentiale eines Systems zum Ausdruck, das auf Ausgrenzung und Unterwerfung besteht.

In der „Dialektik der Aufklärung" haben Horkheimer und Adorno die nekrophilen Strukturen eines Fortschrittdenkens bloßgelegt, das Natur durch Zivilisation zu überwinden sucht. Überwindung der Natur heißt aber Vernichtung von Weiblichkeit, denn Frau und Natur bilden zumindest auf der symbolischen Ebene eine untrennbare Einheit:

> „Die Frau wurde (. . .) zum Bild der Natur, in deren Unterdrückung der Ruhmestitel dieser Zivilisation bestand. Grenzenlose Natur zu beherrschen, den Kosmos in ein unendliches Jagdgebiet zu verwandeln, war der Wunschtraum der Jahrtausende."[4]

In dem kurzen Fragment „Das Interesse am Körper" haben Adorno und Horkheimer die „Haßliebe gegen den Körper"[5], bzw. gegen Körperlichkeit als den verdeckten Bezugspunkt moderner zivilisatorischer Anstrengungen gedeutet. Dabei sind Körper und Körperlichkeit austauschbar mit Natur und Natürlichkeit einerseits und Frau und Weiblichkeit andererseits, denn die „Haßliebe gegen den Körper" wird ausgetragen am Körper der Frau als Teil der unterlegenen und versklavten Natur:

> „Im Verhältnis des Einzelnen zum Körper, seinem eigenen wie dem fremden, kehrt die Irrationalität und Ungerechtigkeit der Herrschaft als Grausamkeit wieder (. . .). Die Haßliebe gegen den Körper färbt alle neuere Kultur. Der Körper wird als Unterlegenes, Versklavtes noch einmal verhöhnt und gestoßen und zugleich als das Verbotene, Verdinglichte, Entfremdete begehrt. Erst Kultur kennt den Körper als Ding, das man besitzen kann, erst in ihr hat er sich vom Geist, dem Inbegriff der Macht und des Kommandos, als der Gegenstand, das tote Ding, ‚corpus', unterschieden. In der Selbsterniedrigung des Menschen zum corpus rächt sich die Natur dafür, daß der Mensch sie zum Gegenstand der Herrschaft, zum Rohmaterial erniedrigt hat. Der Zwang zu Grausamkeit und Destruktion entspringt aus organischer Verdrängung der Nähe zum Körper (. . .)."[6]

---

europäischen Friedhöfen in 77 Lichtbildern. Nördlingen 1986, S. 102. Der gleiche Gedanke, wenn auch anders motiviert, findet sich in Oscar Wildes „The Ballad of Reading Goal" (1898), in der es u.a. heißt: „Yet each man kills the thing he loves".

[4] Max *Horkheimer* u. Theodor W. *Adorno*, Dialektik der Aufklärung. Amsterdam 1947, S. 298.

[5] Ebd., S. 277.

[6] Ebd., S. 277/8.

Auf der Ebene des Textes drücken sich Grausamkeit und Destruktion, die Adorno und Horkheimer für die Neuzeit konstatieren, in der ästhetischen Inszenierung des weiblichen Todes aus. Sei es bei Lessing, der seine Emilia Galotti metaphorisch zur Rose verklärt und sie vom Vater vorzeitig brechen läßt „ehe der Sturm sie entblättert", während sie in Wahrheit ein Opfer der Tabuisierung von Sinnlichkeit wird. Sei es Schiller, der Maria Stuart und Johanna von Orleans zu Verkörperungen seiner Idee der ästhetischen Erziehung stilisiert, die auf der Tilgung alles Körperlichen beruht. Sei es Goethe, der Iphigenie so weit aus der Sphäre des Menschlichen – Allzumenschlichen entrückt, daß sie zum „reinen Gefäß" klassischer Idealität werden kann. In allen diesen Texten wird die Frau zum toten Ding, zur Hohlform, zum Gefäß, zum „corpus", zur „schönen Leiche", der doch das geheime Begehren gilt, das auch durch Tod, Tötung, Entlebendigung nicht stillgelegt werden kann.

Die Destruktion weiblicher Individualität im Text hat nämlich ihre Kehrseite: Gleichsam als Wiedergängerin, als Nachtmahr kehrt die entlebendigte, getötete Frau zurück:

> „Die unterdrückte Frau als Megäre hat die Epoche überlebt und zeigt die Fratze der verstümmelten Natur (. . .)."[7]

Die ästhetische Inszenierung des weiblichen Todes schlägt um in die Angstvision einer Tod bringenden Weiblichkeit. Als Penthesilea, als männermordende Amazone feiert die „verteufelt humane" Iphigenie ihre Wiederauferstehung. Kein Wunder, daß Goethe Kleists Penthesilea nicht gemocht und dem Autor eine „schwere Verirrung der Natur" vorgeworfen hat.

Aber nicht nur als wilde, ungebändigte Natur bricht die unterdrückte und totgesagte Leidenschaft in die schön geordnete Welt der Klassik ein, selbst als absolut Tote – als Puppe oder Automate – bleibt die Frau ein Element der Beunruhigung und des Schreckens. E.T.A. Hoffmanns Olimpia, die geheime Schwester Iphigenies und Penthesileas, ist die vollkommene Geliebte, hingebungsvoll, anpassungsfähig, ohne eigenen Willen. Sie hat nur einen Fehler: Sie ist ein Automat. Mit der künstlichen Frau Olimpia schließt sich der Reigen der getöteten, toten und tötenden Frauen der Klassik und Romantik. Olimpia ist jenseits aller satirischen Verzerrung das logische Produkt eines Mortifikationsprozesses, dem die Frauen in der Literatur des 18. und 19. Jahrhunderts reihenweise zum Opfer fallen.

[7] *Horkheimer, Adorno* a.a.O., S. 330.

Dieser Mortifikationsprozeß ist aber nicht auf das 18. und 19. Jahrhundert beschränkt, obgleich hier zweifellos ein wichtiger Schwerpunkt liegt, dem auch der vorliegende Band mit mehreren Beiträgen Rechnung zu tragen versucht (*Hoff/Meise, Bronfen, Stephan, Hanika/Werckmeister, Volckmann*). Die Beiträge zeigen jedoch, daß das Thema „Weiblichkeit und Tod" zeitlich und räumlich weiter reicht. Es läßt sich zurückverfolgen bis in die Antike (*Neumer-Pfau*), spielt auch in anderen Kulturen eine Rolle (*Mae*) und ist selbst noch in der Moderne aktuell (*Berger, Bossinade, Schulz*). Die kritische Argumentation von Horkheimer und Adorno bezieht sich demgegenüber auf Zivilisationsprozesse der europäischen Neuzeit bis in die Gegenwart hinein, vor der zeitlichen und räumlichen Universalität des Themas muß sie kapitulieren. Hier helfen die Überlegungen von Simone de Beauvoir weiter, die in ihrem Buch „Das andere Geschlecht" die Abwertung und Ausgrenzung des Weiblichen bis in die mythologischen Ursprünge zurückverfolgt hat. Sie erklärt sich die Jahrtausende alte Unterdrückung der Frau vor allem aus der Angst des Mannes vor der Kreatürlichkeit der *Frau*, die in Menstruation, Schwangerschaft und Geburt ihren sichtbaren Ausdruck gefunden hat und die den Mann an *seine* Kreatürlichkeit, an die „eigene körperliche Zufälligkeit"[8], an seinen als „tierisch" empfundenen Ursprung erinnert[9], den er verleugnen möchte:

> „Aber viel häufiger findet sich beim [männlichen] Menschen die Auflehnung gegen seine Lage als Körperwesen; er betrachtet sich als einen gefallenen Gott: sein Fluch ist es, daß er aus einem strahlenden und geordneten Himmel in das chaotische Dunkel des Mutterleibes hinabgestürzt ist. Das Feuer, der tätige reine Hauch, in dem er sich wiedererkennen möchte, ist durch die Frau dem Schmutz der Erde verhaftet. Er möchte notwendig sein wie die reine Idee, wie das Eine, das All, der absolute Geist, und findet sich eingeschlossen in einem begrenzten Leib. [. . .] Er möchte wie Athene fertig ausgewachsen in die Welt getreten sein, vom Scheitel bis zur Sohle gewappnet, gegen Wunden gefeit. Daß er gezeugt und empfangen worden ist, stellt den Fluch dar, der auf seinem Schicksal lastet, jene Verunreinigung, die seinem Sein einen Makel anheftet. Gleichzeitig kündigt sie ihm den Tod."[10]

Die Frau, die als Gebärende im engsten Konnex mit dem Leben steht, wird in der Wahrnehmung des Mannes zur Botin des Todes, weil sie ihn

[8] Simone *de Beauvoir*, Das andere Geschlecht. Hamburg 1968, S. 160.
[9] Ebd., S. 158.
[10] Ebd., S. 157ff.

an die Endlichkeit alles Seins erinnert. Die ahnungsvolle Formel von Schlegel, daß der Tod vielleicht männlich, das Leben aber weiblich sei[11], verkehrt sich in ihr Gegenteil. Sicher mag bei dieser Umwertung auch der Neid auf die Gebärfähigkeit der Frau eine Rolle spielen. An die Stelle der „natürlichen Produktivität" von Frauen tritt die technische Produktion mit all ihren tödlichen Bedrohungen für das menschliche Leben überhaupt.

Das Thema „Weiblichkeit und Tod" erschöpft sich aber nicht in der Ausphantasierung toter oder Tod bringender Frauen. Es rührt an die Voraussetzung ästhetischer, bzw. kultureller Produktion überhaupt. Die Auffassung, daß Schreiben ein Tötungsvorgang ganz eigener Art sei, ist von Autoren und Autorinnen immer wieder formuliert worden. Sie hat auch in neueren Theoriedebatten, vor allem im angloamerikanischen Raum, vermittelt über den Terminus „killing women into art"[12], eine Rolle gespielt. Dieser Tötungsvorgang ist mehr als die Sublimierung und Kanalisierung von Triebenergien, er hängt unmittelbar zusammen mit der Position des Weiblichen in der Gesellschaft. In Poes Erzählung „Das ovale Porträt" wird dieser Zusammenhang von Weiblichkeit, Tod und Kunstproduktion direkt thematisiert. Poe erzählt die Geschichte eines Malers, dem die eigene Frau Modell sitzt. Während das Bild auf der Leinwand im Verlauf der wochenlangen Arbeit immer lebensähnlicher wird, verfällt die lebendige Frau immer mehr und verliert zusehends an Lebenskraft. Als das Bild schließlich fertig ist, ist die Frau tot:

> „Und als dann viele Wochen vorübergestrichen waren und wenig mehr zu tun blieb, noch ein Pinselstrich am Munde – ein Tupfen dort am Aug', da flackerte der Geist des Mädchens noch einmal auf wie die Flamme in der Leuchterhülse. Und dann war der Pinselstrich getan und der Farbtupfer angebracht; und einen Augenblick lang stand der Maler versunken vor dem Werk, das er geschaffen; im nächsten aber, während er noch starrte, befiel ein Zittern ihn und große Blässe, Entsetzen packt' ihn, und mit lauter Stimme rief er ‚Wahrlich, das ist *das Leben* selbst!' und warf sich jählich herum, die Geliebte zu schaun: – *Sie war tot!*"[13]

---

[11]) Friedrich *Schlegel*, Theorie der Weiblichkeit. Hrsg. und mit einem Nachwort versehen von W. Menninghaus. Franfurt a.M. 1983, S. 126. Deutlicher ausgesprochen findet sich dieser Gedanke in Marnix *Gijsens* Roman „Goed en Kwaad" (1951), in dem der Ich-Erzähler und Mörder Hugo Walters zu folgendem Schluß kommt: „Nur zwei Taten gibt es, durch die wir uns Gott nähern: ein Kind zur Welt zu bringen und morden".

[12] Vgl. Susan *Gubar* und Sandra M. *Gilbert*, The Madwomen in the Attic, New Haven, Connecticut 1979.

[13] E.A. *Poe*, Das ovale Porträt. In: Das gesamte Werk in 10 Bänden. Zürich 1977, Bd. 2, S. 688.

Wenn die These stimmt, daß die kulturelle Ordnung sich durch den Ausschluß des Weiblichen konstitutiert, wirft das Probleme ganz besonderer Art für schreibende Frauen auf. Virginia Woolf gehört zu den ersten Schriftstellerinnen, die über dieses Problem nachgedacht haben. Ihre These ist, daß Frauen, um kreativ sein zu können, erst den „angel in the house“, das traditionelle Bild von Weiblichkeit, in sich abtöten müßten:

> „Sie war ganz und gar sympathisch. Sie war unendlich charmant. Sie war äußerst selbstlos. Sie glänzte in den schwierigen Künsten des Familienlebens. Tag für Tag opferte sie sich auf. (...) Und als ich anfing zu schreiben, traf ich schon mit den ersten Zeilen auf sie. Der Schatten ihrer Flügel fiel auf mein Blatt. Ich hörte im Raum das Rascheln ihrer Kleider. Sowie ich den Federhalter zur Hand nahm (...) huschte sie hinter mich und flüsterte: ‚Meine Liebe, du bist eine junge Frau (...) Sei freundlich, sei zart, schmeichle, schwindle, nutze alle Künste und Listen unseres Geschlechts. Laß nie jemanden ahnen, daß du eine eigene Meinung hast. Vor allem, sei rein.‘ (...) Ich machte mich über sie her und packte sie an der Gurgel. Ich tat mein Bestes, um sie zu töten. Würde ich dafür vor Gericht zitiert, wäre meine Entschuldigung, daß ich in Notwehr gehandelt habe. Hätte nicht ich sie getötet, hätte sie mich getötet. Sie hätte meiner Schreibweise das Herz herausgerupft. (...) Jedesmal also, wenn ich ihren Flügelschatten oder den Umriß ihres Heiligenscheins auf meinem Blatt spürte, nahm ich das Tintenfaß und warf es ihr nach. Sie starb einen langsamen Tod. Ihre fiktive Natur kam ihr zustatten. Es ist viel schwerer, ein Phantom zu töten als etwas Wirkliches.“[14]

Mit diesem „angel in the house“ haben auch Autorinnen der Gegenwart noch zu ringen. Darüber hinaus haben sie mit einem weiteren Problem zu kämpfen: Kunstproduktion ist immer eine Form von Entlebendigung zum Zwecke der Überwindung von Zeitlichkeit. Die Hervorbringung des Symbols, der Schrift, der kulturellen Ordnung aber ist ohne eine aggressive Anstrengung nicht denkbar. Gerade diese aggressive Anstrengung fällt schreibenden Frauen, denen zudem der „angel in the house“ mißbilligend über die Schulter blickt, aufgrund traditioneller Rollenauffassungen so schwer. In einer späten Tagebuchaufzeichnung hat Marie Luise Kaschnitz die Auffassung, daß Schreiben ein Tötungsvorgang ganz eigener Art sei, in Form einer kurzen Erzählskizze ausgeführt:

---

[14] Virginia *Woolf*, Berufe für Frauen. Ein Vortrag aus dem Jahre 1931. In: Frauenjahrbuch 83. Münster 1982. S. 11ff.

„Ich stellte mir vor, einer schriebe ein Buch, in dem er einen ihm nahestehenden (...) Menschen schildert, und zwar ganz genau, sein Äußeres und sein Inneres, die Gestalt, die Haut, das Haar, alles sozusagen großporig, in Nahsicht, er rückt seinem Objekt auf den Leib, beäugt, betastet es, studiert seine Bewegungen, seine Art rasch mit den Wimpern zu schlagen, einen Fuß vor den anderen zu setzen, sich mit der Hand an die Stirn zu greifen, zu horchen, sich zu besinnen, sich zu entrüsten, sich zu freuen. Er macht, mit einem Wort, aus dem Menschen, den er am meisten liebt, ein Studienobjekt (...). Das Buch wächst, nimmt zu an Seiten, an Bedeutung (...) Ein Mensch, der einen Menschen schildert, der ihm, seinem Nächsten damit nicht nur das Gesicht, sondern auch die Haut, auch den Körper, die Seele, den Eros wegnimmt, und der, dem das geschieht, weiß nichts, nur daß er, der Geschundene, immer hinfälliger wird, an Gedankenflucht leidet, an Gliederzittern, an Herzschwäche, an welcher er schließlich auch stirbt, und zwar in dem Augenblick, in dem der Schreiber (oder die Schreiberin) ihm das fertige Buch, schön gebunden, mit gefälligem Schutzumschlag, auf die Bettdecke legt."[15]

Diese Erzählung, wenn sie geschrieben worden wäre, – und es ist wohl nicht zufällig, daß Kaschnitz sie nur konzipiert hat – wäre ein Gegenstück zu Poes Erzählung „Das ovale Porträt" geworden: Der geliebte Mann geht als Toter in die symbolische Ordnung des Textes ein, die von der Frau geschaffen wird. Dies ist eine Umkehrung der Rollen, die mit traditionellen Mustern von Weiblichkeit und Männlichkeit kollidiert und die wir in Texten und Werken von Frauen daher höchst selten finden. Deshalb ist auch die Figur der Detektivin, um ein Beispiel aus einem populären Bereich zu nehmen, in höchsten Maße anstößig (vgl. den Beitrag von *Berens*), weil sie diejenige ist, die alle Fäden in der Hand hält, auch die Lebensfäden der Beteiligten, und durch ihre Fahndungsarbeit über Leben und Tod von Männern entscheidet.

Solche omnipotenten Frauenfiguren finden sich in Texten von Frauen selten. Sehr viel häufiger machen Frauen als Autorinnen die tödlichen Konsequenzen des patriarchalischen Systems zum Thema: z.B. Ingeborg Bachmann im Todesarten-Zyklus, Marlen Haushofer in ihrer Erzählung „Wir töten Stella" oder Christa Wolf in „Kassandra". Daß sie dabei sich, bzw. ihre Heldinnen nicht nur als Opfer imaginieren, zeigt paradigmatisch der Beitrag von *Regula Venske* über Marlen Haushofer.

Selbstverständlich war es nicht möglich, in dem vorliegenden Band alle Facetten des Themas „Weiblichkeit und Tod" abzudecken. Aus der

[15] Marie Luise *Kaschnitz*, Tage, Tage, Jahre. In: Gesammelte Werke Bd. 3, Frankfurt a.M. 1982, S. 128/9.

Fülle der Tagungsbeiträge haben wir solche ausgewählt[16], die von der Fragestellung oder vom Material her neue Akzente setzen und zugleich die Überzeitlichkeit und Universalität des Themas belegen. Es erwies sich als notwendig, über die Tagungsbeiträge hinaus noch einige Aufsätze zusätzlich einzuwerben, um die Vielfalt der Aspekte zur Geltung zu bringen und gleichzeitig Schwerpunkte zu markieren. Die Einbeziehung von Beiträgen aus der Archäologie (*Neumer-Pfau*) und Kunstgeschichte (*Hanika/Werckmeister, Berger*) zeigt, daß das Thema „Weiblichkeit und Tod" nicht auf das literarische Feld zu beschränken ist, sondern den Bereich kultureller Produktion insgesamt betrifft.

Renate Berger — Marburg/Hamburg im Mai 1987 — Inge Stephan

[16] Weitere Beiträge aus der Sektion IV „Frauen und Tod/Tötung" finden sich im Tagungsband: Frauen – Literatur – Politik. Berlin 1988.

Wiltrud Neumer-Pfau

Töten, Trauern, Sterben – Weiblichkeitsbilder in der antiken griechischen Kultur

Einleitung

Je länger ich mich mit dem Thema Frauen und Tod in der griechischen Antike befasse, desto klarer wird mir, welch wichtige Rolle weibliche Personen – seien es Göttinnen, Dämonen oder Menschenfrauen – in bezug auf Sterben und Tod spielen. Diese Rolle ist sehr vielschichtig und scheint sich überdies im Verlauf der griechischen Geschichte zu ändern. Unter der Voraussetzung, daß bildliche wie literarische Darstellungen auch Aufschlüsse über gesellschaftliche Vorstellungen einer Kultur geben, muß uns eine Untersuchung des Verhältnisses von Frauen und auch weiblichen Dämonen zum Tod Erkenntnisse vermitteln über das Frauenbild in der griechischen Gesellschaft generell.

Um hier einer Deutung näherzukommen, ist es allerdings notwendig, viele verschiedenartige Aspekte zu betrachten, also z.B. archäologische Befunde, religiöse Vorstellungen und Bräuche, antike Texte und ihre modernen Interpretationen. Das ist schon vom Umfang her kein leichtes Unterfangen; erschwerend kommt hinzu, daß viele Abhandlungen zum Thema Tod im antiken Griechenland scheinbar geschlechtsneutral und damit verunklärend abgefaßt sind. Nur an wenigen Stellen wird einmal deutlich gesagt, daß für bestimmte Tätigkeiten Frauen zuständig gewesen sind. Im übrigen ahnen erfahrene Leserinnen, daß sie in einem Kapitel wie „Das Grab des einfachen Mannes“ durchaus Wissenswertes über Frauen finden können!

In Anbetracht der genannten Schwierigkeiten kann meine Betrachtung nur vorläufige Ergebnisse liefern. Wenn ich es trotzdem wage, diesen Überblick zu geben, dann deshalb, weil ich glaube, bestimmte Rückschlüsse jetzt schon ziehen zu können, die uns vielleicht helfen, die Geschichte der Frauen weiter zu erforschen.

Frauen halten den Tod in ihren Händen

Frauen gebären. Das Leben, das sie schenken, ist begrenzt; sie können sein Ende nicht verhindern. Denn jederzeit ist es möglich, daß die unsterblichen Göttinnen und Götter – nach dem Willen des Zeus – den Tod von Menschen verfügen. Früher oder später werden diese alle von der sonnigen Erde weggeschickt, hinab in die dämmrige Unterwelt. Als Schattenwesen, getrennt von den Lebenden, müssen sie dann im Reich des Hades und der Persephone ihr Dasein fristen[1]. Vielleicht weil dieser Tod schon mit der Geburt eines Menschen festliegt, werden Frauen von den antiken Griechen in eine besonders enge Verbindung zu ihm gebracht; und das, obwohl es tatsächlich Männer sind, die mit ihren Vorstellungen direkt oder indirekt über Leben und Sterben ihrer Mitmenschen bestimmen – Männer der jeweils herrschenden Schichten, die in der antiken griechischen Gesellschaft die soziale und politische Macht besitzen. Als Staats- und Heerführer schicken sie ihre Geschlechtsgenossen in den Krieg und setzen Frauen seinen Folgen aus. Als Feinde töten sie sich gegenseitig und oft auch Kinder und Frauen der Gegner. Als Familienoberhäupter haben Väter das Entscheidungsrecht darüber, ob ein neugeborenes Kind aufgezogen oder ausgesetzt und damit meist dem Tod überlassen wird. Letzteres Los trifft Mädchen öfter als Jungen, da Töchter wegen der Mitgiftpflicht bei einer späteren Heirat eine größere finanzielle Belastung für die Familie bedeuten[2].

Doch auch wenn Männer in der Realität häufig genug töten: Im Mythos wie im Alltag sind es vor allem weibliche Wesen, die den Tod bzw. die Toten in ihren Händen und mitunter auch in Krallen und Klauen halten. Die Nachtgöttin, Nyx, geboren aus dem Chaos, „Bändigerin der Götter und Menschen“, wie Homer (Ilias XIV 260ff.) sie nennt, ist die Mutter des Todes. Sie wiegt ihn zusammen mit seinem Zwillingsbruder, dem Schlaf, in ihren Armen. Hilfreich wird sie empfunden, wenn sie mit ihrem schwarzen, sternenschimmernden Gewand „das Licht in Dunkel hüllt“ und als „Schlafspenderin“ und „Sorgenlöserin“ naht[3].

---

[1]) Zur Unterwelt s. *Garland*, S. 48ff. Hades und Persephone als thronendes Paar auf einem Terrakottarelief aus Lokri: *Dörner*, Abb. 47.

[2]) *Flacelière*, S. 109 Anm. 75. MacDowell, S. 91 (Kindesaussetzung). Zur Mitgift *Flacelière* a.o. und *MacDowell*,S. 87.

[3]) H. v. *Geisau*, in: Der Kleine Pauly. Lexikon d. Antike IV 1979, S. 219f. Zum Aspekt Frau-Nacht als Kehrseite der Fruchtbarkeit s. *de Beauvoir*, S. 159. Mit Thanatos und Hypnos in ihren Armen war Nyx auf der Kypseloslade dargestellt, einer Truhe aus Ze-

Doch wenn Hypnos (der Schlaf) sich einmal auf den Augenlidern der Menschen niedergelassen hat, ist oft auch Thanatos (der Tod) nicht weit. Mit einer dunklen Wolke umhüllt er ihren Kopf und löst ihre Glieder, so wie es sonst nur Eros bei Liebenden vermag[4].

Frauen versorgen die Toten

Während bestimmte Göttinnen und weibliche Dämonen, wie unten noch gezeigt werden soll, als Verursacherinnen des Todes oder als am Tod Beteiligte erscheinen, ist es Sache der Menschenfrauen, die Toten, die nun hilflos wie Neugeborene sind, in ihre Obhut zu nehmen. So, wie sie Kinder zur Welt bringen oder Geburtshilfe leisten, so, wie sie seit jeher Schwache und Kranke in der Familie betreuen, so ist es auch selbstverständlich, daß sie die Verstorbenen versorgen und reisefertig machen für den Weg ins Jenseits – also für die Bestattung[5]. Damit setzen sich Frauen, ähnlich wie bei einer Entbindung, einer Verunreinigung aus; ja, der enge Kontakt mit einer Leiche gilt als schwerste vorstellbare Befleckung und erfordert nach der Bestattung eine gründliche rituelle Reinigung[6].

Der nächsten Angehörigen kommt es zu, Mund und Augen des Leichnams zu schließen, ein Dienst, der so wichtig genommen wird, daß selbst der von seiner Frau Klytämnestra erschlagene Agamemnon sich beklagt, sie habe das bei ihm unterlassen (Odyssee XI 425f.)[7]. Danach baden Frauen, die aus dem engsten Familienkreis stammen oder aber nach einem Gesetz des Solon über sechzig Jahre alt sein müssen[8], den toten Körper, salben ihn, kleiden ihn in weiße Gewänder, schmücken ihn mit Ringen, Ketten, Bändern, Blumen und Kränzen, um ihn zum Schluß in ein Leichentuch zu hüllen. Fürsorglich legen sie den Verstor-

---

dernholz, Gold und Elfenbein, vom Anf. des 6. Jh. v. Chr. So Pausanias V, 18,1. Vgl. *Vermeule*, S. 148 Anm. 6.

[4]) *Vermeule*, S. 145ff.

[5]) *Kurtz-Boardmann*, S. 64, 171ff., 273ff. *Flacelière*, S. 113ff. *Vermeule*, S. 14ff., 105. Vgl. *Garland*, S. 24, 21ff.

[6]) *Garland*, S. 43ff. *Humphreys*, S. 150. *Kurtz-Boardmann*, S. 182f. Zur Verunreinigung durch die Geburt s. *Flacelière*, S. 111. Zur Frau als Urheberin des Kreislaufs: Geburt – Tod – Verunreinigung, *de Beauvoir*, S. 156ff.

[7]) *Vermeule*, S. 14.

[8]) *MacDowell*, S. 98f. *Kurtz-Boardmann*, S. 171.

benen oft auch einen Obolos in den Mund – das Geld für den Fährmann Charon, der die Toten mit seinem Boot über den Acheron bringt.

Frauen beklagen die Toten

Während der ein- bis zweitägigen Aufbahrung der Leiche im Eingangsbereich des Hauses haben Freunde und Verwandte Gelegenheit, Abschied zu nehmen und an der Totenfeier teilzuhaben, wobei alle Männer eingelassen werden, Frauen aber nur, soweit sie aus der nahen Verwandtschaft stammen. Die Männer dürfen ihrer Trauer nur zurückhaltend und mit sparsamen Gesten wie dem Erheben der rechten Hand Ausdruck geben. Sache der anwesenden Frauen hingegen ist es, eindringlich und lautstark die traditionelle, bis in mykenische Zeiten zurückreichende Totenklage durchzuführen[9]. Wenn auch improvisiert, ist sie doch kein spontaner Ausbruch von Trauer, sondern ein wohlvertrauter, unverzichtbarer Teil des Aufbahrungsrituals. Sie wird in vielen Darstellungen festgehalten[10]. Die Haupttrauernde umfaßt, während sie die wortreiche Klage anstimmt, meist den Kopf der Leiche mit beiden Händen[11], so, wie es Homer (Ilias XXIV 724–46) bei Andromache beschreibt, während sie zu dem aufgebahrten Hektor spricht:

> „Mann, du verlorst dein Leben, du Blühender; aber mich Witwe
> Lässest du hier im Palast, und das ganz unmündige Söhnlein,
> Schrecklich hast du die Eltern mit Gram und Trauer belastet,
> Hektor; doch mich vor allen betrübt nie endender Jammer!
> Denn nicht hast du mir sterbend die Hand aus dem Bette gereichet,
> Noch ein Wort mir gesagt voll Weisheit, welches ich ewig
> Eingedenk erwöge, bei Tag und Nacht dich beweinend.
> Also sprach sie weinend, und ringsum seufzten die Weiber."[12]

Während eine Frau klagt, fallen die anderen unter rhythmischen Bewegungen in das Wehklagen ein, zerwühlen sich die Haare, kratzen sich die Wangen blutig, schlagen sich die Brüste und streuen sich Asche ins Haar. Im Wechselgesang mit ihren Klagerufen tragen einige Frauen den

---

[9]) *Alexiou*, S. 21 Anm. 107, S. 102f. Zur Klage der Männer: *Vermeule*, S. 12 Anm. 17; Abb. 7 S. 13. *Kurtz-Boardman*, S. 172, 64 Abb. 50. Vgl. *Humpheys*, S. 86.

[10]) s. u. Anm. 28.

[11]) Vgl. *Kurtz-Boardman*, Abb. 50. *Vermeule*, S. 15f., Abb. 9.

[12]) Übers. J.H. *Voß*. Vgl. *Alexiou*, S. 12, 6 Anm. 25. *Wickert-Micknat*, R. 18f.

Grabgesang vor, der oft von der schrillklingenden Rohrflöte untermalt wird. So unverzichtbar scheint die Klage der Frauen bei einer Aufbahrung zu sein, daß Achill – wohl mangels weiblicher Angehöriger im Feldlager – kriegsgefangene Trojanerinnen zwingen will, seinen Freund Patrokolos zu beweinen[13].

Die Wirkung der Totenklage muß äußerst eindrucksvoll gewesen sein, das läßt sich zum einen der Odyssee entnehmen, wo das Wehklagen der Nereiden um Achill, angeführt von seiner Mutter Thetis, die Griechen zitternd vor Entsetzen zu ihren Schiffen fliehen läßt. Abbildung 1 zeigt die trauernden Nereiden an der Bahre des Achill[14]. Zum andern könnte die spätere, gesetzlich verordnete Teilnahmebeschränkung für Frauen an der Trauerfeier darauf hindeuten, daß man die Wirkung ihres Klagegesangs auf die Zuhörer unter einer gewissen Kontrolle halten wollte – dazu unten einige Vermutungen.

Im übrigen habe ich in der Literatur keinen Hinweis darüber gefunden, ob die Riten beim Totenkult für verstorbene Frauen und Männer immer identisch waren – die strenge Trennung der Geschlechter in der griechischen Kultur läßt eigentlich auch hier Unterschiede erwarten.

Frauen begleiten die Toten zum Grab

Nach der Aufbahrung (Próthesis) wird der oder die Verstorbene von einem Trauerzug zum Friedhof vor der Stadt geleitet, wobei – wie es seit Solon gesetzlich vorgeschrieben ist – die Männer den Zug anführen; dann folgen die Frauen, und zwar nur die nächsten Verwandten der Toten[15]. Für diese Prozession zum Grab (Ekphorá) gelten noch weitere Vorschriften. So soll sie möglichst unauffällig, vor Sonnenaufgang, ruhig durch Seitenstraßen verlaufen, die Bahre soll nicht an Straßenecken abgesetzt und die Leiche nicht aufs neue beweint werden[16]. Auch beim Begräbnis selbst gibt es seit Solon Aufwandsbeschränkungen bezüglich Art und Menge der Opfergaben – so verbietet er den Frauen unter anderem, Ochsen zu opfern. Zumindest vor dieser Zeit müssen Frauen

[13]) Ilias XVIII, 339. *Wickert-Micknat*, R. 18. *Alexiou*, S. 10 Anm. 56.

[14]) *Charbonneaux*, Arch., S. 74f., Abb. 79. *Wickert-Micknat*, R. 22, Anm. 104. Zur Wirkung der Totenklage der Nereiden auf die Griechen ebd. R 19, Anm. 99.

[15]) *Alexiou*, S. 14ff. *MacDowell*, S. 109. *Garland*, S. 33f.

[16]) *Alexiou*, S. 16. *Humphreys*, S. 86. *Garland*, S. 33.

demnach eine wesentliche Rolle in Verbindung mit blutigen Opfern für die Toten gespielt haben[17]. Später ist der Bestattungsvorgang schlicht. Wie wir von Darstellungen auf Grabgefäßen des 5. Jh. wissen, bringen die Trauernden – dabei ist immer eine Frau – neben anderem Trank-, Speise- und kleine Tieropfer dar. Sie sind nicht nur für die Toten, sondern auch zu Ehren der Erdgöttin, Gaia, gedacht; sie soll die Gaben zurückerhalten, die sie den Menschen zum Leben geschenkt hat[18]. Nach der Bestattung, wenn die trauernden Hinterbliebenen nach Hause zurückgekehrt sind und sich sowie das ganze Haus nach bestimmten Riten gereinigt haben, erhält eine weitere Göttin Opfer: Es ist Hestia, die Hüterin des Herdes und des reinigenden Feuers[19].

Exkurs: Gesetzliche Bestimmungen für Frauen im Totenkult

Über die Gründe für die Restriktionen für Frauen im griechischen Totenkult lassen sich nur Vermutungen anstellen[20]. Mit seiner Gesetzgebung von 594 v. Chr. zielt Solon darauf ab, die Streitigkeiten zwischen Adligen und Volk zu mildern und mehr soziale Gerechtigkeit zu schaffen. Das Gesetz gegen den Aufwand beim Totenkult wird sich vor allem gegen die reichen attischen Familien und deren Wunsch nach Selbstdarstellung gerichtet haben. Auch mit der Einführung der Demokratie am Ende des 6. Jh. v. Chr. gibt es dann immer wieder Bestrebungen des Staates, Darbietungen privaten Reichtums zu beschränken, so auch den Bestattungs- und Gräberluxus[21]. Stattdessen werden die gefallenen Krieger mit aufwendigen Begräbnisfeiern in den Blickpunkt der Öffentlichkeit gerückt[22]. In Anbetracht des eindrucksvollen Auftretens von Frauen im Totenkult richten sich Solons Gesetze – so ließe sich argumentie-

---

17) *Garland*, S. 36. Im übrigen dürfen nur weibliche oder kastrierte Tiere geopfert werden, ebd. S. 112.

18) *Kurtz-Boardman*, S. 172ff. *Alexiou*, S. 7ff., 16. *MacDowell*, S. 109. Zu den in allen Kulturen verbreiteten Vorstellungen von der Erde als Mutter, aus der alles Leben entsteht und die die Gebeine ihrer Kinder wieder in ihrem Schoß versammelt: *de Beauvoir*, S. 157–9.

19) *Garland*, S. 39, 44, *Alexiou*, S. 9.

20) *Alexiou*, S. 14–23. *Humphreys*, S. 85f. *Wickert-Micknat*, R. 19–22. *Kurtz-Boardman*, S. 174, 171. *Garland*, S. 21f.

21) *Kurtz-Boardman*, S. 109f., 113, 142f., 194. *Schmaltz*, S. 182, 194f., *Humphreys*, S. 102, 118f.

22) Vgl. *Perikles'* Leichenrede in Thukydides II, 34. *Kurtz-Boardman*, S. 140–2.

ren[23] – gar nicht gegen die Frauen als solche, sondern vielmehr gegen ihre Rolle als Repräsentantinnen der wohlhabenden Familien. Andererseits steht fest, daß die restriktiven Maßnahmen für die betroffenen Frauen eine drastische Beschneidung ihrer herkömmlichen Rechte und auch Einflußmöglichkeiten bedeutet haben müssen[24]. Hierzu bietet uns Margaret Alexiou eine überzeugende Erklärung an:

„There is evidence that throughout Greek antiquity the right to inherit was directly linked with the right to mourn. ... It remains to explain why women were so hard hit by the restrictive legislation. From earliest times the main responsibility for funeral ritual and lamentation had rested with them: they were therefore in control of something which in the archaic period had played a vital part in the religious and social life of the clan, and it may be suspected that they gained access in this way to decisions about property. If the family, based on fatherright, was to be established as the basic unit of society, then the power of women in religious and family affairs must be stopped, and they must be made to play a more secondary role at funerals."[25] Ich glaube, daß diese Deutung den Kern der Sache trifft, auch wenn antike Kommentatoren da etwas anderer Ansicht sind. So bemerkt Plutarch (1./2. Jh. n. Chr.):

> „Die meisten dieser Dinge sind auch von unseren Gesetzen verboten, mit dem Zusatz, daß diejenigen, die in dieser Art das Gesetz verletzen, von den Gynaikonomen [das sind Sittenwächter für Frauen, Anm. d. Verf.] bestraft werden, da sie schwachen Leidenschaften nachgeben und kindischer Trauer."[26]

Frauen und ihre Abbilder umgeben das Grab

Wenn die Trauernden den Friedhof verlassen haben, sind die Toten dennoch nicht allein – die klagenden Frauen, genauer, ihre Abbilder, bleiben in oder auf den Gräbern zurück: Gemalt erscheinen sie mit der

---

[23]) So *Humphreys*, S. 86, 150. Vgl. *Alexiou*, S. 17ff. Anders *Wickert-Micknat*, R 22, mit Anm. 5, die eine allmähliche Auflösung der Großfamilie für das Zurücktreten der Klagefrauen verantwortlich macht. Antike Quellen zu den Gesetzen gegen Grabluxus: *Plutarch*, Moralia, 608aff., ders., Solon 21. *Lysias* I, 8. *Demosthenes* 43, 62. *Terenz*, Phormio, 91–116.

[24]) *Leofkowitz-Fant*, S. 35.

[25]) *Alexiou*, S. 20f.

[26]) *Plutarch*, Solon 21. *Wehrli*, S. 33, 35.

charakteristischen Gebärde der zum Kopf erhobenen Arme schom im 14. Jh. v. Chr. auf mykenischen Tonsarkophagen; später dann – oft mit Männern und Kindern – auf Amphoren, die als Aschenurnen dienen[27]. Auch auf Gefäßen, die den Toten ins Grab mitgegeben werden, sind bis in die klassische Zeit hinein immer wieder Klagefrauen bei Szenen der Aufbahrung, der Grabprozession oder bei Grabbesuchen dargestellt, und als Tonfigürchen teilen sie getreulich die Gräber mit den Verstorbenen bzw. mit ihren sterblichen Überresten. Oberirdisch trauern die Frauen – gemalt auf Amphoren und Krateren, die bei Körperbestattung seit dem 9. Jh. häufig die Grabhügel krönen. Als plastische Figürchen können Klagefrauen dann im 6. Jh. auf Rändern von Kesseln sitzen, die die Gräber markieren[28].

Die Toten sind also unaufhörlich umringt von trauernden Frauen, die ihrer gedenken und sie ihrer Aufmerksamkeit versichern. Während zunächst die Lebenden die unbestattete Leiche vom Haus bis zum Grab schützend umgeben, nehmen dann die Abbildungen diese Stelle ein, um in und auf dem Grab – also auch sichtbar für Menschen, die das Grab besuchen – die Gefühle der Trauer und sorgender Anteilnahme zu vermitteln. Die Besucher sind, wie wir von Abbildungen wissen, wiederum vorwiegend Frauen – meist Angehörige der Verstorbenen[29]. In ihren Händen nämlich scheint auch die kontinuierliche Versorgung der Grabstelle, das heißt der Grabkult, zu liegen, während es – wie wir aus klassischer Zeit wissen – die Pflicht des männlichen Familienoberhaupts ist, für eine regelmäßige Durchführung der Grabriten Sorge zu tragen. Das bedeutet u.a. die Bereitstellung entsprechender finanzieller Mittel[30]. So müssen in bestimmten Zeitabschnitten Feste am Grab abgehalten werden; die Feier am 30. Tag nach Eintritt des Todes ist mit der Verehrung

---

27) Seit dem 11.–10. Jh. v. Chr. wird die Brandbestattung für Erwachsene allmählich eingeführt, ab dem 7. Jh. ist die Körperbestattung seltener als die Brandbestattung. Beide Bestattungsarten sind jedoch bis in die hellenistische Zeit zu beobachten. *Kurtz-Boardman*, S. 48ff., 81ff., 190.

28) Abbildungen von Klagefrauen in der griech. Kunst von mykenischer bis klassischer Zeit: *Kurtz-Boardman*, Abb. 1a–b. Farbtaf. 1a (myken. Tonsarkophag). Abb. 7–8, S. 63ff. (Vasenbilder geometrischer Zeit). Abb. 11, S. 72 (Tonstatuette).Abb. 17–21, S. 88ff. (verschiedene Grabbeigaben archaischer Zeit). Abb. 50 (Tontafel mit Prothesisdarst.), Abb. 76 (archaische Statuette). Abb. 34 u. 77 (Tonstatuetten klassischer Zeit). Weitere Abb. bei *Vermeule*, S. 13–18 Abb. 7–13.

29) *Garland*, S. 104ff. Vgl. Abb. 26. *Kurtz-Boardman*, S. 130, Abb. 36a–b. Buschor, Grab, Abb. 9. *Humphreys*, S. 102.

30) *Garland*, S. 104. *Humphreys*, S. 121. *Kurtz-Boardman*, S. 170.

der Göttin Hekate verbunden[31]. Bei solchen Gelegenheiten werden zum Beispiel die Grabsteine gewaschen, gesalbt, bekränzt und mit Blumen geschmückt und die von den Frauen mitgebrachten Speise- und Trankopfer für die Toten gespendet[32].

Auch wenn es die (männlichen) Familienoberhäupter sind, die die Verantwortung für den Grabkult haben, sind es letztlich Frauen, die ihn in der Hauptsache durchführen. Ihre Rolle der Mütterlich-Sorgenden, den Tod von Angehörigen ohnmächtig Beklagenden spiegeln die bildlichen Darstellungen und wirken zugleich wieder als Aufforderung zurück, diesem Vorbild zu folgen.

Weibliche Dämonen und Göttinnen können den Tod bringen

Während irdische Frauen sich um das Wohl der Toten bemühen, prägen einige mythische Gestalten in Bezug auf Sterben und Tod ein ganz anderes Frauenbild. Entsprechende literarische und bildliche Wiedergaben zeigen unterschwellig bedrohliche bis offen aggressive, todbringende weibliche Gottheiten und Dämonen. Gleichzeitig mit den Klagefrauen – seien sie nun leibhaftig oder in Bildern anwesend – ist häufig auch die krallenbewehrte Sphinx zur Stelle[33]. Sie, die schon einmal Jahrhunderte früher auf spätmykenischen Tonsarkophagen als Grabwächterin auftrat[34], ist, wenn es um den Tod geht, seit frühgriechischer Zeit allgegenwärtig. Mit dem muskulösen Körper einer Hündin oder Löwin, den Flügeln eines Vogels und dem Gesicht einer schönen jungen Frau sitzt sie seit Anfang des 7. Jh. auf Gefäßen, die auf dem Grabhügel stehen oder den Toten ins Grab mitgegeben werden. Vor allem bei Kampfszenen wartet sie sozusagen am Rande des Schlachtfeldes auf den Tod eines Kämpfers. Sie ist auch zugegen bei der Aufbahrung, bei der Grabprozession: gestickt auf den Gewändern der Klagefrauen, gemalt auf den Würfeln, mit denen sich die Verstorbenen die Zeit in der Unterwelt vertreiben sollen. Sie kann auch einmal ein Weihrauchbecken tragen, ganz wie

---

[31]) Sie ist eine gefährliche Göttin, gegenwärtig bei Geburt als auch bei Tod. *Garland*, S. 40, 46.

[32]) *Garland*, S. 104ff. Zu den zeitlich festgesetzten Grabriten ebd. S. 40. Vgl. *Schmaltz*, S. 177 Anm. 428, wonach anläßlich der jährlichen Feier für die Gefallenen der Schlacht von Plataiai der Archon höchstpersönlich die Stelen gesalbt und gewaschen haben soll.

[33]) J. *Ilberg*, Roscher IV (1909–15), S. 1298ff.

[34]) *Kurtz-Boardman*, Farbtaf. 1b. *Vermeule*, S. 69, Abb. 26, S. 68.

eine Klagefrau es sonst tut[35]. Die Toten sind ihre eifersüchtig bewachten „Schützlinge". Sprungbereit kauert sie – in Marmor gemeißelt – auf den Stelen, die wohlhabende Familien in Athen und Attika über die Gräber ihrer männlichen Angehörigen, meist junge Männer, haben setzen lassen. Frauen und Mädchen haben in dieser Zeit keine gleichartigen Grabstelen. Eine Ausnahme zeigt Abbildung 2, hier ist ein junger Mann gemeinsam mit seiner kleinen Schwester wiedergegeben; vielleicht starben sie zusammen[36].

Die Vorstellungen darüber, was genau die Sphinx mit „ihren" Toten anstellt, bleiben in diesen Darstellungen verschwommen. Vielleicht weisen uns hier einige andere Bilder den Weg: Sie zeigen eine Sphinx, die wehrlose junger Männer oder nackte, nur mit einem Schwert bewaffnete Krieger in enger „Umarmung" zwischen ihren Pranken hält – so, wie auf einer Gemme vom Anfang des 5. Jh. (Abbildung 3)[37]. Lesen wir dazu die Charakterisierung der Sphinx von Emily Vermeule: „She combines the clawed body of a man-eater with the wings of a raptor and a face made for love, and clumsy man who prides himself on his intelligence is likely to end up eaten in her cave, a bordello full of bones, and a cavernous passage to other places . . ., him she catches she cradles in her paws close to her swollen belly – like a mother with her young? A lady with her lover? A hungry predator?"[38]

Wenn der Tod nah ist, sind auch die Sirenen nicht weit[39]. Mit Vogelleib und schönen Frauenköpfen werden sie in archaischer Zeit wiedergegeben. Ähnlich wie die Sphingen finden sie sich gern in Situationen ein,

---

[35]) *Kurtz-Boardman*, S. 93 Abb. 23; ebd. S. 96 (Sphingen auf Krateren). Zu den Sphinxdarstellungen *Vermeule*, S. 171ff., Anm. 39.

[36]) *Charbonneaux*, Arch., S. 153, Abb. 190. *Schmaltz*, S. 165, 169, Taf. 1,2. Um 530 v. Chr. verschwinden die Sphingen von attischen Grabstelen, *Kurtz-Boardman*, S. 107. Zu den Grabstelen im 6. Jh., *Schmaltz*, S. 156ff.; ebd., S. 167ff., 174f. zu den spärlichen Grabmonumenten für Mädchen und Frauen. Die Mehrzahl der archaischen Grabstelen setzten Eltern für ihre Söhne. *Humphreys*, S. 153.

[37]) *Boardman*, S. 148, Abb. 362. Vgl. ebd., Abb. 310. 332. *Vermeule*, S. 173, Abb. 23 (attische Schale, Frgm., Gela, Ende 6. Jh.). *Koch-Harnack*, S. 213, Nr. 156 (attische Schale, Paris, Ende 6. Jh.). Zur weiblich-erotischen Komponente der Sphinx, gegen die Deutung als Todesdämon ebd. 213. Als Stützen der Thronlehnen der Zeusstatue im Zeustempel von Olympia (um 450 v. Chr.) diente – in zweifacher Ausfertigung – die rundplastische Gruppe einer Sphinx und eines jungen Mannes, der unter ihren Pranken liegt. *Koch-Harnack*, Abb. 103. Fink, S. 57ff., Abb. 14 Taf. 8,1. Beschrieben wird diese Gruppe von *Pausanias* V, 11,2. Vgl. ein Terrakottarelief von Tenos, *Roscher*, a.O., Abb. 20.

[38]) *Vermeule*, S. 171.

[39]) G. *Weicker*, Roscher IV (1909–15), S. 601ff.

in denen es Tote geben wird. So nehmen sie bei Kampfszenen auf Gefäßen (die oft aus Gräbern stammen) in der Nähe der Kämpfenden Aufstellung. Meist zu zweit oder dritt scheinen sie auf die Menschen zu warten, die ihnen zufallen werden. Was sie mit ihnen tun, bleibt auch hier unklar[40]. Auf einem Grabmonument aus Xanthos in Lykien tragen sie die Seelen der Toten, klein wie Säuglinge, mütterlich in ihren Armen hinweg[41]. Im griechischen Raum erscheinen die Sirenen allerdings weniger friedlich. Die Odyssee schildert sie als unheimliches weibliches Dämonenpaar, das die Seefahrer mit heißem Verlangen erfüllt, an Land und damit auf Grund zu fahren:

„Denn hier steurte noch keiner im schwarzen Schiffe vorüber,
Eh er dem süßen Gesang aus unserem Munde gelauschet;
Und dann ging er von hinnen, vergnügt und weiser als vormals."

Trügerisch also locken sie die Männer an, während sie auf ihrer blumigen Wiese sitzen:

„. . . von aufgehäuftem Gebeine
Modernder Menschen umringt und ausgetrockneten Häuten."[42]

Abbildung 4, ein Vasenbild aus der Zeit um 475 v. Chr., zeigt uns Odysseus, der – sicher an den Mast seines Schiffes gebunden – dem Gesang der Sirenen lauscht[43].

Auch eine andere weibliche Gestalt ist gefürchtet und verhaßt: Ker, das laut Ilias (XXIII 78f). „männerverschlingende", „männerraffende" Verhängnis oder Todesgeschick[44]. Während die Keren in der Mehrzahl häufig als Gewichte in der Waage menschlichen Schicksals vorgestellt werden, tritt Ker allein als blutdürstiges Wesen in Erscheinung. Wie die Ilias (XVIII 535ff.) erzählt, stürzt sie sich zusammen mit ihrer Schwester Eris, der Zwietracht, und mit dem „Tumult" ins Schlachtgetümmel, um sich mit ihnen um die Krieger zu reißen: Einen Toten zerrt sie an den

---

[40]) *Vermeule*, S. 201f. Anm. 28. Zur erotisch-verführerischen Natur der Sirenen s. *Koch-Harnack*, S. 210, 214ff., Abb. 106.

[41]) *Vermeule*, S. 169 mit Abb. 21 und Anm. 36. *Buschor*, Musen, trennt Hades- und Himmelssirenen, ebd. viele Abbildungen von der Frühzeit bis zum Hellenismus.

[42]) Od. XII, 186. 45f. Übers. J.H. *Voss.*

[43]) *Buschor*, Musen, S. 51, Abb. 39. Vgl. *Charbonneaux*, Cl., Abb. 264. Eine ähnliche Darstellung bei Vermeule, S. 202, Abb. 25 (korinthischer Aryballos); vgl. ebd. S. 167, 201f., 205.

[44]) O. *Crusius*, Roscher II,1 (1890–4), S. 1136ff. *Vermeule*, S. 39ff., Anm. 68, 46, 69, 76, 160. *Buschor*, Musen, S. 19ff., 27ff.

Füßen übers Schlachtfeld, „Und ihr Gewand um die Schulter war rot vom Blute der Männer." (Ilias XVIII 538)[45]. Es ist bemerkenswert, daß solche grausamen Szenen bildlich anscheinend nur selten dargestellt werden. Als Frauengestalt mit den Reißzähnen eines Tieres und mit Krallen an den Fingern war Ker hinter einem todgeweihten Krieger abgebildet – auf der leider nicht erhaltenen „Kypseloslade", die Pausanias (V 19,6) beschreibt. Was aber macht Ker tatsächlich mit den sterbenden und toten Männern, die sie umkrallt? Aus der Ilias erhalten wir keine klare Antwort.

Die Erinyen[46], meist mit den Keren gleichgesetzt, können uns hier weiterhelfen. Sie sind Vampire, Kinder der Nyx, bezeichnenderweise, und ihre Schwester ist Nemesis, das Verhängnis. Als Rachedämonen verfolgen sie in den „Eumeniden" des Aischylos den Muttermörder Orest und drohen, ihm bei lebendigem Leib das Blut auszusaugen:

> „Nein, büßen mußt du's, vom Lebendgen schlürfen wir
> Rotfließend aus dem Leib den Opfertrank; von dir
> Hol ich mir Sättgung: Mißgetränks Trunk um Trunk!
> Zehrt lebend ich dich aus, entführ ich dich zur Höll,
> Daß du abbüßest des Muttermords Tat mit Qual!" (261ff).
>
> „Nein, nicht Apollon kann dich, nicht Athenas Macht
> Schützen davor, daß du in Gottverlassenheit
> Verkommst, zur Freude nirgend findest im Herzen Raum
> Von Blut ganz leer, Fraß der Dämonen, Schatte nur!" (299ff).
>
> „Du, mir gemästet und als Opfertier geweiht,
> Wirst lebend Mahl mir, nicht geschlachtet am Altar!" (304f.)[47]

Vielleicht also ist auch Ker in der Ilias eine Blutsaugerin!

Ker, Sphinx, Sirene – diese Mischwesen aus Frauen, Raubtieren und Vögeln sind in frühgriechischer Zeit immer zur Stelle, wenn es Tote gibt – tote Männer vor allem! Sie warten auf sie, bewachen sie, „kümmern sich" um sie. Sie ähneln einerseits den Menschenfrauen, die sich um die Toten scharen, um sie zu versorgen. Andererseits wecken sie Assoziationen zu Raubtieren wie Geiern und Hunden, die sich nach einer Schlacht über die unbestatteten Leichen der Gefallenen hermachen. In der Ilias

[45]) Vgl. die Beschreibung der Ker auf dem Schild des Herakles: Ps.-Hesiod, Aspis 154–160. Für diesen Hinweis danke ich Johanna Bossinade.

[46]) *Rapp*, Roscher I (1884–6), S. 1310ff.

[47]) Übers. O. *Werner*.

wird diese „Zuwendung" tatsächlich mit der Anteilnahme liebender Frauen verglichen! Die toten Krieger sind „den Geiern nunmehr weit lieblicher als den Vermählten" (XI 162), heißt es da[48], und:

> „Seiner Vermählten daheim sind umher zerrissen die Wangen,
> Und die Kinder verwaist; mit Blut die Erde befleckend,
> Modert er, und der Vögel umschwärmten ihn mehr denn Weiber!"
> (XI 393ff.)[49]

Ist es angesichts solcher „Bilder" noch verwunderlich, daß Keren und Sirenen zuweilen auch als Bräute junger, unverheiratet gestorbener Männer bezeichnet werden? Erst Jahrhunderte später, in einem römischen Relief, wird die Zuwendung, die eine Sirene oder verwandte Figur bietet, eindeutig aufgefaßt: Sie hockt, bis auf die Klauen und Flügel mittlerweile menschengestaltig, beim Geschlechtsakt über einem schlafend hingestreckten Mann[50]. In einem Gedicht des Asklepiades von Samos aus dem 3. Jh. v. Chr. scheint eine ähnliche Szene geschildert:

> „Wund bin ich worden vom Vampir Philainion;
> ist auch die Wunde nicht zu erkennen,
> es geht bis in die Nägel der Schmerz.
> Tot bin ich, tot, ihr Eroten, ermordet . . .
> Ich wollte ein Mädchen schlafend umarmen
> und hab plötzlich den Hades berührt."[51]

Eine interessante Vermutung äußert im übrigen Emily Vermeule. Sie glaubt, daß in solchen Mythen und Vorstellungen von verschlingenden, blutsaugenden Dämonen eine Erinnerung mitschwingt an die uralte Praxis der rituellen Reinigung einer Leiche durch Geier[52], eine Praxis, die in bestimmten Kulturen auch heute noch anstelle oder auch vor einer Bestattung bzw. Verbrennung üblich ist.

Eindeutig erotisches Verlangen ist es auch, das die meist geflügelt dar-

---

[48]) Übers. J.H. *Voss.*

[49]) Übers. J.H. Voss. *Vermeule*, S. 46, 105. Vgl. auch S. 14, 145. Es ist der schlimmste Wunsch, den man dem sterbenden Feind mitgibt: in fremdem Land zu fallen und unbestattet zu bleiben, ohne ein von Mutter und Gattin bereitetes Totenlager. *Wickert-Micknat*, R 14. Übrigens werden in hellinistischer Zeit Keren mit Hunden verglichen: Im Gedicht des Theodoridas v. Syrakus, Anthologia Graeca VII 439 (Hrsg. Beckby, München 1958) sind „die Keren, der Lebenden Hunde", die von Moira auf jg. Männer gehetzt werden.

[50]) *Vermeule*, S. 155, Abb. 8. Römisches Relief, Boston, Mus. of Fine Arts. Keren und Sirenen als Bräute Verstorbener: *Kurtz-Boardman* , S. 186. *Euripides*, Herakles, 480ff.

[51]) Anthologia Graeca V 162 (Hrsg. Beckby, München 1958).

[52]) *Vermeule*, S. 46.

gestellte Göttin der Morgenröte, Eos[53], immer wieder einmal dazu treibt, schöne Knaben und junge Männer als Bettgenossen zu rauben. Hierin unterscheidet sie sich nicht von männlichen Gottheiten wie Zeus, Poseidon und anderen, die neben Frauen auch Knaben entführen. Einen der Geraubten, den trojanischen Prinzen Tithonos, hat Eos zu ihrem Gatten gemacht und sogar seine Unsterblichkeit erwirkt. Da sie jedoch versäumte, zugleich auch um ewige Jugend für ihn zu bitten, wird er allmählich zu einem verschrumpelten, ewig klagenden Greis, den sie im Ehegemach einsperrt und sitzen läßt[54]. Die Verfolgungs- und Entführungsszenen mit Eos, die erst seit dem frühen 5. Jh. bildlich dargestellt werden und ihren Höhepunkt in frühklassischer Zeit (etwa 480–60) haben, finden wir vor allem auf Gefäßen, die für das Grab oder den Totenkult bestimmt sind. Einige der jungen Leute versuchen, sich ihrer göttlichen Entführerin zu widersetzen, wie Tithonos (Abb. 5)[55]; andere scheinen sich glücklich lächelnd in ihr Los zu fügen. Wenn wir bedenken, daß die Toten im ersten Morgengrauen zum Grab gebracht werden, ist die wohl alte, tröstliche Vorstellung zu verstehen, die hinter solchen Bildern steht: Nicht in den düsteren Hades werden die jungen Leute von der „Morgenröte“ geführt, sondern in luftige, himmlische Regionen oder auch zu fernen Inseln im Westen[56]. Am Rande sei bemerkt, daß diese Knaben- und Jünglingsräuberin, die sich zwischen göttlicher und irdischer Welt bewegt, auch die Rolle der trauernden Mutter spielt, nämlich dann, als ihr mit Ehemann Tithonos gezeugter Sohn Memnon erschlagen wird. Sie muß allerdings nicht zu lange um ihn klagen: Zeus gewährt ihm auf ihre Bitte hin die Unsterblichkeit[57]. Vielleicht ist es kein Zufall, daß die zweite für ihre Trauer um den gefallenen Sohn berühmte Göttin Thetis ist – die Mutter des Achill. Er war es, der Memnon im Zweikampf tötete. Der Tod der befeindeten Söhne vereint die Mütter in ihrer Trauer: Eos auf seiten der Trojaner, Thetis auf seiten der Griechen.

---

[53]) Eingehend *Kaempf-Dimitriadou*, S. 16ff. mit Anm. 87–183; ebd. S. 57 zur Beziehung zwischen Eos als Knabenräuberin und den Sphingen und Sirenen. *Vermeule*, S. 152, 162ff.

[54]) Homerische Hymnen V, 218ff.

[55]) *Kaempf-Dimitriadou*, Taf. 8,6 Nr. 173, 17ff. Auch Iris, die Götterbotin, tritt zuweilen als Knabenräuberin auf. Die Harpyien, Windgöttinnen, ebenfalls räuberische Naturen, sind ihre Schwestern. Vgl. *Vermeule*, S. 75, 168ff., 201f. Zur Harpyia s. *Engelmann*, *Roscher* I,2 (1886–90), S. 1842.

[56]) *Kaempf-Dimitriadou*, S. 57. *Kurtz-Boardman*, S. 172.

[57]) *Vermeule*, S. 177. *Kaempf-Dimitriadou*, S. 57.

Männer sterben, Frauen trauern, weibliche Dämonen und Göttinnen töten

Insgesamt gesehen läßt sich von frühgriechischer bis hochklassischer Zeit das Verhältnis von Frauen zum Tod – so wie es vor allem in den bildlichen Darstellungen erscheint – folgendermaßen beschreiben: Sterbliche Frauen beklagen, so ist es ihr Los, in der Regel die Toten; das heißt, sie sind die Leidtragenden. Bestimmte Göttinnen und weibliche Dämonen, von denen hier nur die wichtigsten genannt werden konnten[58], sind todbringend – und zwar überwiegend für Männer. Denn deren Tod im Krieg oder Kampf ist es, der im Blickpunkt steht. Dem Sterben von Frauen hingegen wird im Vergleich dazu relativ wenig Rechnung zuteil. Wenn es doch einmal der Fall ist, dann ereilt sie der Tod zumeist im Krieg. Sie können von Feinden erschlagen werden, wie bei der Eroberung Trojas; oder man bringt sie, wie Iphigenie und Polyxena, als Menschenopfer den Göttern dar. Eine Zwischenstellung nehmen die kriegerischen Amazonen ein, die seit dem 7. Jh. in bildlichen Darstellungen auftauchen. Den Töchtern des Ares gelingt es zwar, Griechen im Kampf zu töten, letztendlich aber besteht nie ein Zweifel darüber, daß die Männer insgesamt gesehen als Sieger hervorgehen werden.

Auch im Alltag wird der Tod von Frauen weniger herausgestellt, als dies bei Männern der Fall ist. So sind ihre Gräber – am auffälligsten in Athen und Attika – nicht so aufwendig gekennzeichnet, wie die männlicher Verstorbener; junge Mädchen haben , wie oben schon erwähnt, in Attika keine mit ihren Bildern geschmückten Grabstelen. Auch rundplastische Grabstatuen, die im 6. Jh. häufig auf Gräbern von Männern stehen, sind für Frauen selten. Lediglich von verheirateten Frauen sind einige Grabreliefs erhalten, die sie in würdevoller Sitzhaltung abbilden[59].

---

[58]) Iris und die Harpyien sind in Anm. 55 erwähnt. Zu dem Meeresungeheuer Skylla, das Männer unter Wasser tötet, s. *Roscher* IV (1909–15), S. 1024ff. Zu den Gorgonen, *Vermeule*, S. 137ff., 196. Zu den Moiren s.u. Anm. 83; zur Lámia u. Anm. 85. Auch die Göttin Artemis muß hier genannt werden, ihre Züge sind ambivalent. Als Geburtshelferin und Heilerin ist sie auch Förderin des Lebens. Vernichterin dagegen ist sie, wenn sie erzürnt wird. So tötet sie gnadenlos die Töchter der Niobe, Aktaion oder Orion, den Geliebten der Eos. Die Göttin Hekate hat ebenfalls ein vielschichtiges Wesen, s.o. Anm. 31.

[59]) *Schmaltz*, S. 164ff., 174. Zum Gräberluxusgesetz vom Ende des 6./Anf. 5. Jh. in Athen, das bis in die 2. Hälfte des 5. Jh. beachtet wird, und in dessen Folge auch Grabreliefs für Männer verschwinden, ebd. S. 182. Vgl. *Kurtz-Boardman*, S. 142.

In der Diskrepanz von Männer- und Frauengräbern spiegeln sich offensichtlich die unterschiedlichen Geschlechterrollen wider. Männer müssen sich in der Öffentlichkeit bewähren, was den Einsatz ihres Lebens für den Staat miteinschließt. Frauen hingegen haben ihrer häuslichen Tätigkeit möglichst unbemerkt von der Allgemeinheit nachzugehen. Entsprechend erhalten Männer anläßlich ihres (Helden-)Todes ein deutlich sichtbares Denkmal gesetzt, während Frauen weder zu Lebzeiten noch nach dem Tod in der Öffentlichkeit besonders hervortreten sollen[60]. So sagt Sappho einmal zu einer Frau: „Wenn du gestorben bist, wird es weder eine Erinnerung an dich geben noch ein Verlangen"[61].

Der große Wandel: Frauen sterben im Blickpunkt der Öffentlichkeit

Umso erstaunlicher ist der Wandel, den wir gegen Ende des 5. Jhs. beobachten können. Jetzt nämlich wird – besonders ausgeprägt im politisch und kulturell führenden Athen – der Tod von Frauen ein wichtiger Gegenstand öffentlichen Interesses. Sichtbar wird das unter anderem daran, daß ihre Gräber – zunächst sogar wesentlich häufiger als die von Männern – mit kostspieligen Grabreliefs geschmückt werden. Auf diesen sind sie unter Nennung ihres Namens zunächst meist allein oder zusammen mit einer Dienerin abgebildet, so wie Hegeso auf einem Grabstein aus Athen (Abb. 6)[62]. Immer öfter erscheinen sie dann auch mit Angehörigen, wobei sie mit dem Ehemann seit dem 4. Jh. oft im Handschlag verbunden sind[63].

Was ist das Neue an diesen Darstellungen? Sie zeigen Frauen, die betrauert werden; auch ihr Tod ist – wie der Tod der Männer – beklagenswert, auch er hinterläßt eine empfindliche Lücke in der Familie, wobei der Ehemann besonders betroffen ist. Im Lauf des 4. Jhs. tritt dieser Gesichtspunkt immer deutlicher zutage. Die nun sehr beliebten Grabepigramme heben die bürgerlichen Tugenden der Verstorbenen, ihre Tüchtigkeit, Bescheidenheit und Frömmigkeit sowie Gattenliebe hervor. Auf einem Grabstein aus der Mitte des 4. Jhs. können wir lesen:

60) Hierzu *Loraux*, S. 31ff. (für diesen Hinweis danke ich Mechthild Gilzmer). Vgl. *Schmaltz*, S. 174ff.

61) *Schmaltz*, S. 175.

62) *Dörner*, S. 62, Abb. 78. *Schmaltz*, S. 1ff., Abd. 1–2. Weitere Abildungen von Grabreliefs für Frauen ebd. Taf. 8,2. 10,2. 11–15. 17–18.

63) *Schmaltz*, S. 209ff.

Abb. 1: Die Nereiden betrauern den aufgebahrten Achill.

Abb. 2: Grabstele eines jungen Mannes und dessen kleiner Schwester.

Abb. 3: Eine Sphinx packt einen nackten Krieger.

Abb. 4: Die Sirenen versuchen, Odysseus mit ihrem Gesang zu betören.

Abb. 5: Eos verfolgt den trojanischen Prinzen Tithonos.

Abb. 6: Grabrelief der Hegeso, Tochter des Proxenos, mit ihrer Dienerin.

Abb. 7: Selbstmord der Kanake.

Abb. 8: Eurydike mit ihrem Mann Orpheus und Hermes.

Abb. 9: Trauernde Sirenen halten die Namenstafel einer Person „Sasama".

Abb. 10: Die Erinyen/Eumeniden schlafen während Orests ritueller Reinigung durch Apollon in Delphi.

„Gruß dir, Grab der Melite. Eine wackere Frau liegt hier begraben. Onesimos, der dich geliebt, hast du wieder geliebt wie keine vor dir. Wie sollte es sich also nun nach dir nicht sehnen, der Toten, warst du doch eine wackere Frau."

Und ihre Antwort ist auch gleich daneben vermerkt:

„Gruß auch dir, mein liebster Mann, und behalte lieb die Meinen."[64]

Der Tod der Frauen wird seit dem Ende des 5. Jhs. nun sogar Gegenstand göttlichen Interesses: Thanatos und Hypnos – sie sind inzwischen erwachsene Männer – tragen jetzt auch weibliche Verstorbene in die Unterwelt, wobei zuweilen Gott Hermes persönlich in seiner Eigenschaft als Seelengeleiter die Führung übernimmt[65].

In den Tragödien spielen das Sterben von Frauen und vor allem ihre Einstellung zum Tod schon seit der zweiten Hälfte des fünften Jhs. eine immer größere Rolle. Das Wesentliche: Sie fürchten ihn gar nicht, im Gegenteil, meist nehmen sie ihn mutig in Kauf oder begehen sogar Selbstmord und dies wesentlich häufiger als Männer. Als Beispiel sei hier Kanake vorgestellt, die Heldin eines nur fragmentarisch erhaltenen Stücks „Aiolos" von Euripides aus dem Jahr 423. Sie tötet sich mit einem demonstrativ vom Vater übersandten Schwert (Abb. 7), denn sie ist hochschwanger von ihrem geliebten Bruder, Makareus. Auch dieser ersticht sich, nachdem er sie in ihrem Blut vorgefunden hat[66].

Eine der frühesten Selbstmörderinnen in der griechischen Tragödie ist die Antigone des Sophokles, das Drama wurde wohl im Jahr 442 uraufgeführt. „Sterbe ich vor meiner Zeit, nenn ich es noch Gewinn", läßt der Dichter sie bekennen[67]. Im Stück des Euripides, „Iphigenie in Aulis", opfert sich die Titelheldin freudig für ihr Volk, und auch die Polyxena des Euripides stellt sich furchtlos, mit entblößter Brust vor ihre Mörder[68].

[64]) Peek Nr. 101. Zur Darstellung familiärer Verbundenheit s. *Schmaltz*, S. 8ff., 22f., 21ff. Er verknüpft mit der plötzlichen Veränderung in der Behandlung von Frauen auf Grabreliefs keinen Wandel in Bezug auf die gesellschaftliche Stellung der Frau. Vgl. *Humphreys*, S. 105, 153f. zu den Familengräbern der klass. Zeit.

[65]) *Vermeule*, S. 150 mit Abb. 4. Vgl. *Buschor*, Grab, S. 10, Abb. 4. Auf einer weißgrundigen Lekythos im Louvre verfolgt ein finsterer, geflügelter Todesdämon eine erschreckt fliehende Frau bis zu den Stufen ihres (?) Grabes. Zur Deutung dieses Dämons s. *Hoffmann* 176, Abb. 6,b.

[66]) *Charbonneaux*, Cl. 292, Abb. 336. *Aigner*, S. 157. *Hirzel*, S. 99, 109–111.

[67]) *Sophokles*, Antigone, S. 461f. Übers. W. Kuchenmüller. *Pomeroy*, S. 99ff. *Katsouris*, S. 11f.

[68]) *Euripides*, Hekabe, S. 547ff. Generell zum Frauenbild des Euripides s. *Pomeroy*, S. 103ff. *Aigner*, S. 76 (Antigone); S. 145 (Iphigenie); S. 135 (Polyxena). Vgl. *Hirzel*, S. 97f. *Katsouris*, S. 20f.

Was die Häufigkeit der Selbstmorde von Frauen in den Dramen der drei größten Tragödiendichter angeht, läßt sich eine deutliche Entwicklung feststellen[69]. Während bei dem ältesten, Aischylos, Frauen nur mit Selbstmord drohen und ein Mann ihn ausführt, töten sich in den erhaltenen Stücken des Sophokles vier Frauen, zwei davon durch Erhängen, zwei mit dem Schwert; demgegenüber stehen zwei männliche Selbstmörder. Bei Euripides schließlich finden wir die meisten Frauen, die bereit sind, in den Tod zu gehen: Fünfzehn begehen Selbstmord oder opfern ihr Leben für andere – gegenüber zwei Männern. Von den Selbstmörderinnen erhängen sich zwei, vier töten sich mit dem Schwert, die anderen geben sich den Tod durch Feuer, Gift oder den Sturz ins Meer. Darüber hinaus gibt es auch bei Euripides eine ganze Reihe von Selbstmorddrohungen von Frauen und Männern.

Euripides ist es auch, der als erster den Tod einer Frau beschreibt, die sich aus Liebe opfert: In dem 438 aufgeführten Drama „Alkestis" ist die Heldin bereit, an Stelle ihres Mannes zu sterben[70], und dieser Entschluß wird sie, so der Chor, als edelste Frau der Welt berühmt machen. Der nach ihrem Verscheiden untröstliche Gatte möchte von Schmerz übermannt in ihr Grab springen und schwört, sein restliches Leben in Trauer um sie zu verbringen. Doch es geschieht ein Wunder: Alkestis kann zu ihrem Mann zurückkehren, da es Herakles gelingt, sie Thanatos zu entreißen.

Auch die Selbsttötung von Frauen aus Liebeskummer wird jetzt ein Thema der Tragödie. Frauen folgen ihrem Mann oder Geliebten in den Tod nach. Der umgekehrte Fall, daß sich nämlich ein Mann wegen einer Frau das Leben nimmt, wird erst in hellenistischer Zeit Gegenstand der Dichtung[71]. Der erste Mann, der aus Verzweiflung über den Tod einer Frau Selbstmord macht, scheint mir allerdings Haimon, der Verlobte der Antigone zu sein[72]. Er tötet sich, als er sie erhängt vorfindet. Makareus handelt, wie oben schon erwähnt, ja ebenso. Auch die anrührende Geschichte von Orpheus, der sich aus Sehnsucht nach seiner verstorbenen Frau Eurydike – vergeblich – in die Unterwelt wagt, um sie zurückzuholen, scheint jetzt entstanden zu sein. Darauf läßt ein in römi-

---

[69]) S. die Tabelle A bei *Aigner* (im Anhang). Zu weiblichen und männlichen Selbstmordarten s. die Thesen von *Loraux*, vor allem S. 36ff.

[70]) *Aigner*, S. 129. *Hirzel*, S. 151ff.

[71]) *Hirzel*, S. 153f.

[72]) So auch *Pomeroy*, S. 101. *Hirzel*, S. 79.

schen Kopien überliefertes Relief schließen, das am Ende des 5. Jhs. gearbeitet wurde und Orpheus, Eurydike sowie Hermes wiedergibt (Abb. 8)[73].

Die zahlreichen Selbstmorde und Opfertode von Heldinnen der Tragödie scheinen nicht ohne Auswirkungen auf Frauen dieser Zeit geblieben zu sein. So erfahren wir, leider ohne Zeitangabe, von einer unerklärlichen Selbstmordepidemie unter jungen Mädchen in Milet. Auch Selbsttötungen von Frauen werden überliefert, die sich der Schande – wie es heißt – der Vergewaltigung durch feindliche Soldaten entziehen wollen[74].

Warum solche Selbstmorde von Frauen nun registriert und berichtet werden, warum Selbsttötung und Selbstaufopferung mythischer Frauenfiguren in den Tragödien bis gegen Ende des 5. Jhs. einen immer größeren Stellenwert einnehmen, warum zur gleichen Zeit auch Frauen auf attischen Grabreliefs dargestellt werden und ihnen somit ein öffentlich sichtbarer, betrauerter Tod zugebilligt wird – diese Fragen sind im Rahmen dieser Abhandlung nicht zu beantworten. Offenbar gibt es seit dem 5. Jh. heftige Diskussionen der Philosophenschulen über das Für und Wider des Selbstmords generell, anscheinend ist es eine Zeit, in der sich Menschen tatsächlich häufiger als früher umbringen[75]. Was die Frauen angeht, läßt sich jedenfalls soviel sagen: Ihr Tod steht nun im Blickpunkt der Öffentlichkeit.

Weibliche Dämonen und Göttinnen werden friedlich

Etwa im gleichen Zeitraum verlieren die bedrohlichen, männermordernden weiblichen Dämonen ihre prominente Stellung. Zunehmend gebärden sie sich friedlicher oder ziehen sich fast ganz zurück. Die Sphingen, deren Schwester in Theben ohnehin schon lange Selbstmord

[73]) *Dörner*, S. 25, Abb. 48.

[74]) Zu den Selbstmörderinnen von Milet: *Hirzel*, S. 78, Anm. 1, S. 81, Anm. 1, S. 86, Anm. 3, S. 90, S. 91, Anm. 4. In hellenistischer Zeit gibt es Verzeichnisse von Selbstmörderinnen *Hirzel*, S. 152f., 155. Zu Frauen, die sich aus Angst vor oder nach einer Vergewaltigung umbringen, ebd. S. 86, Anm. 3, S. 90f., S. 78. Dazu auch *Aigner*, S. 196f., Anm. 128–130.

[75]) Zum Pessimismus der Griechen und ihren Vorstellungen über Selbstmord s. *Geiger*, S. 4ff. *Hirzel*, S. 89f. Über die Bestrafung bzw. Legalisierung der Selbsttötung s. ebd. S. 117ff. Vgl. *Geiger*, S. 59ff. Zur Parodie des Selbstmords in der griech. Komödie s. *Katsouris*, S. 22ff.

begangen hat[76], nachdem Ödipus ihr Rätsel gelöst und damit ihre Macht gebrochen hatte, mußten schon gegen 530 ihren hohen Platz auf den Grabstelen junger Männer räumen. Sie sitzen manchmal noch – nur wenige Zentimeter groß – als Eckbekrönung auf weit niedrigeren Grabsteinen, sind zuweilen auch unten, auf Stelenschäften plaziert oder fristen (in Darstellungen mit Todesbezug) ihr Leben auf den Seiten oder dem Hals von Gefäßen. Eine Sphinx schmückt auch den Helm der Statue der Athena Parthenos im Parthenon von Athen[77]. Zu dieser „Entmachtung", ja „Degradierung" paßt auch die Tatsache, daß die Sphinx anscheinend schon in einem Satyrspiel des Aischylos aus dem Jahr 467 lächerlich gemacht wird. Nicht sie gibt Rätsel auf, sondern ein Silen ihr, in der Weise, daß sie auf jeden Fall verlieren muß[78].

Die verführerischen Sirenen mit Vogelkörper und Frauenkopf sind eigentlich ausgestorben. Nach einer Sagenversion sollen sie Selbstmord begangen haben, nachdem sie den Gesangswettstreit mit den Musen bzw. Orpheus verloren hatten[79]. Ihre Nachfahrinnen treten erst in klassischer Zeit, vor allem seit dem 4. Jh., wieder in Erscheinung. In Großformat sind sie nun im Relief oder als rundplastische Figuren auf Gräbern zu sehen. An ihre Raubvogelvergangenheit erinnern lediglich noch die Krallenfüße, die Flügel und Vogelschwänze. Alles andere ist der Körper einer jungen Frau. Ihre Gesichter sind weiterhin schön, aber das Lächeln ist verschwunden. Stattdessen sind sie von Schmerz und Trauer gekennzeichnet. Die Sirenen haben, so scheint es, die Funktion der Klagefrauen übernommen (so auf unserer Abbildung 9)[80], die inzwischen nur noch selten dargestellt werden. Dementsprechend trauern sie um die Toten, raufen sich die Haare oder musizieren mit Lyra oder Doppelflöte[81].

---

[76]) *Rentmeister*, S. 173 deutet den Mythos vom Selbstmord der thebanischen Sphinx als patriarchalische Umdeutung ihrer Ermordung durch Ödipus. Zu den antiken Quellen s. *Hirzel*, S. 77, Anm. 1.

[77]) *Kurtz-Boardman*, S. 158f., 294 zur Verdrängung der Sphingen aus der Kunst. Die Sphinx als Helmschmuck der Athena Parthenos deutet *Rentmeister*, S. 174f., Abb. 19, als „Persiflage des Patriarchats auf ihre frühere Bedeutung". Zu den friedlich gewordenen Sphingen ebd., S. 174ff. Im übrigen spielen Sphingen auf lykischen Sarkophagen noch eine wichtige Rolle, s. *Kurtz-Boardman*, S. 320ff., Abb. 120.

[78]) Vgl. *Brommer*, S. 50, Abb. 47. Bemerkenswert ist auch eine Schale (ca. 500 v. Chr.) in Berlin, auf deren Außenbild eine Sphinx von einem Satyr sexuell belästigt wird! *Koch-Harnack*, S. 213, Abb. 104.

[79]) Hans v. *Geisau*, in: Der Kleine Pauly V (1979), S. 79. Vgl. *Buschor*, Musen, S. 7.

[80]) *Buschor*, Musen, Abb. 58. *Kurtz-Boardman*, S. 280, Abb. 91.

[81]) *Kurtz-Boardman*, S. 159f., 167. Vgl. *Buschor*, Musen, Abb. 47–58. *Schmaltz*, S. 220, erwähnt klagende Sirenen über Bildern unverheiratet Gestorbener.

Die ehemals noch blutrünstigen Erinyen lassen sich von Athena durch die Stiftung eines Kultes und Aufnahme in den Stadtstaat bereden, sich in „Eumeniden", das bedeutet „die Gnädigen", „Wohlgesinnten" zu verwandeln und die Verfolgung Orests aufzugeben. Nur noch Segen und Fruchtbarkeit geloben sie dem Land zu bringen[82]. Und so versucht Athena, ihnen die Niederlage schmackhaft zu machen:

„Folgt meiner Bitte: tragt es ohne solch Gestöhn!
Nicht besiegt ja seid ihr, sondern Stimmengleichheit kam
Heraus, wahrhaftig ohne alle Schmach für euch!" . . .

und die Anführerin der Eumeniden verspricht:

„Menschentod vor der Zeit, fort bann ich solch Schicksal euch;
Jungfrauen anmutvollen, gebt
Gatten zu glücklichem Ehebund, ihr, die ihr die Macht habt
Dazu, ihr Moiren, mutterseits uns Schwestern"[83].

Abbildung 10 zeigt die schlafenden Erinyen während der rituellen Reinigung des Orest durch Apollon in Delphi[84]. Besonders bemerkenswert an den Versprechungen der Eumeniden ist der Hinweis darauf, daß sie sich von Todesbringerinnen zu Förderinnen glücklicher Ehen wandeln wollen.

Schlußbetrachtung

Die alten weiblichen Dämonen sind also gezähmt[85]. Sie schaden niemandem mehr. Aus den Nachkommen der Menschen- bzw. Männerfeindinnen sind Verbündete geworden. Während sie bisher Sterben und Tod – vorwiegend der Männer – erwarteten oder verursachten, trauern sie, wie im Fall der Sirenen, nun sogar um die Toten! Wie das fast gänzliche Fehlen der Klagefrauen in der klassischen Grabkunst zeigt, ha-

---

[82]) Vgl. *Pomeroy*, S. 99.

[83]) *Aischylos*, Eumeniden 794–6; 957–960. Übers. O. Werner. *Vermeule*, S. 53, 196. Hans v. *Geisau* in: Der Kleine Pauly III (1979), S. 464f.

[84]) *Charbonneaux*, Cl. 302f., Abb. 350. Bemerkenswerterweise erinnert die Kleidung der Eumeniden – kniekurze Gewänder – an die der Amazonen.

[85]) Es scheint allerdings dann auch wieder neue gegeben zu haben. So Lámia, „Verschlingerin", sie ist ursprünglich ein Vampir und taucht nicht vor dem 5. Jh. v. Chr. in der griechischen Literatur auf. Sie ist häßlich, dick, dumm und stinkt; mit der Zeit sinkt sie zum Kinderschreckgespenst herab. *Vermeule*, S. 53.

ben die Menschenfrauen ihre alte Rolle, jedenfalls in der bildlichen Darstellung, aufgegeben. Stattdessen findet nun auch ihr Sterben in Grabmonumenten seine Würdigung, sichtbar für alle in der Trauer der Verwandten und vor allem der Ehemänner.

Betrauert wird der Tod von Frauen auch in den Dramen hochklassischer Zeit. Anders als ihre tatsächlich lebenden Geschlechtsgenossinnen jedoch, die meist an Krankheiten oder im Kindbett sterben, nehmen die mythischen Frauengestalten stets einen gewaltsamen Tod auf sich: Bereitwillig geben sie ihr Leben für andere hin, indem sie sich in Kriegszeiten als Menschenopfer für die Götter darbringen lassen oder sich, wie Alkestis, für ihren Mann opfern. Ihre Handlungsweise ist der von Kriegern vergleichbar, die ihr Leben ebenfalls für das Gemeinwohl und ihre Familien aufs Spiel setzen. Wie sie erwerben solchermaßen heroisch sterbende Frauen ein Anrecht auf Ruhm und trauerndes Gedenken der Nachwelt. Darüber hinaus wird sogar der Part der trauernden Hinterbliebenen von den Tragödiendichtern zu einer Art weiblichen Heldenrolle aufgewertet: Aus Schmerz und Verzweiflung über den Tod von Ehemännern, Brüdern und Söhnen wählen Frauen den Freitod, sie ziehen eine Vereinigung im Jenseits einem einsamen Leben vor.

Was den Tod von Frauen angeht, bekunden sowohl Grabreliefs als auch Dramen ein starkes emotionales Verhältnis zwischen ihnen und ihren Angehörigen, vor allem auch ihren Liebes- und Ehepartnern. Das ist neu in einer Gesellschaft, in der Ehen üblicherweise um der Nachkommen und der Sicherung des Erbes willen geschlossen wurden. Liebesgefühle zwischen Gatten erwartete man nicht, zumindest nicht in den oberen Gesellschaftsschichten, in denen die Knabenliebe bislang eine Hauptrolle spielte[86].

Mit dem Ausbau der athenischen Demokratie unter Perikles beginnt sich das zu ändern; nun wird die Wichtigkeit der Familie samt einer gefühlsmäßigen Bindung der Ehepaare immer stärker in den Vordergrund gerückt. Gleichzeitig verschwinden aus der Kunst erotisch aggressive Verfolgungsszenen von Göttern, die Frauen und Knaben nachstellen. Sie machen Bildern Platz, die eine Verbundenheit von Mann und Frau dokumentieren. So zeigt sich Zeus nun auch wieder einmal mit seiner Gemahlin Hera vereint und Eos stellt ihre Jagd auf junge Leute ein. Anscheinend gibt sie sich mit ihrem greisen Ehemann zufrieden[87].

---

[86]) Dazu *Koch-Harnack* mit der älteren Literatur.

[87]) *Kaempf-Dimitriadou*, S. 55f., Anm. 503. In Grabepigrammen der späteren Zeit wird der Tod eines jungen Menschen noch öfter mit dem Raub durch Eos umschrieben.

Der in Kunst und Literatur faßbare Wandel der Geschlechterbeziehung macht sich sogar in den seit alters dargestellten Kämpfen zwischen Amazonen und Griechen bemerkbar. Während sie sich früher kaltblütig bekämpften, sehen sich Frauen und Männer jetzt zuweilen bedauernd in die Augen. Achill und Penthesilea, die Protagonisten des Geschlechterkampfes in der griechischen Kultur, wandeln sich von erbitterten Feinden mehr und mehr zu einem – nur durch den Tod der Amazone verhinderten – Liebespaar[88]. Da die Frau jedoch auch weiterhin nicht die Waffen vor dem Mann strecken will, wird diese „Liebesgeschichte" zwischen ebenbürtigen Partnern immer wieder tragisch enden, zumindest ist das so bei den antiken Griechen!

Literatur- und Abkürzungsverzeichnis

Aigner: Heribert Aigner, Der Selbstmord im Mythos (Graz 1982)

Alexiou: Margaret Alexiou, The Ritual Lament in Greek Tradition (London-New York 1974)

de Beauvoir: Simone de Beauvoir, Das andere Geschlecht (Reinbek 1968 - Originalausgabe: Le Deuxième Sexe, Paris 1949)

Boardmann: John Boardmann, Greek Gems and Finger Rings (London 1970)

von Bothmer: Dietrich von Bothmer, Amazons in Greek Art (Oxford 1957)

Brommer: Frank Brommer, Satyrspiele (Berlin 1959)

Buschor, Musen: Ernst Buschor, Die Musen des Jenseits (München 1944)

Buschor, Grab: Ernst Buschor, Grab eines attischen Mädchens (München 1959)

Charbonneaux, Arch.: J. Charbonneaux-R. Martin-F. Villard, Archaic Greek Art (London 1971)

Charbonneaux, Cl.: J. Charbonneaux-R. Martin-F. Villard, Classical Greek Art (London 1972)

Dörner: Eleonore Dörner-Friedrich-Karl Dörner, Kultbild und Porträt in: Antike Welt 8, 1977 (Sondernummer).

Fink: Josef Fink, Der Thron des Zeus in Olympia (München 1967)

Flacelière: Robert Flacelière, Griechenland. Leben und Kultur in klassischer Zeit, 2. Aufl. (Stuttgart 1979 - Originalausgabe: La vie quotidienne en Grèce au siècle de Péricles, Paris 1959)

[88]) Vgl. *Charbonneaux*, Cl., Abb. 275, die attische Stele des Penthesilea-Malers (ca. 460 v. Chr.), München, Staatl. Antikensammlung. Zum Weiblichkeitsbild, das die Amazonen verkörpern s. *de Beauvoir*, S. 193ff.

Garland: Robert Garland, The Greek Way of Death (London 1985)
Geiger: Karl August Geiger, Der Selbstmord im klassischen Altertum (Augsburg 1888)
Hirzel: Rudolf Hirzel, Der Selbstmord, in: Archiv für Religionswissenschaft XI 1908, 75–206
Hoffmann: Herbert Hoffmann, From Charos to Charon in: Visible Religion, Annual for Religious Iconography IV–V (Leiden 1985–86) 173–204
Humphreys: Sarah C. Humphreys, The Family, Women and Death (London 1983)
Kaempf-Dimitriadou: Sophia Kaempf-Dimitriadou, Die Liebe der Götter in der attischen Kunst des 5. Jahrhundert v. Chr. in: 11. Beiheft Antike Kunst (Bern 1979)
Katsouris: A.G. Katsouris, The Suicide Motif in Ancient Drama in: Dioniso 47 (Syrakus 1976) 5–36
Koch-Harnack: Gundel Koch-Harnack, Knabenliebe und Tiergeschenke (Berlin 1983)
Kurtz-Boardman: Donna C. Kurtz-Boardman, Thanatos. Tod und Jenseits bei den Griechen (Mainz 1985 - Originalausgabe: Greek Burial Customs, London 1971)
Lefkowitz-Fant: Mary R. Lefkowitz-Maureen B. Fant, Women's Life in Greece and Rome (London 1982)
Loraux: Nicole Loraux,Épouses tragiques, épouses mortes in: La femme et la mort. Université de Toulouse. Le Mirail, Série A Tome 27. Service des Publications (Toulouse 1984)
MacDowell: Douglas M. MacDowell, The Law in Classical Athens (London 1978)
Peek: Werner Peek, Griechische Grabgedichte (Berlin 1960)
Pomeroy: Sarah B. Pomeroy, Goddesses, Whores, Wives and Slaves. Women in Classical Antiquity (New York 1975)
Rentmeister: Cillie Rentmeister, Das Rätsel der Sphinx in: Brigitte Wartmann (Hrsg.), Weiblich-Männlich. Kulturgeschichtliche Spuren einer verdrängten Weiblichkeit (Berlin 1980) 151–192
Roscher: W.H. Roscher, Ausführliches Lexikonn der griechischen und römischen Mythologie (Leipzig 1884–1915)
Schmaltz: Bernhard Schmaltz, Griechische Grabreliefs (Darmstadt 1983)
Vermeule: Emily Vermeule, Aspects of Death in Early Greek Art and Poetry (Berkeley, Los Angeles, London 1979)
Wehrli: Claude Wehrli, Les gynéconomes in: Museum Helveticum 19 (Basel-Stuttgart 1962) 33–38
Wickert-Micknat: Gisela Wickert-Micknat, Die Frau. Archaelogia Homerica III Kapitel R (Göttingen 1982)

Michiko Mae

Tod als Selbstverwirklichung in einem Leben ohne Liebe

Drei Frauengestalten in der japanischen Literatur

Wenn Japaner auch heute noch im Westen trotz ihrer Verwestlichung und erstaunlichen Modernität als rätselhaftes und unverständliches Volk gelten, dann ist es kaum verwunderlich, daß jeder Nicht-Japaner zwei Begriffe versteht: „Harakiri“ und „Kamikaze“. Haben die Japaner also in der westlichen Vorstellung eine besondere Affinität zum Tod, zu einem masochistischen, selbstzerstörerischen Tod? Hat man in Japan eine eigene Ästhetik und Ethik des Todes, die ein wesentlicher Teil des Japan-Bildes im Westen ist? Die Faszination, die der Schriftsteller Mishima Yukio, der sein Leben durch „Harakiri“ („Seppuku“; „Harakiri“ sagt kein Japaner) beendete, auf viele Intellektuelle ausübt, scheint dies zu bestätigen, ebenso der Erfolg mancher Samurai-Filme (z.B. von Kurosawa Akira), in denen dem westlichen Publikum der „Weg des Samurai“ („Bushidō“) als ständiges Bereitsein, durch einen gewaltsamen Tod zu sterben – mit der grausamen Selbsttötung als Beweis für die eigene Aufrichtigkeit, Loyalität und Ehre – veranschaulicht wird. Von da ist es nicht weit zu den jungen Kamikaze-Kampffliegern im Zweiten Weltkrieg, die dem Tod geweiht waren. Dies wäre der für das Unbewußte eigentümlich faszinierende Beitrag Japans zur universalen „Todeswelt“ der Männer. Und das dazu passende weibliche Klischee wäre das immer noch wirksame Bild der Japanerin in der westlichen Welt, wie es in „Madame Butterfly“ verkörpert ist, die ihr unglückliches Leben durch einen gewaltsamen Tod selbst beendet.

Ist das auf Japan projizierte Todesbild aber wirklich zutreffend? Wir wollen diese Frage hier so beantworten, daß wir eine andere Frage stellen: Kann man über Japan nicht mehr lernen und einen genaueren Blick, der mehr öffnet, hinter den „Bambusvorhang“ werfen, wenn man den stilleren, weniger spektakulären Tod von Frauen untersucht, soweit er faßbar wird und exemplarisch ist? Wir wollen dabei keine Analyse des Todesproblems selbst, bezogen auf Frauen, geben, sondern nach der strukturellen Wechselbeziehung zwischen dem Leben dieser Frauen und ihrem Tod fragen. Es wird allerdings keine sozialgeschichtliche Untersuchung sein, vielmehr soll an drei literarischen Werken aus drei wichtigen Epochen in der japanischen Geschichte eine sich entfaltende Struktur herausgearbeitet werden, durch die etwas ausgesagt wird über die komplexen Gründe und Zusammenhänge, warum diese Frauen statt einer positiven Selbstverwirklichung durch die Liebe nur die Möglichkeit einer negativen Selbstverwirklichung durch den Tod haben[1].

Für die Frauengestalten, die als Beispiele vorgestellt werden sollen, gilt in besonderer Weise, daß sich aus ihrer Stellung zum Tod die Art ihrer Beziehung zu sich selbst, zu den anderen und zur Welt erfassen läßt. So wie ein bestimmtes Lebensgefühl das Bewußtsein des Todes prägen kann, bestimmt umgekehrt das Todesbewußtsein das Lebensgefühl. Das gilt für den einzelnen Menschen ebenso wie für eine Epoche und für eine ganze Kultur. Dilthey sagt dazu: „Das Verhältnis, welches am tiefsten und allgemeinsten das Gefühl unseres Daseins bestimmt, ist das des Lebens zum Tod; denn die Begrenzung unserer Existenz durch den Tod ist immer entscheidend für unser Verständnis und unsere Schätzung des Lebens." Dem Tod gegenüber zeigt man sein wahres und tiefstes Wesen, und deshalb kann man vom Tod aus das Leben eines Menschen am genauesten erfassen, wie es von diesem Menschen selbst gefühlt und bewertet wird. Aber was hier über den Tod gesagt wird, gilt noch mehr und stärker für die Liebe. Für die Frauen, die wir im folgenden darstellen wollen, ist ihr Tod in Wahrheit ein Ausdruck ihres Lebenswillens, der der Wille zur Verwirklichung und Steigerung ihres Selbst ist, wie sie es in der Liebe erfahren.

Im japanischen Mythos gibt es das Götterpaar Izanagi und Izanami; beide sind Schöpfergötter. Die Göttin Izanami stirbt nach der Geburt des Feuergottes. Izanagi trauert um seine geliebte Frau und beschließt, sie im Totenreich aufzusuchen, um sie zurückzuholen. Aber er bricht sein Versprechen (ähnlich wie Orpheus), ihren durch den Tod unrein gewordenen Körper nicht anzusehen, und flieht vor diesem Anblick. Die wütende Izanami verfolgt ihn und schwört, an der Grenze der Totenwelt

---

[1]) Der Ausdruck „negative Selbstverwirklichung" soll auf etwas verweisen, was man nur dialektisch erfassen kann, z.B. daß das Selbst gerade dann „mehr" ist als der Tod, wenn es sich selbst zerstört.

zurückbleibend, sie werde jeden Tag eintausend Menschen seiner Welt entreißen. Und er antwortet ihr, er werde jeden Tag eintausendfünfhundert Menschen erschaffen. – Dieser Mythos zeigt, daß Japaner ursprünglich keine besondere Affinität zum Tod haben: Izanagi will seine geliebte Frau wieder ins Leben zurückholen – die Liebe will den Tod überwinden. Der Tod macht „unrein", während die Reinheit das leitende Prinzip des Shintō ist. Und das schöpferische Leben ist stärker als der zerstörende Tod.

Der Umgang der Japaner mit dem Tod und den Toten mag westlichen Beobachtern merkwürdig unbefangen, fast pietätlos erscheinen. Der Tote gehört noch zur Familie und nimmt an ihrem Leben teil. Es ist ein alter japanischer Glaube, daß sich die Totenseele noch lange in einem Zwischenbereich zwischen der Welt der Lebenden und dem Totenreich aufhält. Sie hat nach der Trennung vom Körper, der als Leichnam etwas Unreines ist und gemieden werden muß und vor dem man wenig Ehrfurcht hat, eine selbständige Existenz. Es scheint, daß sich die Angst vor dem Unheimlichen des Todes auf den toten Körper bezieht und nicht auf die Seele, mit der man weiter kommunizieren kann. Sie wird auf dem Weg ihrer Entwicklung zu einer Ahnenseele von der „Leichenunreinheit" gereinigt und von den Angehörigen durch vielfältige Riten begleitet. Durch diese Wandlung, die fünfzig Jahre dauern kann, während deren jede Totenseele an den Todesgedächtnistagen ihre eigenen Opfer erhält, verliert sie allmählich ihre Individualität und tritt in die „Generationen der Ahnen" ein. Während man von dem Zustand und der Existenzweise der Seelen im Jenseits kaum eine bestimmte Vorstellung hat, teilt man sie durch ihre Beziehung zu den Lebenden in drei Gruppen ein: Seelen, deren Persönlichkeit noch in der Erinnerung der Angehörigen lebendig ist; Seelen, deren Persönlichkeit schon vergessen ist und die nur in Gruppen existieren; schließlich Seelen, die als Ahnen durch Generationen hindurch verehrt und manchmal zu Ahnengöttern erhoben werden. Die Toten bleiben also als „jenseitige Angehörige" in die Familiengemeinschaft mit einbezogen.

In diese enge Gemeinschaft zwischen Lebenden und Toten, in der der Tod nicht die äußerste Trennung und Ausschließung bedeutet, sind in der altjapanischen Gesellschaft auch die Frauen integriert. Für sie hat der Totenseelen- und Ahnenkult nicht die verhängnisvolle Wirkung gehabt wie z.B. in Indien. Auch im Hinduismus ist die Totenseele während der Zeit bis zu ihrer nächsten Wiedergeburt auf die Hilfe und Unterstützung durch bestimmte Riten ihrer Angehörigen angewiesen. Die Totenriten dürfen aber nur von männlichen Nachkommen vollzogen werden; deshalb ist es von großer Wichtigkeit, für die Sicherung nicht nur des Alters, sondern mehr noch der Existenz nach dem Tod, Söhne zu haben – Frauen zählen hier nicht.

Die Erfahrung des Todes hat für die buddhistische Lehre eine konstitutive Bedeutung[2]; Thema dieser Lehre und Ziel der buddhistischen Ethik ist die Überwindung von Leid und Tod. Durch die Todeserfahrung wird dem Menschen die Leidhaftigkeit des Daseins bewußt und zugleich ist sie der entscheidende Anstoß zur Überwindung des Leids. Der Gedanke des Leidens und der Erlösung von ihm entsteht ursprünglich aus der Erfahrung der Welt und des Lebens in ihrem ständigen Wandel, d.h. der Vergänglichkeit allen Daseins: Die Welt und das Leben sind dem Tod unterworfen, und deshalb ist das Ziel des Buddhismus die „Erlösung vom Tod". Aber das Wissen vom Tod allein befreit noch nicht vom Leid; diese Befreiung ist ebenso wie die Überwindung des Todes nur durch eine radikal veränderte Einstellung zum Leben möglich – das Problem des Todes kann nur im Leben gelöst werden. Die Todeserfahrung, durch die man zu einer tieferen Daseinserkenntnis geführt wird, wird zum Anlaß, „die Welt zu verlassen", in die „Heimatlosigkeit" zu gehen, sich aus allen Bindungen an die Welt und an die Menschen zu lösen, d.h. die innere „weltliche Gesinnung" radikal zu verändern. Sie führt zu einer neuen Sittlichkeit, die sich in einem heiteren Gleichmut, in einer gütigen und mitleidvollen Gesinnung und in der selbstlosen Liebe ausdrückt.

Der Schrecken des Todes liegt vor allem in der Angst, sich selbst zu verlieren; im Kern des Todesproblems ist also die Frage nach der Identität des Menschen enthalten. „Die Bindung des Bewußtseins an das Ich läßt den Tod überhaupt erst in Erscheinung treten, und sie gibt ihm zugleich eine am Ich orientierte Wertung". Und: „Der Todeshorizont, in dem das Leben des Individuums immer steht und der den Ausgangspunkt seines Erlösungsstrebens bildet, erweist sich als ein Produkt der Ich-Verhaftung". Was H. von Stietencron[3] hier über den Hinduismus schreibt, gilt ebenso für den Buddhismus. Dieser hilft dem Menschen,

---

[2]) Vgl. zum folgenden auch: Perry *Schmidt-Lenkel*, Die Bedeutung des Todes für das menschliche Selbstverständnis im Pali-Buddhismus. München 1984.

[3]) Heinrich *von Stietencron*, Vom Tod im Leben und vom Leben im Tode: Bemerkungen zur hinduistischen Auffassung von Tod. In: Der Mensch und sein Tod. Hrsg. von Johannes Schwartländer. Göttingen 1976, S. 157. (Kleine Vandenhoeck-Reihe 1426).

sich von seinem „Anhaften" an alle vergänglichen Daseinserscheinungen zu lösen und bejaht in diesem Sinn das Selbst gegen den „Vernichtungsanspruch des Todes"; gleichzeitig verneint er das Selbst, indem er sich weigert, es mit irgendeiner vergänglichen Daseinserscheinung zu identifizieren. Diese Dialektik drückt sich, so könnte man vielleicht sagen, in den Worten aus, die Buddha nach seiner Erleuchtung sagte: „Das Todlose ist gefunden!" (Oder in einer anderen Übersetzung: „Die Erlösung vom Tode ist gefunden"). In diesem „Todlosen", dem Nirwana, vergißt der Erlöste sich selbst und ist von der Sorge um sein Ich befreit. Er gewinnt dadurch ein neues Verhalten zum Leben, das vor allem bestimmt ist durch die Überwindung der Todesfurcht und die Befreiung vom Leiden.

1. Verweigerung der Ehe durch den Tod: Ōigimi

Der Buddhismus war mit der Übernahme der chinesischen Kultur bis Mitte des 6. Jahrhunderts (offiziell 538) über Korea nach Japan gekommen. Die Heian-Zeit (794–1192) war geprägt durch die Transformation der übernommenen Kultur und auch des Buddhismus in japanische Formen; übernommene und ursprünglich japanische Elemente werden zu einer neuen einheitlichen und eigenständigen Kultur verbunden. Dies war auch deshalb möglich, weil sich Japan nach einer Periode der Öffnung nun für etwa 300 Jahre gegenüber der Außenwelt abschloß. (Dieser Vorgang wird sich zwischen dem 17. und 19. Jahrhundert wiederholen.) Im Zentrum dieser Gesellschaft stand die geschlossene Klasse der Aristokratie, deren Mittelpunkt der Kaiserhof in Kyōto war. Man kann die spezifisch japanische (Oberschicht-) Kultur dieser Zeit die „Heian-Hofkultur" nennen; ihr Leitbild war der gebildete und kultivierte Hofaristokrat, wie er in der idealen Gestalt des Prinzen Genji (s.u.) verkörpert ist, der in sich eine höchste ästhetische Verfeinerung in Verhalten, Bildung, Geschmack etc. und in der Sprache (man kommunizierte in vielen Situationen durch den Austausch kurzer, spontan erfundener oder zitierter Gedichte) mit einer tiefen Empfindsamkeit (auch Männer weinten oft), vor allem gegenüber der Natur, verband.

Eine Besonderheit dieser Kultur ist, daß sich innerhalb des abgeschlossenen Kreises der Hofaristokraten eine eigene Welt von adligen Frauen bildete, die in einigen Bereichen ihre eigene Kultur entwickeln konnten.

Dies war möglich, weil diese Frauen einerseits im Zentrum der Macht, der Staatsgeschäfte und Zeremonien lebten, andererseits selbst keine Macht hatten und vom politischen Leben ausgeschlossen waren. (Die Zeit, als Frauen regierende Kaiserinnen sein konnten, war längst vergangen; es gab in der Periode zwischen 592 und 770 acht Kaiser und sechs Kaiserinnen – zwei von ihnen regierten zweimal). Sie waren aber auch vom sozialen und ökonomischen Leben des Volkes abgeschnitten und konnten sich deshalb ganz auf ihre eigene Welt konzentrieren. Da sie das Hofleben aber nicht aktiv mitgestalten und verändern konnten, entwickelten einige der Hofdamen ihre Fähigkeiten in der Beobachtung und genauen Beschreibung dieses Lebens.

Frauen dieser Zeit waren von den klassischen chinesischen Studien und überhaupt von allen Bildungseinrichtungen ausgeschlossen, die eine berufliche Laufbahn ermöglichten. Eine Frau, die chinesische Texte lesen und schreiben konnte, galt den Männern als suspekt. Es war üblich, offizielle Texte in chinesischer Schrift und private Texte in japanischer Schrift (die durch die Vereinfachung der chinesischen Schrift entwickelt worden war) zu verfassen. Aus der doppelten Einschränkung machten nun einige Hofdamen einen Gewinn: Indem sie das genau beobachtete und psychologisch durchschaute Hofleben in japanischer Schrift (in „Frauenschrift", wie man die japanische Silbenschrift nannte) beschrieben – in Form von Tagebüchern, Essays und Romanen – schufen sie nicht nur einen der wichtigsten Abschnitte der japanischen Literaturgeschichte, sondern auch eines der bedeutendsten Beispiele für die zur Weltliteratur zählenden Beiträge von Frauen. Allerdings wurde diese Literatur in der damaligen Zeit nicht hoch eingeschätzt; sie galt eher als Zeitvertreib vornehmer Damen.

Das bedeutendste Werk dieser „Hofdamen-Literatur" ist *„Genji-Monogatari"* (*„Die Geschichte vom Prinzen Genji"*) von *Murasaki Shikibu*, geschrieben Anfang des 11. Jahrhunderts. Murasaki Shikibu (Abb. 1) hatte als Hofdame bei der Kaiserin Shōshi ein eigenes Zimmer am Kaiserhof (nach Virginia Woolf die erste Voraussetzung für die Unabhängigkeit der Frau). Die Welt, die sie in ihrem großen Roman beschreibt, ist weniger die Männerwelt der Politik und Zeremonien, sondern mehr die von Liebe und Erotik bestimmte Welt der Frauen. Aber diese Welt der Liebe beeinflußte umgekehrt auch das Leben der Männer am Hof: Die aristokratische Hofkultur war in hohem Maße eine verfeinerte und elegante „Liebeskultur". Sie ist in japanischer Weise ganz diesseitig, auf den Genuß des Lebens gerichtet; aber zugleich ist in diesem Leben das ständige Bewußtsein der Vergänglichkeit gegenwärtig. Liebe ist für viele Frauen, denen Genji begegnet, mit Leiden verbunden. Der Einfluß des Buddhismus ist im Roman immer zu spüren. Er hat den Frauen dieser Zeit (z.B. der Romanautorin Shikibu), wie Katō meint, die Möglichkeit gegeben, eine intellektuelle und psychologische Distanz zu dem Leben, das sie führten und zu der Welt, in der sie lebten, zu gewinnen[4].

Einige Elemente einer früheren matrilinear geprägten Gesellschaftsordnung waren in der Heian-Zeit noch erhalten geblieben: Das Haus wurde an die Töchter und nicht an die Söhne vererbt, und der Ehemann besuchte seine Frau in deren Haus. (Die Kinder wuchsen bei der Mutter auf.) Trotzdem waren Frauen von Männern abhängig; nur wenn sie reich waren, konnten sie es sich leisten, nicht zu heiraten. Die Männer dagegen konnten zu ihren Frauen kommen und gehen, wann sie wollten, sie lange Zeit allein lassen oder auch einfach verlassen, und sie konnten neben einer Frau noch andere haben. Und so ein für seine Zeit typischer, wenn auch idealisierter Mann war Genji (der zwei Ehefrauen – zeitlich nacheinander – und sehr viele Geliebte hatte). Dadurch, daß Murasaki Shikibu ihn zum Helden ihres Romans machte, konnte sie das Leben und Schicksal einer großen Zahl von Frauen darstellen und sie machte dies mit einer erstaunlich modern wirkenden Genauigkeit der Beobachtung und psychologischen Analyse. In ihrem Roman schuf sie einen Raum – wie andere Frauen in ihren Tagebüchern (auch Murasaki Shikibu selbst schrieb ein solches Tagebuch) –, in dem das Innenleben dieser Frauen bis in feinste Nuancen ausgedrückt werden konnte.

Was das Leben und die Liebe für viele Frauen im Roman so eng mit Leiden und Tod (der Erfahrung der Vergänglichkeit und dem Wunsch zu sterben) verband, war nicht so sehr die religiöse Grunderfahrung des Buddhismus, als vielmehr die Erfahrung ihrer Abhängigkeit und ihres Ausgeliefertseins an die Männer und deren Welt. Schon die erste im Roman dargestellte Frauengestalt Kiritsubo, Genjis Mutter, die vom Kaiser (Genjis Vater) leidenschaftlich geliebt und allen anderen Frauen vorgezogen wird, gerät durch diese Liebe in eine unerträgliche Lage, weil sie von niederem Rang ist, und die Hofgesellschaft, besonders die Kaiserin (und Mutter des Kronprinzen) fürchtet, der Sohn von Kiritsubo (Genji) wür-

[4]) *Katō* Shūichi, Nihonbungakushi Josetsu. Tokyo 1975, Bd. I, S. 173. (Englische Ausgabe: A History of Japanese Literature. 3 Bde. London; Basingstoke 1979. Übersetzung von David Chibbett).

de vom Kaiser zum neuen Kronprinzen gemacht werden. Sie wird krank, bittet den Kaiser, in das Haus ihrer Mutter zurückkehren zu dürfen, und stirbt dort. Und gleich die zweite Frauengeschichte im Roman zeigt das Problem, das immer wieder thematisiert wird, und das Genjis Mutter in den Tod getrieben hat: Frauen können zwar den Antrag von Männern ablehnen, können sich aber der Liebe der Männer nicht immer entziehen; dagegen müssen sie es ertragen, daß Männer sich jederzeit aus einer Beziehung zurückziehen können. Es galt als unvornehm, wenn eine Frau gegenüber anderen Geliebten des Mannes nicht Duldsamkeit und Nachsicht zeigte.

Wie verhält sich in einer solchen Situation eine starke Frau? Rokujō-no Miyasudokoro[5] war eine der Geliebten Genjis. Sie war von kaiserlicher Herkunft und hatte das hohe Amt der „Saigū" ausgeübt. Bei der Thronbesteigung eines neuen Kaisers wurde aus dessen Familie eine unverheiratete Prinzessin ausgewählt, die zur höchsten Priesterin am Ise-Schrein (dem wichtigsten in Japan) ernannt wurde; sie war dort die Vertreterin des Kaisers, der in Japan nicht nur die höchste politische Instanz, sondern auch der höchste Priester war. Das Saigū-System ist eine der letzten Spuren aus dem matrilinear geprägten alten Japan und wurde bis etwa Mitte des 14. Jahrhunderts fortgeführt, allerdings als ein mehr formelles Amt ohne wirkliche politische Macht. Aber weder ihre Herkunft noch ihr früheres hohes Amt als Saigū konnten Rokujō-no Miyasudokoro davor bewahren, von Genji verlassen zu werden. Sie wird als sehr kultivierte Frau geschildert, ernst, nachdenklich und zurückhaltend, und wirkt deshalb auf den jüngeren Genji, den sie liebt und mit dem sie eine geheime Beziehung hat, bedrückend: Er fürchtet, von ihr verachtet zu werden, wenn er ihr zu nahe kommt.

Die Beziehung zwischen Miyasudokoro und Genji ist kompliziert; obwohl schon bald der ganze Hof davon weiß, kommen beide nicht voneinander los. Miyasudokoro ist tief gekränkt, daß sie von Genji nicht stärker geliebt wird. Bei einer festlichen Prozession durch Kyoto, bei der Genji der glänzende Mittelpunkt ist, kommt es zu einem Zwischenfall,

---

[5]) Es galt in der Heian-Zeit als unangebracht, die Namen der vornehmen Damen direkt zu nennen. Offiziell nannte man deshalb Frauen nach dem Amtsnamen oder mit dem Namen ihres Vaters oder eines ihrer männlichen Angehörigen wie bei Shikibu (Amtsname des Vaters; den Namen Murasaki hat sie nach der wichtigsten Frauengestalt des Romans erhalten). Rokujō-no Miyasudokoro ist ebenfalls kein Eigenname, sondern Rokujō ist der Ort ihres Wohnhauses und Miyasudokoro ist eine Bezeichnung für Geliebte des Kaisers (eigentlich: des Kaisers Ruheort).

bei dem sich Miyasudokoro durch die Diener der Ehefrau Genjis, Aoi-no Ue, und durch diese selbst sehr schwer beleidigt fühlt. Genji, der seiner Frau Vorwürfe wegen ihres Verhaltens macht, kommt dadurch zwischen beiden Rivalinnen in eine schwierige Lage, und es gelingt ihm nicht, die stolze Miyasudokoro in ihrer Wut über die Demütigung zu trösten. Kurz darauf wird seine Frau, die schwanger ist, krank; man glaubt, sie sei von bösen Geistern besessen. Priester und die besten Exorzisten werden gerufen, denen es auch gelingt, alle Geister zu identifizieren und auszutreiben – bis auf einen. Es entsteht das Gerücht, es könnte Miyasudokoros Geist sein; sie hört davon und ist betroffen: trotz ihres großen Kummers hatte sie nie jemandem eine Krankheit gewünscht. Sie erinnert sich an mehrere Träume, in denen sie wild auf eine vornehme Frau, die die Frau von Genji zu sein schien, einschlug – sollte ihre Seele wirklich „gewandert sein"? Es war üblich, von den Seelen rachedurstiger Toter zu glauben, sie würden den Menschen Krankheiten bringen – sollte ihre Seele unbewußt das gleiche tun, während sie noch lebte? Sie durfte nicht mehr an Genji denken, aber, so meint Shikibu scharfsinnig, so zu denken heißt eben immer noch denken!

Als Genji seine kranke Frau besucht und mit ihr spricht, merkt er, daß es nicht ihre Stimme ist, die ihm antwortet; es ist Miyasudokoros Stimme. Kurz darauf bringt seine Frau ihr Kind zur Welt und erholt sich danach langsam. Miyasudokoro erfährt davon, aber sie ist außer sich, weil sie an ihren Kleidern und an ihrem Körper den Geruch von Mohn spürt, wie er bei Exorzismen verbrannt wird. Wenig später stirbt dann Aoi-no Ue; Genji wird sich erst jetzt in seiner Trauer bewußt, was er ihr während ihres Lebens angetan hat. Die Erwartung der Gesellschaft und besonders der Hausleute von Miyasudokoro, daß sie nun Genjis offizielle Frau werden würde, wird enttäuscht. An dem kühlen Verhalten Genjis ihr gegenüber merkt Miyasudokoro, daß er vom Geheimnis ihrer wandernden Seele weiß und entschließt sich endgültig, die Beziehung zu Genji abzubrechen; sie begleitet ihre Tochter, die mit vierzehn Jahren zur Saigū ernannt wurde, zum Ise-Schrein.

Neben der eigentümlichen, für Japan typischen Vermischung von shintoistisch-animistischen und buddhistischen Elementen zeigt die Autorin Shikibu hier eine erstaunlich moderne psychologische Einsicht: Genjis Traumerscheinung drückt sein Schuldbewußtsein aus, und Miyasudokoro, die in ihrem wirklichen Leben ihre Gefühle, besonders ihre Aggression, unterdrücken muß, rächt sich als „wandernder Geist" an

Genjis Frau, auch an einigen seiner Geliebten und damit an ihm. Als Lebende hat sie keine Handlungsmöglichkeiten. Als sie noch nach ihrem Tod zum letzten Mal erscheint, lacht sie sogar, nachdem sie Genjis zweite Ehefrau, die Kaisertochter Onna San-no Miya, gezwungen hatte, Nonne zu werden, d.h. auf ihr weltliches Leben zu verzichten. Es ist, als ob sie erst als Tote die wirkliche Freiheit gewonnen hätte zu handeln, und sich dadurch von den Zwängen und Erniedrigungen befreien konnte, unter denen sie in ihrem Leben ohnmächtig leiden mußte.

Während Rokujō-no Miyasudokoro ihr früheres Amt als höchste Shintō-Priesterin eher als einen Verlust empfand, weil sie sich in dieser Zeit nicht buddhistischen Übungen widmen konnte, lebt die zweite Frauengestalt aus der Genji-Geschichte, die wir kurz darstellen wollen, Ōigimi, von Anfang an in einer buddhistischen Atmosphäre. Ihr Vater, Hachi-no Miya, war ein kaiserlicher Prinz und jüngerer Halbbruder von Genji (der in diesem zweiten Teil des Romans schon gestorben ist). Er war in einer Auseinandersetzung um die Ernennung zum Kronprinzen unterlegen und hatte sich danach enttäuscht und verbittert aus dem öffentlichen Leben zurückgezogen. Er führte eine für die damalige Zeit ungewöhnlich gute Ehe mit seiner Frau, die erst spät zwei Töchter gebar. Nach der Geburt der zweiten Tochter, Naka-no Kimi, starb sie. Ihr Mann fiel in tiefe Trauer und zog sich noch mehr von der Welt zurück. Er verlor seine Ländereien (die ökonomische Grundlage der Hofaristokratie) ohne zu wissen wie, und als sogar seine Villa in Kyoto abbrannte, zog er mit seinen Töchtern nach Uji, einen Ort in den Bergen nicht weit von Kyoto entfernt an einem reißenden Fluß; sie wohnten dort in einem einfachen Haus nahe einem Kloster. Er wollte sich ganz von der Welt und vom Leben loslösen und wäre am liebsten Mönch geworden – nur die Sorge um seine Töchter hielt ihn davon ab.

Ōigimi (Bezeichnung für die älteste Tochter) und Naka-no Kimi (Bezeichnung für die zweite Tochter) wachsen seit ihrer frühesten Kindheit in einer Atmosphäre auf, die von Trauer und Melancholie und von dem Bewußtsein des Verfalls und der Vergänglichkeit erfüllt ist. Beide Schwestern gehören als Prinzessinnen einerseits zur vornehmen und eleganten Welt der Hofaristokratie und haben eine entsprechende Erziehung und Lebensform; zugleich leben sie ganz zurückgezogen in ihrer eigenen Welt und gewinnen gerade aus der Langeweile und Einsamkeit ihres Lebens einen besonderen Charme. Aus dieser Spannung entsteht eine Schönheit und Poesie, wie man sie bei manchen Menschen in den

Dramen von Čechov findet, die ihnen die innere Kraft gibt, sich gegen das Eindringen der Gesellschaft in ihre Welt zu wehren. Vor allem lassen sie keinen Mann in ihren Lebensraum vordringen. Auch ihr Vater, der nur noch für seine Töchter lebt, obwohl er das Leben als Last empfindet, bestärkt sie darin, niemals einen Mann zu heiraten, der ihrer unwürdig ist. Die tragische Hoffnungslosigkeit, die daraus entsteht und an Čechov denken läßt, wird deutlich, als ein junger Mann vom Hof, der von der Weisheit Hachi-no Miyas gehört hatte und von ihm lernen will, das einsame Haus in Uji besucht. Es ist Kaoru, der als Sohn Genjis gilt, aber ganz anders als dieser am gesellschaftlichen und erotischen Leben des Hofadels wenig Interesse hat; er möchte bei Hachi-no Miya, dessen Vertrauter er bald wird und den er regelmäßig besucht, die buddhistischen Lehren studieren. Natürlich weiß er von den Schwestern, aber immer bleiben sie, auch wenn er zu ihnen spricht oder wenn man Gedichte austauscht, hinter den Vorhängen, Wandschirmen und Schiebetüren verborgen (nach der damaligen Sitte; wie Abb. 2). Von ihrer früheren Gouvernante, die noch bei ihnen lebt, erfährt er seine wahre Herkunft: Er ist nicht der Sohn Genjis, sondern seine Mutter, Genjis Frau, hatte ein geheimes Verhältnis mit Kashiwagi, dem Sohn des besten Freundes von Genji; bald nach seiner Geburt wurde sie Nonne, und sein Vater starb aus Kummer und Reue über diese tragische Liebe. Die Kenntnis seiner Herkunft kann Kaoru nur in seiner Neigung zum Buddhismus bestärken. Er wäre, auch im Sinne des Vaters, ein würdiger Mann für eine der Schwestern (die dann die andere bei sich aufnehmen könnte); aber auch er kann ihnen nicht wirklich näher kommen. Ihr Vater vertraut sie Kaoru an und kurz darauf stirbt er plötzlich bei einem Aufenthalt im Kloster. Sein Tod ist für die Schwestern, die sich ein Leben ohne ihren Vater nicht vorstellen können, ein Schock, und wie betäubt leben sie weiter. Ihr Vater hatte ihnen in seinem Vermächtnis gesagt, sie seien verschieden von den anderen Menschen und dazu bestimmt, allein zu leben; für eine Frau sei es, noch mehr als für einen Mann, gut, Abstand von der Welt zu halten. Nun, nach seinem Tod, leben sie noch einsamer.

Kaoru fährt fort, sie zu besuchen. Obwohl er sich über ihre Zurückhaltung beklagt, kann auch er sich nicht überwinden, die Hand Ōigimis einfach zu fordern. Sie, hinter deren Eleganz und Schönheit sich, wie Shikibu beschreibt, geheime Tiefen und eine gewisse Schwermut verbergen, hat Kaoru besonders beeindruckt. Nie in seinem Leben hat er eine Frau wirklich geliebt und er hat Schwierigkeiten zu verstehen, daß er

Ōigimi auf eine besondere Weise liebt, die nicht in die übliche Welt des damaligen „Liebeslebens" paßt. Gilt dies auch umgekehrt für Ōigimi? Sie versucht, auf eine fast ängstliche und übertriebene Weise, sich durch die strenge Einhaltung der Etikette zwischen Mann und Frau vor allen Annäherungsversuchen Kaorus zu schützen, obwohl sie weiß, daß er sich von den anderen Männern unterscheidet und sie ihm vertrauen kann. (Die Schwestern sind durch ihre Einsamkeit schüchtern geworden und fürchten nichts so sehr, als daß sie sich vor anderen lächerlich machen könnten.) Aber Ōigimi scheint nicht glauben zu können, daß eine Liebe, wie sie zwischen ihr und Kaoru möglich wäre, in dieser Gesellschaft und in dieser Welt bestehen könnte; deshalb will sie lieber allein leben. Als Kaoru sein Verhalten ändert und fast gewaltsam Ōigimi für sich gewinnen will, muß sie eine Entscheidung treffen. Sie fühlt sich für ihre Schwester verantwortlich und will nicht, daß diese ein so einsames Leben führen soll, wie Ōigimi es für sich selbst will. Deshalb versucht sie, Kaorus Interesse auf Naka-no Kimi zu lenken; gleichzeitig hatte dieser aber längst seinen Freund, den hohen Prinzen Niō-no Miya, der zum Kronprinzen ernannt werden soll, für Naka-no Kimi interessiert, weil er glaubte, Ōigimi werde dadurch frei. Es kommt zu einer sehr komplizierten dramatischen Situation, die zu tragischen Mißverständnissen und Handlungszwängen führen muß. Ōigimi fühlt ihre Ohnmacht als Frau, die ganz allein ist, hilflos und ohne Schutz. Sie wäre ebenso ihrem Ehemann ausgeliefert, wenn sie heiraten würde; sie hält die Ehe für die ödeste aller Beziehungen, die die Welt zu bieten hat. Ihr Entschluß steht fest, niemals zu heiraten. Sie fühlt sich in ihren Befürchtungen bestätigt, als sie erkennt, daß ihre Schwester durch die Ehe mit dem hochrangigen Partner Niō-no Miya das übliche Schicksal als Opfer der Männer erleiden wird. Und da wird Ōigimi krank. Kaoru hört von ihrer Krankheit, eilt zu ihr und weicht nicht mehr von ihrem Krankenlager; er versteht, daß sie sterben will, denn Ōigimi weigert sich, Medizin zu nehmen. Nachdem sie durch ihre Krankheit die Schranken Kaoru gegenüber hat fallen lassen, sieht sie keinen anderen Ausweg mehr, als ihn zu heiraten, falls sie gesund werden würde. Deshalb möchte sie unbedingt sterben. Und falls sie nicht sterben kann, möchte sie diese Krankheit zum Vorwand nehmen und Nonne werden, damit sie nicht erleben muß, daß die Liebe Kaorus, die nun unveränderlich zu sein scheint, sich doch ändern würde. Und dann, glaubt Ōigimi, könnten sie ihre Beziehung aufrechterhalten, wie sie ist. So stirbt Ōigimi, die immer schöner geworden war, je schwächer sie wurde und deren Traurigkeit etwas Geheimnisvolles hatte, wie eine Blume, die verwelkt. (Dies ist Shikibus Bild.)

Kaoru konnte nicht einmal mit seiner ernst gemeinten Liebe ins Innere von Ōigimi vordringen und ihre strenge Haltung ändern, die aus ihrer Einsicht in das Schicksal der Frauen hervorging und zum Entschluß führte, nicht zu heiraten, um sie selbst bleiben zu können.

Warum wollte und mußte Ōigimi sterben? Die anderen Menschen, besonders die Dienerinnen, verstanden sie nicht. Hatte sie nicht das große Glück, in ihrem traurigen und zurückgezogenen Leben dennoch den besten und einen ihrer würdigen Mann heiraten zu können? Warum wollte sie nicht? Ihre Frauen gaben die Schuld ihrem Vater und der Isolation vom gesellschaftlichen Leben, in der die Schwestern aufwuchsen. Ein anderer Grund liegt sicher auch im Schuldgefühl dem Vater gegenüber, das die Töchter haben mußten, weil sie ihn daran hinderten, sich vom Leben und von der Welt zu lösen. Die Schwestern hatten, je älter sie wurden, desto mehr das Gefühl, daß sie nicht für diese Welt bestimmt waren – ihr Leben war eigentlich ohne Zweck und Ziel, wie besonders Ōigimi fühlte. Aber umgekehrt konnte sie gerade in diesem Leben viel deutlicher als andere Frauen sich ihre Lage bewußt machen: Es gab für sie keinen Lebensraum und keine Lebensmöglichkeit, außer einem Leben, das nicht Leben war und auch nicht Tod – und ohne Hoffnung. Ōigimi spricht, anders als ihr Vater und Kaoru, nie von einem erlösten Leben nach dem Tod im Paradies; Frauen waren nach der buddhistischen Lehre sündige Wesen, für die es nur unter besonderen Bedingungen Erlösung geben konnte[6]. Durch ihre Hilflosigkeit seien Frauen oft die Ursache für Probleme, Sorgen, Aufregungen und auch Ärger, wie sogar einmal Hachino Miya in einem Gespräch zu Kaoru sagt. Ohne männlichen Schutz waren sie der Gesellschaft hilflos ausgeliefert. Da blieben nur zwei Auswege: entweder Nonne zu werden oder zu sterben. Warum konnte Ōigimi nicht die andere Alternative wählen, den Weg der Liebe? Dieser Weg wäre für sie möglich gewesen, und ihre Tragik liegt darin, daß sie ihn nicht gehen konnte. Warum? Sie konnte an die Möglichkeit einer wirklichen Liebe in dieser Gesellschaft nicht glauben. Kaoru wußte, daß er damit gescheitert war, ihr diesen Glauben möglich zu machen.

---

[6]) Der Buddhismus enthält viele frauendiskriminierende Lehren. So heißt es z.B. in dem in Japan sehr verbreiteten Text des Hokekyō (Lotussutra), daß Frauen nicht die Buddhaschaft erreichen können; und im Nehangyō (Großes Nirwana-Sutra) heißt es, daß die Frauen der Ort sind, wo das Böse wohnt.

Wenn Frauen in ihrem Leben keine andere Möglichkeit sehen, als Nonne zu werden, d.h. sich aus dem weltlichen Leben zurückzuziehen, oder als sterben zu wollen, was wird dadurch über ihr Leben ausgesagt? Wenn Ōigimi, eine starke Frau, die ein bedeutendes Leben hätte führen können, den Tod vorzog, dann lag der Grund darin, daß sie wußte, Liebe und Ehe konnten für eine Frau nur Abhängigkeit und Ausgeliefertsein bedeuten – und einen anderen Lebensinhalt als Liebe und Ehe gab es für Frauen damals nicht. Rokujō-no Miyasudokoro, die andere starke Frauengestalt, konnte in ihrem wirklichen Leben auch nicht handeln, aber als ‚wandernde Seele' konnte sie sich – nach den animistischen Vorstellungen dieser Zeit – für ihr Leiden und ihre Demütigung an Genjis Frauen und Geliebten und damit an ihm rächen. Dies mag eine Projektion ihres Unbewußten gewesen sein, um ihre inneren Konflikte zu lösen und ihre unterdrückte Aggression zu befreien; aber war es nicht auch, und noch mehr, eine Projektion des Todes auf das Leben? Auch Miyasudokoro bewegte sich in einem Raum zwischen Leben und Tod. Nur in diesem Zwischenbereich konnten Frauen existieren, die mehr wollten als die ihnen aufgezwungenen Rollen der Geliebten, Ehefrau, Mutter duldsam und angepaßt zu spielen. Ihnen, die das kunstvolle Spiel der Liebe in der aristokratischen Hofgesellschaft nicht mitspielen wollten oder für die es Leiden bedeutete, blieb nur der Rückzug aus dem weltlichen Leben oder das Ausgelöschtwerden durch den Tod – oder, für einige wenige, das Schreiben, wie bei der Autorin Shikibu selbst.

2. Verwirklichung der Liebe durch den Tod: Koharu

Im Laufe der historischen Entwicklung nach der Heian-Zeit haben die Frauen immer mehr Rechte verloren. Die Eheform ist völlig in die patrilokale übergegangen, und damit verloren die Frauen ihr Erb- und Eigentumsrecht. Mit dem Aufkommen der Ritterherrschaft festigte sich das Patriarchat in allen Lebensbereichen. Schon aus der Heian-Zeit sind uns (bis auf wenige aristokratische Frauen) die Namen der Frauen unbekannt; selbst die eigentlichen Namen und Lebensdaten der heute bekanntesten Dichterinnen kennt man nicht. In der höchsten Kaste der Edo-Zeit (1603–1868), der Ritter, mußte man die Geburt jedes Sohnes beim Tokugawa-Bakufu, der höchsten Machtinstanz und Zentralregierung, anmelden, bei den Töchtern aber bestand diese Pflicht nicht: Sie zählten nicht zur Familie. In einem Sprichwort heißt es: „Frauen haben in dieser Welt kein Zuhause". Frauen hatten so gut wie keine Rechte, sondern nur Pflichten. Obwohl die konfuzianistischen Texte in Japan schon zwischen dem 4. und 5. Jahrhundert eingeführt wurden, gewinnen ihre Lehren erst zur Edo-Zeit, in der das patriarchalische System in allen gesellschaftlichen Bereichen herrschend wurde, großen Einfluß – sie waren Staatslehre und wurden in den Gesetzen verankert. Für Frauen galt die „Drei-Gehorsam-Lehre": Frauen sollten, wenn sie jung waren, den Eltern, wenn sie heirateten, ihrem Ehemann, und wenn sie alt waren, ihrem Sohn gegenüber gehorsam sein. Die wichtigste konfuzianistische Tugend, der Gehorsam den Eltern gegenüber, wird in der ritterlichen Gesellschaft auf den Gehorsam dem Herrscher gegenüber und auf alle anderen sozialen Beziehungen übertragen, auch auf die Ehebeziehung. Die Ehefrau konnte jederzeit einseitig vom Ehemann verstoßen werden; es gab dafür sieben Gründe, z.B. wenn die Ehefau den Schwiegereltern nicht gehorsam war, wenn sie kein Kind bekam, wenn sie eifersüchtig war etc. – es ging aber auch ohne jeden Grund. Man heiratete, um einen Erben zu bekommen, und dafür waren oft Konkubinen ‚unentbehrlich'. Es gab in der japanischen Geschichte nie zuvor und nie danach eine Epoche wie die Edo-Zeit, in der die Frauen so brutal auf ihre bloßen biologischen Funktionen eingeschränkt wurden, auf die Sexual- und Gebärfunktion.

Auch in dem Drama *„Shinjū Ten-no Amijima"* („Doppelselbstmord in Amijima")[7] von *Chikamatsu Monzaemon* (1653–1724), das 1720 geschrieben wurde, treten zwei zentrale Frauengestalten auf, die die beiden weiblichen Grundtypen repräsentieren: die eine, Osan, die Frau von Kamiya Jihei, einem Papiergroßhändler in Ōsaka, ist Mutter und Ehefrau, und die andere, Jiheis Geliebte Koharu, ist eine Prostituierte. Kamiya Jihei hat eine Liebesbeziehung zur Prostituierten Koharu. Da er nicht genug Geld hat, um Koharu vom Bordell loszukaufen, verabredet er mit ihr, zusammen zu sterben. Jihei erfährt aber, daß Koharu, da sie ihre alte Mutter, die ohne ihre Unterstützung keine Überlebenschancen hätte, nicht allein lassen kann, in Wahrheit doch nicht mit ihm sterben will. Nach einigen Tagen kommt Jiheis Bruder Magoemon, der das Gerücht gehört hatte, daß Koharu von einem Kunden losgekauft werde, und

[7]) „Shinjū Ten-no Amijima" ist als ein Jōruri-Theaterstück geschrieben, d.h. für ein Puppen-Theater mit Rezitator, begleitet von einem Saiteninstrument (Shamisen). Chikamatsu schrieb dieses Drama nach einem tatsächlich geschehenen Doppelselbstmord.

dachte, dieser Kunde sei Jihei, wütend zu den Eheleuten Jihei und Osan und macht Jihei Vorwürfe. Nachdem die beiden das Mißverständnis aufgeklärt haben, sagt Osan besorgt ihrem Mann, daß bei Koharu die Gefahr eines Selbstmordes bestehe, wenn sie von jemand anderem losgekauft werde, da sie ja in Wirklichkeit ihn, Jihei, liebe. Osan erklärt, daß Koharu ihm nicht untreu geworden sei, als sie entgegen ihrem Versprechen mit ihm nicht mehr sterben wollte, sondern daß sie es tat, weil sie, Osan, ihr geschrieben und sie gebeten hatte, ihren Ehemann nicht sterben zu lassen. Um Koharus Leben zu retten, gibt Osan ihrem Mann Geld, das sie durch die Verpfändung ihrer Kleider vorbereitet hatte. In diesem Augenblick kommt Osans Vater, und wütend über Jihei, der gerade weitere Kleider von Osan und von ihren Kindern zum Verpfänden mitnehmen will, kündigt er ihm die Scheidung an und nimmt seine Tochter Osan gewaltsam und gegen ihren Willen nach Hause mit. Jihei, dessen Familie damit zerstört ist, begeht nun mit Koharu, die sonst zu einem anderen Mann gehen müßte, Selbstmord.

Obwohl Männer in dieser Zeit mehrere Frauen haben durften, mußte die Ehefrau immer ihrem Ehemann und Herrn treu sein. Ganz anders als bei einem Mann hatte eine Ehefrau, die untreu wurde, die Todesstrafe zu erwarten. Aber auch einer unverheirateten Frau, die eine Liebesbeziehung mit einem anderen Mann als mit dem von den Eltern bestimmten hatte, konnte es genauso wie bei einem Ehebruch ergehen. Frauen wurden nur auf die Heirat hin erzogen und ihr Leben war eine einzige Abhängigkeit – es gab für sie kein eigenes Leben. Gab es für sie einen eigenen Tod? Wahrscheinlich gab es für sie nur den Weg, in einem abhängigen, nicht-eigenen Leben zumindest den Tod zu ihrem eigenen zu machen – durch Selbstmord. Koharu wurde wahrscheinlich wie viele Bauernmädchen und andere arme Mädchen von ihrem Vater als Prostituierte verkauft, damit er die hohen Steuern zahlen und überhaupt überleben konnte. Ihr Leben war zuerst in den Händen des Vaters, und dann in denen des Bordellbesitzers; nicht einmal ihr Körper gehörte ihr selbst, sondern den Kunden.

Für die Ehefrauen gab es nur die Pflicht zu gebären; Erotik suchte man bei Prostituierten – so wurden die Frauen nach ihren Funktionen in der männlichen Gesellschaft in zwei Kategorien eingeteilt. Bei den Ehefrauen hatte Liebe nichts zu suchen. In einigen Theaterstücken Chikamatsus treten Ehefrauen auf, die zufällig in die Lage kommen, wegen Ehebruchs verdächtigt zu werden, und für ein ‚Verbrechen', das sie nicht begangen haben, ermordet oder doch noch im letzten Moment gerettet zu werden. Hierin steckt viel mehr als nur die Tatsache, daß die Männer sich an ihren Frauen rächen. Kann der Grund für die besonders brutale Strafe sein, daß Frauen, die nur bestimmte Funktionen für Männer erfüllen sollten, doch noch eigene menschliche Gefühle und ihren eigenen Willen besaßen? Liebe drückte in diesem Fall ihren Lebenswillen aus und galt deshalb als Rebellion gegen die unmenschliche Gesellschaft; sie mußte mit dem Tod bestraft werden. Auf der Seite der Prostituierten war aber auch kein Platz für Liebe; was bei ihnen gesucht wurde, war vor allem Sexualität. Wenn Prostituierte wirklich liebten, anfingen, ihr eigenes Leben zu leben, mußte dies notwendigerweise zu einem Konflikt führen. Einer Prostituierten, die jemanden liebte, wie Koharu in diesem Drama, wurde erst recht deutlich gemacht, daß sie nicht über sich verfügen konnte. Sie durfte nur in der Funktion, sexuell Männern zu dienen, leben und hatte keine andere Existenzmöglichkeit. Liebende wie Koharu und Jihei konnten in ihrer ausweglosen Lage nur im Tod ihre Zuflucht suchen. – Wie kann man das in der Edo-Zeit so häufig auftretende Phänomen des Doppelselbstmordes von bürgerlichen Liebespaaren sozialgeschichtlich erklären?

In der Hofkultur der Heian-Zeit gewann der Buddhismus einen immer größeren Einfluß auf die Einstellung der Adligen zum Tod. Zuerst geschah dies in einer ziemlich oberflächlichen Weise aus dem Wunsch heraus, mit Hilfe Amida Buddhas ins Paradies eingehen zu können. Mit den zunehmenden politischen, gesellschaftlichen und kriegerischen Unruhen fühlten sich die Menschen immer stärker von der buddhistischen Weltanschauung angezogen; danach ist das Leben auf dieser Welt von Leiden und Vergänglichkeit bestimmt und die einzige Rettung und Lebensaufgabe besteht darin, sich von diesem Leben zu befreien. Aber es geht, wie wir gesehen haben, nicht nur um die Befreiung vom Leben, sondern um die Befreiung vom Leben *und* vom Tod: Nicht im Tod liegt die Befreiung, sondern man muß nach den buddhistischen Lehren frei vom Leben wie auch vom Tod existieren können.

Die Ritterschicht, die seit dem 12. Jahrhundert ihre Macht immer mehr vergrößerte, hatte eine ganz andere Lebensweise und Moral als die bis dahin herrschende adlige Schicht. Besonders wichtig für unser Thema ist ihre Einstellung zum Tod, die zusammen mit ihrer Moral zunehmend auch die anderen gesellschaftlichen Schichten prägte. „Das Wesen des ‚Bushidō' (Weg der Krieger, ‚Samurai') besteht im Sterben" heißt es im „Hagakure", dem bedeutendsten Buch für die Theorien des „Bushidō". Es entstand 1716, in einer Zeit, in der der Bushidō nicht mehr der alte war, und wurde wahrscheinlich auch als Ermahnung geschrieben, dem alten Bushidō treu zu bleiben. Der Ritter stand als Krieger immer dem Tod gegenüber; solange man als Ritter lebte, mußte man auf den Tod vorbereitet sein. Wer den Tod fürchtete, konnte nicht kämpfen, und damit hatte er kein Existenzrecht als Ritter. In der Einstellung der Ritter zum Tod kann man die Einflüsse des Buddhismus deutlich erkennen: Um auf den Tod vorbereitet zu sein, um jederzeit sterben zu können, muß man sich von allen weltlichen Begierden losgelöst haben. Der Zen-Buddhismus, dessen Ziel darin besteht, nicht durch Spekulation, sondern durch praktische Meditationsübungen direkt zur Erleuchtung zu gelangen, zog den schlichten und direkten Geist der Ritter an; er fand nicht nur große Förderer in der Ritterschicht, sondern viele bedeutende Ritter waren auch seine eifrigen Schüler und Anhänger. Besonders die geistige Einstellung des Zen-Buddhismus, daß man frei dem Leben und dem Tod gegenüber sein soll, wurde als die wesentliche Voraussetzung für einen tapferen Ritter betrachtet. Aber noch ein anderer wichtiger Punkt prägte die Einstellung der Ritter zum Tod: Sie hatten zwei Dinge, für die sie sterben konnten, ihren Ruf (Ehre) und ihre Hingabe einem Herrn gegenüber. Diese waren für die Ritter über den Tod hinaus wichtig. Für das Aufkommen der Ritter anstelle der Adligen war ein wichtiger Grund die starke zwischenmenschliche Bindung zwischen dem Herrn und seinen Vasallen. Diese Beziehung des Ritters zu seinem Herrn, für den er aus Dankbarkeit für die materielle und immaterielle Unterstützung sein Leben aufopfern kann und will, hatte etwas Religiöses an sich. Im „Hagakure" wird interessanterweise als Vorbild für diese Beziehung zwischen dem Ritter und seinem Herrn die „verborgene Liebe" herangezogen, die niemals dem geliebten Menschen offenbart werden soll.

Im Laufe der Edo-Zeit, in der die Tokugawa-Dynastie in ganz Japan ihre Herrschaft stabilisierte und durch ihr raffiniertes Herrschaftssystem den Frieden sicherte (in dieser Zeit war Japan fast vollständig von der Außenwelt abgeschlossen), änderte sich die Lebensform der Ritter von der des Kriegers zu der des bürokratischen Beamten und damit zusammenhängend ihre Einstellung und ihre Moral. Noch zu Anfang der Edo-Zeit gab es viele Vasallen, die, als sie keine Gelegenheit mehr hatten, im Krieg für ihren Herrn zu sterben, dem Herrn, auf den sie ihr Leben gesetzt hatten, in den Tod folgten (diesen Tod nannte man „Oibara"). Später, als diese Form des Selbstmordes fast zur Mode wurde und daraus eine wettkampfähnliche Situation zwischen verschiedenen Han (Daimyaten; Fürstentümern) entstand, wurde dieser Opfertod im Jahr 1663 verboten.

Die Ritter, die Frauen gegenüber eine verächtliche Einstellung hatten, wurden in der Gesellschaft der Edo-Zeit als die moralisch maßgebende Schicht betrachtet (vor allem von ihnen selbst, da sie ja die Gesetze und die Moral bestimmten und den anderen aufzwangen). Dennoch entwickelten die Bürger, durch die eine neue, städtische Kultur in Japan entstand, allmählich ihr eigenes Selbstbewußtsein und manchmal sogar, wie es in einigen literarischen Werken ausgedrückt wird, ein Überlegenheitsgefühl in ihrer im Vergleich zur feudalistisch-konfuzianistischen Moral der Ritter humaneren Einstellung. Und trotzdem könnte man in den manchmal recht grausamen und blutigen Doppelselbstmorden eine Art Anlehnung an die ritterliche Todesmoral erkennen: Konnten nicht auch die von der Ritterschicht verachteten und erniedrigten Bürger (sie standen offiziell am niedrigsten im damaligen Kastensystem) für ihre Sache ebenso tapfer ihr Leben aufgeben? Und das, wofür sie sterben konnten, wirkte geradezu als Rebellion gegen die inhumane konfuzianistische Moral der Ritter: die Liebe. Die Ritter starben für ihren Namen und für ihren Herrn (auch wenn man diese Beziehung mit einer „heimlichen Liebe" verglich, war sie eine einseitige, ungleiche Beziehung), und die verachteten Bürger und Frauen starben für den höchsten Ausdruck der menschlichen Gefühle und des Lebens, die Liebe.

Für das konfuzianistische Herrschaftssystem galt die Liebe als Bedrohung, im Grunde als antisozial und unmoralisch – die hierarchische Gesellschaftsordnung beruhte ja vor allem auf den Prinzipien der Unterordnung und des Gehorsams, d.h. der Ungleichheit und Unfreiheit. Dieser Welt der Pflicht konnten die Bürger (Chōnin) sich nur (zeitweise) entziehen durch Besuche in den Vergnügungsvierteln der Städte, in denen sogar das sonst so strenge Kastensystem nicht mehr galt – Ritter mußten beim Eintritt ihre Schwerter ablegen –, und in denen andere Regeln und eine andere Ordnung herrschten als in der Gesellschaft draußen. Diese Viertel – die Welt des „Ukiyo" (die fließende Welt des Scheins) – mit ihren „Freuden"-Häusern waren Orte der „Liebe", wo sich jetzt eine neue „Liebes"-Kultur („Prostitutionskultur") entwickelte. Es war neben dem Theater der einzige Freiraum der Bürger für ihr Gefühlsleben[8].

8) Bilder von Frauen aus dieser Zeit sind durch die Holzschnittdrucke (Ukiyo-e) in Europa nur allzu bekannt.

Chikamatsu (Abb. 3), der aus einer ritterlichen Familie stammte, aber trotzdem Kabuki- und Jōruri-Dramatiker wurde in einer Zeit, als solche Berufe außerhalb des Kastensystems standen, schrieb hauptsächlich Werke, in denen die in der Gesellschaft geächteten niederrangigen Bürger und Prostituierten im Ausdruck ihrer Menschlichkeit anderen überlegen sind. In seinem Werk „Shinjū Ten-no Amijima" sind es gerade die zwei Frauen, die in ihrem moralischen und menschlichen Verhalten als vorbildlich gezeigt werden: Die Ehefrau Osan bemüht sich, der Prostituierten Koharu, die auf ihre Bitte hin auf den geliebten Jihei verzichten wollte, aus Dankbarkeit und dem daraus entstandenen moralischen Pflichtgefühl („Giri") aus ihrer Not herauszuhelfen. Sie ist der Auffassung, daß man eine zu einem solchen moralischen Handeln fähige Person nicht einfach sterben lassen darf, und vergißt darüber beinahe ihre eigene Situation als Ehefrau. Koharu andererseits, die zuerst, bewegt von Osans Liebe und Sorge um Jihei, auf ihn verzichten wollte und dann doch wieder in die Lage kam, mit ihm sterben zu wollen, fürchtet nicht die Vorwürfe der Gesellschaft, sondern nur Osans Verachtung und deren Gefühle. Sie will zwar gleichzeitig mit Jihei, aber in einer anderen Weise und an einem anderen Ort, sterben. Jihei schneidet für Koharu symbolisch sein Haar ab (was bedeutet, Mönch zu werden – damit waren alle Bindungen auf dieser Welt, für Jihei besonders zu Osan, aufgelöst) und Koharu folgt seinem Vorbild. Diese Menschen versuchen bis zum Ende, gegenüber denjenigen, denen sie moralisch verpflichtet sind, menschlich korrekt und aufrichtig zu sein.

Koharu und Jihei können in dieser Welt ihre Liebe nicht verwirklichen. Sie wollen nicht mehr leben und wählen einen gemeinsamen Selbstmord, um im Tod den höchsten Ausdruck ihrer Liebe zu finden. Ihre Tat ist gleichzeitig der stärkste Protest gegen eine inhumane Gesellschaft, in der eine solche Liebe keinen Platz hat. Es ist auch der Protest des einzelnen gegen die Gesellschaft, die, um die Ordnung des ‚Ie" (des Hauses, d.h. des Familienverbandes) aufrechtzuerhalten, die Individuen und ihr Leben opfert.

Während in der ritterlichen Oberschicht der Konfuzianismus die führende Morallehre war, war der Buddhismus im Volk lebendig und beeinflußte sein Leben und seine Denkweise. In der Selbstmordszene schwören Koharu und Jihei immer wieder, daß sie zwar nicht in diesem Leben, aber in ihren weiteren Leben als (Ehe-)Paar zusammenbleiben wollen. Ihre Liebe soll den Tod überwinden.

Der Titel des Dramas „Shinjū Ten-no Amijima“ heißt nicht nur „Der Doppelselbstmord in Amijima“, sondern mit ‚Ten-no Ami“ (Himmelsnetz) wird auf ein Wort von Laotse angespielt: „Das Himmelsnetz sieht zwar groß und grob aus, ist aber dicht und läßt nichts durch“ (d.h. böse Taten kommen bestimmt ans Tageslicht und werden bestraft). Aber „Himmelsnetz“ meint hier eher die Gnade Buddhas und seine Verheißung, alle Menschen, auch die Sünder (mit dem Himmelsnetz aufzufangen und) zu erlösen. In bezug auf dieses Theaterstück heißt das: Koharu und Jihei werden, selbst wenn man sie in dieser Welt als Sünder verurteilen müßte, durch die Gnade Buddhas gerettet. Die Dramen Chikamatsus über „Shinjū“ (Doppelselbstmord) hatten auch die Bedeutung von Totenzeremonien für die so Gestorbenen.

Das Sewamono-Genre (das keine historischen Themen, sondern Themen aus der damaligen Zeit behandelte – Doppelselbstmord war sein zentrales Thema) des Jōruri-Theaters, das mit dem häufigen Auftreten von Selbstmorden Anfang des 18. Jahrhunderts zusammen entstand, hatte eine so starke Wirkung, daß von diesen Dramen bewegte Leute sogar selbst zu ähnlichen Selbstmorden inspiriert wurden (wie beim Goetheschen „Werther“). Das Tokuwaga-Shogunat hatte größte Mühe, Selbstmordepidemien zu bekämpfen, und es mußte strenge Maßnahmen ergreifen, z.B. so Gestorbene liegen lassen, ohne sie zu beerdigen, oder indem man die Überlebenden als Verbrecher behandelte oder sogar die härteste Strafe verhängte, die Familie (das Haus) der Selbstmörder aus dem Familienregister zu löschen, wenn sie zur Ritterschicht gehörten, für die die Weiterführung des Namens über alles wichtig war. Im Jahr 1723 verbot das Tokuwaga-Shogunat schließlich die Veröffentlichung und Aufführung von „Shinjū“-Dramen, die mit Liebe und Tod als „Störfaktoren“ für die Gesellschaft den größten Widerstand gegen die unmenschliche feudalistische Moral ausdrückten.

3. Leben als Rebellion: Liebe – Hysterie – Tod (Satsuki Yōko)

Mit der Öffnung Japans zur Außenwelt nach einer über zweihundertjährigen Abkapselung des Landes beginnt die Meiji-Zeit (1868–1912). Es ist die Phase der Modernisierung und Verwestlichung Japans in vielen Lebensbereichen, nicht nur in der politischen und rechtlichen Verfassung. Auch im Bereich der Literatur, die in Japan bis dahin kein sehr hohes Ansehen hatte, ändert sich nun vieles durch die Rezeption westlicher Autoren. Die Schriftsteller der Meiji-Zeit standen, von wenigen Ausnahmen wie Natsume Sōseki (1867–1916) und Mori Ōgai (1862–1922) abgesehen, als Außenseiter der Gesellschaft gegenüber und konnten sich umso kritischer mit ihr auseinandersetzen. Das größte Problem für sie war, wie man sich in einer noch von Resten der feudalistischen Ideologie geprägten Gesellschaft vom „Ie" (dem Haus als dem Familienverband, der die kleinste Einheit des kaiserlichen Staatssystems sein sollte) befreien und als modernes Individuum sich in seiner Subjektivität entwickeln konnte. In der japanischen Geschichte war der Einzelne streng in der hierarchischen Gesellschaftsordnung eingebunden, hatte aber vor allem durch den Buddhismus Freiräume für geistige Erfahrungen und das Streben nach Vervollkommnung seines Selbst. Die Idee des Individuums als einer unabhängigen Person mit eigenen Rechten und sogar subjektiver Moral, das sich frei entfalten und eigene Gefühle, Gedanken und Wünsche etc. ausdrücken kann, war neu. Die Einführung dieser Idee in Japan in den siebziger Jahren des 19. Jahrhunderts, die vor allem von Repräsentanten der Mittelklasse und Intellektuellen getragen wurde, hätte zu einem revolutionären Wandel der traditionellen, konfuzianistisch geprägten Gesellschaft geführt, wenn sie sich wirklich durchgesetzt hätte. Zumindest in der Literatur westlich orientierter Schriftsteller wurde die Erforschung des inneren Selbst zur leitenden Idee. Vor allem die Rechtfertigung und den Kampf darum, daß das Individuum als ein Wert an sich anerkannt werden muß in seinem inneren Leben und im Ausdruck dieses inneren Lebens, zeigten diese Schriftsteller nicht nur bei den in ihren Werken (meist Romanen, denn die Romanform ist dafür am geeignetsten) dargestellten Personen, sondern bezogen sie auch auf ihr eigenes Leben und auf die eigene Person. Es war nicht ungewöhnlich, wenn ein Schriftsteller in einer von ihm dargestellten Frauengestalt im Grunde sich selbst meinte; es gab auch in Europa zu dieser Zeit eine solche bewußt erfahrene Analogie zwischen der Situation der Frauen in der Gesellschaft und der des Schriftstellers, wie das Wort Flauberts zeigt: „Madame Bovary, c'est moi". Das könnte auch für Arishima gelten, den Autor unseres dritten literarischen Beispiels: „*Aru Onna*" („*Eine Frau*"; 1919).

Arishima Takeo (1878–1923; Abb. 4), gehörte einer etwas späteren Zeit an als die genannten Schriftsteller und Intellektuellen der Meiji-Zeit; er gründete mit anderen die „Shirakaba"-Gruppe, die als Bewegung eines „neuen Idealismus“ verstanden wurde, zu der vor allem Söhne aus Oberschichtfamilien gehörten. Diese Schriftsteller konnten durch ihre ökonomische Unabhängigkeit Zweifel an der Gesellschaft und ein starkes Gerechtigkeitsgefühl aufrechterhalten und näherten sich zum Teil der sozialistischen Ideologie an (Shiga Naoya, Mushanokōji Saneatsu und Arishima Takeo). Für sie waren, ganz anders als für die Generation davor, die noch einen harten Kampf auch gegen ihre eigenen inneren Widerstände führen mußte, um sich als Individuum zu verstehen und zu behaupten, die Entwicklung der eigenen Persönlichkeit und ihrer Selbstbehauptung eher selbstverständliche Forderungen. Arishima ist wahrscheinlich der wichtigste Schriftsteller in dieser Gruppe.

Das Leben und die Person Arishimas[9] waren von Anfang bis Ende zerrissen in Widersprüche, die er nicht lösen oder überwinden konnte. Als ältester Sohn eines strengen Vaters, der zur Samurai-Klasse gehörte und ein hoher Beamter und später ein reicher Geschäftsmann war, war er dem Zwang einer traditionellen konfuzianistischen Erziehung unterworfen; aber schon mit fünf Jahren lernte er Englisch und besuchte eine Missionsschule. Er wurde an der Gakushūin-Schule (einer Schule für die Oberschicht) zum offiziellen Schulfreund des Kronprinzen gewählt, ging dann aber an die Landwirtschaftliche Hochschule nach Sapporo (Hokkaidō), um auf diesem in der Modernisierung zurückgebliebenen Gebiet seinen Beitrag leisten zu können. Dort wurde er zu einem puritanisch strengen protestantischen Christen; als er aber 1903 nach Amerika ging und dort das wirkliche Leben der Christen besser kennenlernte (er arbeitete z.B. zwei Monate als Krankenpfleger in einer psychiatrischen Klinik), wurde seine idealistische und ethisch rigorose christliche Überzeugung schwächer und später, 1910, trat er aus der Kirche aus. Auf Wunsch seines Vaters übernahm er den großen Landbesitz der Familie in Hokkaidō und wurde Dozent an der Hochschule in Sapporo; er stand aber unter polizeilicher Überwachung, weil er als Sozialist galt. Auf seiner Europareise hatte er in London den russischen Fürsten Kropotkin besucht, dessen humanistischer Anarchismus ihn sehr beeindruckte – zuvor hatte er aber in Japan (innerlich widerstrebend) seinen Militärdienst geleistet. Nach dem Tod seines Vaters übergab er den Landbesitz seinen Pächtern, unter deren Unterwürfigkeit er immer gelitten hatte. Unter dem Druck seines

---

[9]) Vgl. zum folgenden auch die Einleitung zur englischen Übersetzung von Arishimas Roman: A Certain Woman. University of Toyko Press 1978 von Kenneth *Strong*.

Vaters heiratete er nicht die Frau, von der er glaubte, daß er sie liebte, sondern die Frau, die sein Vater für ihn ausgesucht hatte; die Ehe war nicht schlecht, aber Arishima litt unter Schuldgefühlen und Mitleid mit seiner Frau, die nicht der Mensch sein konnte, den er brauchte. Auf seiner Europareise hatte er eine Schweizerin kennengelernt, der er bis kurz vor seinem Tod regelmäßig Briefe schrieb; nur in diesen Briefen konnte er seine Persönlichkeit frei ausdrücken.

Man müßte das Leben Arishimas noch viel genauer darstellen, um zeigen zu können, warum er an den Widersprüchen und seiner inneren Gespaltenheit schließlich scheitern mußte. Im Alter von 45 Jahren beging er zusammen mit der Journalistin Hatano Akiko Selbstmord. Er war nicht nur innerlich zerrissen, weil er in zwei Welten, der traditionell japanischen und der westlichen, lebte; noch schlimmer war der Konflikt in ihm selbst, da er sich zu schwach und zu feige fühlte, um den äußeren Zwängen der Gesellschaft, in der er lebte, widerstehen zu können. Besonders während seines dreieinhalbjährigen Aufenthaltes in Amerika und Europa wurde er sich bewußt, daß seine innere geistige Unabhängigkeit nicht ausreichend war, ihn zu einem wirklich freien und selbstbestimmten Menschen zu machen. Im September 1904 (in Amerika) schreibt er in seinem Tagebuch: „Always when I read Tolstoy, I feel the truth is here. But I cannot *act* the truth. To know what is right, yet to be unable to live it, how painful this is!“[10] Und im August 1906 schreibt er: „I tried to be independent in framing my thought, but not my action. I am still a slave of conventionality and tradition. (. . .) Oh, with what joy I should welcome the day when I am independent of action as well as thougt. Then, then my aim is attained, and I would cry with ecstasy of joy!“[11]

Das Überraschende ist nun, daß Arishima die Lösung seines Lebensproblems und des Problems seiner Person in der literarischen Gestalt der Hedda Gabler fand. Unter den vielen westlichen Schriftstellern, die er gelesen hatte, war er – neben Tolstoi und Walt Whitman – am meisten beeindruckt von Ibsen. Schon in Amerika hatte er mit dem Schreiben begonnen, und während seiner Lehrtätigkeit in Sapporo entstand sein erster Roman, dessen Heldin seine eigene Sehnsucht nach Freiheit und Selbstbestimmung verkörperte. Dieser Roman wurde zwi-

[10]) Arishima Takeo Zenshū (*Arishima* Takeo. Gesammelte Werke). Tokyo: Sōbunkanku 1924–1925) Bd. 12, S. 793. (Abkürzung: ATZ)

[11]) ATZ, Bd. 12, S. 865. (Von Arishima selbst in Englisch geschrieben).

Abb. 1: Shunsho, Die Dichterin Murasaki Shikibu.

Abb. 3: Porträt Chikamatsu Monzaemon. Maler unbekannt. Anfang 18. Jh.

Abb. 2: Die Bilderrolle zu Genji-Monogatari. Azumaya I.

Abb. 4: Arishima Takeo, Foto, Juli 1911.

Abb. 5: Sasaki Nobuko, Foto.

schen 1911 und 1913 in der Zeitschrift „Shirakaba" gedruckt und später wurde daraus in veränderter Form der erste Teil seines Hauptwerks „Eine Frau" (erschienen 1919). 1915 gab Arishima seine Lehrtätigkeit auf und sofort nach dem Tod seines Vaters (1916; drei Monate vorher war Arishimas Frau gestorben) setzte eine eindrucksvolle literarische Produktion ein, bis zu seinem Tod im Jahr 1923.

„Arishima's life is the drama of ‚A Certain Woman' writ large", schreibt Kenneth Strong in der Einleitung zu seiner englischen Übersetzung des Romans[12]. Und Arishima selbst schreibt: „That book was the ‚cri du coeur' of my own life's struggle"[13]. Sein Leben wie das seiner Heldin Yōko scheitert in einem Paradox, das K. Strong so beschreibt: „Like Yōko, he (Arishima), too was in the end the prisoner of the freedom he aspired to choose" (S. 24). Wenn Arishima über Yōko sagt, sie habe das Gefühl, an einem Ort und in einer Zeit geboren zu sein, wo sie nicht hätte geboren werden sollen, weil sie die Intelligenz, Begabung und Leidenschaft hat, um in einer anderen Zeit und an einem anderen Ort „wie eine Königin" zu leben, so meint er damit wahrscheinlich auch sich selbst. Seine Romanheldin Yōko war, ähnlich wie die von ihm bewunderten Hedda Gabler und Anna Karenina in ihrer Rebellion gegen gesellschaftliche Zwänge und in ihrem Kampf um Selbstverwirklichung stärker als er selbst. In einem Brief[14] beschreibt er ihren Charakter so: „A strong-willed, sensitive, progressive woman, awakened and self-aware, but not knowing which direction to take, born in a period when society did not know how to cope with such a being." Aber in Japan gab es schon zu dieser Zeit Anfänge einer Frauenbewegung[15], auf die auch Arishima

[12]) Siehe Anm. 9.

[13]) ATZ, Bd. 4, Appendix 1, S. 61.

[14]) Brief an Kurokawa Ryōhei vom 5. September 1919. In: ATZ, Bd. 10, S. 829.

[15]) 1874 wurde das erste Lehrerinnenseminar gegründet und im Laufe der Zeit entstehen noch weitere.
seit 1880 politische Aktivitäten von Frauen (Vorträge etc.)
1884 Zulassung für Frauen zum Staatsexamen in Medizin (1885 eröffnet die erste Ärztin, Ogino Ginko, ihre Praxis)
1886 Berufsschule für Frauen
1899 erste Journalistin Ōsawa Toyoko
1900 wurde die erste medizinische Schule für Frauen von der Ärztin Yoshioka Yayoi gegründet.
1901 wurde die erste Frauenuniversität gegründet.
1906 Frauen können als Beamtinnen eingestellt werden (im Postdienst; vorher konnten nur Lehrerinnen Beamtinnen sein).
1907 wurde die erste sozialistische Frauenzeitschrift „Sekaifujin" herausgegeben
1911 wurde die feministische Organisation „Seitōsha" gegründet.
1913 Frauen werden zu einer staatlichen Universität zugelassen (zwei Chemikerinnen; eine Mathematikerin).

in seinem Roman anspielt; die Veröffentlichung der ersten Fassung fällt in eine Zeit, in der z.B. die erste Zeitschrift von Frauen, „Seitō", gegründet wurde (1911). Arishima hatte sich schon früh mit der Frauenfrage beschäftigt und er verstand die Lage der Frauen in dieser Umbruchzeit, die zu einem neuen Bewußtsein „erwacht" waren, sehr gut.

Yōko, die nicht nur nach dem Modell der Hedda Gabler und Anna Karenina, sondern auch nach einem wirklichen Vorbild (Sasaki Nobuko, Abb. 5) gestaltet wurde[16], ist eine solche „neue Frau", die den Anspruch erhebt, ihr eigenes Leben zu leben und ihren eigenen Weg zu gehen, auch wenn sie nicht weiß, wohin er sie führen wird. Sie hat niemanden und findet in ihrem ganzen Leben keinen Menschen, der sie verstehen würde; aber auch sie selbst kann ihre Probleme als Frau in einer historischen Umbruchzeit (nach Angaben des Romans ist sie um die Jahrhundertwende 25 Jahre alt) nicht in einem größeren Zusammenhang sehen. Nur einmal nimmt sie beiläufig in der Zeitung die Namen zweier Frauen auf: einer damals aktiven Frauenrechtlerin und einer Dichterin; aber das berührt und interessiert sie nicht weiter. Sie arbeitet und kämpft nicht aktiv in einem gesellschaftlichen, politischen, ökonomischen oder auch wissenschaftlichen, künstlerischen oder pädagogischen Zusammenhang (in all diesen Bereichen gab es schon damals aktiv tätige Frauen in Japan), sondern setzte auf die falsche Karte, ihr in dieser Gesellschaft notwendig eingeschränktes Frausein. Dies konnte letztlich nur bedeuten, sich auf ihre sozusagen angeborene Intelligenz (Yōko hatte keine sehr gute Bildung und überhaupt keine Ausbildung), auf ihren Körper (sie wird als eine besonders schöne Frau geschildert) und auf die

---

[16]) Das Vorbild für Satsuki Yōko war die erste Ehefrau des Schriftstellers Kunikida Doppo (1871–1908) Sasaki Nobuko. Nach ihrer Trennung von Kunikida sollte Nobuko einen Freund von Arishima, Morihiro, in Amerika heiraten. Da sich Arishima wegen dieses Freundes um sie kümmerte, lernte er sie näher kennen und hatte ein ambivalentes Gefühl ihr gegenüber. Die Geschichte Yōkos entspricht ziemlich genau der wirklichen Lebensgeschichte von Sasaki Nobuko – sogar in solchen Details, daß auch Nobuko in Amerika eine Ausbildung als Journalistin machen wollte etc. Da Kunikida ein bekannter und vielversprechender junger Schriftsteller war, wurden ihre abrupte Trennung und dann Nobukos Verhältnis zu Takei Kanzaburō (Vorbild für Kurachi) auf dem Schiff nach Amerika zum Skandal. (Kunikida schrieb auch in seinem Werk „Kamakura-Fujin" über sie, aber stellte sie als eine unmoralische Frau dar.) Der einzige wesentliche Unterschied im Ablauf der Geschichte war, daß Nobuko nach ihrer Rückkehr von Amerika mit Takei in einer Provinzstadt offensichtlich glücklich lebte, und ihr Leben zu keiner Katastrophe wie bei Yōko führte. Der Grund für diesen Unterschied liegt vermutlich darin, dasß Yōkos Leben viel tiefer mit Arishimas eigenem Leben zusammenhängt als mit dem von Sasako Nobuko.

Leidenschaftlichkeit und Intensität ihres Empfindens und Fühlens zu verlassen. Sie konnte auf diesem Weg nur ihrem weiblichen Instinkt folgen, wie Arishima formuliert. So mußte sie unausweichlich in die Abhängigkeit von Männern geraten.

Yōko weiß, daß für Frauen in ihrer Lage Männer die gefährlichsten „Feinde" (diesen Ausdruck benutzt Arishima) sind, die ihnen Fallen stellen und sie durch Schmeicheleien verlocken, aber letztendlich nur, um sie dann zu unterwerfen. Hier wird Yōkos Dilemma deutlich: Sie sieht zwar die Gefahr der Unterdrückung durch die Männer, muß aber trotzdem gerade bei diesen Männern die Quelle ihres Lebens, die Liebe, suchen. Darin liegt der Grund für das ambivalente Verhältnis Yōkos zu Männern, und der Versuch, hier ein Gleichgewicht aufrechtzuerhalten, drückt sich in ihrem Verhalten nach dem Typus der „femme fatale" aus, die durch ihre sexuelle Anziehungskraft die Männer verlockt, aber stets die Oberhand über sie behalten will. (Dieses besonders für die Zeit der Jahrhundertwende typische Frauenbild ist eine leicht durchschaubare Projektion der Männer; es zeigt den zeitgenössischen westlichen Einfluß auf Arishimas Roman).

Ist Yōkos Dasein als femme fatale nur gegen Männer gerichtet? Dies trifft zu, aber es enthält viel mehr als nur Männerfeindlichkeit. Im Text heißt es, daß sie die Männer, mit denen sie zu tun hatte, auf dem Gipfel ihrer Beziehung rücksichtslos fallen ließ, weil sie instinktiv wußte, daß Männer Frauen nur in der anfänglichen Phase schmeicheln und sie anbeten, bis sie sie „gewonnen" haben; dann werden die Frauen brutal unterdrückt. Yōkos Verhalten als femme fatale richtet sich aber auch gegen die Gesellschaft und sogar gegen andere Frauen. Sie verachtet solche Frauen, die sie in ihrer Jugend um ihrer Selbstbehauptung willen umschwärmten, aber selbst irgendwann auf dem Weg zur Emanzipation stehenblieben und dann in konventionelle Frauenrollen hineingerieten. Für diese Frauen, die nun Yōko wie „den Teufel" betrachteten, ist Yōkos Lebensform als femme fatale Absage und Provokation zugleich, in einer negativen Form ausgedrückt. Auch von ihrer Tochter distanziert sich Yōko, obwohl sie sie liebt; denn sie kann sich auch mit dem Muttersein nicht identifizieren: Sie denkt, daß die Mutterschaft sogar den gefährlichsten Drachen zu irgendeinem Haustier (Schwein) macht, wie Arishima schreibt. Wenn aber Yōko die Rollen der Mutter und der Ehefrau ablehnt, gibt es für sie keine gesellschaftlich akzeptierte Existenzform als Frau mehr. Deshalb ist ihr Sein gesellschaftlich ein Nicht-Sein.

Und so wird auch der innere Zusammenhang zwischen ihrer Rolle als femme fatale und ihrer Rebellion gegen die Gesellschaft deutlich. Was Yōko macht, geschieht immer als Auflehnung und Widerstand „gegen" etwas. Als sie ihren ersten Mann, den Journalisten und Schriftsteller Kibe heiratete, geschah dies auch deshalb, weil ihre Mutter trotz ihres christlichen Glaubens aus Eifersucht dagegen war und mit allen Mitteln die Heirat zu verhindern suchte. Dies war aber nicht nur ein persönlicher Kampf gegen ihre Mutter, die sich ihr in den Weg stellte „wie eine Hexe, die es haßte, daß die von ihr erzogene Schülerin eine stärkere Zauberkraft besitzt", sondern es bedeutet auch, daß Yoko hier gegen den Druck der Familie kämpfte und ihren Willen durchsetzen konnte in einer Zeit, in der die Familie (offiziell der Familienvater) über alle Familienmitglieder bestimmte (Arishima selbst war hier schwächer als Yōko). Und als sie sich enttäuscht gegen den Willen ihres Mannes von diesem trennte (er war trotz seines narzistischen Selbstbewußtseins ein schwacher und egoistischer Mann, der bald anfing, Yōko zu überwachen und zu unterdrücken) in einer Zeit, in der die Scheidung meistens nur einseitig vom Ehemann ausgehen konnte, war diese Handlung Yōkos auch eine Kampfansage gegen die Macht des Mannes überhaupt. Yōkos Wesen und ihre Stärke bestehen im Widerstand, in ihrer Rebellion. Aber daß sie nur *gegen* etwas leben kann, engt ihre Lebensmöglichkeiten, die ohnehin sehr beschränkt sind, noch mehr ein, und am Ende steht sie da, wo sie unweigerlich hinkommen mußte: Weder Ehefrau noch Mutter, lebt sie nur als Geliebte am Rande der Gesellschaft. Ihr ‚sozialer Tod' ist als eine konsequente Folge ihres Kampfes und der Ausweglosigkeit, in die dieser Kampf führte, zu verstehen.

Der Autor Arishima betrachtete das Problem der Frauenemanzipation (besonders in seinem Essay „Oshiminaku Ai-wa ubau" („Love takes all without regret"; 1920), vor allem auf einer ideellen Ebene. Er sah die volle Beteiligung der Frauen an dem bestehenden kulturellen und sozialen Leben der Zeit eher als Niederlage für ihre Eigenständigkeit und als Anpassung an die von Männern geschaffene Kultur an. Er forderte eine eigenständige, an den Bedürfnissen von Frauen orientierte und mit Hilfe ihrer Kritik an den bestehenden Verhältnissen geschaffene, neue Kultur, die er sich als Mann jedoch konkret nicht vorzustellen vermochte.

Yōko träumte zwar als junges Mädchen davon, nach Amerika zu gehen, um dort eine Ausbildung als Journalistin zu machen – dieser Traum wird aber auch von ihr selbst nicht ernst genommen. Sie kann sich emotional und subjektiv gegen die Gesellschaft auflehnen, die Wichtigkeit der politischen und sozialen Bedingungen für die Frauenemanzipation kommt ihr dabei nicht in den Sinn. So muß ihr Lebensbereich auf die private Sphäre beschränkt bleiben. Als sie Kurachi kennenlernt, will sie für ihre Liebe alles andere aufgeben.

Arishima sieht in dem genannten Essay, mit dem er seine geistige Bilanz zog, den reinsten Ausdruck des idealen Lebens in der Liebe. In einem Brief[17] verteidigt er seinen Roman „Eine Frau“ gegen das moralische Urteil des Adressaten Ishizaka, indem er „das tragische Schicksal der heutigen Frauen“ erläutert, die auf der einen Seite ihren einzigen Besitz, ihren Körper, da sie alles anderen von Männern beraubt worden sind, ‚verkaufen‘ müssen, um ‚akzeptiert‘ zu werden und Männer an sich zu binden, wodurch in ihnen der Haß auf Männer entsteht und es zum Geschlechterkampf kommt. Auf der anderen Seite aber verberge sich in ihnen auch eine wirkliche Liebe zu den Männern. Die Frauen müssen in dieser Konfliktsituation leben und aus seinem Schmerz darüber sei auch sein Roman hervorgegangen, sagt Arishima.

Dieser Grundkonflikt von Frauen, die sich selbst nur in der Liebe und durch die Liebe verwirklichen können, führt Yōko gerade dann in den Untergang, als sie zum ersten Mal einen Mann wirklich respektieren und lieben kann. Auf der Schiffsreise nach Amerika, wo sie Kimura, einen Mann aus dem christlichen Bekanntenkreis ihrer Mutter, auf Wunsch von Verwandten (ihre Eltern waren gestorben) heiraten soll, verliebt sie sich in Kurachi, der als Geschäftsführer auf dem Schiff arbeitet, und fährt mit ihm nach Japan zurück. Diese Beziehung zu einem verheirateten Mann mit Kindern führt zu ihrer endgültigen gesellschaftlichen Isolierung; alles, was sie jetzt noch hat, ist ihre Liebe zu diesem Mann, der für sie Familie und Beruf aufgegeben hat. Sie kann aber in ihrem Gefühl dennoch dieser Liebe nicht sicher sein und versucht, durch eine totale Selbstaufgabe und durch die Forderung einer gleichen Selbstaufgabe Kurachis Sicherheit zu gewinnen. Ist der Grund, daß sie nicht wirklich an ihre und Kurachis Liebe glauben kann, der, daß sie Liebe nur gebunden an Sexualität kennt und deshalb in dieser das stärkste Mittel sieht, sich dem geliebten Mann auszuliefern und ihn gleichzeitig zu binden und sogar zu beherrschen? – Wir können diese Frage hier nicht weiter verfolgen, denn unser Thema ist nicht die Liebe, sondern der Tod – aber tiefer liegend ist es doch die Wechselbeziehung zwischen beiden.

[17]) Brief an Ishizaka Yōhei vom 19. Oktober 1919. In: ATZ, Bd. 10, S. 856.

Um ihre Liebe zu retten, steigert Yōko ihre Beziehung mit Kurachi in eine zerstörerische Sexualität. Aber nicht nur durch diesen Rettungsversuch – der in Schwäche und Ohnmacht mündet (denn durch die Sexualität haben Männer die Frauen ja vor allem definiert und festgelegt, um sie dann noch stärker verachten und unterdrücken zu können) – wird ihre Lage aussichtslos. Sie kann die drei Grundprobleme ihres Lebens und ihrer Persönlichkeit, wie wir sie herausgearbeitet haben – ihre Ambivalenz den Männern gegenüber, ihr Dasein als femme fatale und vor allem ihre Rebellion gegen alle Zwänge und Einschränkungen – nicht in eine positive, schöpferische Lebensform transformieren (obwohl sie Ausdruck ihres Lebenswillens und ihrer Kraft zur Liebe sind). Zum Zeitpunkt ihrer Schiffsreise nach Amerika hat sie durch ihr Einverständnis mit der von ihrer Mutter durch ein Testament gewünschten und von ihren Verwandten erzwungenen Heirat resigniert – aus einer Mischung von Verachtung und Verzweiflung und aus Sorge um ihre jüngeren Schwestern (aber auch in der Hoffnung, Amerika könnte ein Ort sein, wo sie besser leben könnte, vor allem freier). Zur selben Zeit treten die ersten Symptome einer Hysterie auf. Physisch sind es Schmerzen in der Hüfte und im Unterleib, Kopfschmerzen und steife Schulter, unregelmäßiges Herzklopfen etc.; psychisch sind es auf die körperlichen Beschwerden folgende Depressionen, plötzliche Wutanfälle und Aggressivität, Weinkrämpfe, Halluzinationen, grundloses Mißtrauen etc. Immer wenn sie fühlt, ihr Glück mit Kurachi könnte auch nur eine Täuschung sein, kommt es – aus Verzweiflung – zu ‚hysterischen' Anfällen; aber gerade durch diese Anfälle vergiftet sie immer mehr die Beziehung zu Kurachi und zerstört ihre Liebe. Nicht nur die übersteigerte Sexualität, sondern noch mehr die Hysterie treibt sie immer tiefer in die für Frauen vorprogrammierte Ausweglosigkeit hinein. Und es hat nicht nur eine symbolische Bedeutung, daß sie schließlich an der Gebärmutter erkrankt und von innen – nach ihrem ‚sozialen Tod' von außen – als *weiblicher* Körper getötet wird. Gerade dieser Tod scheint die äußerste Zuspitzung ihres Lebensproblems als Frau zu sein.

Die irrtümliche Verbindung zwischen der Erkrankung der Gebärmutter und der Hysterie, die Arishima in seinem Roman herstellt, hat einen Grund in der Geschichte der medizinischen Wahrnehmung der Hysterie. (Bei den Griechen hielt man sie für eine von der Gebärmutter – hystera – hervorgerufene Krankheit.) Arishima hat 1916 das Buch von Havelock Ellis: „Studies in the Psychology of Sex" gelesen. Sein Wissen über das Krankheitsbild der Hysterie hat er aber nicht nur aus diesem Buch gewonnen. Seine Mutter, eine sehr begabte und leidenschaftliche Frau, die sich in die gehorsam-duldsame Frauenrolle, die die konfuzianistische Moral Frauen vorschrieb, hineinzwingen mußte (und zwar zu einer Zeit, in der für die Frauen der Ober- und Mittelschicht schon der erste Hoffnungsschimmer einer anderen Lebensmöglichkeit sichtbar wurde), fiel häufig in Ohnmacht und hatte so heftige Anfälle, daß sie nur von zwei, drei Männern gemeinsam „beruhigt" werden konnte.

Die Thematisierung der Hysterie im Roman „Eine Frau" wurde in der Rezeptionsgeschichte von japanischen Kritikern oft als Makel empfunden und kritisiert. Sie warfen Arishima sein zu großes wissenschaftliches Interesse an pathologischen Phänomenen und seine positivistisch-naturalistische Darstellung der Hysterie vor. Arishimas Sicht der Hysterie kann man aber nur verstehen, wenn man sich den inneren Zusammenhang zwischen der Situation der Frauen um die Jahrhundertwende und dem Phänomen der Hysterie vergegenwärtigt, die in dieser Zeit in Europa massenhaft auftaucht (vielleicht auch in Japan; dazu gibt es m.W. noch keine Untersuchung).

Regina Schaps beschreibt[18], wie in Europa „das kulturelle Deutungsmuster der Hysterie die offizielle Wahrnehmung von weiblichen Lebensformen um die Jahrhundertwende prägte" (S. 128). Die Hysterie war Ausdruck weiblicher Identitätskrisen gerade in dieser Entwicklungsphase der bürgerlichen Gesellschaft und Kultur. Die innere Lebensverarmung der bürgerlichen Frauen und ihre subjektiv erlebte Ohnmacht (die nach außen als Passivität erscheint), das Bewußtsein, „in ihrem Leben niemals etwas Bedeutendes erlebt und gefühlt" (S. 102) zu haben, führten zur „Flucht in die Krankheit" oder zum „Willen zur Krankheit". Aber in dieser Flucht und in diesem Willen drückte sich vor allem die Rebellion der Frauen gegen ihre Unterdrückung, gegen die herrschende Doppelmoral und gegen die ihnen zugewiesene soziale Rolle, d.h. gegen die ihnen aufgezwungene gesellschaftliche und persönliche Minderwertigkeit aus. Wenn die Rebellion auch neurotische Züge hatte, weil die Krankheit „Symbol einer entliehenen Individualität und gebro-

[18]) Regina *Schaps*, Hysterie und Weiblichkeit. Wissenschaftsmythen über die Frau. Frankfurt a.M.; New York 1982.
Die folgende kurze Darstellung bezieht sich natürlich nicht auf das ganze, höchst komplexe Problemfeld der Hysterie, sondern nur auf einen kleinen Ausschnitt und Teilaspekte dieses für die Frauenfrage wichtigen Themas.

chenen Identität" (S. 101) war, so ist doch bei den hysterischen Frauen „das notorische Neinsagen als Mittel zur Darstellung ihrer Nicht-Identität" (S. 81) zu verstehen. Natürlich hat man immer vermutet, Hysterie sei untrennbar mit der weiblichen Sexualität (und Körperlichkeit) verbunden; durch ihre Abhängigkeit von den Männern haben Frauen eine ambivalente Haltung ihnen gegenüber: Durch Unterwürfigkeit und Passivität liefern sie sich aus, benutzen ihre Schwäche aber gleichzeitig als „Werkzeug ihrer Macht", um Männer zu beherrschen. In einer besonderen Weise prägte diese Ambivalenz den Typus der „femme fatale", zu dem Schaps solche Frauengestalten zählt wie Emma Bovary, Effi Briest, Anna Karenina und Hedda Gabler (und wir können nun eine neue Frauengestalt hinzufügen: Satsuki Yōko). Auch wenn man diese Frauen nicht als Hysterikerinnen bezeichnen kann (wie Schaps es implizit macht), haben sie mit diesen gemeinsam, daß sie „nicht die Kraft zur Rebellion jener Frauen (besaßen), welche ihre Rechte auf Arbeit und Bildung in einer männlichen Gesellschaft kämpferisch durchzusetzen versuchten" (S. 131); dennoch gehören beide auf ihre Weise zur Frauenbewegung der Jahrhundertwende.

In der Literatur dieser Zeit und später (bis in die Zwanziger Jahre) kann man ein Phänomen beobachten, das Lisa Appignanesi „feminization" nennt[19]; es ist eine besondere Wechselbeziehung zwischen dem „Prinzip der Weiblichkeit" und der literarischen Kreativität einiger Schriftsteller (Appignanesi untersucht H. James, M. Proust und R. Musil). In ihren Werken analysieren und reflektieren sie die Probleme der Frauen und gleichzeitig identifizieren sie ihren eigenen Status als Schriftsteller, der seiner Gesellschaft entfremdet ist, mit der entfremdeten gesellschaftlichen Lage von Frauen. In dem Maße, in dem der Schriftsteller seine Hoffnung auf eine Wirkungsmöglichkeit in der Gesellschaft aufgibt und sie nun ganz auf die Literatur selbst setzt, sucht er im „Mythos der Weiblichkeit", in einer literarischen Frauengestalt die Verkörperung neuer Lebensmöglichkeiten, einer neuen Sehweise der Welt, neuer Werte – oder wenigstens des Kampfes um diese neuen Möglichkeiten und Werte. Zu diesen Schriftstellern muß man ohne Einschränkung auch Arishima zählen.

---

[19]) Lisa *Appignanesi*, Femininity and the creative imagination. A study of Henry James, Robert Musil and Marcel Proust. London 1973.

Yōko war in ihrem lebenslangen Kampf und in ihrem Widerstand für Arishima eine Identifkationsfigur; er selbst konnte als ein anerkanntes und integriertes Mitglied der Gesellschaft in keiner Weise – vielleicht mit Ausnahme seines Selbstmordes – so konsequent Widerstand leisten wie Yōko. Warum ließ er sie keinen würdevollen Tod oder mindestens einen selbstgewählten Tod sterben wie Anna Karenina oder Hedda Gabler, die er beim Schreiben als Vorbilder hatte? Yōko denkt in ihrer verzweifelten Lage tatsächlich immer wieder an Selbstmord; einmal wollte sie sich erschießen, aber im letzten Moment hielt sie der Gedanke an Kurachi zurück. Nur die Liebe allein kann sie sterben oder leben lassen. Gegen alles andere will sie kämpfen, auch gegen den Tod.

Wenn Yōko in ihrem verzweifelten Kampf um die Liebe Kurachis in verschiedenen Situationen – in der höchsten Ekstase oder in tiefster Verzweiflung – sterben will, oder wenn ihr innerster Wunsch – als sie glaubt, daß sie nun mit Kurachi wirklich eins sei – nicht mehr ist zu leben, sondern zu sterben; oder wenn sie ihre fast pathologische Beziehung einige Male auf den Punkt bringt, daß Kurachi sie töten soll oder daß sie ihn töten will, dann entspricht diese Thematisierung des Todes zu sehr dem Klischee einer femme fatale, die in ihrer Leidenschaft fast alle menschlichen Grenzen überschreitet. Ihr wirklicher Tod drückt ihr Leben und ihren Kampf stärker aus – über ihre Daseinsform als femme fatale hinaus.

Yōkos Leben stand von Anfang an, wie sie selbst immer wieder sagt, unter einem Fluch, aber sie verstand nicht warum. Es war ihr Anderssein, ihre unüberwindliche Einsamkeit (ein Grundmotiv, das sich durch den ganzen Roman wie durch Yōkos Leben hindurchzieht), etwas tief in ihr Verborgenes, dem sie sich nur ganz selten nahe fühlte. Und jetzt hatte sich dies langsam und unaufhaltsam in etwas verwandelt, das immer mehr Macht über sie gewann: ihre Krankheit. Als Yōko spürt, daß sie Kurachi verlieren und daß es für sie keinen Ausweg mehr geben würde, verliert sie allmählich die Kontrolle über sich und ihr Leben und wird immer stärker von der Krankheit beherrscht. Ihre Einsamkeit, die sich in dem Maß, wie Yōko die Hoffnung auf Liebe aufgeben mußte, in Hysterie verwandelte, mündet in den Tod. *Er* erscheint ihr am Ende als wirklich, sie spürt seine Anwesenheit.

Yōkos Leben (sie ist erst sechsundzwanzig Jahre alt, als sie stirbt) endet in Verzweiflung und Qual, wie sie in keiner Hölle schlimmer sein könnten. Gibt es eine schärfere Anklage gegen eine Gesellschaft, in der ein

Mensch so leiden muß? Läßt Arishima Yōko diesen Tod sterben als Anklage und als Zeichen, weil er selbst Yōkos Einsamkeit, Ohnmacht, Verzweiflung und Qualen kennt und erlebt hat? Sie mußte leiden, weil sie als Frau *leben* wollte.

An der Stelle des Romans, wo sie auf dem Operationstisch eingeschläfert wird (die Operation wird mißlingen und Yōko muß unter grausamen Schmerzen sterben), heißt es:

> „,Wie kann ich sterben, solange Kurachi noch lebt? . . . Zumindest noch einmal in seinen Armen . . . Hört auf! Ich möchte nicht getötet werden, auch wenn ich im Wahn sterben muß. Hört auf! . . . Mörder!' [. . .] ,Ich will leben, leben . . . möchte nicht sterben . . . Mörder!' Yōko kämpfte, solange ihre Kräfte reichten, gegen die Ärzte, gegen die Medizin . . . gegen das Schicksal . . . Yōko kämpfte für immer."

Ja, sie wollte *leben*. Sie wollte als sie selbst leben und zugleich in einer totalen Liebe zu einem Menschen gehören. Sie wollte dafür leben und dafür kämpfen, und deshalb ging es ihr nicht um einen alles überwindenden Selbstmord oder einen würdevollen Tod. Und zum Zeichen ihres Kampfes und ihres Lebenswillens ließ Arishima sie einen so qualvollen, häßlichen, gewaltsam von außen zerstörenden Tod sterben.

Dagmar v. Hoff/Helga Meise

Tableaux vivants – Die Kunst- und Kultform der Attitüden und lebenden Bilder

I. Weiblicher Proteus

Tableaux Vivants sind lebende Bilder, „Wiedergaben der Stellung einer Einzelperson oder einer Gruppe", wie sie in bildender Kunst oder Gemälden vorgegeben sind. Sie begründen an der Wende vom 18. zum 19. Jahrhundert eine ‚kleine' Kunst, die sich, immer zwischen Kunst und Gesellschaftsspiel changierend, vor allem mit dem Namen von zwei Frauen verbindet: Lady Emma Hamilton und Mme Henriette Hendel-Schütz. Das Repertoire beider umfaßt dabei antike und neuere Sujets, es reicht von der Darstellung einzelner Figuren bis zu der von Gruppen und geht außerdem zumeist über eine einzige Szene hinaus, indem zu einzelnen Themen „Folgen und Stellungen" gefunden werden. Für beide Darstellerinnen gilt, daß sie sich nicht streng an „bestimmte Kunstwerke als Vorbilder" halten[1]. Gemeinsam aber ist ihnen das Stellen eines Bildes, die Darstellung eines Momentes, der aus einer in der Kunst dargestellten oder durch Mythologie, Bibelüberlieferung und Geschichte verbürgten ‚Handlung' herausgelöst wird.

Zur Darstellung kommen teilweise die gleichen Sujets: Niobe und Maria Magdalena gehören zum Standardrepertoire beider Darstellerinnen, des weiteren Iphigenie, Kleopatra, Sophonisbe, Nymphen und Musen in das der Lady Hamilton, während Mme Hendel-Schütz im Laufe ihrer Vorstellungen von 1808 an ganze Zyklen ausarbeitet, die sich wie „eine in historischer Ordnung . . . aufeinander folgende . . . Kunstgeschichte

[1]) August *Langen*, Attitude und Tableau in der Goethezeit. In: Jahrbuch der deutschen Schillergesellschaft 12. Stuttgart 1968, S. 194–258, hier S. 195 u. S. 212.

in beweglichen Bildern"[2] präsentieren: der „antike Styl der Skulptur im Aegyptischen zuerst: Isis, Sphinx, Caryatide; im griechischen Styl ... Galathea, Cassandra, Psyche ... im christlichen Styl der Mahlerey der italienischen Schule: Hagar und Ismael in der Wüste ... Magdalene und zum Beschluß der altdeutsche Schule ... mit einem Madonnen-Zyklus"[3].

Die Darstellungen der Lady Hamilton werden von Goethe in der ‚Italienischen Reise" beschrieben: „... eine Abwechslung von Stellungen, Gebärden, Mienen etc."[4] Diese Attitüden der Lady Hamilton sollten der „pantomischen Kunst" der Mme Hendel-Schütz den Anstoß geben: „Vor einem bis zur Überfüllung gedrängten Hause entwickelte hier die Künstlerin den ganzen Reichthum ihrer mimischen Kunstschöpfungen. Denn so muß man ihre Leistungen billig nennen, da sie nicht nur mühsam eingelernt sind, sondern durch eine Art von Begeisterung, die aus der Situation selbst hervorgehend, die Phantasie erfüllt, und dann in mimischer Gestaltung zur Beschaulichkeit hervortritt, in hundert Schattierungen und Abstufungen immer anders und anders hervortreten, und bey keiner wiederholten Vorstellung ganz dieselben sind ..."[5]. Die Lebenden Bilder, wie hier die Darstellungen der beiden Künstlerinnen zusammenfassend genannt werden sollen[6], stellen sich als Übergänge dar: von einem Stil in einen anderen, von einer Kunstform in eine andere, von Kunst in Gesellschaftsspiel, von einer historischen Epoche in eine andere. Was dargestellt wird, wird weniger im Verhältnis zu etwas anderem dargestellt, eher als Übergang von etwas in etwas anderes: dazwischen muß der Augenblick sprechen. Er soll in einem Moment die ganze Bedeutung, die dem Sujet beigelegt ist, sichtbar werden lassen, aber genau in diesem Augenblick geben die Quellen keinen Aufschluß, können sie keinen Aufschluß geben: sie markieren selbst den Umstand, die Spuren dieser Vorstellungen als Sprache festzuhalten.

Nur hier sind die Darstellungen zu rekonstruieren. Lady Hamilton er-

---

[2]) Allgemeine Literatur-Zeitung 1810, Nr. 295, S. 452.

[3]) Morgenblatt für gebildete Stände Nr. 26, S. 104.

[4]) Johann Wolfgang v. *Goethe*, Italienische Reise, 16.3.1787. In: Goethes Werke. Hamburger Ausgabe Bd. 11, Hrsg. v. Erich Trunz. Kommentiert von Herbert v. Einem. München [11]1982 ([1]1950, Neubearb. [10]1981), S. 209f.

[5]) Karl August *Böttiger*: Pantominische Vorstellungen der Hendel-Schütz in Dresden. In: Morgenblatt für gebildete Stände 1814, Nr. 152ff, S. 607, hier S. 607.

[6]) *Langen*, a.a.O., S. 234.

scheint „im griechischen Gewand“[7] oder „einer langen, mit einem Bande einfach unter der Brust zusammengeknöpften Tunica“[8], ebenso Frau Hendel-Schütz: „In allen Darstellungen des antiken Styls war Frau Henriette Meyer nur mit einer einfachen weißen Tunica bekleidet, über welche sie einen ihrer türkischen Shawls schlug ... in den Darstellungen des italienischen und altdeutschen Stils trug die Künstlerin in der Regel ein scharlachrotes Unterkleid, sowie einen ultramarinblauen Mantel.“[9] Die beständigen Übergänge von einem Bild ins andere setzen zwei Identitäten ein, die verschiedenen Ordnungen angehören: zum einen die dargestellte Figur – es handelt sich durchgängig um weibliche Figuren, zum anderen die darstellende Figur, die Schauspielerin. Allein ihr Körper kann die Bedeutungen und ihre einzelnen Stadien deutlich machen. Um einzelne, verschiedene Bilder zu zeigen, ohne die Vielfalt der Bilder im ganzen zu beeinträchtigen, wird zunächst eine glatte Leinwand geschaffen, deren Farbe den Stil als solchen anzeigt[10]. Auf dieser Fläche – man spricht auch von einer „reinen Tafel“[11] – werden dann farbige Shawls angeordnet, so daß die Wirkung zum einen aus dem Kontrast der Farben, zum anderen aber aus der Differenz der Drapierungen untereinander hervorgeht[12]. Der reale Körper der Darstellerin verschwindet zugunsten einer Aufzeichnungsfläche, die auf ihm errichtet wird. Sie drängt den Blick auf ihn zurück. Die Illusion gesteht das ein, wenn sie – sich dieses Bildes noch bewußt – ihn für unwesentlich und unzulässig erklärt. Bei beiden Darstellerinnen kommt sie zu demselben Ergebnis: während unter dem „griechischen Gewand“ der Lady Hamilton sich der schöne Körper abzeichnet, weiß doch das Publikum schon um ihre Geschmacklosigkeit und Nicht-Bildung im alltäglichen Leben[13]. Und bei Mme Hendel-Schütz ist es eher das Gegenteil: ihre nicht klassische, zu Körperfülle neigende Erscheinung wird durch die umfassende Ausbildung zur Schauspielerin erst aufgewertet[14]. Erst die reine Oberfläche des weiblichen Körpers macht ihn zur Darstellung fähig.

---

[7]) Goethe, Italienische Reise, ebd., S. 329ff.

[8]) Erinnerungen an Henriette Hendel-Schütz. Nach ihren hinterlassenen Aufzeichnungen und Mittheilungen von Zeitgenossen hrsg., Darmstadt und Leipzig 1810, S. 37.

[9]) Lit. Ztg. Nr. 296, S. 460.

[10]) *Langen*, a.a.O., S. 218.

[11]) *Böttiger*, a.a.O., S. 631.

[12]) Kirsten Gram *Holström*, Monodrama, Attitüdes, Tableaux vivants. Studies on some trends of theatrical fashion 1770–1815, Stockholm 1967, S. 126.

[13]) ebd., S. 117f; *Langen*, a.a.O., S. 213.

[14]) *Holmström*, a.a.O., S. 190.

Je unbeschriebener diese Fläche ist, desto einfacher können die Mittel sein, ohne die Wirkung zu gefährden: Die Kostüme stellen gleichsam den Untergrund her, auf den etwas aufgetragen wird: Farbe oder Drapierung, die durch die Materialität des Stoffes wirkt[15]. Unterstützt wird dieses Arrangement durch ein Arrangieren des Körpers, ein Stellen, das unmittelbar spricht; in allem, was von ihm sichtbar ist. Der Körper muß genauso reagieren wie die verwandten Stoffe, in seiner Oberfläche müssen sich Ausdrücke malen, die nicht von innen aufsteigen, sondern vom zu erzielenden Effekt bestimmt sind: „Die zweyte allgemeine Bedingung (zur Mimik, HM) ist, daß der Körper nicht nur einen schönen, sondern auch *sprechenden* Ausdruck habe, d.h., daß sowohl die Gestalt als auch das Gesicht die Fertigkeit besitze, die mannigfaltigen Gebehrden und Mienen mit der ungezwungensten Leichtigkeit hervorzubringen, und, bey der größten Beweglichkeit der Gesichtszüge, sie wieder durch eine leise Spannung festzuhalten."[16]. Offensichtlich haben die Haare in diesem Zusammenhang eine besondere ‚Ausdruckskraft'; schon die „aufgelösten Haare" der Lady Hamilton können die Differenz zwischen Darstellung und Erscheinung markieren (Goethe). Von ihrem „not-powdered hair"[17] bis zur Barfüßigkeit der Hendel-Schütz: das Kostüm der Darstellerin zeugt von einer Vermischung von öffentlicher und privater Sphäre, von Theater und Straße einerseits und Intimität andererseits. Unter der kulturellen Kodierung ist der weibliche Körper präsent, wie man ihn sich im Haus vorstellen möchte – umgekehrt benutzen Lady Hamilton und Mme Hendel-Schütz in privaten wie in öffentlichen Auftritten dieselbe Kostümierung[18].

Auch die anderen theatralischen Mittel folgen diesem, auf den ersten Blick mit Einfachheit und Ungekünsteltheit arbeitenden Darstellungsprinzip: die Requisite besteht aus Gegenständen, deren Bedeutung unmittelbar aus der Rolle hervorgeht: eine Urne, eine Leier, ein Tamburin bei Lady Hamilton[19], bei Mme Hendel-Schütz Pfeil und Bogen für „Psyche und Amor", ein Totenkopf für die in stumme Betrachtung ver-

[15]) Lit. Ztg., Nr. 296, S. 460.

[16]) Ebd., S. 453.

[17]) *Holmström*, a.a.O., S. 118.

[18]) *Langen*, a.a.O., S. 219; Richard *Sennett*, Verfall und Ende des öffentlichen Lebens. Die Tyrannei der Intimität. Frankfurt a.M. 1983, S. 87.

[19]) *Holmström*, a.a.O., S. 115.

sunkene Magdalene, eine Lilie für Dürers Verkündigungsengel[20]. Gelegentlich gibt es auch musikalische Begleitung, die „hinter dem Theater" ertönt. Licht kommt gleichmäßig von der Seite, erlaubt aber genügend Bewegungsfreiheit auf der Bühne. Für eine Vorführung der Lady Hamilton wurde die Künstlerin von einer extra angefertigten riesigen Kerze angestrahlt, wie man „ein Tableau" anstrahlt[21]. Auch Mme Hendel-Schütz wurde so beleuchtet, daß das Licht selbst nicht zu sehen war[22]. Seit Lady Hamilton fußt die ganze Inszenierung auf einem „schwarzen Kasten", in dem die Darstellerin erschien, „von dem prächtigsten goldenen Rahmen eingefaßt"[23]. Selbst bei einer privaten Kurzvorführung der Lady in London, die sie bei einem Frühstück gibt, werden die Fenster geschlossen[24]. Frau Hendel-Schütz tritt in einem schwarz oder grau ausgeschlagenen Raum auf[25]. Die Bedeutung, die nur auf dem Körper selbst stattfinden soll, wird jetzt noch einmal in einen Raum eingefügt, vor/in dem sie sich abheben soll, ein Raum, der aber, wie die in ihm agierende Darstellerin, als Fläche konzipiert ist, als gerahmtes Bild. Die Vorstellungen finden ohne Zwischenvorhänge statt, so daß sich die Verwandlungen unmittelbar vor den Augen der Zuschauer vollziehen. Durch diese Einrichtung ist das Publikum auf „Schaulust"[26] festgelegt, „alles war Auge" heißt es so schon zu Beginn einer Vorstellung der Hendel-Schütz[27]. Die Privilegierung des Auges, auf die sie „hinarbeitet"[28], folgt zum einen notwendig aus einer Kunst, die darstellen will und dabei auf Sprache verzichtet, und fordert im selben Maße den „kalten Blick"[29] auf seiten des Publikums, insofern es den Augensinn nicht erotisch mißverstehen darf. So macht sich Böttiger mehrmals über ein Publikum lustig, das nur auf den Amor wartet, wenn „Psyche den schlafenden Armor entdeckt"[30]. Demgegenüber weiß der kalte Blick genau, was er sehen will: Böttiger stellt in seiner großen Be-

[20]) *Böttiger*, a.a.O., S. 615, 619.
[21]) Ebd., S. 627.
[22]) *Böttiger*, a.a.O., S. 607.
[23]) *Goethe*, Italienische Reise, 27. S. 1787.
[24]) *Holmström*, a.a.O., S. 116.
[25]) Lit. Ztg., Nr. 296., S. 460.
[26]) *Böttiger*, a.a.O., S. 615.
[27]) *Langen*, a.a.O., S. 221.
[28]) Morgenblatt Nr. 70, S. 280.
[29]) Gert *Mattenklott*, Der übersinnliche Leib. Beiträge zur Metaphysik des Körpers. Reinbek b. Hamburg 1982, S. 47.
[30]) Morgenblatt Nr. 26, S. 104.

sprechung der Kunst Hendel-Schütz' jedem ihrer Lebenden Bilder das ‚wirkliche' Kunstwerk an die Seite und bindet damit die Darstellung bewußt in den Diskurs eines gebildeten Publikums ein, das, unter welchen Rezeptionsbedingungen auch immer, gemäß dem Trend der Zeit, klassische Kunstwerke betrachtet und, wenn nicht möglich, zumindest ihre Rezeption in der Kritik verfolgt, also ihrem Diskurs folgt. Er verdoppelt damit den Rahmen, der schon sprachlich die Darstellungen der Mme Hendel-Schütz einfaßt: so formuliert die Ankündigung für ihren Auftritt in Mannheim 1809 „Mimische Darstellungen. Egyptischer, griechischer und römischer Styl. Italienische und altdeutsche Schule. Darstellungen aus freier Phantasie."[31]

Die Vielfalt der Bilder scheint den Verzicht auf das gesprochene Wort – wesentliches Ausdrucksmittel des Schauspielers – vorauszusetzen. Seine Funktionen sind auf den Körper übergegangen. Was er darstellt, wird „. . . zu einer Reihe von Situationen . . . (zu) gerundeten, lebendig fortschreitenden mimischen Kunsthandlungen . . . die man in ihrer zusammengesetzten Aufeinanderfolge den Monolog eines Ballets nennen möchte."[32] Die Sprache, über die dieser „Monolog" verfügt, richtet sich gegen das Leben der Darstellerin, die körperlichen Darstellungsmittel; denn sie können nicht dem eigentlichen Kunstgebiet angehören: „Lebendige Augen und Mienen, überhaupt der warme Hauch des Lebens über dem Ganzen und manches Andere werden nie ganz vergüten, was Mahler und Bildhauer Höheres zu leisten vermögen."[33] Hier handelt es sich bloß um „verzierende Kunst", um „Nachahmung in rührender Stellung". Der Widerspruch, daß ‚tote' Kunst, das tote Kunstwerk das Leben besser wiederzugeben vermag als ein Lebendes Bild, läßt sich nur durch das Imaginieren einer Folge von Stellungen auflösen, wobei jeder Moment für sich sprechen und zugleich aus der Geschichte seinen Sinn beziehen muß, in der das einzelne Bild seinen Ort hat. Die Übergänge von einem Bild ins andere, von einer Szene zu einer anderen sprengen tendenziell die Struktur der Tableaux vivants und nehmen dem Augenblick seine Brisanz, der den Anspruch auf Anschauung und seine ästhetische Formulierung als ästhetischen Schock einsetzt. Das Verdikt, das den weiblichen Körper einmal als moralisches Urteil (gegen seine Verführungs-Mittel) und ein zweites Mal als ästhetischen Mangel trifft

---

31) *Langen*, a.a.O., S. 216.
32) *Böttiger*, a.a.O., S. 607.
33) Morgenblatt Nr. 24, S. 136.

(gegen seine Darstellungsmittel), nimmt auch der Kunst der Lebenden Bilder ihre Kraft, schreibt ihre minoritäre Position fest und weist schon auf ein Ende hin. Davon ist auch die marginale Position der Darstellerinnen betroffen, insofern die Arrangements auf der Oberfläche, das Dekor, die bloße Folge von Übergängen nur von einem Innen des Körpers aus denkbar erscheinen und die „reine Tafel" als Einschreibefläche für „Belehrungen" fungieren soll. Die glatte Oberfläche ist zugleich Membran der Seele, sie ist nur darstellungsfähig, wenn sie die „Regungen des Innern . . . versichtbart": „Was an Vollkommenheit der Formen gegen die bildenden Künste abgeht, ersetzt sie in ihrer Weise durch Entfaltung und Folge; denn in sichtbaren Übergängen, in einfachen Fortschritten *wird* durch sie in lebendigem Zusammenhang vor unsern Augen, was wir im Gemählde als *geworden* allein und abgeschnitten erblicken, und vielleicht vermag für das Eindringliche und Herzergreifende nie ein Zauber der Vollendung im Gemählde das aufzuwiegen, was die Mimik durch fortlaufende Bilder der innern Zustände mahlt. Die Poesie des Gemähldes ist nicht blos stumm . . . sie ist zum Theil auch unsichtbar; in die Zeichen des Gegenwärtigen ist alles Vorübergehende und alles Nachfolgende, wie eingewickelt, und es kommt auf das poetische Vermögen des Beschauers an, das dichterische Ganze, das der Mahler gefaßt hätte, in sich selbst ebenfalls allmählig hervorzurufen. Die mimische Vorstellung enthält fortschreitend die Regungen des Innern, versichtbart das Gemüth mit seinen kämpfenden Empfindungen und noch nicht gefaßten Entschlüssen."[34]

An diesem Punkt überschneiden sich zwei zeitgenössische Diskussionen: die um die Schauspielkunst als Kunst des Schauspielers und die um die Weiblichkeit, die in ihrem bürgerlichen Lebenszusammenhang als „Hausfrau, Gattin und Mutter" neue Züge annehmen muß. Diderot trennt in seinem Artikel „Paradoxe sur le comédien" (1770) kategorisch den Schauspieler von seiner Rolle: wenn er von ihm verlangt, sich aller Emotionen zu enthalten, dann nur, damit er der Rolle am meisten gerecht werden kann. Was er dann nämlich zeigen kann, sind nur die „äußeren Zeichen" der Empfindung, die zur jeweiligen Rolle, zum je aktuellen ‚Gefühl' der darzustellenden Figur gehören – weil der Schauspieler selber ‚kalt' bleibt, vemag er umso besser den Zuschauer zu täuschen und die Illusion herzustellen, die der Zuschauer erwartet. Er, der Schau-

[34]) Ebenda Nr. 34, S. 136, Hervorh. i.O.

spieler, so Diderot, geht und zieht sich um, „Sie aber . . . Sie nehmen alle diese Eindrücke mit sich fort, d.h. Schmerz, Sorgen, Wehmut . . ."[35]. Darin folgt ihm J.J. Engel (Ideen zu einer Mimik 1785–86), sich seinerseits auf Lessing beziehend: auch für ihn ist der Körper nur das ‚kalte' Instrument, das der Geist planvoll und kaltblütig einsetzt, um einzelne, genau kalkulierbare und im voraus festgelegte Empfindungen beim Zuschauer freizusetzen. Der so dargestellte Körper erscheint als einzige Möglichkeit, die Seele sichtbar zu machen – denn die Seele ist unsichtbar, aber alle Modifikationen des Körpers weisen auf sie hin, sind „natürliche Folgen von der inneren Beschaffenheit der Seele"[36]. Die Kunst wird zum Mittel, die Seele zu ‚versichtbaren'.

In der Diskussion der Zeitgenossen um den ‚bürgerlichen Charakter" der Frau, um die „bürgerliche Verbesserung der Weiber", steht ebenfalls das Innere, die „natürliche Beschaffenheit des Frauenzimmers", ihre Tugend im Zentrum der Auseinandersetzung. Auch hier ist der Körper als Ausdruck des Innern gefaßt, er gibt über das Innere Aufschluß – macht es sichtbar. Es scheint, als ob die Tableaux vivants sich gerade in diese beiden Diskurse ‚einschreiben' wollen, wenn sie sich deren Prinzip des „Ausdrucks" zu eigen machen.

Die Bedeutung des einzelnen Bildes steigt zum einen aus dem Körper auf und wird im selben Moment auf ihm zusammengefaßt, fügt sich dem zu erzielenden Sinn und drückt sich aus in der völligen Übereinstimmung von Schauspielerin und Rolle. „Da aber der *mimische* Künstler das Object am Subject darzustellen hat, und Bildner und Bild zugleich, sich selbst zum Kunstwerk machen muß . . ."[37], fällt die absolute Identifizierbarkeit (auf seiten der Darstellung/auf seiten der Rezeption als Erkennen/Wiedererkennen) mit der absoluten Verwandlungsfähigkeit zusammen. Weil Mme Hendel-Schütz „immer ganz das ist, was sie in jedem Augenblick seyn will . . . zeichnet sich jede ihrer Darstellungen in gleichem Grade durch Schönheit und Wahrheit aus."[38]

Die schnellen Wechsel von einem Bild zum anderen, für die Lady Emma Hamilton und Frau Hendel-Schütz gleichermaßen gelobt werden, bringen – immer auf dieselbe Weise – einen „inneren Zustand"

---

35) Denis *Diderot*, Paradoxe sur le comédien. In: *ders.*, Oeuvres, Paris 1982, S. 1003–1058, hier S. 1011.

36) Johann Jakob *Engel*, Ideen zu einer Mimik. 2 Bde. Berlin 1785, hier Bd. I, S. 8.

37) Lit. Ztg. Nr. 295, S. 453.

38) Ebd., S. 459.

zur Darstellung. Dessen Anschauung entspricht zeitgenössischen ästhetischen Theorien. Insofern sie die ungefesselte Natur, die Wahrheit großer Leidenschaften als „szenisches Gemälde" an den Anfang und an das Ende eines Dramas stellen, zeigen sie „eine Stellung dieser Personen auf der Bühne, die so natürlich und so wahr ist, daß sie mir in einer getreuen Nachahmung des Malers auf der Leinwand gefallen würde."[39] Handlung als Abfolge von Bildern, nicht aber als unvermutete Zufälle, wie sie dem Bürger in der Welt des Hofes zu Hause scheinen: das Bedeutsame des „innern Zustands" des Subjekts, des privaten Lebens soll zur Anschauung kommen, „. . . als wollte darüber die Zeit stehenbleiben."[40] Das Lebende Bild will an der „bedeutsamen Situation" festhalten, und zwar die Vorgänge und Empfindungen[41], und muß dies notwendig am Subjekt selbst darstellen, weil der Ausdruck seines Innern zwischen Kunst und Leben vermitteln, das Bedeutsame des eigenen Lebens mit dem Bedeutenden der Kunst zusammenfallen lassen kann und die Simulation erzeugt, auf die das Lebende Bild angewiesen ist: „Als der Ausdruck seinen Höhepunkt erreicht hatte, hielt die Bewegung inne und verwandelte sich für einen Moment in ein wunderbares Gemälde."[42]

In diesem Sinne bietet sich der Darstellung jede bedeutende Situation an. Alle Sujets der Lady Emma Hamilton und der Mme Hendel-Schütz unterhalten Beziehungen zu dem „bedeutenden Augenblick", den das 18. Jahrhundert im weiblichen Lebenszusammenhang inauguriert: dem Verhältnis der Frauen zum Begehren, zu ihrem eigenen Begehren wie zum Begehren überhaupt. Es ist, als wollten sie durch die Übergänge, die schnellen Verwandlungen von einem Bild in ein anderes, die „Universalität des Geberdenspiels"[43], die extremen Positionen nur streifen, die für die weiblichen Figuren – von Penthesilea bis zum Madonnen-Zyklus – kennzeichnend sind, den Rückschluß vom Ausdruck auf die

---

[39]) Peter *Szondi*, Tableau und Coup de théâtre. Zur Sozialpsychologie des bürgerlichen Trauerspiels bei Diderot. Mit einem Exkurs über Lessing. In: *ders.*, Schriften II. Frankfurt a.M. 1978, S. 205–235 ([1]1972) hier S. 210ff.

[40]) Ebd., S. 210ff.

[41]) Norbert *Miller*, Mutmaßungen über lebende Bilder. Attitüde und „tableau vivant" als Anschauungsform des 19. Jahrhunderts. In: Das Triviale in Literatur, Musik und bildender Kunst. Hrsg. v. Helga de la Motte-Haber. Frankfurt a.M. 1972, S. 106–131, hier S. 110.

[42]) *Holmström*, a.a.O., S. 175.

[43]) Lit. Ztg. Nr. 296, S. 459.

Empfindungen, vom Äußeren auf das Innere stören, ihn unterlaufen durch die Etablierung einer zweiten Beziehung auf der Ebene des Dargestellten selbst, auf der das Tableau vivant sagt: „Ich bin das Bild."[44] Die Aufblähung des „bedeutenden Augenblicks" durch den Ausbau und die Erfindung von Szenenfolgen, durch den Einsatz einer einfach wirkenden, aber ausgeklügelten Theatermaschinerie bedeutet eine permanente Inszenierung, die – vor allem, als auch die Öffentlichkeit zerfällt, auf die diese Kunst radikal angewiesen ist[45] – die Dramatisierung des Tableau vivant in der Inszenierung unmöglich macht[46], im Falle der beiden Darstellerinnen aber nicht nur die Über-Inszenierung ihrer Kunst bedeutet, sondern auch zu einer ästhetischen Überhöhung des eigenen Lebens, der eigenen Biographie führt, der wir überhaupt die Spuren dieser minoritären Kunst verdanken: Die Überkodierung, die radikale Neigung zum Dekor, zum Stellen der Idee des bedeutenden Augenblicks zeugt sie uns eher auf der Seite des Dargestellten, des „Objects" denn des „Subjects": von der Kritik als „Mahlerinnen" gepriesen, haben sich die Künstlerinnen auf die Seite des „Gemähldes" geschlagen: Lady Emma Hamilton bleibt der Kulturgeschichte als „living art gallery" erhalten, Mme Hendel-Schütz als „Kunstgeschichte in beweglichen Bildern". Zum Repertoire dieser „Peregrina Proteus"[47] gehören auch Galatea und Niobe: die eine wird gezeigt, wie sie allmählich zum Leben erwacht, die andere, wie sie zu Stein wird – im Fall der Henriette Hendel-Schütz nur durch die Darstellung von Psyche und Amor unterbrochen.

II. »Inszenierung des weiblichen Körpers«

Es gab im 18. Jahrhundert die Modeerscheinung, antike Statuen bei Fackelbeleuchtung zu studieren; das flackernde Licht sollte den Eindruck suggerieren, als lebten die Statuen. Hinter diesem Versuch der Belebung toter Bilder verbirgt sich der Wunsch, Idealen Leben zu geben. Von diesem Wunsch ist schließlich auch die Kunst- und Kultform der Attitüden und Lebenden Bilder getragen.

---

[44]) *Böttiger*, a.a.O., S. 607; Morgenblatt, ebd.; Lit. Ztg. ebd.

[45]) Lit. Ztg. Nr. 295, S. 452 u. S. 454.

[46]) *Miller*, a.a.O., S. 113.

[47]) *Böttiger*, a.a.O., S. 631.

Der mimetische Prozeß verläuft hier jedoch umgekehrt. Anstatt tote Materie zu verlebendigen, wird versucht, das „Lebendige" abzustreifen, indem die Darstellerinnen bei der Kunstausübung der Statue oder dem Bildnis ähnlich werden. Bewegung wird eingefroren und das Zufällige dem Ideal geopfert. Das Bestreben ist es, sich in die metaphorische Ersetzung zu begeben und mit dem „Original" eines Kunstgegenstandes verwechselt zu werden.

In Wohn- und Eßzimmern, aber auch in Schauspielhäusern stellen die Darstellerinnen v.a. um 1800 bekannte antike und christliche Figuren aus. Wesentlich dabei ist, neben der Tatsache, daß diese Kunstform in erster Linie von weiblichen Darstellern ausgeübt wurde, der Umstand, daß es Männer waren, die Weiblichkeit inszenierten und die Körperposen der Frauen erläuterten und gegebenenfalls mit einem Kommentar ergänzten. Denn die Akteurinnen verfügten über keine eigene Stimme während der Aufführungen. Sie waren aus der Kommunikation ausgenommen und sprachlos.

Dieser sprachlose weibliche Körper wurde nun ergänzt durch das männliche Sprechen. Hierzu gehören die Erläuterungen und Erklärungen eines Sir William Hamilton und die eines Prof. Fr. Karl Julius Schütz, wenn diese die Vorführungen ihrer Ehefrauen Lady Emma Hamilton (um 1765–1815) und Henriette Hendel-Schütz (1772–1849) mit Kommentaren begleiteten.

Einen weiteren sprachlichen Rahmen bildete die zeitgenössische Rezeption, in der Autoren wie Goethe, August Wilhelm Schlegel und Wilhelm von Kügelgen ‚die weibliche Kopierkunst', die notwendig sprachlos blieb, beschrieben und inszenierten.

Ein vielzitiertes Beispiel der Inszenierung dieser Kunstform ist Goethes Darstellung in der „Italienischen Reise" für das Jahr 1787, in der er über Emma Hart, die spätere Ehefrau des Sir William Hamilton, eines englischen Gesandten in Neapel, berichtet.

> Der Ritter Hamilton, der noch immer als englischer Gesandter hier lebt, hat nun nach so langer Kunstliebhaberei, nach so langem Naturstudium den Gipfel aller Natur- und Kunstfreude in einem schönen Mädchen gefunden. Er hat sie bei sich, eine Engländerin von etwa zwanzig Jahren. Sie ist sehr schön und wohl gebaut. Er hat ihr ein griechisch Gewand machen lassen, das sie trefflich kleidet, dazu löst sie ihre Haare auf, nimmt ein paar Schals und macht eine Abwechslung von Stellungen, Gebärden, Mienen etc., daß man zuletzt wirklich meint, man träume. Man schaut, was so viele tausend Künstler gerne geleistet hätten, hier ganz fertig in Bewegung und überra-

> schender Abwechslung. Stehend, knieend, sitzend, liegend, ernst, traurig, neckisch, ausschweifend, bußfertig, lockend, drohend, ängstlich etc., eins folgt aufs andere und aus dem anderen. Sie weiß zu jedem Ausdruck die Falten des Schleiers zu wählen, zu wechseln, und macht sich hundert Arten von Kopfputz mit denselben Tüchern. Der alte Ritter hält das Licht dazu und hat mit ganzer Seele sich diesem Gegenstand ergeben. Er findet in ihr alle antiken, alle schönen Profile der sizilianischen Münzen, ja den Belvederschen Apoll selbst. So viel ist gewiß, der Spaß ist einzig! Wir haben ihn schon zwei Abende genossen.[48]

Ein wunderschönes Mädchen wird in diesem Textausschnitt anonym vorgestellt und darüber als das ideale Kunstobjekt vorgeführt. Sie erscheint totgestellt in mehrfacher Art und Weise: einmal als Besitz Hamiltons, dem sie unzählige Kunstwerke verkörpert. Sie ist Bildergalerie, Antiken- und Münzsammlung zugleich. In diesem Sinne also eine Wertanlage bzw. ein Prestige-Instrument. Zum anderen besteht ihre Kunst darin, sich in bedeutungsvollen Posen einzufrieren, wobei sie grazil von einer Stellung zur andern wechselt und dabei jede gewünschte Empfindungsnuance zu treffen scheint. Der hier ausgestellte geschmeidige weibliche Körper, eine Art fließendes Phantasma, erscheint zugleich als ein kontrollierter, der dem Gesetz der Reproduzierbarkeit unterliegt, da selbst die Wiederholung ihren Reiz behält.

Lady Hamilton gilt als die erste, die Attitüden vor einem leeren, dunklen Bühnenkasten zur Schau gestellt und damit das bildhafte Moment untersützt hat. Als exquisiter Kern steht sie im Lichtkegel, während der Zuschauer ins Dunkel gehüllt ist, und stellt die ‚Formbarkeit' ihres Körpers aus.

Die geschickte Handhabung eines griechischen Gewandes (einer Tunika) sowie die Verwendung von Schals und Tüchern verdecken und akzentuieren dabei die Gestalt dieses weiblichen Modells. Die aufgelösten Haare bringen die weiblichen Reize zudem ins Spiel. In dieser Vorführung, so wie Goethe sie beschreibt und den weiblichen Körper inszeniert, entsteht ein Effekt von Weiblichkeit, der sie um so begehrenswerter macht, weil sie auf Distanz gerückt, für den Zuschauer verhüllt und unantastbar ist. Und genau diese Unerreichbarkeit des Objektes wird zur Bedingung für eine Vervielfältigung und mögliche Konsumierbar-

---

[48]) Johann Wolfgang v. *Goethe*, Italienische Reise (1787). In: ders., Werke. Hamburgische Ausgabe. Bd. II. S. 209.

keit. Sie wird zu einer abgetrennten Zone, auf die Sir William, aber auch der Zuschauer, seine Vorstellungen projizieren kann.

> Emma was by nature a model – a model that called forth the slumbering ideals or sensations of others. To Romney (dem Maler, dem sie in England Modell gesessen hatte, d.V.) she was the model of all the possibilities of feeling, and every beauty in action; . . . To Hamilton she was the model of antique art. To Nelson (ihrem späteren Geliebten, d.V) of glory of Britain.[49]

Sie fungierte als Metapher für Gefühlszustände, für die Antike und für politische Größe. Sie mimt, macht Bilder und gleicht sich den auf sie gerichteten Projektionen an.

In diesem Sinne rühmt auch Johannes Falk, ein bekannter Pädagoge um 1800, die ebenfalls als Attitüdendarstellerin bekannte Henriette Hendel-Schütz:

> Die Seele unserer Künstlerin scheint ein Spiegel zu seyn, dem sich die Vorstellungen von außen, gleichsam unfreywillig, eindrücken.[50]

Dramatisierung der Attitüdenkunst

Folgt man den Beschreibungen bekannter „Bewunderer“ dieser Kunst- und Kultform, so besteht ein wesentlicher Aspekt darin, daß hier zwei Paradigmen der Zeit, nämlich Bildende Kunst und Dichtung (Theater) ‚ineinandergeschaltet‘ werden, weshalb Goethe von den Tableaus als „Zwitterwesen“ spricht.

August Wilhelm Schlegel, der in dem Salon der Mme. de Staël Attitüden und Lebende Bilder bewundert hat, schreibt über die Attitüdendarstellerin Ida Brun, eine Schülerin der Mme. de Staël:

> Mlle Brun beschränkt sich nicht bloss auf mimische Plastik oder die Kunst ausdrucksvoller und zugleich malerisch schöner Stellungen . . . Sie legt dramatischen Zusammenhang in ihre Darstellungen und entfaltet nacheinander die verschiedenen Grade der Empfindung und Leidenschaft, ihren Wechsel und ihre Übergänge . . . Wenn der Ausdruck einen gewissen Gipfel erreicht hat, so verweilt sie einige Augenblicke darin, und läßt an dem ruhenden Ge-

---

[49]) Walter *Sichel*, Emma Lady Hamilton. From new and original sources and documents. Together with an Appendix of Notes and New letters. London 1905, S. 22.

[50]) Johannes *Falk*, Ueber die pantomimischen Darstellungen der Madame Hendel-Schütz. In: TB für Damen. Leipzig 1813, S. XXIII–XL, hier S. XXXV f.

mälde die veredelte Wahrheit der Geberde, die Schönheit der Stellung und den gelungenen Faltenwurf der Gewänder betrachten . . .[51]

A.W. Schlegel benutzt für seine ästhetische Beurteilung der Attitüdenkunst der Mlle. Brun Begriffe, die aus dem Bereich der Malerei, der Bildhauerkunst und dem Theater entstammen. Hier vereinigen sich Gattungen der Poesie in einer Art ‚Gesamtkunstwerk' zu einem Sinnbild von Größe. Auffallend an dieser Beschreibung ist aber v.a. A.W. Schlegels Akzentsetzung auf die dramatische Intention der Kunst- und Kultform, wobei er das Dramatische in zweifacher Hinsicht einsetzt. Einmal entsteht der „dramatische Zusammenhang" in der Aufeinanderfolge von ‚Stellungen' und der daraus entstehenden Bilderkette/Szenen. Zum anderen wird ein dramatischer Höhepunkt allein dem prägnanten Augenblick, in dem die Darstellerin in einer Pose verharrt, zugeschrieben. Das vorgestellte Bild fungiert hier als das ganze Drama, ist Handlung und Katharsis in einem Moment[52].

Spezifisch ‚weibliche Läuterung' in der mimisch-plastischen Kunst am Beispiel Henriette Hendel-Schütz

Henriette Hendel-Schütz ist bekannt als Darstellerin, die versucht hat, dramatische Elemente in ihre Kunstausübung zu integrieren. Während Lady Hamilton auf das Kopieren von Bildmotiven – also den Bereich der Malerei – weitgehend eingeschränkt blieb, versuchte Henriette Hendel-Schütz, Einzelattitüden zu einem Zyklus zu organisieren. Berühmtestes Beispiel dafür ist der zusammen mit ihrem Ehemann unternommene Versuch, das Drama „Penthesilea" von Kleist (1808 gedruckt, jedoch erst 1876 in Berlin aufgeführt) schon 1811 als Attitüdenfolge darzustellen.

Dieser Anspruch auf künstlerische Interpretation verweist darauf, daß H. Hendel-Schütz nie ausschließlich nur ein Modell gewesen ist. Sie war

[51]) August Wilhelm *Schlegel*, An Ida Brun. In: *ders.*, Sämmtliche Werke. Hrsg. von Eduard Böcking. Leipzig 1846, Bd. I, S. 254–255, hier S. 254.

[52]) Vgl. Ivan *Nagel*, Moralisierung, Politisierung, Ästhetisierung des Augenblicks. Über Kunst und Theater 1760–1820. Norddeutscher Rundfunk III: Kulturelles Wort. Red.: Hanjo Kestin. Am 27.12.83: 20.05–21.00 Uhr. Manuskript 36 S., hier S. 10; und *ders.*, Emmas Kunst oder das Genie des Modells. Lebende Bilder und klassizistisches Theater. Der malerische Augenblick und die Einheit der Empfindung. In: FAZ, Sam. 12. Mai 1984.

auch Schauspielerin, in ihrer Jugend sogar Sängerin und Rezitatorin von Gedichten und Dramenbruchstücken, die sie auf ihren Gastspielreisen (unternommen zwischen 1808 und 1820 mit ihrem Mann Fr. Karl Julius Schütz) mit den Attitüdendarstellungen verband. Sie wurde durch J.J. Engel, dem Verfasser der „Mimik", der sie in der Schauspielkunst ausbildete, durch den Maler Joh. Georg Pforr, der ihr auch das Bildwerk von Rehberg über Lady Hamilton zugänglich machte, und durch ihr Studium unter K.A. Böttiger in Dresden unterstützt. Schließlich bekam sie den Titel ‚mimisch-plastische Künstlerin' zugesprochen und galt fortan als Begründerin dieser Kunstform[53]. Ihr Repertoire umfaßte u.a. folgende Stellung, die J.R. Peroux anhand einer Folge von 24 Abbildungen zusammengestellt hat: „im antiken Stil, als Isis, Caryatide, Ariadne, Cassandra und eine Odaliske; im italienischen Stil, als Madonna, in der Verkündigung, den Weisen das Kind zeigend, auf der Flucht, beim Besuch der Elisabeth, den Sohn im Tempel lehren hörend, für ihn bei Pilatus um Gnade bittend, bei der Kreuzigung, nach der Kreuzigung, in der Umarmung des Kreuzes, beim Kreuze mit der Magdalena, die Nägelmale küssend, am Grabe trauernd und in der Verklärung; im altdeutschen Stil, die Verkündigung, Maria mit dem Kinde, mater dolorosa, die Verklärung und ein altdeutsches Grabmal im Basis-Relief, das wieder die Künstlerin vorstellen soll."[54]

Henriette Hendel-Schütz' Spektrum reichte von der Antike bis hin zu christlichen Motiven, wobei dieser Historismus (Benjamin) das ewige Bild der Vergangenheit beschwören und eine Vielfalt von Handlungsmomenten vortäuschen sollte. Die Malerin Caroline Baruda sprach in diesem Zusammenhang abschätzig von „Madonnen, Magdalenen, Griechinnen, Sibyllen, zuletzt auch eine Sphinx"[55].

---

53) Vgl. August *Langen*, Attitüde und Tableau in der Goethezeit. In: Jahrbuch der Deutschen Schillergesellschaft. Hrsg. v. Fritz Martini u.a. Stuttgart, 12. Jg. 1968, S. 194–258, hier S. 213 f.
Vgl. auch Blumenlese aus dem Stammbuche der deutschen mimischen Künstlerin, Frauen Henriette Hendel-Schütz. Hrsg. von und mit „Vorerinnerungen" versehen von Fr. Karl Julius Schütz. Leipzig und Altenburg 1815. Außerdem: Erinnerungen an Henriette Hendel-Schütz. Nach ihren hinterlassenen Aufzeichnungen und Mittheilungen von Zeitgenossen hrsg., Darmstadt und Leipzig (Eduard Zernin) 1870, S. 33.

54) Pantomimische Stellungen von Henriette Hendel. Nach der Natur gezeichnet und in 26 Blättern hrsg. von Joseph Nicolaus Peroux, in Kupfer gestochen durch Heinrich Ritter. Nebst einer historischen Erläuterung von dem Herrn Geheimen Legationsrathe Vogt. Frankfurt/M. o.J. [1810], S. 8.

55) Jugendleben der Malerin Caroline Bardua. Nach einem Manuscript ihrer Schwester Wilhelmine Bardua. Hrsg. v. Walter Schwarz. Breslau 1874, S. 125.

Der Maler Wilhelm von Kügelgen gibt in seinem biographischen Spätwerk genauere Auskünfte über Henriette Hendel-Schütz' „Künste der graziösen Gebärdung":

> Als die herrliche Gestalt das Podium bestieg, war Alles Auge, und nun begannen die wunderbaren, so berühmt gewordenen Gewandwandelungen, an denen mein Vater sich aufrichtig ergötzte. Alle weiblichen Kostüme des klassischen Altertums, priesterliche und profane, vornehme und geringe, ägyptische, griechische, römische wechselten schnell vor unseren Augen in den Attitüden bekannter antiker Bildwerke, und immer war die Künstlerin höchst reizend. Jede Stellung, jeder Faltenwurf stand ihr wohl an, und selbst meine Mutter schien ihr mit wachsendem Interesse zuzusehen. Ich hing mit trunkenem Blicke an der götterartigen Erscheinung.[56]

Der Anblick der wohlgestalteten Frau in ihrer Kunstfertigkeit macht die Augen des Sohnes „trunken" und „ergötzt" den Vater, während die Mutter lediglich interessiert erscheint. Schon in diesem kurzen Textausschnitt fällt die Inszenierung und Zur-Schau-Stellung des weiblichen Körpers auf. Der unterschiedliche Sehgenuß von Mutter, Vater und Sohn verweist darauf, daß die Mutter eigentlich den Auftritt verhindern wollte, jedoch, vom Ehemann gedrängt, widerwillig den Salon für die Aufführung vorbereitet, aber nicht ohne die Kopie von Raffaels Sixtinischer Madonna verhängt zu haben.

Kügelgen schreibt weiter zu dem Auftritt der Hendel-Schütz:

> Als Sibylle imitierte die Künstlerin ein bekanntes Bild meines Vaters. Dann streckte sie sich nieder auf die Estrade und unter ihren weiten Schleiern schienen die mächtigen Glieder einer Löwin zu schwellen: sie stellte eine Sphinx dar. Die Sphinx aber ward zur Jammergestalt einer büßenden Magdalena mit langem aufgelöstem Haar, und diese erhob sich dann als ‚mater dolorosa', um sich endlich in eine heitere, strahlend schöne Himmelskönigin zu verklären. Ein Zuck und Ruck in den Gewändern – und die Verwandlung war stets vollständig vollbracht.[57]

Daß hier der Blick des Betrachters unverfroren unter die Kleidung gerät, wenn er die Glieder einer Löwin anschwellen sieht, darauf hat Hannelore Schlaffer bereits verwiesen. Sie spricht davon, daß sich hier eine bürgerliche Doppelmoral, die zwischen Haus und Nachtclub angesiedelt ist, etabliert.

---

56) Wilhelm von *Kügelgen*, Jugenderinnerungen eines alten Mannes 1802–1920. Nach dem Original-Manuscript mit reichem, zumeist noch unveröffentlichten Bilderschmuck. Hrsg. v. Prof. Dr. Johannes Werner. Leipzig 1924, S. 166 f.

57) Ebd., S. 167.

Auf der einen Seite findet sich die Prüderie der Hausfrau, auf der anderen Seite die öffentliche Erotisierung der Frau. Hannelore Schlaffer geht sogar so weit, in dieser Attitüdenmode Vorformen eines zeitgenössischen Showgeschäfts zu sehen, in der Schlagersängerinnen und Stripteusen dem Zuschauer ein risikoloses optisches Amüsement verschaffen[58].

Beschrieb Kügelgen die Sphinx-Stellung in zweideutiger Weise, sprach Herder in einem Brief an seine Gattin von „Hamiltons Hure". Hierin erwähnt er den Spaß, der darin bestand, daß, während er einer Vorführung beiwohnte, sie ihre „tausend bacchantischen Attitüden" immer an ihn „adressierte"[59]. Das ‚bachantische Moment' erscheint hier eindeutig ‚sexualisiert', das ‚Fremde' und Geheimnisvolle der Sphinx eingeebnet.

Kügelgen gibt darüber hinaus aber noch Auskunft über die unterschiedlichen Sujets, derer sich Henriette Hendel-Schütz bedient. Es sind in der Reihenfolge: Sibylle – Sphinx – büßende Magdalena – mater dolorosa – strahlend schöne Himmelskönigin. Diese Aneinanderreihung von fünf Stellungen orientiert sich an dem bekannten Fünf-Stufen-Schema des Dramas. Die Darstellung geht aus von antiken Bildern: der Seherin Sibylle (übrigens eine beliebte Attitüde der Hamilton), dann die Sphinx, erotisch gefärbt und in zweideutiger Rätselhaftigkeit (der damaligen Ägyptenmode zuzurechnen). Im dritten Bild jedoch erfolgt ein Bruch, wenn die Attitüden in eine christliche Thematik einmünden und auf Eindeutigkeit zulaufen. Der Kupferstecher Peroux, der auch Hendel-Schütz abgebildet hat, spricht von seinem Eindruck, daß ihre Darstellungen „stufenweise" bis „zum höchsten Puncte" vordringen. Dieses Zulaufen auf einen Fixpunkt, auf ein hohes Ideal, enthält die Vorstellung einer Läuterung, denn in der Darstellung, so wie Kügelgen sie inszeniert, wird alles Sinnliche, Zweideutige, Rätselhafte und Bacchantische abgestreift, um schließlich über das Büßen der Magdalena, der Jesus für ihre Sünden verzeiht, und der Qual der mater dolorosa zu einer reinen Verklärung zu kommen. Dies ist eine Skala, die von fremd/zweideutig/böse bis zu gut/himmlisch reicht, zugleich demonstriert es den Prozeß der Läuterung von der ‚rasenden' zur ‚tugendhaften' Frau. Das, was schein-

---

[58]) Vgl. Hannelore *Schlaffer*, Erotik im lebenden Bilde. Lady Hamilton und Henriette Hendel-Schütz – Zur Kunst der Attitüden-Darstellung. In: Stuttgarter Zeitung am 16.12.1975.

[59]) Zit. nach Ivan *Nagel*, Moralisierung, Polisitierung, Ästhetisierung des Augenblicks, a.a.O., S. 15.

bar vielfältig und heterogen wirkte, ist letztendlich außerordentlich homogen strukturiert.

Der Eindruck des Vielfältigen und des Dramatischen, den diese Kunst- und Kultform bei zeitgenössischen Rezepienten erweckte, macht das Faszinierende dieser Kunstform aus. Dieser Eindruck beruht jedoch auf einer Täuschung, weil das dramatische Moment durch die Einführung einer hierarchischen Schematisierung stillgestellt und das vielgelobte Spektrum an weiblichen Körperbildern entfaltet wird, um es zu kontrollieren.

Der inszenierte weibliche Körper – vorgestellt als rezeptives Substrat – ist also weder vielfältig noch dramatisch, wohl aber das Drama seiner Begrenzung.

Bildmaterial:

Emma Hamilton als Niobe. Gemälde von Johann Heinrich Wilhelm Tischbein. Bildarchiv Preußischer Kulturbesitz. FAZ 12. Mai 1984.
Johannes Falk, Ueber die pantomimischen Darstellungen der Madame Hendel-Schütz. In: TB für Damen. Leipzig 1813. (4 Kupfer, darstellend eine Sphinx, eine Madonna mit dem Kinde, eine Verklärung und Agrippina mit dem Aschenkruge des Britannikus). Freies Deutsches Hochstift/Frankfurt

Elisabeth Bronfen

Die schöne Leiche

Weiblicher Tod als motivische Konstante von der Mitte des 18. Jahrhunderts bis in die Moderne

In seinem berühmt-berüchtigten poetologischen Aufsatz „Die Philosophie der Komposition" (1846) proklamiert Edgar Allan Poe einen der wichtigsten Grundsätze für eine ästhetische Darstellung des weiblichen Todes: „Der Tod einer schönen Frau ist also ohne Zweifel das poetischste Thema der Welt"[1]. Wenn man zwischen künstlerischer Darstellung und real gelebter weiblicher Wirklichkeit ein direktes und ungebrochenes Verhältnis sieht, und demnach der Literatur die Macht zuspricht, Selbstvorstellungen, Erwartungen und Handlungen unmittelbar und eindeutig zu prägen und zu bestimmen, dann ist die von Bassein[2] formulierte Kritik an Poe, er hätte, indem er die Frau mit einem extrem passiven Zustand, nämlich dem des Todes, gleichsetzt, Generationen von weiblichen Leserinnen in ihrem Selbstverständnis geschadet, konsequent. Obgleich der Wunsch, Poe wörtlich und auf eine konkrete Wirklichkeit bezogen zu lesen, nahe liegen mag, ein Wunsch, der dazu führt, sämtliche Werke dieses Themenkomplexes als Ausdruck nekrophiler Misogynie abzutun, glaube ich, daß die poetische Koppelung von Weiblichkeit und Tod Implikationen in sich birgt, die weit über den sadomasochistischen Reiz, den Mario Praz[3] hierin sieht, hinausgehen. Anders als Praz möchte ich mich dem Reiz des Themas nicht gleich entziehen, sondern ihn ernst nehmen. Auch Poe möchte ich beim Wort nehmen

---

*) Alle Übersetzungen, wenn nicht die deutschsprachige Ausgabe benutzt wurde, sind von mir.

[1]) Edgar Allan *Poe*, „The Philosophy of Composition", Essays and Reviews (New York, 1984), S. 19.

[2]) Beth Ann *Bassein*, Woman and Death. Linkages in Western Thought and Literature (Westport, Conn., 1984), vor allem das Kapitel zu Poe.

[3]) Mario *Praz*, The Romantic Agony (Oxford, 1970[3]). Siehe auch Nina *Auerbach*, Woman and the Demon. The Life of a Victorian Myth (Cambridge, Mass., 1982).

und fragen, was es bedeutet, wenn man den Tod einer Frau für das poetischste Thema hält. Warum eine tote, warum eine schöne Frau? Worin besteht die erotische, worin die ästhetische Faszination? Und vor allem, warum das *poetischste* Thema? Ich werde also von einem Wort sprechen, von dem Superlativ, und daran eine zweite, zentrale Frage anbinden: Am poetischsten für wen?

Denn wir befinden uns bei der ästhetischen Koppelung von Frau und Tod in einem merkwürdigen Widerspruch, der durch die Popularität dieser Koppelung noch verstärkt wird. Das Motiv Frau und Tod beschränkt sich nämlich nicht auf das Werk des exzentrischen Außenseiters Poe, sondern bildet eine beliebte, wenngleich auch sehr unterschiedlich eingesetzte thematische Konstante in der Literatur und bildenden Kunst, spätestens vom Beginn der Empfindsamkeit an bis in die Moderne.

Der Widerspruch ist folgender: In der realen Welt (umgangssprachlich verstanden) wird die Frau zuerst einmal mit dem Bereich des Lebens verbunden, mit der Leben hervorbringenden und nährenden Natur. Wenn sie stirbt, sich tötet, getötet wird, ist das negativ besetzt und bedroht zudem noch die Überlebenschancen und die Fortpflanzung des menschlichen Geschlechts. Warum also die Umkehr dieses umgangssprachlichen Verständnisses in der Kunst, wo oft gerade der Tod einer Frau das Weiterleben einer Familie, eines Stammes, einer Gemeinde garantiert oder die Erzeugung eines Kunstprodukts bewirkt? In welchem Sinn dies so ist, soll später erläutert werden.

Man muß sich weiter fragen, warum der Tod einer schönen Frau, und nicht der eines schönen Mannes? Denn in der Kunst des 19. Jahrhunderts gibt es offensichtlich geschlechtsspezifische Unterschiede in der Darstellung des Todes von Männern und Frauen. In Texten, in denen der Tod des Mannes erotisch besetzt und ästhetisch inszeniert, in denen der männliche Leichnam fetischisiert wird, um auf den Leser den Eindruck des Schönen und Erhabenen zu machen, in jenen Texten also wird der *Mann* feminisiert, d.h. weiblich semantisiert[4]. Die Liste der Fragen könnte fortgeführt werden, doch betrachten wir statt dessen Poes Argumentation noch einmal genauer.

Poe selbst rechtfertigt nur bedingt seine Wahl des Superlativs. Sein Ziel

---

[4]) Siehe als Beispiel Herman *Melvilles* Erzählung „Billy Budd, Sailor" (New York, 1984).

ist es, die allgemeingültige Wirkung eines Gedichts herauszuarbeiten und im Zuge dessen stellt er fest, das Schöne sei *die* Atmosphäre und Essens, d.h. der *einzig* legitime Bereich eines Gedichts. Denn „jene Lust, welche zugleich die intensivste, erbauendste und reinste ausmacht, ist . . . in der Betrachtung des Schönen anzutreffen“[5]. Mit Schönheit meint Poe nicht etwa eine Eigenschaft, sondern eine Wirkung; genauer jene intensive und reine Erhebung der Seele (nicht etwa des Intellekts oder des Herzens). Dem fügt er hinzu, eine traurige, melancholische Stimmung sei die legitimste aller poetischen Stimmungen. Da es ihm um den perfekten Ausdruck des Lyrischen, um die Erhabenheit und die Vollkommenheit geht, folgert er, daß der Tod der allgemein akzeptierte Superlativ des melancholischen Themenbereichs sei, und daß dieses melancholischste Thema dann am poetischsten sei, wenn es sich mit dem Schönen am engsten verbindet. Die Koppelung „Tod“ und „schöne Frau“ bietet ihm demnach den benötigten, universal anerkannten höchsten Grad seiner Kernelemente „Melancholie“ und „Schönheit“. Und er fügt hinzu, was für unsere Fragestellung sich als wesentlich erweisen wird, daß zweifelsohne die Lippen des trauernden Liebhabers am besten geeignet seien, ein solches Thema zur Sprache zu bringen.

Warum ein männlicher Sprecher? Ist der Hinweis auf einen männlichen Betrachter zufällig oder ist ein männlicher Betrachter, zu dessen Gunsten der weibliche Tod ästhetisch inszeniert wird, eine notwendige Voraussetzung? Da es Poe in seiner Argumentation primär um die Beschreibung des perfekten Gedichts geht, müssen wir uns fragen: Warum ist gerade der Verlust des Objekts der erotischen Begierde so reizvoll? Was sagt die Verbindung von schöner Frau und Tod, in der das Objekt der Begierde ein Abwesendes ist (nur als vorgestelltes existiert), bzw. das Anwesende, im Falle des konkreten weiblichen Leichnams, selbst dann noch abwesend, weil nicht mehr erreichbar ist, über tradierte Weiblichkeitsbilder wie auch über tradierte Kunstauffassungen aus? Denn ein Vergleich von Beispielen aus diesem Themenbereich zeigt, daß die Frau in ihrer literarischen Darstellung (und dies natürlich nicht nur als Tote) metonymisch für andere Gebiete (bei Poe für das Schöne) eingesetzt wird, so daß wir uns jeweils weiter fragen müssen: Was verdichtet sich in dem literarischen Bild der schönen Toten, die durch ihren Tod nicht nur den Anlaß für Kunstbilder (und Gegenstand dieses Kunstwerkes ausmacht),

---

[5]) Edgar Allan *Poe*, „The Philosophy of Composition“, S. 16.

sondern selbst auch zum Kunstwerk gerät, einem Kunstwerk gleichgesetzt wird, und so ein *mise en abîme* des gesamten Textes bildet? Welche Kultur- und Kunstnormen werden über diesen Topos verhandelt? Welche philosophischen und poetologischen Argumente werden hier ausgetragen, welche Modellierung von Welt drückt sich hier aus? Denn, wie sich noch genauer zeigen wird, dieser Topos stellt nur vordergründig eine Tabubrechung dar, und wirkt letztlich im *höchsten Grade* normaffirmierend und -erhaltend.

Poes Wahl des Superlativs „am poetischsten" deutet darauf hin, daß die literarische Darstellung des weiblichen Todes nicht allein auf die inhaltliche Ebene beschränkt sein muß, sondern auch auf die Poetizität des Textes zurückverweist. Texte mit dem Thema des weiblichen Todes sind, über ihre Eigenschaft, erbauend, schön und melancholisch zu sein, hinaus, auch in dem Sinne „die poetischsten", als sie auf ihre eigene Beschaffenheit verweisen und so das, was Roman Jakobson die poetische Funktion der sprachlichen Äußerung nennt[6], explizit thematisieren. D.h. sie sind zum Teil am ausgeprägtesten selbstreferentiell und am wenigsten auf die materielle Welt gerichtet. Und dies geschieht dann, wenn die inhaltliche Darstellung des weiblichen Todes, in der die Verdinglichung, Entpersonalisierung, und Opferung der Frau zum Ausdruck kommt, gekoppelt ist an eine poetologische Aussage. Dann nämlich bildet der weibliche Tod eine Analogie zu dem Schaffen eines Kunstwerkes, oder nimmt die gleiche Funktion ein wie ein Kunstwerk. Dann nämlich ist der inhaltlich dargestellte Tod eine Doppelung dessen, was ein Kunstwerk überhaupt ausmacht, einne Doppelung seiner formalen Beschaffenheit. Wie Albert Gelpi treffend erklärt: „der Künstler tötet Erfahrung, wenn er sie in Kunst umsetzt, denn die zeitliche Erfahrung kann dem Tod nur entkommen, in dem sie in die Unsterblichkeit der künstlerischen Form hineinstirbt"[7]. Nicht grundlos sind die Wörter Textsammlung und Leichnam etymologisch in dem Wort *corpus* verknüpft.

So kreuzen sich ab Mitte des 18. Jahrhunderts in dem Motiv der ästhetischen Inszenierung des weiblichen Todes verschiedene Stränge, die nie gänzlich zu trennen sind. Die Darstellung des weiblichen Todes dient zum einen einer epistemologischen Diskussion darüber, wie man sich

---

[6]) Roman *Jakobson*, „Linguistik und Poetik" (1960) in: Poetik. Ausgewählte Aufsätze 1921–1971. Hg. Elmar Holenstein und Tarcisius Schelbert (Frankfurt, 1979).

[7]) Albert *Gelpi*, „Emily Dickinson and the Deerslayer", in: Shakespeare's Sisters. Hg. Sandra Gilbert und Susan Gubar (Bloomington, 1979), S. 129.

mit Blicken die Welt aneignet und, wie das Betrachten des Todes eines anderen vorgibt, Erkenntnisse über den eigenen Tod, über die Welt jenseits des Todes, vermitteln zu können. Sie dient aber auch einer ästhetischen Diskussion über die Bedingungen des Kunstschaffens, über die reizvollen Gefahren, Lebendiges in Kunst zu übertragen, über die ambiguöse Forderung der Kunst, lebende, beseelte Materie in nicht belebte Form umwandeln zu müssen. Die schöne Leiche erhellt, in diesem Licht gesehen, explizit die verbindende Schwelle zwischen Tod und Kunstproduktion, ihre gegenseitige Bedingtheit. Als reiner Körper ist sie, semiotisch gesehen, Figur, d.h. ein rhetorisches Stilmittel ohne eigene, auszeichnende Gesichtsmerkmale[8], eine beliebige, leere, endlose Projektionsfläche, völlig Spiegel. Zum zweiten werden an dem Motiv der schönen Leiche, als Opfer der Gesellschaft oder des Geliebten, Kulturnormen abgehandelt. Weil sie als „das Andere" semantisiert wird (Simone de Beauvoir), steht die Frau im Kulturdiskurs des Westens immer für Extreme – noch ein weiterer Superlativ – das extrem Gute, Reine, Hilflose oder das extrem Gefährliche, Chaotische, Verführerische, für die Heilige oder die Hure, für Maria oder Eva, und, als Außenseiterin, für die Negation der bestehenden Norm[9]. Als solche dient sie einer Dynamisierung der Gesellschaft, die mit der Tilgung von Frauen enden muß. Gleichgültig ob die Opferung der reinen Frau einer vordergründigen Gesellschaftskritik dient (indem an ihr, als der Verkörperung einer profanisierten Form Christi, gezeigt wird, daß die Reinen in dieser Welt nicht überleben können, sie aber dabei die weltliche Schuld dennoch auf sich nehmen), oder ob die Opferung der gefährlichen Frau die durch ihre Gegenwart kurzfristig aufgehobene Ordnung wieder herstellt: In beiden Fällen wird die Norm bestätigt und erhalten. Ferner wird am Bild der toten Schönen aufgezeigt, in welchem Sinne Liebe mit tötender Besitznahme zusammenhängt, aber auch, daß die Liebe zu einer konkret nicht mehr erreichbaren Frau, der zu einer leiblich zugänglichen (und in ihrer Leiblichkeit gefährlich empfundenen) vorzuziehen ist. Das Thema des weiblichen Todes enthält eine Vielzahl von Implikationen.

Um in diese komplexe Fragestellung eine übersichtliche, wenngleich auch nicht ausschließliche Ordnung zu bringen, werde ich im folgenden

---

[8]) Siehe Alice *Jardine*, Gynesis. Configurations of Woman and Modernity (Ithaca, 1985), vor allem Kapitel 3, „Crisis in Legitimation: Crossing the Great Voids", S. 65–87.

[9]) Hans *Mayer*, Außenseiter (Frankfurt, 1975).

eine Dreiteilung vornehmen, die ich mit Betrachtungen einiger mir prägnant erscheinender Beispiele ausfüllen werde, um die „schöne Tote" zu besprechen 1) als poetische Funktion, um zu zeigen, daß diese Darstellungen extrem zeichenhafte sind und einer metapoetischen Diskussion dienen, 2) als Pleonasmus, wobei ich argumentiere, daß die Frau und der Tod dem gleichen Paradigma angehören und 3) in ihrer Verbindungsfunktion, da in dem literarischen Topos „Frau und Tod" Paradoxa, Gegensätze und Widersprüche zusammentreffen, um eine Situation der gegenseitigen Bedingtheit zu bilden.

1. Der Superlativ oder Der Künstler, Wissenschaftler, Liebhaber als Vampir

Nachdem die reine, tugendhafte Clarissa Harlowe in dem gleichnamigen Briefroman von Richardson (1748) als Folge einer Vergewaltigung und Verfolgung durch den Lebemann Lovelace willentlich ihr Leben aufgegeben hat, können die Freunde des Verführers ihn nur mit Mühe von einem wahnsinnigen Unternehmen abhalten. Er will die Leiche Clarissas stehlen, sie öffnen, das Herz herausnehmen und sie mumifizieren, um den Verfall ihres Körpers so lange wie möglich aufzuhalten und dadurch aber auch seine besitzergreifenden Ansprüche an diesen Körper zu erhalten. „Wessen ist sie als Tote, wenn nicht meine" erklärt er[10]. Als hätte sie geahnt, daß sie als Objekt der Betrachtung zum Fetisch gemacht wird, hat Clarissa in ihrem Testament Lovelace verboten, ihren toten Körper zu betrachten, da der Tod ihrer Meinung nach einen Zustand darstellt, den sie vergleichbar hält mit der Situation, als er Besitz von ihr nahm. Nur unter der Bedingung, daß er einen von ihr verfaßten Text gleichzeitig liest, ist sie bereit, die Betrachtung ihres Leichnams zu gestatten. In diesem Text betont sie den zuletzt doch glücklichen Zustand des einst von ihm ruinierten Wesens und will somit den eigenen Tod als *memento mori* verstanden haben: „Siehe was du bald sein wirst, und bereue"[11]. Indem sie somit ihren toten Körper mit christlichen Bedeutungen von Reue und Sühne überlagert, versucht sie mit letzter Kraft, seinen Seh-Akt von erotischer Befriedigung und Besitzergreifung zu reinigen[12].

---

[10]) Samuel *Richardson*, Clarissa, vol. 4 (London, 1951), S. 376.
[11]) Samuel *Richardson*, Clarissa, S. 417.
[12]) Samuel *Richardson*, Clarissa, S. 417.

Vordergründig hat der Tod Clarissas die Funktion, und hierauf komme ich weiter unten nochmals zu sprechen, sowohl die freien Sitten des Libertinismus als auch die Doppelmoral des aufkommenden Bürgertums anzuklagen. Es geht bei dem Besuch an ihrem sterbenden wie toten Körper darum, daß hier den schuldigen Angehörigen die Möglichkeit gegeben wird, zu bereuen und Verzeihung zu erlangen. Doch es wird hier auch, wenngleich nur in Nebensätzen, noch eine ganz andere Komponente des weiblichen Todes diskutiert. Die Betonung der Schönheit von Clarissas Leiche – der reizvollen Ruhe, des schönen Lächelns – wie auch die Tatsache, daß sie nur als Tote für die Wünsche und Erwartungen ihrer Angehörigen gänzlich verfügbar ist, weisen auf eine Koppelung von selbstbestätigender und befriedigender Besitznahme und Tod des begehrten Objektes hin, welche in Lovelaces Leidenschaft gesteigert erscheint. Nur in einem dem Tode ähnlichen Zustand konnte er von Clarissa Besitz nehmen, doch auch dann war sie nur kurzfristig verfügbar. Bereits mit ihrem Erwachen setzte die Flucht vor ihm ein.

Sein zweiter Versuch, sich Clarissas zu bemächtigen, hat gar nichts mehr mit direkter Körperberührung zu tun. Er will sie betrachten, und dieser Wunsch, sie mit seinem Blick zu besitzen, wird nicht nur dadurch ermöglicht, daß sie als Tote vor ihm nicht mehr fliehen kann. Er wünscht durch ihre Mumifizierung den „höchsten Grad" der Befriedigung zu erreichen – sie in ein nahezu ewiges Objekt seines besitznehmenden Betrachtens umzuwandeln. Wie ungewöhnlich ist diese Fantasie eines perversen Libertins, der von seinem Autor offensichtlich verdammt wird, was sich nicht zuletzt in seinem Namen, ein Homonym für Liebe-los, abzeichnet?

Letztlich nicht sehr, betrachtet man z.B. die etwa 70 Jahre spätere Grimmsche Verschriftung des Volksmärchens „Schneewittchen". Lovelaces Fantasie ist verwirklicht worden – auf einem Berg liegt der Körper einer schönen toten Frau, in einem gläsernen Sarg, daß man [ihn] von allen Seiten sehen konnte"[13], d.h. er ist nicht nur von allen Seiten der Betrachtung verfügbar gemacht, er bietet sich diesen Blicken an, zieht sie geradezu auf sich. Nun weist Philippe Ariès in seiner Studie über den Tod darauf hin, daß die schöne Inszenierung des Todes, das Verständnis der Aufbahrung und Bewachung des Leichnams als ein ästhetisches Ereignis, welches in seiner ermutigenden und erbauenden Wirkung dem

[13]) „Schneewittchen", in: Kinder- und Hausmärchen, gesammelt durch die Brüder Grimm (München, 1973), Nachdruck der Ausgabe 1819, S. 306.

eines Museumsbesuches gleichwertig ist[14], eine Erfindung des frühen 19. Jahrhunderts sei. Diese kulturgeschichtlich verankerte Koppelung von Tod und ästhetischer Betrachtung wird im Grimmschen Märchen jedoch potenziert. Denn auf dem Sarg, in dem Schneewittchen liegt, ist mit goldenen Buchstaben ihr Name und ihre Herkunft geschrieben. Als aufgebahrte Tote gleicht sie einem Kunstobjekt, das in einem beschrifteten Rahmen ausgestellt wird. Und der Prinz, der privilegierte männliche Betrachter, will von den Zwergen nicht etwa Schneewittchen, sondern den Sarg. Sein Leben, behauptet er, hänge davon ab, ihren toten Körper als ausgestellten, von Glas umhüllten zu sehen, zu ehren, zu achten, „wie mein Liebstes“[15]. Das erotische Begehren nach der Liebsten verlagert sich auch hier auf eine Ebene des Betrachtens. Der Akt des Sehens bedeutet Besitz und Genuß, wobei die Frau die Bedingungen dieses Begehrens am besten erfüllt, wenn ihr Todeszustand, der sie gänzlich zum Körper werden läßt, bewahrt wird vor der Verwesung, wenn sie absolute Hülle ohne Seele und Selbst ist.

Die thematisierte Nähe von einbalsamierter Frau und Kunstobjekt, die sich in der ihnen beiden gemeinsamen Eigenschaft, Fetisch zu sein, verdeutlicht, wird in zahlreichen metapoetischen Geschichten über die Schöpfung von Kunstwerken aufgegriffen, in denen die Transformation von lebender Materie in tote Form problematisiert wird. In Poes „Das ovale Portrait“ ist der Erzähler so beunruhigt und entsetzt durch die Lebensnähe des Ausdrucks in dem Portrait einer jungen Frau, daß er die Entstehungsgeschichte nachliest. Sie erzählt von der unglücklichen Ehe dieser Frau mit ihrem Künstlerehemann, ihrer Eifersucht auf seine zweite Leidenschaft, die Kunst, und von seiner Besessenheit, die lebende Braut in Kunst zu übertragen. Die Portraitsitzungen werden zur Stätte einer Transfusion, die Farbtöne, die er auf die Leinwand aufträgt, werden den Wangen, den Augen seiner Frau entzogen, bis zuletzt das fertige Gemälde das Leben selbst zu sein scheint, seine Frau aber tot daneben liegt[16].

Schöpfung oder Transformation kann als Transposition von Zeichensystemen verstanden werden, deren Entstehung Julia Kristeva beschreibt

[14]) Philippe *Ariès*, L'homme devant la mort (Paris, 1977), S. 466.

[15]) „Schneewittchen“, S. 307.

[16]) Edgar Allan *Poe*, „The Oval Portrait“, Poetry and Tales (New York, 1984), S. 481–484.

als die Zerstörung eines Früheren und die Bildung eines Neuen[17]. Interessant ist, daß die ästhetischen Opfer, die Blutspender, deren Zerstörung Ausgangspunkt und Bedingung für die Schöpfung des Neuen darstellen, fast immer weiblich sind. Eine Geschichte von Poes Zeitgenossen Hawthorne bietet einige Erklärungsvorschläge. In „Das Geburtsmal"[18] ist der Wissenschaftler Aylmer irritiert durch ein kleines, handförmiges Mal auf der Wange seiner Frau Georgiana, denn er sieht dadurch ihre sonst perfekte Erscheinung getrübt, sieht darin ein Symbol für das potentiell Sündhafte, für ihren Verfall, ihre Sterblichkeit, so daß er sie zu einer Operation an diesem Zeichen der Unvollkommenheit zwingt. Die Beseitigung des Mals ist gleichbedeutend mit der Entfernung eines Verweises auf ihre Sterblichkeit, doch der Fleck geht so tief wie das Leben selbst, führt direkt ans Herz. Die Entfernung des Verweises auf den indirekt abwesenden Tod kann nur durch die Anwesenheit des Todes selbst ersetzt werden. Wie in Poes Geschichte findet auch hier eine Transfusion statt. Im gleichen Maße, wie die roten Töne des Mals in Georgianas Gesicht verblassen, schwindet auch ihr letzter Atem, fliegt ihre Seele gen Himmel, und vor Aylmer liegt die nun perfekte Frau – eine leere Hülle. Um diese Verwandlung zu verstehen, muß man fragen: Warum fühlt Aylmer sich eigentlich so zwanghaft von dem Mal bedroht? Warum versetzt dessen Tilgung ihn in solch eine Begeisterung?

Nicht nur rivalisiert Aylmers Liebe zu seiner Frau mit seiner Liebe zur Wissenschaft so sehr, daß beide miteinander verwoben werden müssen. Er fühlt sich als Wissenschaftler auch in direkter Konkurrenz mit der Natur. Sein Versuch, Georgiana neu zu schaffen, das nur fast perfekte Meisterwerk der Natur durch seine Kunst makellos zu machen, ist Ausdruck eines Verlangens nach dem Beweis, daß er nicht nur die Natur beherrscht, sondern sie auch verbessern, überbieten kann. Nicht nur darin, daß er sich anmaßt, durch diese Operation die schöpferische Gottheit nachzuahmen, sondern weil er darüber hinaus direkten Angriff auf das von Gott festgelegte Menschliche – das Temporäre und Endliche – unternimmt mit dem Ziel, die vorgegebenen Schranken der Unvollkommenheit und Sterblichkeit zu überschreiten, trägt Aylmer frevlerische Züge. Doch der blasphemische Akt erweist sich, und darin zeigt sich möglicherweise Hawthornes Kritik, als Todesschöpfung.

---

[17]) Julia *Kristeva*, Die Revolution der poetischen Sprache (Frankfurt, 1978). S. 69.

[18]) Nathaniel *Hawthorne*, „The Birth-mark", in: Tales and Sketches (New York, 1982), S. 764–780.

Aber, wenngleich auch an ihrem Körper die christliche Weltordnung gesichert und der Frevler für seinen Übermut mit Degradierung bestraft wird, so bleibt trotzdem die Frau das eigentliche Opfer.

Es gibt jedoch eine weitere Dimension der Frage, warum das Mal um jeden Preis entfernt werden muß, denn es ist auch Zeichen für Georgianas erotischen Reiz. Ihre Liebhaber machen gerade daran die Kraft fest, mit der sie die Männer an sich zieht. Die Beseitigung dieses „bezaubernden" Mals bedeutet also auch, Georgianas erotische Wirkung auf andere endgültig auszuschließen. Vor allem aber widerstrebt das Mal Aylmers Perfektionswahn durch seine essentielle Eigenschaft der Unberechenbarkeit. Mal anwesend, mal abwesend, mal dunkelrot, wenn sie erbleicht, mal völlig verschwunden, wenn sie errötet, ist es Zeichen der lebenskonstituierenden Beweglichkeit, des Unsteten, nie gänzlich Erfaßbaren. In dieser Eigenschaft des ständigen Aufscheinens und Erlöschens kann dieses Mal im Sinne von Derridas Verständnis von Spur oder Zeichen verstanden werden, ein ständiges Spiel von Erscheinen und Verschwinden, *diapherein*[19]. Und so zeigt sich, daß das Verlangen nach einer Transparenz des Zeichens, in der es keine Ungleichheiten, keine Trübheit, keine Beweglichkeit gibt, todbringend ist. Perfektionssucht, Sucht nach dem makellos Einen erweist sich als Ausdruck des Todestriebes.

Weit expliziter entlarvt Robert Browning in seinem dramatischen Monolog „Meine letzte Gräfin"[20] die Haltung des Ehemannes und Kunstliebhabers in seiner Fetischisierung der Frau, die einer Stabilisierung der eigenen Vorstellung der Welt dient, als die eines Mörders. Der Edelmann Ferrara zeigt dem Mittelsmann des Grafen Claus von Tyrol, dessen Tochter er zur nächsten Frau nehmen wird, das Portrait seiner letzten Frau, und wieder wird die Entstehungsgeschichte erzählt. Weil seine junge Gattin sich nicht in die Hierarchie seiner Welt einpaßt, in der ausschließlich er sich an der zentralen und höchsten Stelle befindet, läßt er sie zuerst portraitieren und dann ermorden. Ihr Vergehen bestand darin, daß sie auch die Blicke anderer Männer lächelnd erwiderte und nicht allein ihren Mann vergötternd betrachtete, daß sie ihre Blicke unterschiedslos wandern ließ. Anders gesagt: Weil Ferrara ihre Blicke und ihr Ange-

---

[19]) Jacques *Derrida*, „La Differance" (1968), in: Marges de la philosophie (Paris, 1972), S. 3–29.

[20]) „My Last Duchess", Poems of Robert Browning, Hg. Donald Smalley (Boston, 1956), S. 49–51.

blickt-Werden durch andere nicht bestimmen und beherrschen kann, läßt er sie entfernen und durch ein Portrait ersetzen, dessen Blicke nicht wandern können, und über dessen Anblick er verfügt. Den Vorhang vor dem Bild darf nur er aufziehen. Dadurch wird sie explizit eingereiht in die Menge seiner Kunstbestände, deren Kostbarkeit und Auserlesenheit seine eigene Größe, Macht und seinen Ruhm wiederspiegeln und bestätigen. Mußte ihr Tod eintreten, als sie, wenngleich auch aus Naivität, es wagte, durch Nichtachtung die Hierarchie seiner Welt zu verunsichern, so ist ihr Portrait samt der dazugehörigen Geschichte, weil absolut verfügbares Besitztum Ferraras, perfektes Zeugnis für die Sicherheit seines Selbstverständnisses.

Habe ich bis jetzt von Frauen als passivem Objekt der Verdinglichung gesprochen, möchte ich nun über die Darstellung des Todes einer Frau sprechen, in welcher dieser als von ihr gewollte Zeichensetzung fungiert. Eine Episode in Tennysons Version der Arthus-Legende „Idyllen des Königs“[21], beschreibt die tragische Liebe Elaine von Astolate zu Lancelot, der sie zurückweist, weil er Königin Guinevre auf ewig Treue geschworen hat. An ihrem Sterbebett äußert Elaine eine ungewöhnliche letzte Bitte. Sie möchte, daß man kurz vor ihrem Tode einen von ihr verfaßten Brief in ihre Hand legt und diese darüber schließt. Dann möchte sie, der Königin gleich, auf ihrem Bett mit all ihren Reichtümern aufgebahrt werden. Ein schwarz bedeckter Kahn soll sie so zu der Königin tragen. Und da sie überzeugt davon ist, daß keiner so gut wie sie, für sich, eben in dieser Aufmachung, sprechen könnte, will sie einen stummen Fährmann als Begleiter. So schwimmt sie den Fluß entlang, eine Tote von einem Stummen geführt, in der rechten Hand eine Lilie, in der linken den Brief, mit einem goldenen Tuch bis zur Hüfte bedeckt, ganz in weiß gekleidet, ihr helles Haar offen.

Bei dieser Inszenierung des freiwilligen Todes handelt es sich vordergründig, wie Higonnet über weiblichen Selbstmord schreibt[22], darum, mit dem Tod ein Bild von sich zu projizieren – sowohl um eine ästhetische Wirkung zu erreichen (alle bemerken ihre Schönheit), als auch, um ganz bestimmte Interpretationen dieses Aktes zu provozieren. Sie will die Wahrheit ihrer Liebe zu Lancelot auf ewig bekundet sehen, will Mit-

[21]) „Lancelot and Elaine“ in: „Idylls of the King“, Alfred *Tennyson*, Poetical Works, Oxford Standard Authors, (London, 1953), S. 368–389.

[22]) Margaret *Higonnet*, „Suicide: Representations of the Feminine in the Nineteenth Century“, in: Poetics Today, Vol. 6, Nr. 1–2, 1985, S. 104.

leid und Verständnis. Anders gesagt, die Widmung, die sie, Clarissa nicht unähnlich, dieser Handlung beifügt, erlaubt ihr, das Leben der Überlebenden wie auch den eigenen Nachruf zu manipulieren, indem sie sich zu ihrem eigenen Text macht. Interessant ist bei diesem Schöpfungsakt, daß mit ihrem Tod die Frau in diesem Falle nicht in ein Kunstwerk übertragen, oder zugunsten eines Kunstwerkes vernichtet wird, sondern zugleich Autorin und Gegenstand ihrer eigenen Autorschaft ist.

Semiotisch gesehen zeichnet sich hier aber noch etwas anderes ab, denn in dieser Inszenierung des eigenen Todes, in der der Körper zum Aussageträger wird, macht sich die Frau zum reinen Zeichen. Versteht man das Sprachzeichen als etwas, das die Stelle des abwesenden Objektes annimmt, zeigt sich hier die Umkehrung. Das anwesende Objekt nimmt die Stelle des Sprachzeichens an, wird sozusagen selbst zum Sprachzeichen, zum Text. Ihr Körper ist nicht allein Ort für Sprachzeichen, sondern, was es eigentlich nicht gibt, Realisierung des Zeichens. Der Körper (als Ausdruck, als Signifikat) und die Bedeutung ihres Todes (als Inhalt oder Signifikat) kongruieren, sind in einer transparenten Beziehung – ohne Verschiebung der Bedeutung, ohne die der Sprache inhärente Differenz. D.h., hier ist das Zeichen im wörtlichen Sinne verwirklicht, eine Materialisierung des Symbolischen, doch dies ist nur aufgrund des Todeszustandes und in ihm möglich. Ergänzt wird dies durch Elaines Überzeugung, daß nur diese Form der Aussage ihr Anliegen vollkommen angemessen zum Ausdruck bringen kann. Nochmals ist eine Transparenz des Zeichens, die dem Tod gleichzusetzen ist, mit dem Superlativ verknüpft, wieder erreicht eine schöne Frau den „höchsten Grad" an Wirkung durch die ästhetische Inszenierung des Todes. Aber für wen? Für die im Text implizierten Betrachter? Für den Autor? Für welche Leser?

2. Der Pleonasmus oder Die Opferung und Tilgung des begehrten Weiblichen

Habe ich bis jetzt von der ästhetischen Opferung der Frau, von Beispielen gesprochen, in denen weiblicher Tod und künstlerische Innovation, Erneuerung und Veränderung sich gegenseitig bedingten, möchte ich nun von der Frau als gesellschaftlichem Opfer sprechen, davon, wie weiblicher Tod auch Bedingung für die Erhaltung oder Wiederherstellung des Alten ist, indem er eine Verbindung zwischen Bestätigung und

Garantie jener Ordnung darstellt, welche die homogenisierende, herrschende Norm vertritt. Ihre Unterscheidung zwischen dem Semiotischen und dem Symbolischen verbindet Julia Kristeva mit einer Diskussion des Opfervorgangs. Sie nennt diesen:

> „jene Gewalthandlung, die der vorgängigen semiotischen, präsymbolischen Gewalt ein Ende setzt, sie in einem Opfer deponiert und sie damit *in genau* dem Moment in die symbolische Ordnung verlegt, wo diese Ordnung begründet wird. Mit der Opferung werden gleichzeitig Symbol und symbolische Ordnung eingeführt und dieses „erste" Symbol – das Opfer eines Mordes – repräsentiert lediglich die strukturelle Gewalt, die das Hereinbrechen der Sprache als Mord am Körper ist"[23].

Am Leichnam des Opfers erhält die semiotische Gewalt einen Signifikanten und kann durch diese Repräsentation aufgehalten und in eine Ordnung überführt werden. Wesentlich dabei aber ist nicht nur, daß die Gründung der Gesellschaft auf einem kollektiven Mord beruht, sondern daß zumindest eine Nachahmung dieses Vorgangs in verschiedenen Diskursen, vor allem dem kulturellen, immer wieder dargestellt und durchgespielt wird. D.h. die semiotische *chora*, ein Begriff, den Kristeva benutzt, um jene endlose, heterogene präsymbolische Gewalt zu benennen, muß, wenngleich auch durch eine Verschiebung oder Unterdrükkung, in die symbolische Ordnung der Gesellschaft aufgenommen und eingegliedert werden, um so, entschärft, erhalten zu bleiben. In dieser Ordnung äußert sie sich als pulsierende Kraft, in Form von Widersprüchen, Bedeutungslosigkeit, Spaltungen, Schweigen, Aussparungen[24]. Denn die Stabilität dieser Ordnung hängt davon ab, daß sie durch dieses Andere, das Semiotische, dynamisiert wird, daß diese „disruptive Kraft" letztlich aber wieder getilgt wird.

Die Frage stellt sich nun, welche Position die Opferung des Weiblichen einnimmt. „In Träumen", so Artemidorus, „bezeichnet die Schreibtafel eine Frau, da sich in sie die verschiedensten Buchstaben einprägen"[25]. An Darstellungen des weiblichen Körpers, dies zeigt Marina Warner in ihrer Studie über die Allegorie der weiblichen Form ausführlich auf[26],

---

[23]) Julia *Kristeva*, Die Revolution der poetischen Sprache, S. 83.

[24]) Siehe auch Toril *Moi*, Kapitel 8, zu Julia Kristeva in: Sexual/Textual Politics. Feminist Literary Theory (London, 1985), S. 150–173.

[25]) *Artemidorus*, Oneirocritica, zitiert von Marina Warner, Monuments and Maidens. The Allegory of the Female Form (London, 1985), S. vii.

[26]) Marina *Warner*, Monuments and Maidens.

werden eine Vielfalt abstrakter Begriffe festgemacht wie Freiheit, Wahrheit, Weisheit, Gerechtigkeit. Interessant für uns ist, daß die Frau auch für den Bereich des Todes stehen kann, und zwar auf verschiedene Weisen, so daß sich hier eine Anhäufung sinnverwandter Wörter findet. Die Frau wird zum einen sowohl als Allegorie für den Tod wie auch als Stellvertreterin des Chaotischen begriffen, genauer des erotisch und der Ratio Gefährlichen, des potentiell Todbringenden. Zum zweiten wird in dem literarischen Motiv der schönen Toten eine Repräsentantin der ersten primitiven Opferung vollzogen. Für die Sterbende bedeutet der Einbruch des Todes zwar die völlige Stasis, die Reduktion auf eine selbstlose Hülle. Für die Überlebenden, ob Gemeinde oder Familie, bedeutet er aber Reinigung, Fruchtbarkeit, eine lebensbewirkende Transformation. Wesentlich ist also nicht nur, daß am Körper der Frau die normative Affirmation verhandelt wird. Es ist auch wichtig, welche Position dieser Körper, an dem das Innovative oder Restaurative ausgetragen wird, markiert, und von welcher Stelle aus der Diskurs, der dies darstellt, spricht.

Von der Position der patriarchalen Norm aus stellt die imaginierte Frau die Grenze zwischen symbolischer Ordnung (in der die Frau, so Lacan, keinen eigenen Ort hat, sondern nur den phallozentrischen Diskurs annehmen kann) und dem Chaos dar, eine Grenze, welche die Ordnung vor dem imaginären Chaos schützt, zugleich aber auch Anteil an diesem Chaos zu haben scheint und es so metonymisch vertritt. Von diesem Sachverhalt leitet Toril Moi die gängige literarische Hochstilisierung zur reinen Jungfrau wie auch die Verteufelung zur Vertreterin des dunklen Chaos ab und sieht diese als patriarchale Entwürfe, die mit einer essentiellen Wahrheit der Frau nichts zu tun haben[27]. Diese Projektionen garantieren die Sicherheit des normativen Weltentwurfs – eine Sicherheit, die durch Abgrenzung von dem zu Guten, als tugendhaftem Exempel, und dem Chaotischen, als Gefahr, besteht. Die Frau ist demnach das Andere, das keine Stelle in der Norm hat, das aber gesetzt werden muß, um die Norm, in Abgrenzung davon, zu definieren.

Im Zuge dieser Argumentation wird deutlicher, worin der besondere Reiz des weiblichen Opfers bestehen könnte: In dieser Darstellung wird sie, die den Bereich des Todes metonymisch vertritt, als Tote *festgemacht*, ihre dynamisierende Kraft ist gebannt, zu Gunsten der Ordnung über-

---

[27]) Toril *Moi*, Sexual/Textual Politics, S. 167.

wunden. D.h., sie markiert eine doppelte Stelle der Macht – die semiotische Gewalt, die in die symbolische Ordnung einbricht, diese kurzfristig spaltet, wird hier gewaltsam auf einen Signifikanten, den geopferten Leichnam, übertragen. Als Ergänzung der bereits besprochenen gegenseitigen Bedingtheit von Tod und Kunstproduktion zeichnet sich im Bild der toten Frau also eine weitere Grenzsituation ab, nämlich die zwischen Chaos und Ordnung, und wieder bewirkt sie eine Selbstreflexivität oder Häufung, den Superlativ. Die Erstellung der Hierarchie Ordnung über Chaos, welche in der Darstellung des Opferns durchgespielt wird, wird dadurch gesteigert, daß der Gegenstand für diese Opferrepräsentanz dem Paradigma Tod entstammt (eine Art Tötung des Todes inszeniert). So enthält die schöne Tote einen Verweis auf jene chaotische, dynamisierende Kraft, welche die Ordnung stört, von dieser aber auch benötigt wird, und dient zugleich als bestätigender Spiegel, der die Stabilität des normativen (patriarchalen) Weltentwurfs garantiert.

Viele Beispiele könnten als Beweis für die These herangezogen werden, daß am Leichnam der Frau, durch die Gabe ihres Körpers, ihres Blutes, ihres Lebens, die Ordnung der Gesellschaft regeneriert wird. Das Muster bleibt letztlich beständig, wenngleich die mit dem Tod der Frau verbundenen Werte wechseln. Wird das Motiv des sühnenden Todes Christi oder das der Märtyrerinnen-Legenden aufgegriffen, so dient der Tod der unschuldigen, tugendhaften Frau wie im Fall der Clarissa Harlowe einer vordergründigen Kritik an den Normen der Gesellschaft. Weil sie meist Erlöserinnen sind, die die Schuld anderer mit ihrem Tod auf sich nehmen, d.h. ihr Selbst für andere aufgeben – dafür ist Dickens Little Nell[28] beispielhaft – wirkt für die Betrachter ihres Todes, die zu dem Leichnam pilgern, dieser zwar anklagend, aber auch erbauend und bestätigend. Das Potential der Veränderung wird aus sich heraus auf den Signifikanten des geopferten Körpers verlagert, und kann dadurch in die Ordnung überführt werden, ohne diese grundsätzlich zu verändern. Auch die vordergründig Unschuldige, die trotz ihrer Unschuld immer noch eine Gefahr darstellt, weil sie nicht völlig domestiziert und der wilden Natur, dem Irrationalen immer noch zu nahe ist, wird zugunsten der Erhaltung der Ordnung geopfert – man denke an die Geschichten, in denen mit Anspielungen auf die Hexenverfolgung operiert wird. Die gefährliche Unschuldige kann sich aber auch den Konventionen beugen,

[28]) Charles *Dickens*, The Old Curiosity Shop (Harmondsworth, 1972).

und sich selbst opfern, wie Maggie Tulliver in George Eliots „Mühle am Floss" nach deren Tod Ruhe und Wohlstand in ihrer Gemeinde wieder einsetzt. Eine weitere Variante sind solche Frauen, die sich bewußt schuldig machen, gegen Konventionen verstoßen und für dieses Vergehen exemplarisch büßen müssen – am prägnantesten dargestellt an den Kindsmörderinnen und Ehebrecherinnen, oder solche, die durch ein Verbrechen, welches im Tod enden muß, oder durch Selbstmord versuchen, Subjekt, nicht Opfer der eigenen Geschichte zu sein, und somit die Autorschaft für das eigene Schicksal übernehmen. Obgleich es nötig und lohnend wäre, einzelne Beispiele differenzierter voneinander abzugrenzen, muß ich mich hier darauf beschränken, festzustellen, daß am toten Körper der Frau kulturelle und gesellschaftliche Normen verhandelt werden und daß die Position, von der aus gesprochen wird, wie auch die Position, auf die die Bedeutung des Todes sich richtet, ausschlaggebend für das Revolutionäre oder Normbestätigende dieser Darstellungen ist.

Ich möchte stattdessen noch einen weiteren Aspekt ins Spiel bringen. Annicke Jaulin spricht (in Anlehnung an Lacan) von einem doppelten weiblichen Tod: „Es gibt einen Tod vor dem Tod . . . den vor allem Frauen kennen. Ob man dies Schweigen, Aufspaltung, Besitznahme oder Tod nennt, bezeichnet es, daß »hier« nicht der richtige Ort ist für Diejenige, die keinen Ort hat"[29]. Dieser symbolische Tod vor dem Tode äußert sich nicht zuletzt auch darin, daß in Texten des 19. Jahrhunderts die Dinghaftigkeit von Frauen betont thematisiert wird, wobei auch hier die Grenze, ob darin eine Kritik an dem herrschenden Zustand oder eine Apologie dieses Zustandes bewirkt wird, nicht eindeutig zu ziehen ist. Problematisiert wird auf jeden Fall in diesen Texten, daß die Frau – wie John Berger, die gesellschaftlichen Implikationen der Gleichung Frau und Kunst besprechend, feststellt – sich in ein Objekt der Betrachtung für den männlichen Blick verwandeln muß[30], daß sie *sich in ein Kunstobjekt töten* muß, um dem Herren, von dem sie abhängig ist, zu gefallen[31]. In vielen Texten wird dargestellt, wie die Frau als Ware auf dem Ehemarkt ausgestellt, wie sie gehandelt wird, wobei die Texte häufig an diesem Verfahren Kritik üben und der Gesellschaft und ihren Vertretern

[29]) Annicke *Jaulin*, „Avant-Propos", in: „La Femme et la Mort", G.R.I.E.F. (Toulouse-Le Mirail, 1984), S. 7.

[30]) John *Berger*, Ways of Seeing (Harmondsworth, 1977), S. 47.

[31]) Sandra M. *Gilbert* und Susan *Gubar*, The Madwoman in the Attic. The Woman Writer and the Nineteenth-Century Literary Imagination (New Haven, 1979, S. 14.

vampirische Züge zuschreiben; es ist die Gesellschaft, die die autonomen Kräfte der Frau schwächt, sie zu einer Halbtoten, einer Ware, einem sich nicht selbst bestimmenden Wesen werden läßt.

So thematisiert Hardy in seinem Roman „Tess" explizit, wie seine Heldin, aus verschiedenen Positionen betrachtet, zu einer Ware reduziert, wie sie zu einem Objekt der Begierde, zu einem Spiegel wird, auf den ihre Besitzer (die Eltern, der Geliebte, der Ehemann) das zu projizieren suchen, woran es im eigenen Leben mangelt oder was im eigenen Leben hervorgehoben werden soll. Dadurch gerät sie von Anfang an in eine zum Scheitern verdammte Lage: Als Objekt der Begierde, das die Stabilität der Welt des Betrachters wiedergeben und so bestätigen soll, ist sie bereits zu Lebzeiten eine Halbtote; wehrt sie sich gegen diese Art der Verdinglichung, so wird sie mit dem Tode bestraft.

Von ihren Eltern wird Tess als stellvertretendes Zeichen ihres neuentdeckten Adels an den falschen Verwandten Alec gesandt und dann verkauft, d.h. sie fungiert als der Einsatz, mit welchem die Eltern ihre Forderung an den Adelstitel, oder zumindest den Anspruch auf eine finanzielle Entschädigung, vorzubringen suchen. Die Mutter erkennt, daß Tess' Wert mit der Hervorhebung ihrer Weiblichkeit steigt und sucht durch die Wahl der Kleidung, der roten Schleife im Haar, des weißen Kleides, ihre Weiblichkeit zu betonen[32]. So wird sie zum reizvollen Objekt für den privilegierten Betrachter Alec, der sich durch Vergewaltigung ihrer bemächtigt, sie zum Objekt seiner Begierde reduziert.

Doch auch Angel Clare, der verbitterte Pastorensohn, der im bäuerlichen Landleben eine Reinigung von den Übeln der Stadt sucht, verdinglicht Tess, indem er sie zu einer reinen, „frischen und jungfräulichen Tochter der Natur", zur Lebensspenderin[33], idealisiert, was letztlich eine Spiegelung seines Verlangens nach dem ihm mangelnden Gesunden darstellt. Die Verknüpfung dieser Reduktion der begehrten Frau auf ein Objekt mit ihrer Tötung wird in einer Schlüsselszene thematisiert.

Nachdem Tess ihre Verführung durch Alec und den Tod ihres Kindes in der Hochzeitsnacht gesteht, wendet Clare die Idealisierung in Verdammung. Er bestraft Tess dafür, daß sie seinem Bild von ihr (als neuentsprungendes, unschuldiges Kind der Natur) nicht entspricht und somit seine Weltvorstellung bedroht. Als einzige ihm mögliche Wehr bleibt,

---

[32]) Thomas *Hardy*, Tess of the d'Urbervilles (Boston, 1960),S. 39.
[33]) Thomas *Hardy*, Tess, S. 106.

sie zu degradieren, ihr Verhalten als Resultat davon zu sehen, daß sie einer hinfälligen, entkräfteten aristokratischen Linie abstammt. Schlafwandelnd betritt er ihr Zimmer, erklärt sie für tot und trägt sie, wie in ein Leichentuch eingehüllt, zu einem steinernen Sarg im Garten – ein Akt, in dem sich absoluter Besitzanspruch und Tötungswunsch untrennbar verbinden[34]. Ihre Hinrichtung ist letztendlich nur die Erfüllung der von Beginn an gesetzten Zeichen ihres Verhängnisses. Es zeigt sich: In dieser Art von Texten ist die Darstellung des weiblichen Todes auch in dem Sinne ein Pleonasmus, als er, ob erduldet oder gesucht, nur eine verdeutlichende Potenzierung ihres eigentlichen bzw. von Anfang an zugewiesenen Zustandes ist, oder anders gesagt, der Tod erweist sich als ihre Apotheose.

Tolstoi beschreibt die erste Liebesszene zwischen Anna Karenina und Wronski auf folgende merkwürdige und zugleich entlarvende Weise: „[Wronski] aber fühlte, was ein Mörder beim Anblick des Körpers fühlen muß, den er des Lebens beraubt hat. Dieses von ihm entseelte Wesen war ihre Liebe . . . Und wie sich der Verbrecher mit fast leidenschaftlichem Ingrimm auf den entseelten Körper wirft, ihn fortzuschleppen und zu zerstückeln, so bedeckte Wronski [Annas] Gesicht und ihre Schultern mit Küssen.“[35] Warum will man das, was man liebt, töten? Warum tötet man die Geliebte im Akt des Liebens? Warum braucht man sie als Tote, um sie lieben zu können? Worin besteht die gegenseitige Bedingtheit von erotischem Begehren und Todessucht?

Eines der populärsten Motive für die Verknüpfung von erotischem Verlangen nach dem Weiblichen und jeweiligen Tötungswunsch, ist die vielfach umgestaltete Geschichte der Carmen. Es ist bezeichnend, daß Merimée seiner Geschichte folgendes Motto von Palladas vorausschickt: „Alle Frauen sind wie die Galle, aber sie haben zwei gute Stunden, die eine im Bett, die andere ihre Todesstunde“[36]. Es ist ebenso bezeichnend, daß die gängige Interpretation diese Geschichte verstanden haben will als eine, in der ein Mann sich wegen einer seiner unwürdigen Frau ruiniert[37], und nicht etwa als die des Mordes eines eifersüchtigen Ehemannes an einer Freiheit und Selbstbestimmung suchenden Frau.

Der tragische Konflikt liegt weniger in der Untreue Carmens als in

---

[34]) Thomas *Hardy*, Tess, S. 219.

[35]) Leo N. *Tolstoi*, Anna Karenina (München, 1978), S. 183f.

[36]) *Mérimée*, Carmen et autres nouvelles, Tomme II (Paris, 1983), S. 181.

[37]) *Mérimée*, „Carmen“, S. 178.

der verschiedenartigen Semantisierung des Wortes Untreue. Carmen versteht darunter Wandelbarkeit, Freiheit, Beweglichkeit, vielseitiges Ausleben der eigenen Lust und Austauschbarkeit der Objekte der Begierde. José hingegen erträgt die Unsicherheit des Willkürlichen und der Veränderung nicht, will Dauer, festigende Regeln[38]. Carmen soll als begehrtes Objekt seine Welt der dauerhaften Ordnung widerspiegeln. Sie kann diese Forderung aber nur dann erfüllen, wenn sie völlig stetig, völlig unbeweglich, sein Besitz ist. Sie nicht beherrschen zu können, bedeutet für José, daß Carmen mit jeder Bewegung die Stabilität seiner Welt bedroht. Treue von ihr fordern bedeutet, wie er sagt, ihrer „völlig sicher"[39] zu sein. Doch die Forderung an jemanden, Sicherheit zu bieten, Gewißheit zu gewährleisten, kann auch bedeuten, daß dieser zu einer Garantie, einem Pfand gerät, d.h. zu einem statischen Körper, einem eindeutigen und so transparenten Zeichen, dem jegliche Differenz verwehrt ist. Josés – schließlich realisierte – Fantasie, Carmen zu erwürgen, um diese Art Sicherheit zu erlangen, ist demzufolge nur konsequent.

Denkt man Carmens Geschichte ein Stück über Merimées Schluß hinaus, könnte man sagen, daß José in Carmens Leiche die perfekte Erfüllung seines Begehrens erreicht hat. Denn Besitz ist mit einem unglücklichen Paradox behaftet: Etwas zu besitzen, öffnet auch die Möglichkeit, dieses Objekt zu verlieren, die Angst, es nie ganz, nie für immer besitzen zu können. Doch die Angst erhält auch das Begehren am Leben. Sie ist ein Reiz, der ständig überwunden werden muß. Der Zweifel an der Ausschließlichkeit des Besitzens wird natürlich noch erhöht (und so das Verlangen danach gesteigert), wenn das betreffende Objekt ein lebendes ist, von sich aus jeder Festlegung widerstrebt, sein Selbst im Widerstreit zu den Erwartungen des Anderen zu äußern sucht. In der völligen Verdinglichung aber, als toter Körper, als Bild, das man sich in der Erinnerung schafft, sind der Besitz und das Begehren gesichert. Das Begehren ist auf ewig erhalten, weil es nun auf Dauer aufgeschoben, nie erfüllt, zugleich aber auch nie betrogen werden kann. Wenn man Begehren versteht als Verlangen nach dem Begehren des anderen (Lacan), bedeutet die Überwindung der Untreue aus Josés Position zumindest die Sicherheit, daß Carmens Begehren sich nur auf ihn bezieht, weil es auf keinen anderen

---

[38]) *Mérimée*, „Carmen", S. 216.
[39]) *Mérimée*, „Carmen", S. 221.

gerichtet sein kann. Es bedeutet aber auch die Überwindung der Gefahr, sie könnte den Parametern des gesetzten Bildes entfliehen und so seine Welt nicht mehr treu wiederspiegeln.

In Bezug auf den Erzähler in Stendhals autobiographischem Roman „La Vie de Henri Brulard", der auch seine Geliebte lieber tot als untreu wünscht, erklärt Kristiva, daß in dieser Idealisierung der Geliebten als Toten, die Frau ihre Eigenschaft, eine andere, ein anderes Geschlecht zu sein, verliert in der begehrten Macht des Liebhabers. Als Tote ist sie objektiviert und zugleich unendlich geworden, im höchsten Grade verdinglicht und zugleich jenseitig. „Die Tote", so Kristeva, „ist absolut in ihrer Unantastbarkeit . . . jouissance als Nostalgie, in Reichweite und auf ewig verloren, unmöglich . . . [ein Beispiel dafür] daß die phallische Idealisierung sich erbaulich und belehrend auf einem Sockel aufrichtet durch die Tötung des weiblichen Körpers"[40]. Doch, so fragt sie weiter „Wer stirbt . . . die Geliebte oder das ‚Weibliche' der Geliebten"?

Im toten Körper der Frau erhält das semiotische Andere einen Signifikanten. Gleichgültig ob damit das gefährlich Chaotische, das unschuldig Reine, oder die Angst vor dem Verlust eines privilegierten Objekts des Begehrens gemeint ist, es sind jeweils Werte, die mit dem Weiblichen verbunden werden. Das Andere wird durch diesen Akt in die normative Ordnung überführt, ja sogar zum privilegierten Signifikaten der Sicherheit dieser Ordnung gemacht.

3. Das Paradox oder Der Tod der Frau als „versammelnde Schwelle"

Daraus, daß Frauen in der kulturellen Modellierung von Welt als Halbtote gesetzt werden, kann man noch einen weiteren Grund für die Faszination dieses Themas ableiten, denn sie stellen den Schnittpunkt zwischen materieller und entmaterialisierter Welt dar. Ob als dämonische oder als engelhafte Frauen sind sie zwar in dieser Welt, aber auch z.T. von jener anderen Welt, welche sie metonymisch repräsentieren[41]. Diese Funktion der Doppelung zweier Welten wird durch ihren zweiten, konkreten Tod noch verstärkt. Am toten Körper glaubt man, die Schwelle zwischen Leben und Tod konkretisiert betrachten zu können.

[40]) Julia *Kristeva*, Histoires d'amour (Paris, 1983), S. 442f.

[41]) Sandra M. *Gilbert* und Susan *Gubar*, The Madwoman in the Attic, S. 24f.

Ist der Körper nun gänzlich diesseits, so ist die Seele bereits im Jenseits, im Absoluten. Der Körper, nun reine Oberfläche, reine Figur ohne auszeichnende Merkmale, scheint auf das Jenseits zu verweisen. Der Versuch, diese Grenzsituation künstlich zu erhalten, ist sowohl Ausdruck eines Verlangens, die Sterblichkeit zu negieren oder zu überwinden, als auch eine Brücke zum Jenseits herzustellen, um das Andere, das man als Lebender nie kennen kann, erfahren zu können. Denkt man an den Vampirismus, z.B. Stokers „*Dracula*", wo die gebissene Lucy eine Weile künstlich durch das Blut anderer in diesem Zwischenstadium erhalten wird, aber auch an die Spiritualisten und Künstler, die tote Frauen durch Seelenwanderung, wie Poes Erzähler in „Ligeia", oder durch künstlerische Repräsentation in Form von Gemälden und Gedichten wiederzubeleben suchen, so wird ersichtlich, daß die Frau als Medium eingesetzt wird, um mit dem Reich des Todes in Verbindung zu treten. Da man Gott direkt nicht ungestraft anblicken kann, betrachtet man die tote Frau, die sich im Anblick der Gottheit zu befinden scheint.

Aber um wessen Sterblichkeit geht es eigentlich? Was ist die Referenz dieser Erkenntnis? Denn der weibliche Leichnam ist auch im Bezug auf den Betrachter des Todes ein bestätigender Spiegel. Indem wir ihn betrachten, stellen wir uns den eigenen Tod, aber auch das Jenseits (das wir nie wissen können) vor. Wir sehen unsere Vorstellung des Anderen, nicht das Andere selbst. Wurde bereits festgestellt, die Frau sei die schützende Grenze zwischen symbolischer Ordnung und dem Chaos, das sie zum Teil vertritt, so kann dies ergänzt werden durch die Feststellung: sie ist als betrachtete Tote in genau dem gleichen Sinne die schützende Grenze zwischen dem Leben und dem Absoluten.

Auf ähnliche Weise kann auch die Diskussion darüber, wie am Körper der schönen Frau das Objekt der Begierde fixiert, das Begehren dadurch aber auch auf ewig aufgeschoben wird, ergänzt werden. In der künstlichen Konservierung des Todesstadiums wird der Zustand der Vergänglichkeit festgehalten, die hinfällige Körperlichkeit betont, aus dem Wissen heraus, daß es in Kürze vorbei sein wird. Diese verstärkte Körperlichkeit, aus der heraus man das Jenseits zu entziffern sucht, auf die jedoch nur die eigenen Vorstellungen und Erwartungen projiziert werden, jene Körperlichkeit, die als Schnittpunkt zwischen Diesseits und Jenseits das Andere erahnen läßt, selbst jedoch völlig diesseitig ist, erhält demnach ihren Reiz dadurch, daß sie sich dem Tod am nächsten und weit entfernt vom begehrten Absoluten befindet. So wie die Frau als

Tote nie erreicht werden kann, die Stelle eines ewigen Aufschubs des erotischen Begehrens markiert, so kann sie – und mit ihr der Bereich des Todes – nie erkannt werden. Die tote Frau stellt ein Enigma dar, das man festhält, einen Besitz, der keiner ist. Sie markiert den Aufschub des Verlangens nach Erkenntnis des Todes. An das Miterleben des Todes eines Anderen wird die Erwartung einer Erklärung oder Offenbarung im höchsten Grade gestellt und sie wird am meisten enttäuscht, sowohl im Sinne, daß sie nicht erfüllt, wie auch im Sinne, daß sie als Illusion der eigenen Vorstellung entlarvt wird.

Aber auch poetologisch gesehen versammeln sich im Motiv der schönen Toten verschiedene Diskurse und Diskursebenen. In den Texten findet eine Vermischung der Diskussion um gesellschaftliche Opfer und Kunstschöpfung statt, indem am Leichnam der schönen Toten die gegenseitige Bedingtheit von Tod und künstlerischem Neuschöpfen (Texterstellen), von Opferung und Herstellen bzw. Erhalten der normativen Ordnung evident wird. In den Texten steht aber auch (was für die literarische Darstellung von Tod allgemein gültig ist) das inhaltlich Dargestellte im höchsten Maße im Widerspruch zur textuellen Form, denn der unbewegliche weibliche Körper, den ich als transparentes Zeichen verstehe, welches Differenz ausschließt, ist Bedingung, Auslöser und Gegenstand für einen Text, für den transformierenden, opaken und offenen Signifikations-Prozeß. So fungiert die schöne Tote für einen im Text zumindest implizit gesetzten Betrachter als Objekt des Begehrens, welches seine Welt wiedergibt und diese sichert. Sie vertritt aber zugleich auch das der Norm Entgegengesetzte, die semiotische *chora*, welche an ihrem toten Körper einen Signifikanten erhält, und ist also die Bedingung für Sprache, für Erinnern und für Erzählen. Sie ist „das poetischste Thema“, weil Ort für metapoetische Selbstreflexivität, weil Ort für eine Häufung und Doppelung der sinnverwandten Bereiche „Frau“, „Tod“, „Kunst“. Was es für unsere Kultur bedeutet, daß diese Bereiche sinnverwandte Paradigmen bilden, und daß ihre durch Verknüpfung bewirkte Steigerung zum perfektesten Ausdruck von Erhabenheit und Vollkommenheit führt, eröffnet eine ganz andere Frage.

Koda: Die Parodie oder Von der Muse zur Dichterin

Als *Muse* bezeichnet die klassische griechische Kultur eine der neun Töchter des Zeus und der Mnemosyne (selbst Göttin des Gedächtnisses und der Erinnerung), die im Gefolge des Apoll die Funktion einer Schutzgöttin der Künste einnahm. Sich anzumaßen, der Muse im Sangeswettstreit gleich zu kommen, bedeutete zwar, für seine Niederlage einer strengen Strafe unterzogen zu werden. Zugleich aber zählte die Anrufung der Muse zu Beginn eines Werkes zur Tradition griechischer Dichtkunst. In diesem Kulturverständis sprach die Muse durch den Dichter, er war das Medium ihrer Rede[42]. Topographisch verbunden mit Quellen – sie bewohnten den Helikon (Quelle Hippukrene) und den Parnaß bei Delphi (Quelle Kastalie) – dienten die Musen als Inspirationsquelle für den Künstler. Im späten Mittelalter greift Dante die Tradition der Anrufung wieder auf, überträgt die Rolle der Muse aber auf die reale Frau Beatrice, die aufgrund ihrer Idealisierung und dann ihres frühen Todes physisch unerreichbar bleibt. Die Reduzierung der (künstlerisch begabten) Schutzgöttin auf eine rein inspiratorische Funktion zeichnet sich auch in der petrarkistischen Liebeslyrik ab, wo oft der Geliebten die Rolle der Muse zugesprochen wird. In dieser bis ins frühere zwanzigste Jahrhundert hinein tradierten Konzeption des Dichtungsprozeßes wird die Frau, wie Peter Gorsen argumentiert, „zwar nicht selbst als Künstlerin, wohl aber als eines Partnerschaftsverhältnisses zum Künstler fähig anerkannt“[43]. Sie schafft oder bewirkt nichts Bedeutendes außerhalb ihrer selbst, ist dafür aber durch ihr Sein inspiratorische Anregerin und Auslöserin der männlichen Kunstproduktion.

Interessant ist nun zum einen, daß die Muse einer dreifachen Aufgabe dient. Denn sie wird als Anregerin direkt angesprochen und somit sowohl zur Rezipientin wie auch zum Gegenstand oder Thema dieser Rede. Die Muse ist also gleichzeitig mäeutische Produzentin, Objekt der Referenz und privilegierte Adressatin des künstlerischen Werkes. Zum zweiten zeichnet sie sich durch Unerreichbarkeit, Unnahbarkeit, Unantastbarkeit aus. Als Göttin oder göttlich idealisiert, als erotisch nicht verfügbar oder nicht willig, jeweils ist sie nicht gänzlich in Reichweite, so daß die Anrede das Fehlen ihrer Anwesenheit thematisiert. Denn, für die Rhetorik der Invokation ist ihre Abwesenheit Bedingung.

---

[42]) Siehe auch Julian Jaynes Diskussion der klassisch griechischen Musen-Konzeption in: The Origin of Consciousness in the Breakdown of the Bicameral Mind (Boston, 1976), „Poesy and Possession“, S. 370–377. Er erklärt, daß zu Platons Zeit Lyrik verstanden wurde als göttlicher Wahnsinn, als der Zustand, von den Musen besessen zu sein.

[43]) Peter *Gorsen*, „Konstruktion der Weiblichen Kultur“, in: Frauen in der Kunst, Band 2, (Hg.) Gislind Nabakowski, Helke Sander, Peter Gorsen (Frankfurt a.M., 1980), S. 50.

Es ist bemerkenswert, daß mit der Romantik gerade die sterbende oder tote Geliebte zur Muse ernannt wird. Hier wird nicht mehr der Nachahmer der Muse gestraft, sondern die auserwählte Frau trägt die Kosten. Entweder bezahlt sie mit ihrem Tod, daß das Kunstwerk vollendet werden kann oder sie muß sterben, um zum Gegenstand des Kunstwerkes zu werden. Worin liegt nun die inspiratorische Kraft der sterbenden oder toten Muse? Was ist die Referenz dieses Bildes? Die sprachliche Inszenierung der Abwesenheit der angesprochenen Geliebten versteht Barthes als einen Versuch, diese Abwesenheit zu manipulieren, um den Moment wo sie in der Vorstellung mit dem Tod der Abwesenden gleichgesetzt wird, zu verzögern. Dank einer sprachlichen Inszenierung kann über die Abwesenheit verfügt, kann der Tod verschoben werden. Zugleich aber wird die Sprache erst aufgrund einer Abwesenheit geboren[44], setzt die Sprache die Abwesenheit dessen, wovon sie spricht, vorraus. Bei der Anrede einer sterbenden oder toten Muse verstärkt sich nur die „ungewöhnliche Verdrehung", denn was fasziniert, ist das unmittelbare Bevorstehen ihrer vollkommenen Abwesenheit. Ist ihre Invokation der Versuch, die Muse nicht ganz sterben zu lassen, sie gegen den Tod künstlich zu erhalten, oder wird hier der Tod heraufbeschworen, um die Macht der eigenen Kunst zu legitimieren, die Abwesenheit oder Tötung eines anderen als Bedingung von Sprache explizit zu thematisieren? Zu wessen Gunsten trotzt hier der Künstler dem Tod, in dem er neues Leben schafft? Wer wird verewigt – die Muse oder der Künstler? Und wessen Tod wird eigentlich verzögert – der der Muse oder der eigene?

Betrachten wir noch einmal Poes Werk. Marie Bonaparte zufolge[45] kann man seine Geschichte „Ovales Portrait" lesen als ein selbstkritisches Geständnis Poes über das Verhältnis zu seiner Ehefrau Virginia Clemm. Von ihrem Aussehen her stand die an Tuberkulose sterbende junge, bleiche Frau wiederholt Modell für seine halb-toten, lebendig begrabenen oder durch Seelenwanderung wieder belebten Heldinnen Madeline, Morella, Berenice, Ligeia. Doch Virginias Krankheit, die ihm verbot, sein erotisches Begehren direkt auszuleben, inspirierte auch die thematische Diskussion jener Texte, in denen die Faszination für eine Frau darin besteht, daß sie physisch nicht mehr verfügbar ist, d.h. körperlich abwesend, nur als erinnerte, künstlich neuerschaffene anwesend. Diese

[44]) Roland *Barthes*, Fragments d'un discours amoureux (Paris, 1977), S. 21f.

[45]) Marie *Bonaparte*, The Life and Works of Edgar Allan Poe. A Psycho-Analytic Interpretation (London, 1949), S. 260.

Faszination kann die Gestalt einer Besessenheit annehmen, wie in „*Ulalume*", wo die zwanghafte Rückkehr zu der toten Geliebten, deren seelischer Gefangener der Sprecher ist, eine Bindung an die lebende Psyche ausschließt. Sie kann aber auch die Form eines jubilatorischen Triumphs über den Tod annehmen, wie in „Annabel Lee", wo der Sprecher die, dank seiner Imagination ermöglichte ubiquitäre Gegenwart seiner verstorbenen Geliebten und die Unzertrennbarkeit ihrer Seelen verkündet. Doch selbst wenn man Poes Texte als entlarvenden Ausdruck verstehen will für die Gewalt, die Frauen angetan wird, als Mitleid mit ihrer Verstümmelung, Gefangenschaft und Ausbeutung durch den Geliebten, bleibt der Blickpunkt an den männlichen Sprecher gebunden. Artikuliert werden *seine* Angst, *seine* nekrophile Tendenz, *seine* Schuldgefühle, *seine* rücksichtslose Ausnutzung und *seine* hoffnungsvolle Überwindung des Todes.

Interessant ist nun, daß diese Konzeption der Muse, die von der Frau fordert, mit dem Leben für die männliche Kunstproduktion zu zahlen, von zeitgenössischen Autorinnen übernommen und transformiert wird. Obgleich sie das Motiv der sterbenden oder toten Muse aufgreifen, verschieben sie jedoch die Perspektive, indem sie aus der Position der Muse erzählen, um deren Auffassung und Einschätzung des „Partnerschaftsverhältnisses zum Künstler" zu beleuchten. Ingeborg Bachman, die verschiedentlich das Bild eines Friedhofs der Töchter einsetzt, um den tötenden Aspekt der androzentrischen Kulturproduktion zu umschreiben, schildert in „Requiem für Fanny Goldmann" die Reaktion der Muse auf den von ihr inspirierten Roman. Fanny, die dank ihrer Eigenschaften dekorativ auszusehen, schön zu sprechen und eine einflußreiche Stelle in der Wiener Gesellschaft zu besitzen zur Muse prädestiniert ist, hat bei der Lektüre des Romans das Gefühl, Marek hätte sie schamlos und egoistisch ausgenutzt und enteignet.

Anders als Poe jedoch, führt Bachmann aus, worauf sich die Kränkung bezieht, die zu dem Haß führt, der einer tödlichen Wucherung gleichkommt. Die durch das Kunstprodukt vollzogene Tötung besteht nicht allein darin, daß Marek in der Form des Romans ihre intime Gemeinsamkeit öffentlich macht, sondern vor allem in der Tatsache, daß somit Fanny ihrer Geschichte entfremdet wird und ihre Autonomie verliert, daß sich Mareks Version gar nicht mehr auf Fanny bezieht, und daß sich Marek Fanny zugunsten seines Entwurfs einverleibt und angeeignet hat:

> „Das Buch handelte von ihr . . . es waren lauter Dinge, die sie ihm erzählt hatte . . . Nur sah ihr Leben hier ganz anders aus . . . sie war beraubt, ausgeraubt, mit allen ihren Sätzen aus 700 Nächten und Tagen . . . aufgeschrieben und »ausgeschlachtet« . . . er hatte sie ausgeweidet, hatte aus ihr Blutwurst und Braten und alles gemacht . . . hatte jetzt Erfolg mit der Schlachtung."[46]

Bachmann bringt zudem noch einen weiteren Aspekt ins Spiel. Die an Fanny verübte Tötung beinhaltet neben Diebstahl und „Ausschlachtung" auch, daß Marek ihre Autorschaft über die eigene Geschichte verhindert. In der Form einer Umkehrung von Scheherezades Situation töten Fannys Erzählungen sie selbst, weil ihr, der die Inhalte der Geschichten gehören, die Erzählerrolle abgesprochen wird, und somit jegliche Fähigkeit zur Selbstgestaltung und Selbstdarstellung. Der Möglichkeit einer aktiven, selbstbestimmenden Produktion beraubt, auf eine hilflose Verfügbarkeit und passive Rezeption reduziert zu sein, bedeutet aber den Tod: „Er schrieb und sie las, und so würde es nun immer bleiben"[47]. Hoffnung setzt Bachmann allein in das Projekt einer unversöhnlichen Betrachtung der männlichen Darstellungsweise von Frauen, die alle Implikationen offen zu Tage bringt: die unerbittliche Lektüre kultureller Texte als Wehr gegen eine jahrhundertlang tradierte Tötung ihrer Töchter.

In ihrem Buch „*Valerie oder das Unerzogene Auge*", eine Revision des Verhältnisses zwischen dem Maler Ferdinand Hodler und seinem Modell Valentine Godé-Darel, beleuchtet Erica Pedretti die zweite bei Poe diskutierte Variante – das Sterben der Muse bzw. des Modells – wieder aus der Position der betroffenen Frau. Obgleich auch sie darauf eingeht, daß der Maler das Modell zu einer Sache mache, die mit ihr nichts mehr zu tun hat und ihr dadurch mit jedem Bleistiftstrich ein Stück ihres Lebens abzieht[48] entlarvt Pedretti vor allem das Anliegen, das hinter dem besessenen Versuch, den Tod eines anderen zu zeichnen, steckt. So wie Franz Valeries lebenden Körper seinen bildnerischen Entwürfen unterwirft, sucht er auch ihr Erlebnis des Todes zu vereinnahmen. Ihr Sterben und ihre Todesangst sichtbar zu machen, bedeutet für ihn, die eigene Angst zu beherrschen und zu bannen, wobei es sich um eine zweifache Bannung handelt. Nicht nur zeichnet Franz seine eigene Todesangst

---

[46]) Ingeborg *Bachman*, Requiem für Fanny Goldmann (München, 1978), S. 514ff.
[47]) Ingeborg *Bachman*, Requiem für Fanny Goldmann, S. 514.
[48]) Erica *Pedretti*, Valerie oder Das unerzogene Auge (Frankfurt a.M., 1986), S. 183.

statt der fremden, er setzt sich zudem noch von dem Grauen des Sterbens dadurch ab, daß er sich nur auf das Zeichnen, auf die Stimmigkeit und Lebendigkeit seiner Striche konzentriert, den Tod nur als Problem der Form wahrnimmt. Die Sterbende abzeichnen zu können, ist Beweis für die eigene Lebendigkeit. Das grausamste Abbild bringt Freude, sobald es „dem Eindruck entsprechend gelungen ist, diese sein Können bestätigende Zufriedenheit“[49]. Der Sinn der in seinen Zeichnungen enthaltenen Botschaft ist die eigene Anwesenheit.

Anders gesagt, der Körper der Sterbenden dient nicht nur dazu, dem Tod (als dem eigentlichen Signifikaten der Zeichnungen) einen Siginifikanten zu verleihen, er wird ferner selbstreflexiv durch einen zweiten, den Signifikaten des Zeichnens (der auch am Körper der Sterbenden einen Signifikanten erhält), ersetzt. Nicht der sterbende Körper der Frau kommt hier thematisch zum Ausdruck, sondern er bildet den Ort, wo zeichnerisch eine „Tötung des Todes“ unternommen wird, eine Tötung, die zudem noch die eigene Fähigkeit als Künstler beweist. Als Träger für die Todesangst des Künstlers bietet der sterbende Körper der Frau im Akt des Zeichnens eine Abwehr und Überwindung des eigenen Todes, als dargestellter in den fertigen Zeichnunen eine Wiedergabe seines Leidens: „Man wird sich aus Selbstschutz mit dem Maler identifizieren“, sagt Valerie vorraus, „mit seinem Leiden, dem einzigen, das man, bevor man nicht selbst von der Krankheit erfaßt wird, nachfühlen kann“[50]. Während Bachmann die Einverleibung der Muse in fremde Zeichen als deren Tötung thematisiert, betont Pedretti den Aspekt der bestätigenden Selbstspiegelung. Valeries Reaktionen auf ihre Musenrolle dienen dem Beweis, daß für einen Betrachter der fremde Tod unerfahrbar und im höchsten Maße undarstellbar bleibt, weil er mit den Kategorien Form und Zeichen nicht erfaßbar ist.

Auf ganz andere Weise greifen die Lyrikerinnen Sylvia Plath und Anne Sexton den Topos des Todes der Muse auf. In zahlreichen Texten beschwören sie eine Erinnerung an den eigenen Selbstmordversuch oder ein Verlangen nach dem Tod, so daß die Anrufung der toten Muse ihnen selbst gilt. Der imaginierte eigene Tod bildet den inspiratorischen Anreger, Auslöser und den thematischen Gegenstand der in diesem Fall weiblichen Kunstproduktion. Sie selbst sind als Tote Objekt der Referenz

[49]) Erica *Pedretti*, Valerie oder Das unerzogene Auge, S. 149.
[50]) Erica *Pedretti*, Valerie oder Das unerzogene Auge, S. 180.

und Rezipientin des dichterischen Ausdrucks. Obgleich man diesen Akt der Autopoesis als narzistisch oder autistisch bezeichnen könnte, da hier Musen- und Kunstproduktions-Instanz zusammenfallen, ist er auch Ausdruck einer Befreiung von der Reduktion auf eine rein inspiratorische Funktion, die der Frau die Aufgabe Medium, Material oder Spiegel für fremde Schöpfung zu sein, zuspricht. Denn bemerkenswert ist, das Plath und Sexton gerade die traditionelle Auffassung des weiblichen Todes aufgreifen, um diese radikal umzusemantisieren und den Tod als Akt der autonomen Selbstautorschaft darzustellen. Nicht die Rolle der Muse wird thematisiert, noch eine Verdrängung der Abwehr des Todes, sondern der weibliche Tod als schöpferische Auferstehung der Dargestellten. In dem Gedicht „*Lady Lazarus*" verkündet Plath „Sterben ist eine Kunst, wie alles andere. Ich tue es ungewöhnlich gut ... Ich schätze man könnte sagen, ich habe eine Berufung"[51]. Sie semantisiert das herkömmliche Verständnis von Leben und Tod diametral entgegengesetzt. Den Selbstmord-Versuch und die Rückkehr aus dem Reich der Toten versteht sie als Ausdruck einer eigenständigen Autorschaft über das eigene Leben: „ein bewegliches Wunder", „ein großer Striptease", „eine theatralische Rückkehr". Verdinglichter Körper, der einer fremden Schöpfung dient, ist sie nur im Bezug auf den Arzt, der sie wiederherzusstellen sucht: „Ich bin ihr Opus. Ich bin Ihre Wertsache". Doch die Macht, die der Kunst des Sterbens innewohnt, umfaßt auch die eigene Wiederbelebung. Sie, nicht der Arzt, beherrscht die Gestalt, in der sie erneut aufersteht – aus der Asche, mit ihren roten Haaren, Männer wie Luft verspeisend.

Die lebenserhaltende oder konstituierende Eigenschaft, die Plath zumindest implizit der dichterischen Darstellung der „Kunst des Sterbens" beimißt, greift Sexton in ihrem Gedicht „Sylvias Tod" auf, das sie Sylvia Plath gewidmet hat. Sexton hat dem Gedicht einen narrativen Text beigefügt, in dem sie erklärt, daß dies Gedicht unmittelbar für beide geschrieben wurde, für den Ort, an dem sie sich treffen konnten, den sie gemein hatten. Sie schildert die gemeinsamen Gespräche über ihre Selbstmordversuche und über den Tod als eine Situation des Widerspruchs. Da für Sexton Selbstmord der Gegensatz von einem Gedicht ist, vermittelte ihnen dieses Reden über den Tod das Gefühl, in dem Moment ‚wirklicher', ‚intensiver' zu sein: „Wir redeten über den Tod und das war Leben für uns, das trotz unser oder besser wegen uns, bestand"[52]. Doch sie fügt

---

[51]) Sylvia *Plath*, „Lady Lazarus", in: The Collected Poems (New York, 1981), S. 244–247.

[52]) Anne *Sexton*, „The barfly ought to sing", Triquarterly 7 (Fall, 1966), S. 89–94.

hinzu, daß sie Plath als Lebende nicht wirklich kannte. Nur ihr Verlangen nach dem Tod war ihr bekannt.

So ist das Gedicht der Ort eines Dialoges mit dem imaginierten Tod, und mit einer Verstorbenen. Über den Tod – Ort einer Rede über, für und an die tote Dichterin als Muse. Das Gedicht evoziert den Tod als einen ihnen gemeinsamen, sie verbindenden Redegegenstand – den sie beide begehrten und überwinden konnten, über den sie erzählten und der zu ihnen sprach.

In dem Sinne dient Sexton die Invokation von Plaths Tod einer mäeutischen Wiederbelebung der Faszination am eigenen Selbstmord, spiegelt sich hier die eigene Überwindung des Todes im Leben und durch die Kunst. Auch in diesem Fall erhält der Tod am Körper einer verstorbenen Frau einen Signifikanten, jedoch um als stets unterschwellig anwesend anerkannt, nicht um abgewehrt und verdrängt zu werden, indem der tote Körper einer anderen Frau als Zeichen seiner Abwesenheit und somit als bestätigender Beweis der eigenen Lebendigkeit dient. Dadurch, daß der Selbstmord als „alter Besitz“, als ein „hervorstehendes Mal, das aus einem ihrer Gedichte herausgefallen ist“ bezeichnet wird, weist Sexton ihm die Bedeutung zu, nicht nur im Leben gegenwärtig, sondern auch immer schon Teil von Plaths dichterischem Werk gewesen zu sein. Auch hier wird der Signifikat Tod durch einen zweiten, den der Textproduktion, überlagert, aber nicht um ersetzt, sondern um gleichgesetzt zu werden. Indem Sexton den Selbstmord als Metonymie für Plaths Texte beschreibt, triumphiert in ihrer Version des Todes der Muse die künstlerische Fähigkeit der invozierten Dichterin, weil sie in Sextons Verständnis von Anfang an dem Tod übergeordnet war. Anhand der Texte von Bachmann, Pedretti, Plath und Sexton kann man sehen, wie zeitgenössische Autorinnen im Hinblick auf tradierte Weiblichkeitsbilder eine gewisse Autonomie gewonnen haben, wie sie zugleich aber auch im Dialog stehen mit vorhergehenden Traditionen und Mustern, diese teilweise entlarven, hinterfragen und transformieren, aber auch ein Stück übernehmen. Die kulturelle Vergangenheit gänzlich abzuleugnen, von sich abspalten zu wollen, ist genauso gefährlich und unmöglich, wie sie bruchlos und unkritisch zu perpetuieren oder wiederaufzunehmen.

Inge Stephan

Weiblichkeit, Wasser und Tod

Undinen, Melusinen und Wasserfrauen bei Eichendorff und Fouqué

Der stille Grund

Der Mondenschein verwirret
Die Täler weit und breit,
Die Bächlein, wie verirret,
Gehn durch die Einsamkeit.

Da drüben sah ich stehen
Den Wald auf steiler Höh,
Die finstern Tannen sehen
In einen tiefen See.

Ein' Kahn wohl sah ich ragen,
Doch niemand, der es lenkt,
Das Ruder war zerschlagen,
Das Schifflein halb versenkt.

Eine Nixe auf dem Steine
Flocht dort ihr goldnes Haar,
Sie meint', sie wär alleine,
Und sang so wunderbar.

Sie sang und sang, in den Bäumen
Und Quellen rauscht' es sacht,
Und flüsterte wie in Träumen
Die mondbeglänzte Nacht.

Ich aber stand erschrocken,
Denn über Wald und Kluft
Klangen die Morgenglocken
Schon ferne durch die Luft.

Und hätt ich nicht vernommen
Den Klang zu guter Stund,
Wär nimmermehr gekommen
Aus diesem stillen Grund.[1]

---

[1]) Zit. nach Joseph von *Eichendorff*, Werke, Hrsg. von Wolfdietrich Rasch. München 1966, S. 300/1.

In diesem Gedicht haben wir all die Elemente versammelt, die unser Bild von der Romantik geprägt haben: Eine mondbeglänzte Nacht, weite Täler, dunkle Wälder, murmelnde und rauschende Bäche, einen tiefen See. Es ist eine Landschaft, die uns bekannt vorkommt, an die wir uns zu erinnern glauben, wenn auch nicht als realen Ort, so doch als Ort der Phantasie und des Traumes. Die erste Strophe führt diese imaginäre Landschaft als einen immer gegenwärtigen Ort ein. Das Präsens suggeriert eine Zeitlosigkeit. bzw. ewige Gegenwart, wie sie nur im Traum oder in der Phantasie herrscht. Die Verben „verwirrt" und „verirrt", die wortspielerisch miteinander in Beziehung stehen, verstärken den Eindruck des Imaginären und Phantastischen. Wie das Mondlicht verwischen sie die Konturen und rücken die Szenerie in ein merkwürdiges Zwielicht, das durch den Anthropomorphismus, d.h. die Übertragung menschlichen Handelns und Fühlens auf die Natur, noch verstärkt wird: Der Mondschein verwirrt die Wälder, die Bächlein gehen durch die Einsamkeit, die finsteren Tannen sehen in einen tiefen See. In solchen grammatischen Konstruktionen wird die Natur selbst zum Subjekt.

Es gibt jedoch noch ein zweites Subjekt in dem Gedicht: Das lyrische Ich, das in der zweiten Strophe eingeführt wird. Mit der Einführung dieses zweiten Subjekts verändert sich die Zeit im Gedicht. Das Präsens der ersten Strophe verwandelt sich in ein episches Präteritum, das die nächsten fünf Strophen durchzieht. In diesen fünf Strophen erinnert sich das Ich, ausgelöst durch die Stimmung in der ersten Strophe, an ein verwirrendes Erlebnis:

Ein' Kahn wohl sah ich ragen,
Doch niemand, der es lenkt,
Das Ruder war zerschlagen,
Das Schifflein halb versenkt.

Eine Nixe auf dem Steine
Flocht dort ihr goldnes Haar,
Sie meint', sie wär alleine,
Und sang so wunderbar.

Obwohl ein direkter erzählerischer Zusammenhang zwischen dem halb gesunkenen Schiff und der singenden Nixe nicht hergestellt wird, sich nur indirekt in dem Gleichklang der Worte „sinken" und „singen" anzudeuten scheint, ist die Szene eindeutig. Von der Nixe und ihrem Gesang geht eine große Verführungskraft aus, der sich auch das lyrische

Ich nur schwer entziehen kann. Nicht zufällig ändert sich gerade an dieser Stelle (IV, 1) das Versmaß. Der dreihebige, ruhig fließende Jambus wird jäh durch einen vierhebigen Trochäus unterbrochen. – Der Gesang der Nixe – man beachte das Enjambement in der fünften Strophe, das ebenfalls einzigartig im Gedicht steht – vermischt sich mit dem Rauschen der Bäume und der Quellen zu einem gemeinsamen Ton, der die ganze Nacht zu erfüllen und mit der Stimme der Natur identisch zu sein scheint. Im Gesang der Nixe hat die Natur eine betörende Stimme angenommen, die das Ich verwirrt und, wenn man der Schiffbruchsmetapher in Strophe drei Glauben schenkt, in den Untergang ziehen will. Das starke erotische Moment in der Verführungsszene ist unverkennbar. Die Nixe auf dem Stein, die ihr goldenes Haar flicht – wohlbekannt aus den zahlreichen Loreley-Gedichten der Zeit[2] – ist ein Symbol erotischer Verführung, ohne daß dies von Eichendorff detailliert ausgeführt werden müßte. Auch ohne daß die Nixe im einzelnen beschrieben wird, weiß der Leser, daß sie verführerisch schön ist. Das Stichwort „goldnes Haar" genügt vollkommen, um die im Bild der Nixe angelegte Assoziationskette in Gang zu setzen. Ihr Körper braucht nicht extra beschrieben zu werden, dessen erotische Attraktion ist metaphorisch verschoben im Gedicht anwesend: In dem betörenden Klang ihres Gesanges und in der erotischen Strukturierung des Naturbildes der beiden ersten Strophen.

Die Attraktion der Nixe rührt aber nicht nur von ihrer Schönheit her, sondern sie hängt auch zusammen mit der narzistischen Selbstgenügsamkeit, in der sie sich dem eigenen Körper und ihrem Gesang hingibt. Auch hierin ist sie der Natur vergleichbar, die des Menschen nicht bedarf. So ist das Ich auch eine Art Eindringling, der in einen Bereich vorstößt, der Menschen nicht zugänglich ist. Der Tod des Schiffers, der in Strophe drei angedeutet ist und in einem anderen Gedicht von Eichendorff, „Verloren"[3], ganz deutlich ausgesprochen wird, könnte also auch als eine Strafe für eine Tabuverletzung gelesen werden. Möglich ist aber auch eine Deutung der Verführungsszene, die stärker die metaphorische Dimension betont und den Schiffbruch und den möglichen Untergang des Schiffes nicht „realistisch", sondern metaphorisch auflöst. Der Kahn stünde in einer solchen Deutung für das Lebensschiff, sein Untergang,

[2]) Vgl. die beiden Sammelbände: Der Rhein. Hrsg. von Helmut J. *Schneider*, Frankfurt a.M. 1983 und: Rheinreise, Gedichte und Lieder. Hrsg. von Wolf-Dietrich *Gunz* u.a. Stuttgart 1986.

[3]) *Eichendorff*, Werke, S. 306.

symbolisiert vor allem im gebrochenen Ruder, würde den Verlust des Bewußtseins symbolisieren.

Daß das Gedicht tatsächlich den Widerspruch zwischen Unbewußtem und Realem thematisiert, wird deutlich an der sechsten Strophe, in der das Ich, erschrocken wie aus einem verbotenen Traum, erwacht und durch die Morgenglocken in die Realität zurückgerufen wird. Verschwunden ist der See mit der Nixe und dem halb versunkenen Kahn, verstummt ist der betörende Klang der Natur. Die Morgenglocken, die den Tag einläuten und zur Andacht rufen, machen dem nächtlichen Traum ein jähes Ende. Tag und Nacht stehen sich ebenso dichotomisch gegenüber wie Bewußtes und Unbewußtes. Eine weitere Dichotomie kommt hinzu: die zwischen christlich-zivilisatorischer Ordnung, symbolisiert durch die Morgenglocken und den anbrechenden Tag, und zwischen heidnisch-naturhafter Ordnung, symbolisiert durch die Nixe und ihren nächtlichen Gesang. In der letzten Strophe scheint die christlich-zivilisatorische Ordnung den Sieg über die heidnisch-naturhafte Ordnung davonzutragen. Das Ich meint einer tödlichen Gefahr entronnen zu sein. Die Morgenglocken haben zur „guten Stund" gerufen. Damit wird das Erlebnis der Nacht in den Bereich des Bösen, ja Teuflischen abgedrängt. Wie weit diese Verdrängung aber wirklich von Dauer ist, und nicht nur einen angestrengten moralischen Versuch darstellt, bleibt offen. Das Präsens der ersten Strophe scheint eher dafür zu sprechen, daß die Verführungskraft der Natur nicht endgültig zum Schweigen gebracht werden kann, daß sich eine Szene, wie sie in Strophe zwei bis sechs geschildert wird, immer wiederholen kann, ohne daß sichergestellt ist, daß das Ich jedesmal von den Morgenglocken wieder in die christlich-bürgerliche Ordnung zurückgerufen wird.

Die Metapher des „stillen Grundes", mit der das Gedicht abschließt und die dem Gedicht als Überschrift vorangestellt ist, bringt die Attraktion, die von dem Mondschein, dem See, der Nixe und dem Gesang ausgeht, in ein mehrdeutiges, ambivalentes Bild. Als Urgrund alles Seins ist er ein mythischer Ort, in dem Anfang und Ende eine untrennbare Einheit bilden. Er ist ein Ort der Ruhe, Stille und Ausgeglichenheit. Zugleich ist er ein Ort der Auflösung, des Untergangs und des Todes. In ihm kommen sowohl die Stimme der Natur, symbolisiert im Gesang der Nixe, wie auch die Geräusche der Zivilisation, symbolisiert im Läuten der Glocken, zum Schweigen. Der „stille Grund" ist ein Ort, an dem auch die Poesie schweigt. Das Zurückschrecken des lyrischen Ichs vor dem „stillen Grund“ geschieht also nicht nur aus Furcht vor dem Verlust der Bewußtheit, sondern auch aus Furcht vor dem Verlust der eigenen Sprache. Es ist eine Form der Selbstrettung und Selbstbewahrung, die auch dem poetischen Wort gilt. Der Gefahr entronnen, vermag das Ich dem Erlebnis der Nacht in einem Gedicht Ausdruck zu verleihen. Die Stimme der Natur findet Eingang in die poetische Sprache. In dem Gedicht „Sängerglück“ hat Eichendorff diesen Gedankengang sehr klar ausgesprochen:

> Wenn die Zauberei zerfällt,
> Sinnt der Dichter, treulich abzuschildern
> Den versunknen Glanz der Welt.[4]

Die Poesie ist der Stimme der Natur, symbolisiert im Gesang der Nixe, sogar überlegen, sie allein trifft, wie Eichendorff im Vorwort zu den „Romanzen“ schreibt, den „rechten Grundton, der verworren anklingt/In all den tausend Stimmen der Natur“[5]. Eine solche Gewißheit der Überlegenheit der Poesie über die Stimme der Natur ist aber nicht durchgängig vorhanden. In anderem Zusammenhang beschreibt Eichendorff das Verhältnis von Natur und Poesie genau umgekehrt:

> Die Lieder, die ich stammelnd hören lasse,
> Ewger Gefühle schwaches Widerspiel, –
> Sie sind es wahrlich auch nicht, was ich meine,
> Denn ewig unerreichbar ist das Eine.[6]

Von der ‚verworrenen Stimme der Natur‘, bzw. positiv gefaßt von dem ‚unerreichbar Einen‘ spricht das Gedicht „Der stille Grund“. Es ist ein Gedicht über das Verhältnis von Mensch, Natur und Poesie. Poesie kann nur entstehen, wenn das lyrische Ich, hier identisch gedacht mit dem Dichter, den verlorengegangenen Kontakt mit der Natur, d.h. auch mit der eigenen unterdrückten Natur, sucht, auf ihre Stimme, d.h. auch auf die Stimme des eigenen Unbewußten hört, und sich dem „stillen Grund“ als poetischer Inspirationsquelle annähert, ohne dabei das eigene Bewußtsein vollständig auszuschalten. Verbindungsglied zwischen dem Dichter und dem stillen Grund ist die Nixe, der quasi die Rolle einer romantischen Muse zugeschoben wird. Sie ist Person gewordene Natur, auf die sich das Begehren des Mannes richten kann. Sie verheißt eine

[4]) Ebd., S. 434.
[5]) Ebd., S. 284.
[6]) Ebd., S. 86.

naturhafte, nicht von der Ratio gesteuerte Form der Erotik, die jedoch mit Tod und Auflösung assoziiert wird. Natur, Eros und Tod sind im Bild der Nixe untrennbar miteinander verbunden.

Diese Verbindung von Natur, Eros und Tod findet sich in zahlreichen Gedichten von Eichendorff. Wohl nicht zufällig wird in diesem Zusammenhang immer wieder das Bild der Nixe beschworen. Als Meerfei, Meerweib, als Sirene und Najade geistert sie als Symbol der Verführung durch zahlreiche Gedichte Eichendorffs. Als Woge, Welle und Zauberklang ist sie auch dort präsent, wo sie nicht direkt benannt wird. Die Belegstellen sind so zahlreich, daß es nicht übertrieben ist, von einer Obsession Eichendorffs durch das Nixenmotiv zu sprechen.

Im Gedicht „Die zwei Gesellen" wird der eine der beiden Freunde von den Sirenen ins Verderben gelockt, während der andere ein behaglich bürgerliches Leben findet, dem aber auch spießbürgerliche Züge anhaften:

Der erste, der fand ein Liebchen,
Die Schwieger kauft' Hof und Haus;
Der wiegte gar bald ein Bübchen,
Und sah aus heimlichem Stübchen
Behaglich ins Feld hinaus.

Dem zweiten sangen und logen
die tausend Stimmen im Grund,
Verlockend' Sirenen, und zogen
Ihn in der buhlenden Wogen
Farbig klingenden Schlund.

Und wie er auftaucht' vom Schlunde,
Da war er müde und alt,
Sein Schifflein das lag im Grunde,
So still wars rings in die Runde,
Und über die Wasser wehts kalt.[7]

Der „stille Grund" hat sich hier in einen verschlingenden Schlund verwandelt, die Nixe ist zur lügnerischen Sirene geworden und der erotische Zauber, der über dem Gedicht „Der stille Grund" lag, hat sich in buhlerische Sexualität aufgelöst, die in der letzten Strophe moralisierend abgedrängt werden muß.

Es gibt andere Gedichte, in denen das Bild der Nixe ähnlich negativ besetzt wird. In dem Gedicht „An eine Tänzerin" ist es eine Tänzerin,

[7]) Ebd., S. 57.

die sirenenhafte Züge trägt. Wie sich die Nixe im Wasser bewegt, so bewegt sie sich im Rhythmus der Musik:

> Glühendwild
> Zärtlichwild
> Tauchest in Musik du nieder,
> Und die Woge hebt dich wieder.[8]

Ihr Tanz weckt ein schlummerndes Begehren, das den Tod bringt:

> Wecke nicht die Zauberlieder
> In der dunklen Tiefe Schoß,
> Selbst verzaubert sinkst du nieder,
> Und sie lassen dich nicht los.
> Tödlich schlingt sich um die Glieder
> Sündlich Glühn,
> Und verblühn
> Müssen Schönheit, Tanz und Lieder.[9]

Die „Zauberlieder", nach denen sich die Tänzerin wiegt, wecken wie der Gesang der Nixe im „Stillen Grund" die Erinnerung an etwas Anderes, das nicht im bürgerlichen Alltag befriedigt werden kann, etwas, das im Unbewußten, im Traum und in der Phantasie aufbewahrt ist, das aber nicht geweckt werden darf, wenn das Leben und die Poesie nicht gefährdet werden sollen. Der Gedanke, daß die Poesie nur lebendig sein kann, wenn das sinnliche Begehren, hier in die Metapher des dunklen tiefen Schoßes gebracht, nicht endgültig befriedigt wird, ist hier deutlicher noch als in dem Gedicht „Der stille Grund" ausgesprochen. In einem poetischen Bild nimmt Eichendorff die kultur- und zivilisationskritische These Freuds, daß jedes größere künstlerische, wissenschaftliche oder gesellschaftspolitische Werk nur auf der Basis von Sublimation, also Unterdrückung und Kanalisierung der eigenen Triebnatur, entstehen könne, vorweg. Diese Unterdrückung und Kanaliserung gilt aber nicht nur dem Strom des eigenen Begehrens, sondern sie richtet sich auch auf die Frau als leibgewordene Phantasie eben jenes Begehrens.

Demgegenüber gibt es andere Gedichte, in denen die Verlockung, die von den Nixen ausgeht, nicht so negativ besetzt ist. In dem Gedicht „Frau Venus" spricht Eichendorff von den „alten Wünschen", die durch den Frühling in ihm geweckt werden:

[8]) Ebd., S. 188.
[9]) Ebd.

Der Wald will sprechen, rauschend Ströme gehen,
Najaden tauchen singend auf und nieder.[10]

Am Ende des Gedichts wird der Dichter eins mit der Natur, er versinkt „zwischen Duft und Klang vor Sehnen", die poetische Sprache vereint sich in einer erotischen Geste („Die Rose seh ich . . . errötend in die laue Flut sich dehnen") mit der Sprache der Natur.

Das Glücksempfinden, das sich in den erotischen Bildern dieses Gedichts ausdrückt, ist auch in anderen Gedichten vorhanden. In dem Gedicht „Eldorado" wird der verschlingende, buhlerische Grund zum „wunderbaren Ort" der Harmonie und der Poesie:

Es ist von Klang und Düften
Ein wunderbarer Ort,
Umrankt von stillen Klüften,
Wir alle spielten dort.

Wir alle sind verirret,
Seitdem so weit hinaus
Unkraut die Welt verwirret,
Findt keiner mehr nach Haus.

Doch manchmal tauchts aus Träumen,
Als läg es weit im Meer,
Und früh noch in den Bäumen
Rauschts wie ein Grüßen her.[11]

Hier taucht die Nixe als Person zwar gar nicht auf, aber sie ist trotzdem präsent. Die Wörter Klang, verwirret, verirret, Traum, rauschen, Bäume, Meer verweisen auf das Gedicht „Der stille Grund" zurück. Anders als in jenem Gedicht, wo das lyrische Ich sich von den Morgenglocken in die bürgerliche Alltagsrealität zurückrufen ließ, reicht der Zauber der Nacht in den anbrechenden Tag hinüber. Das Gedicht „Eldorado" endet mit dem immer erneuten Eintauchen des Ichs in jenes poetische „Blütenmeer" der Empfindung und Sinnlichkeit, in dem Ich und Natur verschmelzen:

Nun jeden Morgenschimmer
Steig ich ins Blütenmeer,
Bis ich Glückselger nimmer
Von dorten wiederkehr.[12]

[10]) Ebd., S. 201.
[11]) Ebd., S. 94.
[12]) Ebd., S. 95.

Auch in dem Gedicht „Der zaubrische Spielmann“ wird das Motiv des „stillen Grundes“ positiv aufgenommen. Die Poesie wird der Liebe freudig aufgeopfert:

Und der Sänger seit der Stunde
Nicht mehr weiter singen will,
Rings im heimlich kühlen Grunde
Wars vor Liebe selig still.[13]

Wie der Spielmann hat auch der Schiffer in dem Gedicht „Der Schiffer“[14] keine Angst vor dem Abgrund, in den ihn die Sirenen locken wollen. Das Meer ist für ihn identisch mit der begehrten Frau, Meer und Frau sind metaphorisch untrennbar miteinander verschmolzen („Ein Meer bist du“[15]). In der Tiefe hofft der Schiffer das wahre Leben zu finden:

Viel hab ich von Sirenen sagen hören,
Stimmen, die aus dem Abgrund lockend schallen
Und Schiff und Schiffer ziehn zum kühlen Tode.

Ich muß dem Zauber ewge Treue schwören,
Und Ruder, Segel laß ich gerne fallen,
Denn schönres Leben blüht aus solchem Tode.[16]

Eine solche traumwandlerische Sicherheit – Eichendorff läßt hier offen, ob es sich um Verblendung handelt (das Wort „Zauber“ ist doppeldeutig) – spricht jedoch nur aus wenigen frühen Gedichten des Autors. Tatsächlich hat Eichendorff das frühe Gedicht „Der Schiffer“ in seiner Mehrdeutigkeit so nicht stehen lassen können. Es gibt ein zweites Gedicht mit dem Titel „Der Schiffer“. Es stammt von 1836 und ist das moralisierende Gegenstück zu der positiven Entgrenzungsphantasie der Jugendzeit:

Kein Meerweib will sich zeigen,
Kein Laut mehr langt zu mir,
Und in dem weiten Schweigen
Steh ich allein mit Dir.

O führe an den Riffen
Allmächtig Deine Hand,
Wohin wir alle schiffen,
Uns zu dem Heimatstrand![17]

---

[13]) Ebd., S. 336.
[14]) Ebd., S. 377.
[15]) Ebd.
[16]) Ebd.
[17]) Ebd., S. 257.

Gegen den „stillen Grund“ bzw. den „lockenden Abgrund“ ist hier das Bild des Heimatstrandes als ein christliches Symbol gesetzt. Das Meer der Wünsche ist eingedämmt, die Sprache der Natur ist verstummt und durch das Schweigen Gottes ersetzt, auch wenn die Sehnsucht nach dem Gesang des Meerweibs in dem Gedicht noch hörbar ist.

Die beiden Gedichte „Der Schiffer“ – das frühe von 1808 und das späte von 1836 – sind sehr extreme Beispiele für die unterschiedliche Bewertung des Wassers und der Meerweiber, bzw. Sirenen. Die Diskrepanzen lassen sich angemessen wohl nur deuten, wenn man die einzelnen Gedichte im Gesamtkontext des Werkes und auf dem lebensgeschichtlichen Hintergrund des Dichters begreift[18].

Zumeist sind die Diskrepanzen und Ambivalenzen nicht auf verschiedene Texte verteilt, sondern in einem einzigen Gedicht zusammengezogen, wie z.B. in dem bekannten „Waldgespräch“, das bemerkenswert in der Behandlung des Nixenmotivs ist. Ein Wanderer trifft am späten Abend im Wald auf eine schöne, prächtig gekleidete Reiterin und erkennt in ihr die „Hexe Lorelei“:

Es ist schon spät, es wird schon kalt,
Was reitst du einsam durch den Wald?
Der Wald ist lang, du bist allein,
Du schöne Braut! Ich führ dich heim!

„Groß ist der Männer Trug und List,
Vor Schmerz mein Herz gebrochen ist,
Wohl irrt das Waldhorn her und hin,
O flieh! Du weißt nicht, wer ich bin.“

So reich geschmückt ist Roß und Weib,
So wunderschön der junge Leib,
Jetzt kenn ich dich – Gott steh mir bei!
Du bist die Hexe Lorelei.

„Du kennst mich wohl – von hohem Stein
Schaut still mein Schloß tief in den Rhein.
Es ist schon spät, es wird schon kalt,
Kommst nimmermehr aus diesem Wald!“[19]

---

[18]) Interessant ist in diesem Zusammenhang die nachgelassene Erzählung „Eine Meerfahrt“ von 1835, in der die verschiedenen Wasser- und Frauenbilder aus den Gedichten sich mit dem Kolumbus-Motiv verbinden. Siehe dazu Peter *Krahé*, Eichendorffs „Meerfahrt“ als Flucht vor dem ‚praktischen Abgrund‘. In: Aurora 44 (1984), S. 51–70. (Dort auch zahlreiche Hinweise auf weiterführende und einschlägige Literatur zum Themenkomplex ‚Frau-Natur‘). Siehe auch Sibylle von *Steinsdorff*, „Das gantze noch einmal umarbeiten!“ Notizen Eichendorffs zur geplanten Umarbeitung seiner Novelle „Eine Meerfahrt“, In: Aurora 44 (1984), S. 71–78.

[19]) Ebd., S. 304/5.

Hier hat eine mehrfache Mischung stattgefunden: Die Nixe Loreley ist berittene Amazone, verführerische Waldfrau und zaubrische Hexe zugleich. Bereits im Gedicht „Der stille Grund" lag der See mit der Nixe in der Waldeseinsamkeit. Der dunkle Wald war bereits hier, wie auch sonst bei Eichendorff, Symbol erotischer Verstrickung und Verführung. Im Dickicht des Waldes nehmen die ungezähmten, wilden Wünsche die „gebundene Bestien, . . . die nach der alten Freiheit dunkel lauern . . . und stürmend sich zum Elemente wenden"[20], wie es in einem anderen Gedicht heißt, zaubrische Gestalt an. Die Hexe Loreley ist wie die Nixen, Sirenen, Najaden und anderen Wasserfrauen in den bereits zitierten Gedichten eine übermächtige Gestalt, in der sich verschiedene Vorstellungen von der Frau als Naturwesen mischen. Beide, die Hexe und die Nixe, sind, wie Dürr in seinem Buch „Traumzeit" ausgeführt hat, Figuren des Draußen, sie stehen an der Grenze zwischen Wildnis und Zivilisation und können deshalb bildlich vermischt werden[21]. Gerade durch die Mischung zwischen zwei unterschiedlichen Vorstellungsbereichen ist die Hexe Loreley unwiderstehlich. Im „Waldgespräch" wird die besondere Macht der hexischen Nixe oder der nixischen Hexe durch ihr amazonisches Auftreten noch verstärkt. Eine Nixe oder Hexe zu Pferde scheint vordergründig erst einmal ein Bildbruch zu sein. Dahinter verbirgt sich aber eine Logik, die der Struktur des Unbewußten und des Traumes folgt. Das amazonische Auftreten der Hexe Loreley macht das Machtverhältnis im Gedicht ganz deutlich: Während der Wanderer naiverweise noch glaubt, sie als Braut heimführen zu können, ist die Initiative längst auf sie übergegangen und er ihr Gefangener geworden.

Die amazonische Hexe Loreley ist Gestalt gewordene männliche Phantasie, in der sich Wunsch und Abwehr in schwer trennbarer Weise vermischen: Der Wunsch nach Verführung und Genommenwerden und die Angst vor Hingabe und Auflösung. Hier, wie in anderen Gedichten Eichendorffs haben die Helden eine passive, träumerische Konstitution. Sie lassen sich treiben, verlocken und verführen, sie sehnen sich nach Entgrenzung, Verschmelzung und Vereinigung. Das Wasser wird zum Element ihrer Sehnsucht, der „stille Grund" zum symbolischen Ort ihrer Wünsche, die Nixe zum Spiegel des eigenen Begehrens.

Als Projektion männlicher Sehnsüchte und Wünsche ist die Hexe Loreley utopischer Entwurf und regressiver Fluchtpunkt zugleich. In ihr

---

[20]) Ebd., S. 440 („Memento").
[21]) Hans Peter *Dürr*, Traumzeit, Frankfurt a.M. 1978, S. 56ff.

drückt sich nicht nur die utopische Hoffnung aus, in der Hingabe an das weibliche Naturwesen das Glück erotischer Erfüllung zu finden, sondern auch das regressive Begehren, im mütterlichen Schoß jene primärnarzistische Harmonie zu finden, die im zivilisatorischen Prozeß verlorengegangen ist. Damit weist das Bild der Nixe bzw. Wasserfrau auf jenen Kult der „großen Mutter" zurück, in dem die Urerfahrungen von Geburt, Tod und Sexualität ihren archetypischen Ausdruck gefunden haben. Die mythische „große Mutter" – Erich Neumann hat das in aller Ausführlichkeit und sehr materialreich beschrieben[22] – ist Gebärerin, Nährerin, aber auch phallische Frau, die den Tod bringt. Sie ist eine ambivalente Figur, wie schon die Attribute zeigen, die ihr zugeordnet werden: Die Schlange als destruktives, männliches Attribut, das im Fischschwanz der Nixe einen letzten Nachhall findet und das Gefäß, indem sich sowohl das Empfangende, Schützende, Bewahrende, wie auch das Verschlingende, Kastrierende ausdrückt, das Eichendorff mit der Metapher des „stillen Grundes" oder des „verschlingenden Schlundes" positiv oder negativ immer wieder neu beschwört.

Hinter dem Bild der Nixe, wie es bei Eichendorff auftaucht, stehen also uralte mythische Vorstellungen. Die merkwürdige Ambivalenz des Nixenbildes wie auch der Metapher vom „stillen Grund" findet ihre Auflösung in der Ambivalenz der Vorstellung von der „großen Mutter". In seiner symbolgeschichtlichen Arbeit „Die Bedeutung des Wassers im Kult und Leben der Alten (1921)[23] hat Martin Ninck auf den Zusammenhang zwischen dem Quellwasser als heiliger, lebensspendender Kraft und dem Kult der großen Mutter hingewiesen. Wasser wurde in der Antike, obwohl es auch männliche Wassergottheiten wie z.B. Poseidon gab, überwiegend weiblich konnotiert. In den Quellnymphen der griechischen Mythologie, die die Quellen bewachen und als Mittlerinnen zwischen den Menschen und dem Göttlichen fungieren, kann man bereits Vorformen der neuzeitlichen Nixen sehen, ebenso übrigens wie in den Sirenen, deren lockendem Gesang Odysseus nur dadurch widerstehen kann, daß er sich am Mastbaum seines Schiffes festbinden läßt.

Die Wiederbelebung des Mythos und des mythischen Denkens in der Romantik führte auch zu einer Wiederbelebung des Bildes von der Was-

[22]) Erich *Neumann*, Die Große Mutter. Eine Phänomenologie der weiblichen Gestaltungen des Unbewußten. Olten und Freiburg 1985 (zuerst 1974).

[23]) Martin *Ninck*, Die Bedeutung des Wassers im Kult und Leben der Alten. Eine symbolgeschichtliche Untersuchung. Darmstadt 1967 (zuerst 1921).

serfrau. Dabei knüpften die romantischen Autoren nicht direkt an die antike Nymphen- und Sirenenmotivik an, sondern sie griffen zurück auf sehr viel jüngere Traditionen, die jedoch ihrerseits auf ältere Traditionen zurückverweisen: den mittelalterlichen Melusine-Stoff, der im Volksbuch des Thüring von Ringoltingen (1587) seine populäre Ausformung erhalten hatte, und auf den ebenfalls mittelalterlichen Undine-Stoff, der in die Sage vom Stauffenberger eingebettet war. Beide Sagenkreise wurden von den Romantikern aufgenommen: Achim v. Arnim verfaßte 1806 sieben Romanzen unter dem Titel „Ritter Peter von Stauffenberg und die Meerfeye" im Rückgriff auf eine jüngere Volksbuchbearbeitung von Fischart und Ludwig Tieck schrieb 1800 seine „Sehr wundersame Historie von der Melusine", wobei er sich auf das Volksbuch von Ringoltingen stützte.

Die namenlosen Wasserfrauen der Antike hatten einen Namen erhalten: Melusine und Undine. Die Loreley kam später hinzu. Obgleich Melusine und Undine letztlich Ausdruck einer gemeinsamen Phantasie sind, gibt es charakteristische Unterschiede. Melusine, die schlangengeschwänzte Frau, ist eine Mischung zwischen fliegendem Drachen und Meerfee und nimmt immer nur vorübergehend menschliche Gestalt an. In ihrer ursprünglichen Gestalt als Drache, Schlange oder Fischfrau löst sie beim Manne Furcht und Entsetzen aus. Demgegenüber flößt das Wassermädchen Undine sehr viel weniger Angst ein. Zwar ist auch sie ein Elementarwesen, aber sie trägt keinen Fischschwanz wie ihre Schwester Melusine. Trotzdem geht auch von ihr eine elementare Beunruhigung aus, die sehr gut faßbar wird in der Version des Undinenmythos, die Jakob Grimm in seiner „Deutschen Mythologie" (1854) anführt. In dieser Version ist Undine keine Wasserfrau, sondern ein sogenanntes „Wunschweib" oder „Wünschelweib", eine Frau also, deren Gegenwart der Geliebte herbeiwünschen kann, so oft er sich nach ihr sehnt und ihren Namen nennt. Sie beschützt den Geliebten im Kampf, verhilft ihm zum Sieg und macht ihn wohlhabend und anerkannt. Dafür verlangt sie jedoch absolute Treue und Hingabe und bestraft den Geliebten mit dem Tod, als dieser eine andere Frau heiraten will. Die Undine bei Grimm – und das ist eine wichtige Variante – ist nicht nur ein „Wunschmädchen", sondern auch ein „Schlachtmädchen" und trägt als solches auch walkürenhafte Züge. Sie ist ein „wildes Weib", das nicht nur in der Luft und im Wasser, sondern auch im Wald wohnen kann. Die merkwürdige Mischung von Waldfrau, Amazone, Hexe und Nixe in Eichendorffs „Waldgespräch" findet hier im nachherein eine Erklärung.

Man sieht: Melusine und Undine sind keine „reinen", sondern „gemischte" Figuren, in denen sich verschiedene Vorstellungsbereiche überlagert haben. Das gemeinsame Zentrum all dieser Vorstellungsbereiche ist das Wunsch- und Schreckbild einer elementaren Weiblichkeit, oder anders formuliert, der Mythos vom Naturwesen Frau.

Seinen populären und folgenreichsten Ausdruck hat dieser Mythos in der „Undine"-Erzählung von Fouqué gefunden. Stärker als die Melusinen- und Undinen-Texte von Arnim, Tieck und anderen romantischen Autoren und stärker noch als die Wasser- und Wasserfrauen-Motivik in der Lyrik Eichendorffs, hat der Text von Fouqué ein Bild von der Frau als Natur- und Elementarwesen geschaffen, das seinerseits Ausgangspunkt für eine eigene Traditionslinie werden sollte.

Der Reiz, der von der Undine-Gestalt bei Fouqué ausgeht, hängt nicht zuletzt damit zusammen, daß Fouqué die mittelalterliche Sagentradition verband mit den alchimistischen und naturphilosophischen Überlegungen und Spekulationen des Paracelsus. Dieser hatte in seinem Buch „Liber de nymphis, sylphis, pygmaeis et salamandris et de caeteris spiritibus" (Mitte des 16. Jahrhunderts)[24] das Bild einer Welt entworfen, in der Menschen und Elementarwesen in einer noch ungeschiedenen Weise miteinander verkehren, in der die Grenzen zwischen menschlicher Zivilisation und elementarer Natur noch durchlässig sind. Die vier Elemente werden von unterschiedlichen Wesen bevölkert:

> „Die im Wasser sind Nymphen, die in der Luft sind Sylphen, die in der Erden sind Pygmaen, die im Feuer Salamander ... Obwohl der Name von den Wasserleuten auch undina (...) ist, und von den Luftleuten sylvestres, und von den Bergleuten gnomi, und von denen im Feuer besser vulcani statt salamandri."[25]

Im Aussehen sind die Elementargeister den Menschen ähnlich, sie haben aber keine Seele, brauchen diese aber auch gar nicht, weil sie sich als unentfremdete Naturgeschöpfe mit der Schöpfung in Harmonie befinden. Insofern sind die Elementargeister Vorbild für den von der Schöpfung abgefallenen, erlösungsbedürftigen Menschen. Im Kontakt mit den Elementargeistern erfahren die Menschen die Geheimnisse der

[24]) Liber de nymphis, sylphis, pygmaeis et salamandris et de caeteris spiritibus. In: *Paracelsus*, Werke Bd. III. Darmstadt 1976, S. 462–498.
Siehe auch Kurt *Goldammer*, Paracelsus in der deutschen Romantik. Wien 1980 (Mit großem Anhang zur Quellengeschichte des Melusinen-Motivs).

[25]) *Paracelsus*, S. 471.

Natur, deshalb kann Paracelsus sagen, daß es „seliger ist Melusine zu beschreiben" als sich mit „Reuterei und Artillerie" zu beschäftigen[26].

Obgleich Paracelsus die nymphen und undena geschlechtsneutral versteht, nennt er als Beispiele immer nur weibliche Wassergeister. Dabei verwickelt er sich in einen merkwürdigen Widerspruch. Obwohl er von der Vollkommenheit und Vorbildlichkeit der Elementargeister ausgeht, streben diese, vor allem die weiblichen Wassergeister, doch nach einer Seele, die sie durch die Verbindung zu einem Menschenmann zu erreichen suchen. Offensichtlich überlagert hier die christliche Seelenmystik und der Wunsch, eine Beziehung zwischen Menschenmännern und Wasserfrauen plausibel zu machen, die immanente Logik des Textes. Daß es in der phantasierten Beziehung zwischen Menschenmännern und Wasserfrauen um Erotik geht, wird deutlich an der Figur der Venus, die Paracelsus als Wasserfrau einführt. Sie ist eine „Nymph und eine Undena"[27] und lebt in einem Berg unter einem Weiher, dem sogenannten Venusberg, in den sie die Menschenmänner hineinlockt.

Weniger ambivalent als die männerverführende Venus ist die Figur der Undine, von der Paracelsus in Anlehnung an die Stauffenberger-Sage erzählt. Die Wasserfrau Undine hat sich den Stauffenberger als Geliebten ausgewählt und es durch ihre Schönheit geschafft, sich ihm zu verbinden. Während sie ihm jedoch die Treue hält, tut er dies nicht, weshalb sie ihn mit dem Tode bestraft. Paracelsus rechtfertigt diese Tat, seine Sympathie mit der betrogenen und verlassenen Undine ist unverkennbar, während er umgekehrt die Figur der Melusine sehr negativ sieht. Sie ist mit dem Teufel im Bunde. Um einen Mann zu erlangen, hat sie sich dem Beelzebub verschrieben und muß sich deshalb jeden Samstag in einen greulichen Wurm zurückverwandeln.

In der Figur der Undine und Melusine spaltete Paracelsus zwei unterschiedliche Aspekte von Weiblichkeit auf, die im Bild der Wasserfrau ursprünglich vermischt waren: Die rührenden, positiven Anteile schob er auf die Figur der Undine, die negativen Aspekte verlagerte er auf die der Melusine. Damit war der Weg frei für eine weitgehend positive Ausphantasierung der Undine-Figur, wie wir sie in der Undine-Erzählung von Fouqué antreffen.

Auf diesen Text möchte ich etwas ausführlicher eingehen, um das wei-

---

[26]) Ebd., S. 464.
[27]) Ebd., S. 487.

te Spektrum anzudeuten, welches das Motiv der Wasserfrau in der Romantik hat[28]. Fouqués Erzählung ist in vielfältiger Weise auf den Text von Paracelsus bezogen, nicht nur in motivgeschichtlicher Hinsicht, sondern auch in Hinsicht auf den naturphilosophischen Kontext. Ein zentraler Gesichtspunkt in Fouqués Erzählung ist in Anschluß an Paracelsus das Motiv der Beseelung. Der Wunsch, eine Seele zu besitzen, kommt aber nicht von Undine selbst, sondern von ihrem Vater, der für seine Tochter den Aufstieg in die Menschenwelt plant und arrangiert. Als kleines Mädchen hat er die Tochter an Land ausgesetzt, wo sie von einem Fischerehepaar gefunden und an Stelle der eigenen, verschollenen Tochter aufgezogen wird. Die Erzählung Fouqués setzt ein mit dem idyllischen Leben, das das Fischerehepaar mit der inzwischen achtzehnjährigen Pflegetochter auf einer Landzunge fernab der Zivilisation führt.

> (Der Fischer) wohnte aber in einer überaus anmutigen Gegend. Der grüne Boden, worauf seine Hütte gebaut war, streckte sich weit in einen großen Landsee hinaus, und es schien ebensowohl, die Erdzunge habe sich aus Liebe zu der bläulich klaren, wunderhellen Flut in diese hineingedrängt, als auch, das Wasser habe mit verliebten Armen nach der schönen Aue gegriffen (. . .).[29]

Nach vorne und nach den Seiten hin wird die Landzunge von einem großen Landsee eingeschlossen, nach hinten wird sie von einem wilden, unwegsamen Wald begrenzt. Durch diesen unwegsamen, von Geistern und Gespenstern bevölkerten Forst, den der Fischer nur durchquert, um in der nahegelegenen Stadt hin und wieder seinen Fang zu verkaufen, stößt eines Abends ein fremder Ritter zu dem Ehepaar. Er wird von ihnen gastfreundlich aufgenommen. Deren Pflegetochter Undine bezaubert ihn durch ihre Schönheit und durch ihr wildes, ungebärdiges Wesen. Sie erscheint ihm als eine reizende Kindfrau, die ihren Willen immer wieder gegen die schon recht betagten Eltern durchzusetzen weiß. Besonders der alte Fischer ist der Tochter Undine verfallen, während die Mutter ihr gegenüber mäßigend zu wirken sucht. Wie der Vater gerät auch der Ritter Huldbrand in Undines Bann. Ein Unwetter trägt dazu bei, daß aus der Landzunge eine Insel wird und Huldbrand für längere Zeit bei dem Fischerehepaar und Undine festgehalten wird. Undine kennt keine Scheu und Scham. Sie nähert sich dem Ritter unbefangen

[28]) Friedrich de la *Motte-Fouqué*, Undine (1814). Zit. nach: Von Nixen und Brunnenfrauen. Märchen des 19. Jahrhunderts. Ausgewählt und mit einem Nachwort versehen von Henriette Beese. Frankfurt a.M. 1982.

[29]) Ebd., S. 13.

mit Zärtlichkeit und zeigt ihm offen ihre Zuneigung. Huldbrand ist überwältigt und fühlt sich wie im Himmel. Das Leben jenseits des Waldes tritt immer mehr in den Hintergrund. Seinen Auftrag, den Wald zu erforschen, den ihm die schöne Bertalda, die Pflegetochter des Herzog als Liebesprobe erteilt hatte, hat er beinahe schon vergessen und selbst die Erinnerung an Bertalda verblaßt immer mehr. Er fühlt sich schon fast als Bräutigam Undines und Sohn des Fischerehepaares, als durch ein Unwetter ein Priester auf die Landspitze verschlagen wird. Huldbrand nutzt die Gelegenheit, sich mit Undine trauen zu lassen. Aber nicht durch die Zeremonie, erst durch die Hochzeitsnacht bekommt Undine eine Seele. Am nächsten Morgen ist sie vollkommen verwandelt, aus der wilden ungebärdigen Kindfrau ist eine demütige und schüchterne Ehefrau geworden:

> (...) aber kaum gewahrte sie, daß die Hausfrau nach dem Frühstück hinsah, so stand sie auch bereits am Herde, kochte und ordnete an und litt nicht, daß die gute alte Mutter auch nur die geringste Mühwaltung über sich nahm.[30]

Der veränderte Charakter Undines drückt sich auch in dem Willen zur Wahrheit aus, der sie zum Geständnis ihrer Herkunft ihrem Manne gegenüber treibt. Huldbrand, der schon in der Hochzeitsnacht Alpträume gehabte hatte, der von Gespenstern, die sich in schöne Frauen und von schönen Frauen, die sich in gräßliche Drachen verwandeln, geträumt hatte, wird durch das Geständnis in seiner bösen Ahnung bestätigt: Undine ist keine Menschenfrau, sondern ein Wasserwesen. Vertrauensvoll legt Undine ihr Schicksal in seine Hand. Bei Huldbrand, dem zwar vor der Abstammung seiner Frau im geheimen graust, überwiegt jedoch die Leidenschaft zu der schönen Undine, die als tugendhafte und verschämte Ehefrau auch gar nichts Bedrohliches mehr an sich hat. Zusammen verlassen die beiden die Landzunge und kehren in die Stadt zurück, wo es zu einer merkwürdigen Dreiecksbeziehung zwischen Huldbrand, Undine und Bertalda kommt.

Spätestens von diesem Punkt an entwickeln sich die Handlung und die Charaktere widersprüchlich. Es scheint, als habe Fouqué sich nicht entscheiden können, eine eindeutige moralische Wertung seiner Figuren vorzunehmen. Die Zeichnung Bertaldas schwankt zwischen dem Prototyp der bösen, intriganten Frau und dem Ideal der hilflosen und rühren-

[30]) Ebd., S. 43.

den Geliebten. Sie ist Konkurrentin, Gegenbild und Verdoppelung der Undine-Figur. Letztlich scheitert sie an dem gleichen Problem wie Undine: Die Integration der Sinnlichkeit in die eheliche Beziehung zu Huldbrand gelingt auch ihr nicht. Ebenso widersprüchlich wie Bertalda ist auch Huldbrand gezeichnet. Als Geliebter Undines trägt er positive, heldische Züge, als untreuer, liebloser Ehemann verscherzt er die Sympathien der Leser und Leserinnen. Die sinnliche Erfüllung, die er sich sowohl in der Beziehung zu Undine wie Bertalda erträumt, kann er nicht leben. Bereits Rahel Varnhagen, die Fouqués Erzählung übrigens im Gegensatz zu vielen Zeitgenossen für mißlungen hielt, hat auf die Widersprüchlichkeiten der Handlung und der Charaktere hingewiesen:

> Drei verschiedene Elemente sind darin, die sich nicht ergänzen und den Eindruck hindern. Sie heißen Liebe, Sittlichkeit und Spekulation über die Möglichkeiten des menschlichen Seins bis zu den Grenzen anderer Wesen.[31]

Liebe, Sittlichkeit und entgrenzende Erfahrung, die als Möglichkeit in der Dreieckskonstellation angelegt und an die verschiedenen Figuren geheftet sind, können emotional nicht verbunden werden, sondern treten schmerzhaft immer weiter auseinander, wie der weitere Handlungsverlauf zeigt.

Undine und Bertalda, die als Kinder vertauscht worden sind – Bertalda ist die rechtmäßige Tochter des Fischerehepaares – freunden sich an und Huldbrand, der zwar die überlegene Moral seiner beseelten Ehefrau Undine anerkennen muß, fühlt sich immer stärker zu Bertalda hingezogen. Ein Grund dafür liegt sicherlich in der Fremdheit, die zwischen ihm und Undine letztlich bestehen bleibt. Die Leidenschaft, die ursprünglich diese Fremdheit hatte überwinden können, ist einer gemäßigten ehelichen Liebe gewichen. Als Ehefrau hat Undine ihre ehemaligen Reiz für Huldbrand verloren, daher ist er für die verbotene Lokkung, die von Bertalda ausgeht, um so empfänglicher. In dieser schwierigen Situation nimmt Undine immer stärker Züge einer Heiligen und Märtyrerin an: Bertalda gegenüber läßt sie keine Konkurrenzgefühle aufkommen, sie verhält sich ihr gegenüber wie eine Schwester. Und Huldbrand, der sie offensichtlich vernachlässigt, begegnet sie verständnisvoll. Den Wassergeist Kühleborn, der Undine immer wieder zu Hilfe kommt und sie gegen Beleidigungen von Bertaldas und Huldbrands Seite

[31]) Zit nach Laurence *LeSage*, Die Einheit vonn Fouqués Undine. An unpublished Essay in German by Jean Giraudoux. In: The Romanic Review, Vol. XLII (1951), S. 128.

gegenüber zu schützen versucht, weist sie immer wieder in die Schranken zurück und läßt schließlich den Brunnen mit einem schweren Stein versiegeln, um ihm den Zugang zur Menschenwelt zu versperren. Sie rettet sogar Huldbrand und Bertalda aus den Händen Kühleborns, als diese gerade im Begriff sind, Ehebruch zu begehen. Aber all diese altruistischen Handlungen werden ihr von Huldbrand und Bertalda nicht gedankt. Die Übergriffe Kühleborns, die Huldbrand durch seine Lieblosigkeit und Treulosigkeit verursacht, verstärken vielmehr die Fremdheitsgefühle Huldbrands Undines gegenüber:

> Huldbrand sagte öfters bei sich im stillen Gemüte: „Das kommt davon, wenn gleich sich nicht zu gleich gesellt, wenn Mensch und Meerfräulein ein wunderliches Bündnis schließen."[32]

Schließlich kommt es auf einer gemeinsamen Donaufahrt zum Eklat: Der Wassernix Kühleborn entreißt Bertalda ein goldenes Halsband, das ihr Huldbrand geschenkt hat. Undine versucht, sie mit einem Korallenhalsband, daß sie aus den Fluten holt, zu entschädigen. Aber Huldbrand entreißt Undine den Schmuck und wirft ihn in den Fluß zurück, indem er sie anschreit:

> „So hast du denn immer Verbindung mit ihnen? Bleib bei ihnen in aller Hexen Namen mit all deinen Geschenken, und laß uns Menschen zufrieden, Gauklerin du!"[33]

Damit ist das eingetreten, wovor Undine Huldbrand gewarnt hatte: Er hat sie auf dem Wasser beleidigt. Sie kann nicht länger bei ihm bleiben, sie muß zurück in ihr Element:

> Und über den Rand der Barke schwand sie hinaus. – Stieg sie hinüber in die Flut, verströmte sie darin, man wußte es nicht, es war wie beides und wie keins. Bald aber war sie in die Donau ganz verronnen; nur flüsterten noch kleine Wellchen schluchzend um den Kahn (. . .).[34]

Nach einer kurzen Phase der Trauer um die verlorene Undine wendet sich Huldbrand mit neuer Heftigkeit Bertalda zu. Undine versucht ihn zwar durch einen Traum von der beabsichtigten Heirat abzubringen, aber Huldbrand hört nicht auf das Traumgesicht. Der Zufall will es, daß Bertalda just am Hochzeitstag den Stein vom Brunnen entfernen läßt, den Undine zum Schutz gegen die Wassergeister hatte legen lassen. Be-

[32]) Fouqué, S. 73.
[33]) Ebd., S. 75.
[34]) Ebd., S. 76.

gründet wird das mit der Eitelkeit Bertaldas, die sich mit dem Wasser aus dem Brunnen für die Hochzeitsnacht verschönen möchte. Tiefenpsychologisch deutbar ist die Handlung als Versuch, an der ursprünglichen elementaren Kraft Undines Teil zu haben und der Erotik Zugang zur Beziehung zu verschaffen. Damit nimmt das Schicksal seinen Lauf: Undine steigt als weiße, verschleierte Gestalt aus dem Brunnen empor und tötet den treulosen Huldbrand mit einem langen Kuß und ihren Tränen:

> Bebend vor Liebe und Todesnähe neigte sich der Ritter ihr entgegen, sie küßte ihn mit einem himmlischen Kusse, aber sie ließ ihn nicht mehr los, sie drückte ihn inniger an sich und weinte, als wolle sie ihre Seele fortweinen. Die Tränen drangen in des Ritters Augen und wogten im lieblichen Wehe durch seine Brust, bis ihm endlich der Atem entging und er aus den schönen Armen als ein Leichnam sanft auf die Kissen des Ruhebettes zurücksank.[35]

Bei seiner Beerdigung erscheint Undine ein letztes Mal als weiße Frau. An der Stelle, wo sie am Grab niederkniet, entspringt eine Quelle dem Erdreich, die das Grab Huldbrands wie in einer Umarmung umschließt. Das Schlußbild der Erzählung nimmt das Anfangsbild des Textes wieder auf: So wie die Quelle das Grab liebevoll umfaßt, so hatte das Wasser die Landzunge, auf der das Fischerehepaar mit Undine lebte, einst mal verliebt umschlungen. Während im Anfangsbild Land und See aber in einer gemeinsamen erotischen Umarmung aneinander drängen („es schien ebensowohl, die Erdzunge habe sich aus Liebe zu der bläulich klaren, wunderhellen Flut in diese hineingedrängt, als auch, das Wasser habe mit verliebten Armen nach der schönen Aue gegriffen“[36]), ist es im Schlußbild eine einseitige Umarmung geworden:

> Noch in späten Zeiten sollen die Bewohner des Dorfes die Quelle gezeigt und fest die Meinung gehegt haben, dies sei die arme, verstoßene Undine, die auf diese Art noch immer mit freundlichen Armen ihren Liebling umfasse.[37]

Die „arme, verstoßene Undine“ – ihr scheint alle Sympathie zu gehören, nicht nur die der Bevölkerung, sondern auch die des Autors. Der Ton der Rührung trügt jedoch, er täuscht eine Parteilichkeit für die Undine-Figur vor, die so ungebrochen im Text nicht ist. Von dem geheimen Grauen, das Huldbrand immer wieder vor der nixischen Abkunft seiner

---

35) Ebd., S. 84.
36) Ebd., S. 13.
37) Ebd., S. 86.

Frau überfällt, war schon die Rede. Auch der Autor kann sich davon nicht freimachen. Ebenso wie Huldbrand die elementarische Kraft und Eigenständigkeit Undines durch zärtliche Diminuitive („Undinchen") abzumildern versucht, hat auch der Autor Fouqué als Erzähler an diesem Domestizierungs- und Verharmlosungsprozeß teil. Auch er spricht vom „wunderschönen Blondchen", später sogar vom „Hausmütterlein", in das sich Undine nach der Hochzeitsnacht verwandelt hat. Die breite Ausphantasierung Undines als Heilige und Märtyrerin tilgt die Spuren ihrer beängstigenden Herkunft: Undine wird zum besseren Menschen. Das aber wird teuer erkauft: Sie büßt ihre elementare sinnliche Kraft ein und verliert damit ihre ursprüngliche erotische Attraktion. Als Betrogener bleibt Huldbrand zurück, der sich von der Verbindung zu Undine gerade nicht spießbürgerliche Mäßigkeit versprochen hatte. Auch Undine ist um das Eigentliche gebracht: Das Erlöschen der Leidenschaft Huldbrands läßt ihr selbst nur noch die Rolle des Engels und bereitet den Boden für die Nebenbuhlerin Bertalda. Die Trauer, die sich aus dieser doppel- bzw. gegenseitigen Verfehlung der Liebenden ergibt, durchzieht den ganzen Text. Es ist auch die Trauer des Autors, daß Sinnlichkeit und bürgerlich-christliche Ehe nicht zu vereinbaren sind, eine Trauer, die wir auch aus den Gedichten Eichendorffs kennen und die mit zu den immer wieder formulierten Grunderfahrungen romantischer Dichter gehört.

Diese Unvereinbarkeit ist aber kein Naturgesetz, wie es scheinen mag, sondern sie ist in den Texten von Eichendorff und Fouqué poetisch konstruiert. Die metaphorische Verlagerung von Sinnlichkeit in den Bereich des Wässrigen, Feuchten und Elementaren und die Stilisierung der erotischen Frau zum Naturwesen verhindert gerade eine lustvolle Beziehung zwischen den Geschlechtern, die in der Verbindung zwischen Wasserfrau und Menschenmann so sehnsüchtig herbeigesehnt wird. Als imaginiertes Naturwesen ist die Frau notwendig Objekt männlichen Herrschaftswillens, der Beseelungsvorgang bei Fouqué ist dafür nur eine bezeichnende Metapher.

Horkheimer und Adorno haben in ihren kritischen Schriften zur Aufklärung auf den Zusammenhang von Triebunterdrückung und Naturbeherrschung hingewiesen:

> Naturbeherrschung schließt Menschbeherrschung ein. Jedes Subjekt hat nicht nur an der Unterjochung der äußeren Natur, der menschlichen und nichtmenschlichen teilzunehmen, sondern muß, um das zu leisten, die Natur in sich selbst unterjochen.[38]

---

[38]) Max *Horkheimer*, Zur Kritik der instrumentellen Vernunft. Frankfurt 1964, S. 94.

Das erste Opfer dieses Unterwerfungsprozesses ist der Mann selbst, das zweite Opfer aber ist die Frau, die als ein Stück phantasierte Natur dem Beherrschungsgestus unterworfen wird:

> (Die Frau) wurde (...) zum Bild der Natur, in deren Unterdrückung der Ruhmestitel dieser Zivilisation bestand. Grenzenlos Natur zu beherrschen (...) war der Wunschtraum der Jahrtausende.[39]

Insofern enthält die Identifizierung von Frau und Natur – jenseits der utopischen Hoffnung, die sich darin ausdrücken mag – immer ein Stück subtiler Gewalt, die in den poetischen Bildern der Dichter nur scheinbar verschwindet bzw. auf die Frau verlagert erscheint. Bei Eichendorff ist diese Gewalt sehr viel weniger spürbar als bei Fouqué, wenn überhaupt, dann erscheint sie als eine Art Sog, der vom Wasser und den Wasserfrauen ausgeht. Das ist nicht nur eine Frage der unterschiedlichen poetischen Qualitäten, sondern vor allem Ausdruck der unterschiedlichen Liebesauffassung beider Autoren: Huldbrand bei Fouqué ist ein Mann, der sich in den Mustern der traditionellen Männlichkeit bewegt und dessen Sexualität phallisch strukturiert ist. Er ist Eindringling im konkreten und übertragenen Sinne. Die Helden Eichendorffs dagegen haben eine passive, träumerische Konstitution und wünschen die Hingabe an eine starke, elementare Weiblichkeit. Ein weiterer Gesichtspunkt kommt hinzu: Fouqué hat all die Widersprüche und Ambivalenzen des Nixenmotivs, die bei Eichendorff zumeist auf verschiedene Gedichte verteilt und unterschiedlich metaphorisch verschlüsselt sind – man denke etwa an das frühe und das späte „Schiffer"-Gedicht – in einen logischen Erzählzusammenhang zu pressen versucht. Die zahlreichen Nixen, Najaden, Sirenen, Hexen und Waldfrauen Eichendorffs sind bei ihm zu einer einzigen Gestalt verschmolzen. Vielleicht liegt darin auch der Grund für das Mißbehagen Rahel Varnhagens an Fouqués Erzählung, wenn sie schreibt, daß Fouqué sich im „Stoff vergriffen" habe, und daß „drei einander widersprechende Pläne, von denen jeder einzelne eine berühmte Fiktion werde müßte", den Eindruck schädigen würden.[40]

In der geschlossene Erzählung treten die Widersprüche, die der Vorstellung vom Naturwesen Frau inhärent sind, deutlicher zutage als in kurzen Gedichten, in denen die Motivik eher verschlüsselt denn offen

---

[39]) Max *Horkheimer* und Theodor w. *Adorno*, Dialektik der Aufklärung. Amsterdam 1947, S. 298.

[40]) Zit. nach Laurence *LeSage*, S. 125.

liegt. Trotzdem sind die Widersprüche, in die sich Eichendorff und Fouqué verwickeln, letztlich die gleichen. Das gilt auch für die Verschiebung der Gewaltproblematik weg von den Männern hin zu den Frauen: Die Männer erscheinen nicht als Beherrscher und Unterdrücker im Horkheimer/Adornoschen Sinne, sondern als Opfer der ‚mörderischen' Sexualität der Frauen. Bei Eichendorff werden die Helden in subtiler Weise durch die Schönheit und den Gesang der Wasserfrauen betört und verführt. Die Vereinigung mit der Wasserfrau ist auch da, wo sie lustvoll als Liebestod ausphantasiert und nicht von vornherein schuldvoll besetzt ist, nur um den Preis des Todes möglich: Die einzig wirkliche erotische Szene im Text von Fouqué ist der Todeskuß, mit dem Undine das Leben des Geliebten auslöscht. In dieser Szene ist sie ganz aktive Kraft und Huldbrand der passiv hingegebene Jüngling, der im Moment seines Todes Züge der Eichendorffschen Helden annimmt. Eros und Tod sind bei Eichendorff und Fouqué untrennbar verbunden. Das, was im Bild der Nixe als lustvoller Entgrenzungs- und Vermischungswunsch angelegt ist, schimmert in den Texten nur noch schwach durch, es wird der nekrophilen Phantasie eines Liebstodes im Wasser geopfert, in der Weiblichkeit und Tod eine unauflösliche Verbindung eingegangen sind.

Karin Hanika/Johanna Werckmeister

„. . . wie ein Geschöpf, geboren und begabt für dieses Element"

Ophelia und Undine – Zum Frauenbild im späten 19. Jahrhundert

Daß es im wesentlichen Frauen sind, die als Objekte der europäischen Kunstgeschichte fungieren, ist bekannt. Weit weniger in das Bewußtsein vorgedrungen ist jedoch die Tatsache, daß es sich bei diesen Frauen so erstaunlich oft um Tote oder Sterbende handelt.

Eine der bekanntesten Repräsentantinnen des Themas ‚Frau und Tod' ist Ophelia: eine Figur aus William Shakespeares Anfang des 17. Jahrhunderts entstandener Tragödie ‚Hamlet'. Die Mutter des Dänenprinzen berichtet vom Ende der unglücklichen, dem Wahnsinn verfallenen Geliebten ihres Sohnes:

> „Es neigt ein Weidenbaum sich übern Bach
> Und zeigt im klaren Strom sein graues Laub.
> Mit welchem sie phantastisch Kränze wandt
> Von Hahnfuß, Nesseln, Maßlieb, Kuckucksblumen.
> Dort, als sie aufklomm, um ihr Laubgewinde
> An den gesenkten Ästen aufzuhängen
> Zerbrach ein falscher Zweig, und nieder fielen
> Die rankenden Trophäen und sie selbst
> Ins weinende Gewässer. Ihre Kleider
> Verbreiteten sich weit und trugen sie
> Sirenen gleich ein Weilchen noch empor,
> Indes sie Stellen alter Weisen sang,
> Als ob sie nicht die eigene Not begriffe,
> Wie ein Geschöpf, geboren und begabt
> Für dieses Element. Doch lange währt' es nicht,
> Bis ihre Kleider, die sich schwer getrunken
> Das arme Kind von ihren Melodien
> Hinunterzogen in den schlamm'gen Tod." (Hamlet IV,7)

Dieser Bericht vom Schicksal und vor allem vom Ende der Tochter des Polonius ist Basis und Material für die Konstituierung eines Bildtypus: der Tod einer Frau im Wasser. Das Ophelia-Motiv avanciert durch seine literarischen und künstlerischen Bearbeitungen zur Inkarnation des weiblichen Todes. Die tote oder sterbende Ophelia wird zu einem Topos idealisierter Weiblichkeit.

Sieht man von einigen Textillustrationen ab[1], wird Ophelia erst in der Mitte des 19. Jahrhunderts bildwürdig. Die Inkunabel der künstlerischen Bearbeitungen des Themas stammt von John Everett Millais und ist 1851/52 entstanden.

Arbeiten weiterer Künstler zum selben Gegenstand folgen; Ophelia ist als Bildmotiv bis in das 20. Jahrhundert aktuell. Neben der Darstellung ihres Todes finden sich in der bildenden Kunst auch Werke, die andere Szenen ihrer Geschichte schildern[2]. In diesem Zusammenhang werden jedoch ausschließlich die ‚Frauen im Wasser' des 19. und frühen 20. Jahrhunderts thematisiert. Sie folgen in der Grundauffassung der Millais'schen Ophelia, weisen aber auch charakteristische Unterschiede auf, bzw. stellen wichtige Einzelaspekte des Motivs heraus.

Um das Motiv dahingehend abschätzen zu können, welche Auffassung des ‚Weiblichen' damit von männlichen Künstlern konstituiert wird, werden im zweiten Teil dieser Ausführungen Bilder von lebendigen Wasserfrauen hinzugezogen. Zwar bilden die Darstellungen dieser ‚Undinen' den Gegenpol der Aussagen, die im Opheliamotiv über das Verhältnis ‚Frau und Tod' formuliert werden, beide Extrempositionen zusammengenommen komplettieren jedoch erst das darin zum Ausdruck kommende gemeinsame Bild der Frau.

Millais' „Ophelia"[3] (Abb. 1) bringt ihrem Schöpfer, nachdem sie 1855 auf der Weltausstellung in Paris größeren Publikumskreisen vorgestellt worden ist, unerwarteten Erfolg. Dies mag einerseits mit den Nachwehen der Shakespeare-Begeisterung zusammenhängen, deren Höhepunkt um

[1]) Vgl. Horst *Oppel*, Die Shakespeare-Illustration als Interpretation der Dichtung, Mainz 1965. Vgl. T.S.R. *Boase*, Illustrations of Shakespeare's Plays in the Seventeenth and Eigtheenth Centuries, in: Journal of the Warburg and Courtauld Institutes, Vol. X., London 1947, S. 83–108.

[2]) Beispiele dafür sind: Richard *Westall*, o.T., undatiert. Arthur *Hughes*, „Ophelia", 1852. Victor *Müller*, „Ophelia", um 1869. Ferdinand *Piloty*, „Ophelia", 1869.

[3]) John Everett *Millais*, „Ophelia", 1851/52, Öl/Lw., 75 x 112 cm, London, Tate Gallery.

die Wende vom 18. zum 19. Jahrhundert liegt[4]. Andererseits ist der Grund des Erfolges aber darin zu sehen, daß sich die Gestalt der Ophelia in den gängigen romantischen Themenkanon einfügt. Eine schöne junge Frau, die an unerfüllbarer Liebe leidet, wahnsinnig wird und schließlich ins Wasser geht: In diesem Motiv findet eine Vorliebe des 19. Jahrhunderts seine entsprechende Ausformulierung[5].

Millais zeigt eine kostbar gekleidete Ophelia im Wasser, mit zurückgelegtem Kopf, um den sich ihr Haar löst. Ihre Augen halb geschlossen, den Mund leicht geöffnet, breitet sie in hingebungsvoller Geste die Arme aus. In einer Hand hält sie noch wenige der zuvor gepflückten Blumen, die meisten jedoch schwimmen im Wasser um ihren Körper.

Das querformatige Werk ist in zwei horizontal angelegte Hauptzonen gegliedert, deren untere jene sumpfige Wasserfläche einnimmt, die zum Bildvordergrund schon in ufernahe Moosflächen und in Schilfgestrüpp übergeht. Den Hintergrund markiert ein dicht und undurchdringlich bewachsenes Ufer. Durch diesen vorhangartigen Bildabschluß findet eine extreme Raumeingrenzung statt. Der hermetische Hintergrund, die seitliche Begrenzung durch Schilf und Weide, auch der etwas erhöhte Betrachterstandpunkt charakterisieren die Ausschnitthaftigkeit des Bildes. Ophelia ist in einen ‚hortus clausus‘ eingesiegelt, den ein Segmentbogen als oberer Bildabschluß kuppelartig überfängt.

Der Bildaufbau erweckt den Eindruck einer Aufbahrung: Ophelia ist keine ertrinkende Frau, sondern ein sorgsam drapiertes Ausstellungsstück. Sie ist Objekt einer Inszenierung, Bestandteil eines künstlichen Arrangements, das durch den Segmentbogenabschluß mit seinem Anklang an die christliche Bildtradition zum Andachtsbild erhöht wird.

Der Text Shakespeares, der Millais zu diesem Bild inspirierte, läßt sich nur noch erahnen. Der erste Teil des Berichts der Königin über Ophelias Tod ist in seinem Werk allenfalls assoziativ über die vom Ufer her ragende Weide erschließbar; die Kenntnis des Dramas wird vorausgesetzt. Dagegen stellt das Bild sehr genau den zweiten Teil des Textes dar, in dem die Situation Ophelias nach ihrem Abgleiten ins Wasser thematisiert

[4]) Vgl. Claudia *Helbrok*, Shakespeare-Themen im Oeuvre von A. Kauffmann, in: Jahrbuch des Vorarlberger Landesmuseumsvereins, Bregenz 1966, S. 22–37.

[5]) In dieser Reduzierung der Figur auf den Tod aus unglücklicher Liebe liegt bereits eine Interpretation des von Shakespeare komplexer angelegten Charakters vor. Dort ist der Grund für Ophelias Schicksal keineswegs eindeutig benannt. Der Mord Hamlets an ihrem Vater kommt nach den Aussagen gleichermaßen in Betracht. Vgl. Gertrud *Landsberg*, Ophelia, Die Entstehung der Gestalt und ihre Deutung, Cöthen 1981.

wird. Vor allem ihre Körperhaltung, die halb geschlossenen Augen und der geöffnete Mund verdeutlichen dies. Gegenstand des Gemäldes ist nicht der Ablauf eines Geschehens, sondern ein ambivalenter Dauerzustand. Denn genausowenig wie entschieden werden kann, ob das Wasser fließt oder steht, ist auch nicht definitiv zu sagen, ob Ophelia noch lebt oder bereits tot ist. Das hier gewählte Stadium zwischen Bewegung und Stillstand, der Moment zwischen Leben und Tod hat etwas Zeitloses, etwas Ewiges; im Bild wird eher dieser Zustand als der Handlungszusammenhang thematisiert. Zweifellos ist die Situation, in der Ophelia sich befindet, existentiell bedrohlich. In geistiger Umnachtung scheint sie die Gefahr nicht mehr wahrzunehmen. Millais stellt sie mit ruhigem, fast ausdruckslosem Gesicht dar und charakterisiert ihre Körperhaltung als entspannt, fast hingebungsvoll. Ophelia fühlt sich offenbar nicht fremd in dem für sie gefahrbringenden Wasser, sondern „wie ein Geschöpf, geboren und begabt für dieses Element“[6]. Auch die sie umgebende Natur strahlt in keiner Weise etwas Bedrohliches aus. Eher im Gegenteil unterstreicht die kleinteilige, detailgenaue Wiedergabe von Pflanzen und Blumen üppige Lebenskraft. Auffällig ist, daß Ophelia bei Millais dieser Natur angeglichen ist. Ihr Kleid saugt sich voll und breitet sich im Wasser aus, so daß seine Konturen verfließen. Sein Blumenmuster erhält an den erkennbar noch trockenen Stellen eine gewisse Eigenständigkeit und ähnelt den weißen Blüten der Böschung oder den gepflückten, im Wasser liegenden Blumen. Ophelias lange Haare lösen sich im Naß und sind kaum noch wahrnehmbar. Hinsichtlich der Farbgebung hebt sich die Figur nur wenig vom vorherrschenden Grün-Braun-Grau des Gesamtbildes ab. Lediglich das Inkarnat des Gesichts und der Hände sticht hell hervor. Millais visualisiert hier einen imaginären Vereinigungsprozeß: Ophelia verschmilzt mit der sie umgebenden Natur.

Zugleich ist dieser Vorgang aber auch ein Auflösungsprozeß: Ophelia, die Wahnsinnige, befindet sich in einem bewußtlosen Zustand. Die Regression ihres Ichs bildet das Pendant zum Eins-werden mit der Natur. Dieser Auflösungsprozeß ist ein stufenweiser und doppelter, denn erst der Wahnsinn bietet die Voraussetzung für den nahen Tod ohne Schrekken. Er ist auch der Grund dafür, daß der hier möglicherweise stattfindende Selbstmord einer Frau für die Konstituierung des Ophelia-Motivs keine Bedeutung hat. Unter diesem Gesichtspunkt ist er kein Akt ‚freien‘ Handelns, ‚freier‘ Entscheidung, sondern ein eher zufälliger, und er tritt für die Interpretation in den Hintergrund.

[6]) Hamlet IV, 7.

Von zentraler Bedeutung ist hingegen die unterschwellige, dennoch deutlich erotische Dimension von Millais' Darstellung. Die bewußtlos-hingebungsvolle Körperhaltung dieser Frau hat in der Rezeption Äußerungen provoziert wie die von Horst Oppel: „Das Phänomen des vollendet Schönen, das zum Tode bestimmt ist und sich mit dem Wasser vermählt, wird in den Ophelia-Bildern . . . mit stets gleicher Inbrunst erfahren“[7]. Ophelia im Wasser ist zugleich die Unberührbare, Entrückte – die Repräsentantin übersinnlich reiner Erotik und durch den Exponatcharakter und die Sexualsymbolik des Wassers ein für den Betrachter reizvolles erotisches Objekt.

Das Besondere der Millais'schen Ophelia wird durch einen Vergleich mit der 1838 entstandenen Version von Eugène Delacroix deutlich[8] (Abb. 2). Im Gegensatz zu diesem schildert Delacroix die Szene im Aktionszusammenhang – als bühnenartig wirkende, dramatische Umsetzung der Situation. Er wählt für sein Bild einen größeren Raumausschnitt: Hier wird nahezu ein Landschaftsprospekt mit Vorder-, Mittel- und Hintergrund entwickelt. Das Bild hat Tiefe, in die der nun ‚wirklich' fließende Bach leitet. Die Figur der Ophelia liegt im Zentrum des Bildes, und auch hier definiert sie dessen horizontale Ausrichtung. Sie gleitet ins Wasser und umklammert mit einer Hand noch einen Ast, der abzubrechen droht. Ihr Körper ‚schwebt' über dem Bach, lediglich ihre Füße und ein Teil des Gewandes, das ihren Körper umschlingt, liegen im Naß. Kopf und Oberkörper sind zum Wasser gesenkt, den rechten Arm hält sie angewinkelt und bedeckt mit der Hand, in der sie noch ein Blumengebinde hält, ihre entblößte Brust. Durch die Schilderung des teilweise nackten Frauenkörpers erhält das Bild eine erotische Qualität, die sich weniger subtil und symbolisch verschlüsselt präsentiert als jene bei Millais.

Auch Delacroix formuliert den Moment des Übergangs, doch begreift er ihn als Augenblick, nicht als Zustand. Während sie ins Wasser gleitet, versucht Ophelia, sich zu halten, jedoch nicht in der Absicht, sich zu retten. Noch nach dem Ast greifend, wendet sie ihr Gesicht von der aktiven Hand ab. Es ist dies der transitorische Moment vom Aktiven zum Passiven. Dadurch wird eine Auflösungstendenz thematisiert, deren ei-

---

[7]) H. *Oppel*, a.a.O., S. 39.

[8]) Eugène Delacroix, „Ophelia“, 1838, Öl/Lw., 38 x 46 cm, München, Bayerische Staatsgemäldesammlungen.
Von Delacroix existieren aus der Zeit von 1838 bis 1859 insgesamt sechs Werke unterschiedlicher Techniken zum Thema ‚Tod der Ophelia'. Dieser Ophelia motivverwandt sind weiterhin: Johann Heinrich Füssli, „Der Tod der Ophelia“, 1870/78 und René Charles His, „Ophélie“, undatiert.

ner Aspekt die Regression des Ichs darstellt, ein anderer das ‚Einfließen' des weiblichen Körpers in die Natur[9].

Ein Vergleich der Gemälde von Millais und Delacroix macht deutlich, daß in beiden Versionen durchaus ähnliche Aspekte des Ophelia-Motivs angesprochen werden. Beide Künstler versuchen den Übergang vom Leben zum Tod, die Vereinigung des Menschen mit der Natur, darzustellen. Sie tun dies, indem sie unterschiedliche Schwerpunkte setzen. Millais beschreibt einen Zustand, Delacroix dagegen das – wenn auch relative – Aktionsmoment, ein Werden. Die damit erzielten Effekte sind sehr unterschiedlicher Art: entscheidend bei Millais' Ophelia ist der alles dominierende Symbolgehalt. Sie wird zur Zeitlos-Ewigen stilisiert. Damit verbildlicht sie gleichzeitig eine positiv besetzte Vorstellung vom Einswerden des Menschen mit der Natur, dem Gegenbild zu den Entfremdungstendenzen, denen das Individuum in der Gesellschaft des 19. Jahrhunderts unterliegt. Der Wunsch nach dem Wiedererlangen der verlorengegangenen Einheit von Mensch und Natur wird hier auf den Tod einer Frau im Wasser projiziert.

Voraussetzungen für diese Interpretation des Ophelia-Motivs sind Vorstellungen, die viel älter und als weit verbreitet anzusehen sind. Die Definition der Frau, primär Geschlechtswesen zu sein, und damit „Weiblichkeit" als der Natur näher zu begreifen – im Unterschied zu „rationaler Männlichkeit" – hat sich im 19. Jahrhundert (und darüber hinaus) weitgehend durchgesetzt. Da das Wasser als eines der Urelemente dem Weiblichen zugeordnet ist, kommt die Frau im Wasser ‚zu sich selbst'. In diesem Sinne wird ihre „Naturhaftigkeit" offenkundig. Wie das Weibliche repräsentiert das Element Permanenz – zeitlos, beständig, unveränderlich – und ist eine unmittelbare Voraussetzung für die Reproduktion von Leben. Im Bild einer sterbenden oder toten Frau im Wasser ist im Unterschied zu allen anderen Todesarten die Assoziation vom Werden und Vergehen unmittelbar verknüpft. Nur so kann dieser Tod als Zustand ganzheitlicher Erfahrung idealisiert werden, nur so kann er zum Symbol der Wiedererlangbarkeit ursprünglichen Seins imaginiert werden. Denn: reale Wasserleichen sind alles andere als poetisch[10]!

---

[9]) Das Gewand der Ophelia dient als Übergangsmotiv: Es setzt in seiner Detailbehandlung das Fließen des Wassers über den Körper der Frau fort.

[10]) Vgl. hierzu die Aussage von E.A. *Poe*, „Der Tod einer schönen Frau ist ohne alle Zweifel der poetischste Gegenstand der Welt". Zit. nach Philippe *Jullian*, Mythen und Phantasmen in der Kunst des fin de siècle, Berlin 1971, S. 46.

Millais und Delacroix haben wesentliche Elemente des Ophelia-Motivs künsterlisch formuliert. Spätere Werke anderer Künstler zum Thema variieren die genannten Aspekte. Darüber hinaus läßt sich aber das Ophelia-Motiv auch als Gegenstand scheinbar gänzlich anderer Bildthemen nachweisen. Ein Beispiel dafür ist das 1865 entstandene Gemälde „Sacrificio al nilo“ von Federico Faruffini[11] (Abb. 3). Seine Darstellung einer toten Frau im Wasser gleicht motivisch den Ophelien, steht aber in einem anderen thematischen Kontext. Die Situation des Bildhintergrundes schildert den kausalen Zusammenhang: Auf einer ägyptisierenden architektonischen Anlage findet eine religiöse Zeremonie statt, in deren Verlauf eine Frau geopfert wurde. Im Bildvordergrund schwimmt ihre Leiche in ophelienhafter Haltung auf der spiegelglatten Wasserfläche. Rücklings über eine Stele gelegt und von Blumen umgeben, wird ihr entblößter Oberkörper objekthaft zur Schau gestellt. Der enorme Aufwand, mit dem Faruffini hier kultische Zusammenhänge bemüht, in denen Jungfrauen dem Strom, Wassergöttern oder -ungeheuern geopfert werden, um diese zu besänftigen und günstig zu stimmen, dient als Vorwand, um die Abbildung eines erotisch reizvollen Frauenkörpers in Ergebenheitshaltung notdürftig zu legitimieren.

Wenn Millais den idealisierten Zustand des Eins-Seins mit der Natur andeutet, und wenn Delacroix den Moment des regressiven Übergangs zeigt, so geht der belgische Symbolist Fernand Khnopff noch einen Schritt weiter. Seine ophelienhaften Gestalten sind Frauen ohne Körper. Von der im Wasser treibenden Frau ist nur noch der Kopf zu sehen. So auf seiner Zeichnung „Iris“ (1894)[12], einem Frontispiz für eine Gedichtsammlung Pol de Monts (Abb. 4). Dieses Bild weist eine noch größere Ausschnitthaftigkeit und Reduktion als die bisher vorgestellten Beispiele auf. Zwei vom Bildrand grob überschnittene Schilfbüschel gewähren den Blick auf einen im Wasser liegenden Frauenkopf. Der Gesichtsausdruck ist völlig ruhig, die Augen sind geschlossen. Schon die extreme Ausschnitthaftigkeit und die Schilfstengel erinnern an eine Detail-Nahsicht der Millais'schen Ophelia. Durch die geschlossenen Augen entzieht sich Iris-Ophelia nun gänzlich dem Betrachter. Es wird der Eindruck einer Entdeckungsszene hergestellt. Das Wasser selbst ist hier offensichtlich an

[11]) Federico Faruffini, „Sacrificio al nilo“, 1865, o.A., Rom, Galeria d'Arte Moderna. Abb. in: Ph. Jullian, a.a.O., S. 145.

[12]) Fernand Khnopff, „Iris“, 1894, Zeichnung, (Frontispiz zu Pol de Mont: Iris, Anvers 1894).

die Stelle des Frauenkörpers getreten: Natur mit Kopf. Der das Ophelia-Motiv konstituierende Auflösungs- bzw. Vereinigungsprozeß ist somit absolut gesetzt. Iris-Ophelia ist Eins mit dem natürlichen Element und die Erotik hat nun die körperliche Dimension gänzlich überwunden. Nicht nur bewußtlose Hingabe, sondern die endgültige, dauernde Ambivalenz zwischen Leben und Tod charakterisiert hier das Verhältnis von Frau und Tod im Wasser. Diese Zuspitzung verstärkt die dem Ophelia-Motiv inhärente Qualität des Morbid-Makabren – ein Aspekt, der bei Khnopffs Übertragung dieses Motivs auf Darstellungen der Stadt Brügge eine herausragende Rolle spielt. Brügge als Paradigma der sterbenden Stadt und gedanklicher Zufluchtsort todessehnsüchtiger Symbolisten stellt im Verein mit Ophelia eine konsequente und ideale Paarung dar[13].

Auf körper- aber nicht kopflose Ophelien trifft man auch im Oeuvre anderer Künstler[14], so z.B. bei Albert Ciamberlani (nach 1900, Abb. 5)[15]. Der fundamentale Unterschied zu den vorherigen Beispielen besteht jedoch darin, daß hier ein gänzlich anderer Gesichtsausdruck gewählt wird. Nicht ruhige, gleichsam unbewegte Züge geben dem Überindividuellen, Zeitlos-Ewigen Ausdruck, sondern ein geöffneter und leicht verzerrter Mund läßt Schmerz und Verzweiflung, vielleicht auch den Wahnsinn anklingen – eine Charakterisierung, die quer steht zur idealisierten Symbolhaftigkeit und vielleicht eher einen realistisch-naturalistischen Aspekt ins Spiel bringt. Denn immerhin wird Ophelia als empfindendes menschliches Wesen gezeigt, das eher Mitleid hervorruft als überhöhte Empfindungen. Allerdings ist dieser Hinweis auf Emotionen nicht eindeutig. Gleichermaßen läßt sich auch an einen lustverzerrten Ausdruck denken. In solcher Ambivalenz bleibt hier das Ophelia-Motiv uneindeutig und faszinierend ob des anspielenden Verweises auf das sexuelle Moment des Todes im Wasser. Gemeinsam bleibt den Frauen ohne

[13]) Fernand Khnopff, „Bruges-la-Morte", 1892, Zeichnung, (Frontispiz zu Georges Rodenbach: Bruges-la-Morte, Paris 1892). Vgl. auch Fernand Khnopff, „Femme en linceul", 1903, Kreide auf Papier, 10 x 22 cm.

[14]) Vgl. Hermanns van Daalhoff, „Meisjeskopje met lelien", 1894, Kohle, schwarze Kreide, Wasserfarbe a. Papier, 36 x 38 cm, Rijksmuseum Kröller-Müller, Otterlo. Simon Moulijn, „Ophelia", 1922, Lithographie, 26 x 33,5 cm, Rijksprentenkabinet, Amsterdam. Antoon van Welie, „Ophelia", um 1899, o.A., Abb. in: Symbolistische tendenzen in Nederland ca. 1880–1930, Den Haag 1978, S. 121 u. 126. Henry A. Payne, „Das verzauberte Meer, o.A., London, Fine Art Society Ltd. Abb. in: Ph. Jullian, a.a.O., S. 58.

[15]) Albert Ciamberlani, „Ophelia", nach 1900, Öl/Lw. 40,5 x 65,3 cm, Brüssel, Musées Royaux des Beaux-Arts de Belgique. Abb. in: Art nouveau belgique, Brüssel 1980, S. 339.

Körper die Opferungsassoziation, die in dieser Form auf die Spitze getrieben wird: Ihre Häupter werden wie auf der ebenen Fläche eines Tellers präsentiert[16].

Am eindeutigsten (wenn auch mit anderen Schwerpunktsetzungen) ist die Auflösungstendenz, der Mythos des Verschmelzens von Frau und Natur, in einer Bildgruppe zu beobachten, die ‚Metamorphose‘ genannt werden kann. So lautet auch die Bezeichnung eines in diesem Zusammenhang zu erwähnenden Beispiels von Bernhard Pankok (um 1900)[17]; und „Sumpfpflanzen“ ist der zweite, programmatische Titel einer Zeichnung von Alfred Kubin (1903/06)[18]. Von beiden Künstlern wird ein Auflösungsprozeß thematisiert, der jedoch nicht die zuvor geschilderte Negation des weiblichen Körpers zur Folge hat, sondern dessen ‚Daphne-gleiche‘ Umformung in Natur. Der ophelienhaft plazierten weiblichen Figur bei Kubins „Sumpfpflanzen“ (Abb. 6) entsprießen an geläufige Fruchtbarkeitssymbolik gemahnenden Blüten. Ihr Körper ist mit Sumpf und Wasser verwachsen und bildlich in der Vegetation aufgegangen.

Ähnlich verhält es sich mit der zum Ornament verkommenen weiblichen Metamorphose der im Wasser liegenden Frau auf Pankoks Vignette: auch hier wieder die in die Horizontale gestreckte weibliche Figur, die als nun tatsächlich in den vegetabilen Zustand übergehend aufgefaßt ist. Beide Beispiele schließen sich sowohl formal als auch inhaltlich an Millais' Ophelia an. Die Auffassung des Komplexes, die extreme Ausschnitthaftigkeit und der horizontale Bildaufbau lassen Parallelen erkennen. Dennoch gehen Kubin und Pankok noch einen Schritt weiter: Die hier verbildlichte Vorstellung der Metamorphose eines weiblichen Körpers ist die konsequent weitergedachte des fünfzig Jahre zuvor entstandenen Bildtypus.

Um diese Beispielreihe zu beenden, seien die prägnantesten Elemente in der Entwicklung des auf Shakespeare zurückgehenden Motivs zusammengefaßt. Mit Millais' Ophelia findet eine Verlagerung von der Handlungsträgerin zum Symbol statt. Eine Auflösungstendenz in Richtung

[16]) Unzählige solcher Köpfe finden sich im Oeuvre Odilon Redons. Es sind Ophelien und verwandte Darstellungen, auf die hier jedoch nur hingewiesen werden kann. Aufgrund der Fülle des Materials stellt dieser Komplex ein eigenes Thema dar.

[17]) Bernhard Pankok, „Metamorphose“, um 1900, o.A. Abb. in: Jost Hermand: Der Schein des schönen Lebens, Frankfurt 1972.

[18]) Alfred Kubin, „Sumpfpflanzen“, 1903/06. Chinatusche, Tusche u. Aquarell, 12,5 x 25 cm, München, Spangenbergverlag.

imaginierter Naturvereinigung folgt: Die Ophelien verlieren ihre Körper und mit ihnen ihre ‚Identität'. Auch die Titel der jeweiligen Werke werden nun irrelevant, sind austauschbar.

Eine extreme Variante der Motivrezeption repräsentiert der letztgenannte Themenbereich: Ophelia mutiert zur Sumpfpflanze. Der Auflösungs- und Opferungsgedanke findet hier seinen Höhepunkt.

Opfer ist Ophelia bereits auf der Ebene literarischer Erfindung: Opfer der komplizierten Beziehungsgefüge, in denen sie von Shakespeare vorgeführt wird, Opfer ihrer Empfindungen, die sie nicht ausleben durfte. Und sie ist es auf der Ebene der bildkünstlerischen Bearbeitungen und deren Rezeption, die die literarische Figur durch ihre Projektion zu einem Symbol für die Überwindung der Trennung von Mensch und Natur und zum Sinnbild unschuldiger Erotik stilisieren[19].

Frauen im Wasser müssen tot oder zumindest im Sterben begriffen sein, um zum Symbol der wiedererlangbaren Einheit des Menschen mit der Natur werden zu können – jedenfalls in der Männerphantasie. Während mit dem Typus der verklärt ruhenden Ophelia das Wunschbild von der Frau als einem dem männlichen Blick sich anspruchslos darbietenden Objekt entsteht, artikuliert sich auch ein gegenteiliges Frauenbild, das als Schreckbild verdeutlicht, was mit dem Mann geschieht, wenn die bislang passiv Ruhende sich aufrichtet, um aktiv zu werden. Als Beispiel für die Phase des Übergangs, in der der zuvor beobachtende, aus den Darstellungen ausgesparte Mann nun seinerseits als Handlungsträger ins Bild gerät, sei Max Klingers Radierung „Die Verlockung"[20] erwähnt (Abb. 7).

Kontrastierend zum Ophelien-Syndrom sollen nun exemplarisch Repräsentantinnen dieses anderen, sehr umfangreichen Wasserfrauen-

[19]) Wegweisend für die literarische Rezeption des Typus wird das 1870 publizierte Gedicht „Ophélie" von Arthur Rimbaud. Auch er wählt die Szene des Todes der Ophelia und setzt die stilisierte Figur smybolisch ein. Auch hier ist sie die Untote, die Ewige, die mit ausgebreiteten Schleiern auf dem Wasser treibt; auch sie hat langes offenes Haar und ist nur halb bekleidet: „. . . der Wind küßt ihre Brüste". Arthur *Rimbaud*: Ophélie, zit. n. Werner *Kraft*, Ophelia, in: Merkur 14/2, 1960. Wie in der malerischen Rezeption dieses ‚femme fragile'-Motivs wird die Protagonistin hier zum Objekt erotischer Anspielungen. Zu weiteren literarischen Bearbeitungen des Themas siehe Bernhard *Blume*: Das ertrunkene Mädchen: Rimbauds Ophélie und die deutsche Literatur, in: Germanisch-Romanische Monatsschrift, N.F., Bd. IV/2, 1954 und W. *Kraft*, a.a.O. In beiden Aufsätzen wird die Entwicklung und Modifikation des Themas von Rimbaud bis Brecht aufgezeigt und in Beziehung zur gesellschaftlichen Veränderung gesetzt.

[20]) Max Klinger, „Die Verlockung", Zeichnung, undatiert, 13,6 x 17,5 cm, Leipzig, Museum der Bildenden Künste. Abb. in: Hans W. Singer (Hrsg.): Zeichnungen von Max Klinger, Leipzig 1912.

Themas vorgestellt werden: die aktiven Nixen, Undinen und Sirenen. Wesentlich scheint diese Konfrontation, um die Polarität der zeitgleich entstehenden Frauenbilder sichtbar zu machen: passiv – aktiv, harmlos – gefährlich. Identisch sind bei diesen Entwürfen die ‚Ingredienzien': der weibliche Körper und das ihm zugeordnete Urelement. Das Wasser ist entsprechend dem thematischen Zusammenhang unterschiedlich definiert. Ist es im Falle Ophelias als Natur schlechthin verstanden, als Element, das den Auflösungsprozeß zum Idealzustand ermöglicht, wird es als Lebensraum der Nixen genauso gefahrbringend gedeutet wie die Wesen, die es birgt. Lebendige Frauen im Wasser repräsentieren die bedrohliche Seite der Natur. Lockende Triebhaftigkeit, die den Mann das Leben kostet – falls er sich darauf einläßt. Unzählige Beispiele von Nixen, Undinen, kleinen Seejungfrauen und Sirenen in Kunst und Literatur künden von dieser Gefahr – doch auch von ihren Reizen, ihrer Faszination . . .

„Das Wasser rauscht', das Wasser schwoll,
Netzt' ihm den nackten Fuß;
Sein Herz wuchs ihm so sehnsuchtvoll,
Wie bei der Liebsten Gruß.
Sie sprach zu ihm, sie sang zu ihm,
Da war's um ihn geschehen:
Halb zog sie ihn, halb sank er hin,
Und ward nicht mehr gesehn." (J.W. Goethe)[21]

Die Flut des Nixenmaterials ist ausufernd und kann hier nur fragmentarisch anhand der wichtigsten, motivprägenden Beispiele vorgestellt werden[22]. Der Gesamtkomplex gestaltet sich sehr vielseitig: Es existieren Darstellungen agiler Wasserfrauen in den unterschiedlichsten Varian-

[21]) J.W. v. *Goethe*, Der Fischer, 1778, in: Goethes Werke, Hamburger Ausgabe, hrsg. v. Erich Trunz, München 1981 (12. Aufl.), Bd. 1, S. 153–154.

[22]) Weiterhin sind zu nennen: A. Martini, „De sirene en het monster", 1911; „De drie sirenen", 1911; „De slapende siren", 1911. Abb. in: Kat.: Het Symbolisme in Europa, Rotterdam 1975, S. 125. Carlos Schwabe, „Spleen et Ideal", 1896, Öl. Abb. in: Kat.: French Symbolist Painters, London 1972, S. 142. Ernest Louis Lessieux, „Undine", nach 1900. Abb. in: Ph. Jullian, a.a.O. S. 41. Umfangreiches Bildmaterial zu diesem Thema ist zu finden in: J. Hermand, a.a.O.
Ausgeklammert bleibt in diesem Zusammenhang das Motiv ‚Frau in wildem und bewegtem Wasser', bzw. ‚Frau als Woge'. Zwar hängt dieser Bereich mit den hier thematisierten Nixen und Undinen zusammen, stellt jedoch aufgrund einer anderen, viel direkteren erotischen Schwerpunktsetzung einen Komplex für sich dar, der hier nicht berücksichtigt werden kann.

ten – häufig mit dem meist toten Geliebten, der von ihnen in die Tiefe gezogen wird.

In Edward Burne-Jones' „Depths of the Sea" (1886, Abb. 8)[23] wird das auch in der Literatur des 19. Jahrhunderts häufig thematisierte Motiv der Seejungfrau aufgegriffen, die sich einen toten jungen Mann – allgemein als ertrunkener Matrose interpretiert – in ihr ‚Reich', ihren Lebensraum holt. So z.B. in Hans Christian Andersens Märchen „Die kleine Meerjungfrau" (1837):

> „In mancher Abendstunde schlangen die fünf Schwestern die Arme umeinander und stiegen in einer Reihe über das Wasser hinauf. Herrliche Stimmen hatten sie, schöner als irgendein Mensch. Und wenn dann ein Sturm heraufzog, so daß sie vermuten konnten, es würden Schiffe untergehen, schwammen sie den Schiffen voran und sangen so lieblich, wie schön es auf dem Meeresgrunde sei, und baten die Seeleute, sich nicht zu fürchten, dort hinunterzukommen. Aber die konnten die Worte nicht verstehen und glaubten, es sei der Sturm; und sie bekamen auch die Herrlichkeit dort unten nicht zu sehen, denn wenn das Schiff sank, ertranken die Menschen und kamen nur als Tote zu des Meerkönigs Schloß."[24]

Es ist dies das Bild eines Wasserwesens und eines Landgeschöpfs, die in so unterschiedlichen Elementen existieren, daß ein Zusammenkommen oder -leben nicht möglich ist ohne den Tod eines der beiden. Das Bedrohliche, ja Tödliche dieses Moments wird – nicht nur in dieser Darstellung – auf die Figur des weiblichen Wesens projiziert. Konstruktion und Einsatz des Mischgeschöpfs Nixe vertuschen die direkte Schuldzuweisung für den ‚Untergang' des Mannes an die Frau. Dennoch ist sie eindeutig impliziert. Die Nixe ist im Reigen anderer Wasserfrauen eine eher romantisch ausstaffierte Variante des ‚femme fatale'-Komplexes. Die Paarung von Frau und Wasser läßt sich als Potenzierung der Gefahr verstehen, da Wasser als ‚weiblicher' Lebensraum ein Eindringen des Mannes ohne Aufgabe seiner Existenz unmöglich macht.

Ein weiteres Beispiel, die 1896 entstandene Lithographie „Liebespaar in Wellen" von Edvard Munch[25], verdeutlicht diesen Sachverhalt (Abb. 9). Das Blatt bildet in Halbaufsicht Kopf und Schulter einer Frau ab.

---

[23]) Edward Burne-Jones, „Depths of the Sea", 1886, Gouache a. Holz, 195,6 x 76,2 cm, Cambridge/Mass., Fogg Art Museum, Harvard University (2. Fassung). „Depths of the Sea", 1886, Öl, 197 x 75 inch., Privat (1. Fassung).

[24]) Hans Christian *Andersen*, Märchen, Bd. 1, Frankfurt 1975, S. 120.

[25]) Edvard Munch, „Liebespaar in Wellen", 1896, Lithographie, 32,2 x 43 cm, Oslo, Munch-Museet.

Ihr langes Haar fließt in die Wellenbewegung der Wasseroberfläche ein. Erst auf den zweiten Blick ist an ihrer rechten Seite ein zu ihr ins Profil gewandter Männerkopf zu erkennen. Er wird von ihrem dunklen Haar fast gänzlich bedeckt, die langen Strähnen enden in krakenähnlichen Tentakeln und umschlingen den Hals des Mannes. Auch hier folgt die Schilderung seiner Hin- und Aufgabe dem bekannten Schema: Als Siegerin aus dem zwischengeschlechtlichen (Kampf-)Akt geht die selbstzufrieden in den Wellen ruhende Frau hervor.

Um diese Reihe abzuschließen, seien von den zahllosen ‚fatalen‘ Wasserfrauen Gustav Klimts „Die Sirenen“ (um 1889, Abb. 10) vorgestellt[26]. Zwei weibliche Gesichter, jeweils umhüllt von einer an dickes schwarzes Haar erinnernden Materie, bilden in ihrer Gesamtform zwei körperlose, tropfenähnliche Figuren, die auf eine changierende grüne Fläche gesetzt sind. Die betont vertikale Ausrichtung des Bildes[27] wird etwas zurückgenommen durch einen Schwarm pfeilförmiger silbriger Fische, die das obere Bildviertel horizontal durchschießen und gleichzeitig auch den flächig wirkenden grünen Hintergrund als Wasser interpretierbar werden lassen. In Klimts Darstellung übernimmt das Urelement die Stellvertreterposition für den weiblichen Körper; auch hier ist die Frau „wie ein Geschöpf, geboren und begabt für dieses Element“[28].

In der Gegenüberstellung von Ophelia und Undine erweist es sich, daß diese beiden in der bildenden Kunst entwickelten Extremmodelle nichts anderes sind als konträre Formulierungen ein und desselben Grundgedankens, der als die Idee einer generell naturhaften Weiblichkeit zu identifizieren ist. Diese Vorstellung von „Naturhaftigkeit“ konkretisiert sich in Frauenbildern „positiven“ und „negativen“ Charakters, einer Polarisierung, die bereits in der traditionellen Aufspaltung „Heilige“ und „Hure“ seine populäre Ausprägung erfahren hat. Letztendlich folgen auch Ophelia und Undine diesem Schema. Wie viele andere Entwürfe sind auch sie von der realen Welt entfernt, damit das Bild von Frau-

[26]) Gustav Klimt, „Die Sirenen“, um 1889, Öl/Lw., 32 x 52 cm, Wien, Zentralsparkasse.
Vgl. auch: „Fischblut“, 1898, Tuschzeichnung, Wien, Galerie des XIX. Jahrhunderts; „Wasserschlangen I“, 1904/07, o.A., Wien, Österreichische Galerie; „Wasserschlangen II“, 1904/07, o.A., Privat.

[27]) Bei nahezu allen Undinen-Bildern kann diese stark vertikale Ausrichtung beobachtet werden. Im Gegensatz dazu wird in den Ophelien-Bildern der Bildaufbau durch die Horizontale geprägt.

[28]) Die Charakterisierung Ophelias als „Sirenen gleich“ (Hamlet IV,7) wäre demnach für die bildnerische Rezeption nicht denkbar.

en in der Kunst Projektionsfläche männlicher Wunsch- und Angstvisionen bleiben kann.

Abb. 1: John Everett Millais: „Ophelia", 1851/52.

Abb. 2: Eugène Delacroix: „Ophelia", 1838.

Abb. 3: Federico Faruffini: „Sacrificio al nilo", 1855.

Abb. 4: Fernand Khnopff: „Iris", 1894.

Abb. 5: Albert Ciamberlani „Ophelia", um 1900.

Abb. 6: Alfred Kubin „Sumpfpflanzen", 1903/06.

Abb. 7: Max Klinger „Die Verlockung", undat.

Abb. 9: Edvard Munch: „Liebespaar in Wellen", 1896.

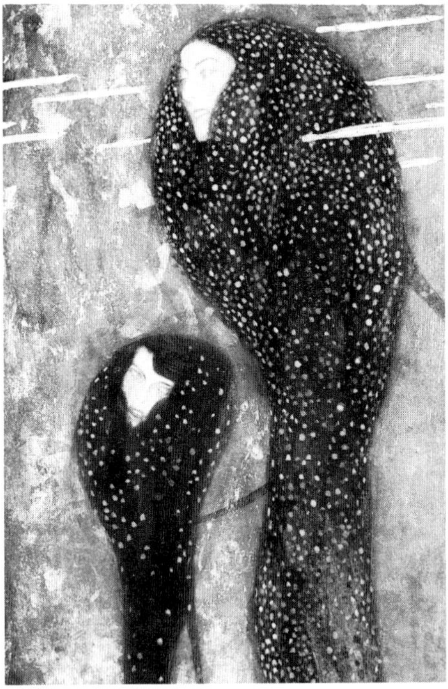

Abb. 10: Gustav Klimt: „Die Sirenen", um 1889.

Abb. 8: Edward Burne-Jones: „Depths of the Sea", 1886.

Silvia Volckmann

„Gierig saugt sie seines Mundes Flammen"

Anmerkungen zum Funktionswandel des weiblichen Vampirs in der Literatur des 19. Jahrhunderts

Prolog

Die Vampire der vorchristlichen Jahrtausende sind weiblich. Nahezu alle Mythologien kennen die Vorstellung teils furchterregender, teils verführerischer Nachtdämoninnen, die sich vom Blut kleiner Kinder, junger Mütter und bisweilen auch schöner Jünglinge ernähren. Recht plastisch tritt uns etwa die babylonisch-assyrische Lamastu, eine Tochter des obersten Gottes Anu, aus einer Vielzahl akkadischer Tafelfunde aus dem zweiten und ersten Jahrtausend v. Chr. entgegen:

> „In ihrem Boot steht eine gräßliche Gestalt mit einem Adler- oder Löwenkopf, mit Hundezähnen und Eselsohren. Ihre Füße sind Klauen, die Hände ein Fangnetz, aus dem Schlangen wie Fackeln emporzüngeln. An den bluttriefenden Brüsten des Ungeheuers saugen ein Schwein und ein schwarzer Hund. Dieser weibliche Dämon soll wie ein Löwe brüllen."[1]

Als Dämoninnen des Kindbettfiebers haben solche Gestalten – ähnlich auch die hebräische Lilith oder die griechische Lamia – ihre genau festgelegte mythologische Funktion: Abspaltungen der dreifaltigen Muttergöttin, Mischwesen zwischen Kultur und Natur, hüten sie die Mysterien um Leben und Tod, Sexualität und Geburt, und sichern so den Vollzug des Lebenskreislaufs. „Weiblichkeit" und „Tod" assoziieren sich hier auf der Basis weiblicher Gebärfähigkeit, und die Vampirinnen sind deutlich als ein Negativ der nährenden Mutter erkennbar.

---

[1]) Vgl. R. *Müller-Sternberg*, Die Dämonen, Bremen 1965; und: Reallexikon der Assyrologie (Art. Lamastu). Zu Lilith u.a. G. *Weiler*, Der enteignete Mythos, München 1985, S. 160ff.

Etwas anderes ist es, wenn in der Literatur des neunzehnten Jahrhunderts die Verbindung erneut unterstrichen und parallel dazu das Bild des weiblichen Vampirs poetisch wiederbelebt wird. Denn mit der Herrschaft des Christentums war bekanntlich die Frau aus den ihr angestammten Kompetenzbereichen vertrieben worden, und die Semantik der Bilder hatte sich unter der symbolischen Macht des Kreuzes entschieden gewandelt. Indem sie Leben und Tod in die alleinige Hand des unsichtbaren (männlichen) Gottes legte, hatte die christliche Religion dem archaischen Modell den Boden entzogen. Ebenso wie sich konsequenterweise in diesem Zusammenhang die Züge des Todes in Männliche verschoben hatten (Frau Hippe wurde zum Sensenmann), überlebte auch die blutsaugende Dämonin nur, insofern sie ihrer spezifischen Weiblichkeit, ihrer körperlichen Differenzqualität beraubt wurde. Geschlechtsunspezifisch als unselige(r) Un-Tote(r) klassifiziert, wurde sie der christlichen Dämonologie einverleibt. Die Vampire, die bis ins achtzehnte Jahrhundert hinein die abgelegenen, von den Aufklärungsprozessen unberührten ländlichen Gegenden in Furcht und Schrecken versetzten, waren dementsprechend zumeist männlichen Geschlechts, besser gesagt, ihr Geschlecht spielte keine wesentliche Rolle. Den Zeitungslesern jener Zeit waren wohl noch kaum all die sexuellen Konnotationen gegenwärtig, die sich heute an die Vorstellung des Vampirs knüpfen.

Diese Komponente des Bildes konnte sich erst durchsetzen, als der transzendente Bezugspunkt des Glaubens seine Verbindlichkeit verlor. Die Aufklärung hatte den Menschen auf seine Diesseitigkeit verwiesen; ihr Kampf gegen den Aberglauben bereitete den Boden für eine metaphorische Deutung des überlieferten Motivs und rückte dessen spezifisch körperliche Dimension ins Blickfeld. Erst in dem Augenblick, als die individuelle Körperexistenz zum Problem wurde, stellte sich die Frage des Todes auch als eine nach dem Geschlecht. Daß dabei andere Gesichtspunkte wirksam wurden als im mythologischen Kontext, braucht wohl kaum eigens erläutert zu werden. Goethe war in Deutschland der erste, der – nicht zufällig mit einer Vampirgeschichte – den Zusammenhang auf den Punkt gebracht hat, und den Zeitgenossen ist das Unerhörte dieser Gedankenverbindung keineswegs entgangen. So schrieb Herder an Knebel:

> „Schiller hat mir vier Balladen des nächsten Almanachs mitgetheilt, zwei von ihm, zwei von Goethe. In den letzten spielt Priapus eine große Rolle, einmal als Gott mit einer Bajadere, so daß sie ihn am Morgen an ihrer Seite todt fin-

det; das zweite Mal als ein Heidenjüngling mit seiner christlichen Braut, die als Gespenst zu ihm kommt, und die er, eine kalte Leiche ohne Herz, zum warmen Leben priapisiert – das sind Heldenballaden!“[2]

Den Tod zum Leben zu „priapisieren“ – das war von nun an das Thema, das im Vampirmotiv zum Austrag kam. Daß dabei die Frau für die Rolle der „kalten Leiche“ prädestiniert war, liegt in dem Maß nahe, wie sich das sprechende Subjekt mit „Priapus“ identifiziert. Vor diesem Hintergrund erweisen sich dann auch „Weiblichkeit“ und „Tod“ wenger als anthropologische Konstanten denn als Codewörter, die erst im Kontext des jeweiligen historischen Zusammenhangs verständlich werden. An der poetischen Entfaltung des Vampir-Motivs nun läßt sich ablesen, wie sich in der Moderne der Diskurs der „Weiblichkeit“ nahezu symbiotisch mit dem des „Todes“ verkoppelt und wie die Wertigkeit der Verbindung durch ideologische Prozesse überdeterminiert wird. Immer enger werden die Kreise, die die Literatur im neunzehnten Jahrhundert um den „weiblichen“ Kern des Bildes zieht, und immer stärker verschmelzen dabei die diskursiven Sphären des „Weiblichen“ und des „Todes“ mit der des „Bösen“. Im folgenden möchte ich zeigen, wie die anfängliche Ahnung: „Der Vampir ist weiblich“ eben in dem Moment in die Definition „Das Weib ist ein Vampir“ übergeht, wo Orientierungslosigkeit und Handlungshemmung total werden. Wie ‚man als Frau‘ unter diesen Voraussetzungen überhaupt sprechen kann, soll abschließend wenigstens gefragt, wenn auch nicht beantwortet werden.

Eine tugendhafte Vampirin

Goethes ‚vampyrisches Gedicht‘ „Die Braut von Korinth“ ist der erste Text, der mit dem Bild der vampirischen Geliebten den Konflikt zwischen individuellen Triebimpulsen und gesellschaftlichen bzw. ideologischen Restriktionen einzufangen versuchte. Daß sich die klassisch-humanistische Problematik der sinnlichen Existenz des Menschen in diesem Zusammenhang als die der sexuellen Konstitution der Frau präsentierte, kann als der ästhetische „Überschuß“ gegenüber historisch parallelen theoretischen Formulierungen des Problems gelten.

1797 in Schillers Musenalmanach publiziert, erregte die Ballade einiges

[2]) Karl Ludwig v. *Knebel*,, Literarischer Nachlaß und Briefwechsel, hrsg. von K.A. Varnhagen von Ense und Theodor Mundt, Leipzig 1835, Bd. 2, S. 270.

Aufsehen. Über die Bewertung des Textes nämlich waren sich die Zeitgenossen nicht weniger uneinig als späterhin die Literaturwissenschaftler. So schrieb Karl August Böttiger 1798 an Friedrich von Matthisson:

> „Über nichts sind die Meinungen getheilter als über Goethes ‚Braut von Korinth'. Während die eine Parthei sie die ekelhafteste aller Bordellscenen nennt und die Entweihung des Christentums hoch aufnimmt, nennen andere sie das vollendeste aller kleinen Kunstwerke Goethes'."[3]

Der Streit um die Ballade gilt bis heute dem Skandalon, daß hier eine genüßlich ausgemalte „vampirische Beilagergeschichte" in den Rang eines geschichtsphilosophischen Symbols erhoben wird. Inwieweit diese Diskrepanz zwischen dem „niederen" Stoff und seiner „veredelnden" literarischen Bearbeitung möglicherweise auch ein Versuch sein könnte, die Abstraktheit des klassischen Menschenbildes aufzubrechen und das humanistische Ideal in einer differenzierteren, auch sexuell determinierten Konzeption des Menschen zu verankern, ist bislang wohl deshalb nicht untersucht worden, weil selbst eine sich kritisch verstehende Literaturwissenschaft beharrlich am Ideologem des Allgemein-Menschlichen festhält. Wenn zum Beispiel Walter Müller-Seidel mit einiger Berechtigung die „Vergewaltigung der Natur" als Thema der Goetheschen Ballade hervorhebt und von daher den Rückgriff auf das Vampirmotiv im Sinne einer spukhaften ‚Wiederkehr des Verdrängten' interpretiert[4], so bleibt diese Deutung gleichwohl blind dafür, daß diese Problematik – nicht zufällig, wie ich meine – im Rahmen einer „weiblich" beherrschten Konfiguration verhandelt wird.

Die Fabel ist rasch erzählt: Ein junger Athener kommt nach Korinth, um die ihm versprochene Braut heimzuholen („Beide Väter waren gastverwandt/Hatten frühe schon/Töchterchen und Sohn/Braut und Bräutigam vorausgenannt."). Im Haus des Gastfreundes wird er freundlich empfangen, allerdings: „nur die Mutter wacht". Allein in seinem Schlafgemach, überrascht ihn unverhofft der Eintritt eines weißgekleideten Mädchens. Er erkennt in ihr die Braut und bewegt sie gegen ihren anfänglichen Widerstand dazu, mit ihm die Nacht zu verbringen. Mit einer in der deutschen Literatur bis dahin ungekannten Freizügigkeit beschwört Goethe an dieser Stelle nun „Klag- und Wonnelaut/Bräutigams und Braut/Und des Liebesstammelns Raserei". Daß seine Liebe einer To-

---

[3]) F. v. Matthissons literarischer Nachlaß, Bd. 4, Berlin 1832, S. 22.

[4]) W. *Müller-Seidel*, Goethes ‚Braut v. Korinth'. in: Walter Hinck (Hrsg.): Geschichte im Gedicht, Texte und Interpretationen, Frankfurt 1979, S. 79–86.

ten gilt, erfährt der Jüngling erst, nachdem die erzürnte Mutter dem Liebesspiel ein jähes Ende bereitet hat. Und jetzt erfährt er auch, daß er sterben wird: Opfer in einem Konflikt, den Goethe nicht von ungefähr als den zwischen der „Mutter" und der „Geliebten" zur Darstellung bringt.

Der Text situiert das Geschehen vor dem Hintergrund der ‚Zeitwende' zwischen antiker und christlicher Kultur. Nach ihrer Bekehrung zum Christentum hatte die Mutter, von einer nicht näher bezeichneten Krankheit „genesend", ihre Tochter einem Kloster geweiht und sie damit, wie man den Andeutungen entnehmen kann, in den Tod getrieben. Daß hier „Tod" und „Zölibat" unversehens identifiziert werden, ist nicht nur als Reminiszenz auf die christliche Geringschätzung des leiblichen Lebens zu verstehen. Als religionskritisch-aufklärerisches Motiv war dieser Zusammenhang den Zeitgenossen geläufig: Nachweislich kannte ihn Goethe zumindest aus dem 1761 entstandenen Roman „La Réligieuse" von Diderot. Aber hinter seiner Variante der ‚todgeweihten' Nonne verbirgt sich mehr als eine Religionskritik. Die vampirische „Braut von Korinth" vermittelt darüber hinaus eine diffuse Ahnung dessen, was man als Toten-Existenz der Frau bezeichnen könnte. Was damit gemeint ist, wird klarer, wenn man sich vergegenwärtigt, daß die Wahl des historischen Orts *auch* als Anspielung auf die zeitgenössische nachrevolutionäre „Zeitwende" um 1800 gelesen werden kann. Bildhaft tritt dieser Gesichtspunkt in der oppositionellen Konzeption der beiden Frauengestalten heraus. Indem er die christliche „Mutter" in all ihrer Fürsorglichkeit, aber auch all ihrer Lustfeindlichkeit und Bigotterie zur Darstellung bringt, bricht Goethe radikal mit jenem Idealbild, dem er selbst zwanzig Jahre zuvor in Werthers Lotte seine Reverenz erwiesen hatte. Mit dem Bild der „reinen", nämlich sexuell neutralen und „mütterlich" auf die Sorge für andere festgelegten Frau war die bürgerliche Literatur des achtzehnten Jahrhunderts gegen die Libertinage des Feudaladels angetreten. Wenn Goethe es jetzt in der korinthischen Mutter disqualifiziert und an das ihm dargebrachte ‚Opfer' der Sexualität/des Lebens erinnert, so versteht sich dies auch vor dem Hintergrund des zurückliegenden Revolutionsgeschehens und als Versuch, „romantisches" Terrain für den aufgeklärten Humanismus zu erobern. Von daher wird auch die Wahl des Vampir-Motivs verständlicher. Als weder tot noch lebend nämlich versinnbildlicht die Vampirin die bürgerliche Existenzweise des Weiblichen. Das bürgerliche Tugendideal hatte der Frau ein eigenständiges (Trieb-)„Leben“, eine autonome Sexualität, abgesprochen, wobei sie allerdings in der Rolle der „Mutter“ zu einem anderen „Leben“ „genesen“ soll. Im Fall einer „gelungenen“ weiblichen Sozialisation – wie sie im übrigen wenige Jahre später Friedrich Schlegel mit seiner „Lucinde“ vorführt – weicht die „Geliebte“ widerstandslos der „Mutter“. Dies ist das Konzept, von dem her Goethes Ballade argumentiert. Wo sich die Frau nämlich gegen eine derartige Zurichtung auflehnt, wird sie zur Ausgeschlossenen: bildlich gesprochen zur Grenzgängerin zwischen Leben und Tod, Kultur und Natur[5], beziehungsweise, wie in der „Braut von Korinth“, zwischen zwei Kulturen.

Bezeichnenderweise hat die – positiv oder negativ – auf den „Klassiker“ Goethe fixierte Literaturwissenschaft bislang keinerlei Schlußfolgerungen daraus gezogen, daß sich die „Braut von Korinth“ nach einem Leitkonzept der Grenzüberschreitungen organisiert. Der Text spricht vom Ort eines „Dazwischen“, wenn man so will: von einem „vampirischen“ Ort aus. Was auf der Ebene der Historie die „Zeitwende“, das ist auf der des Ästhetischen der „triviale“ Gegenstand im Verhältnis zur symbolisch „veredelnden“ Darstellungsweise. Insbesondere aber realisiert sich dieses Konzept in der erotischen Thematik. Die Ballade beschwor – eine Provokation für die deutsche Literatur – eine Erotik der Überschreitung: Im Zentrum des Textes steht die leidenschaftliche Liebe zwischen einem Lebenden und einer Toten, also eine nicht nur verbotene, sondern auch „widernatürliche“, ja unmögliche Liebe. Dabei aber das utopische Bild höchster Erotik, eine Einswerdung der Geschlechter, eine Auflösung, Verflüssigung der in sich abgeschlossenen Individualitäten:

„Heftig faßt er sie mit starken Armen,
Von der Liebe Jugendkraft durchmannt:
Hoffe doch, bei mir noch zu erwarmen,
Wärst du selbst mir aus dem Grab gesandt!
Wechselhauch und Kuß!
Liebesüberfluß!
Brennst du nicht und fühlest mich entbrannt?

---

[5]) Vgl. dazu: Elizabeth *Wright*, Ambiguity and Ambivalence: Structure in Goethe's ‚Die Braut von Korinth‘ und ‚Der Gott und die Bajadere‘, in: Publications of the English Goethe Society, 51, 1981, S. 114–132.

Liebe schließet fester sie zusammen,
Tränen mischen sich in ihre Lust;
Gierig saugt sie seines Mundes Flammen,
Eins ist nur im andern sich bewußt.
Seine Liebeswut
Wärmt ihr starres Blut,
Doch es schlägt kein Herz in ihrer Brust.“

Daß eine der schönsten Liebesszenen der deutschen Lyrik vom Handlungskontext her als ein Akt der Perversion denotiert ist, macht deutlich, welch starke Zensur noch der Bruch des Tabus begleitet. Wohl klingt hier an, was Bataille später die „heilige Erotik“ nennen sollte, eine Erotik, die „die Zustimmung des Lebens bis in den Tod hinein“ bedeutet und den Gegensatz von Leben und Tod in allumfassender Kontinuität nivelliert[6]. Zugleich jedoch konnte er nicht umhin, dieses Thema in einem dichten Netz symbolischer und kritischer Bezüge sorgsam zu verhüllen. Um eine alternative literarische Lösung zu nennen, könnte man respektloserweise einmal Goethes Text den Phantasien des Marquis de Sade gegenüberstellen. Immerhin thematisiert auch dieser ein sexuelles Begehren, das quer steht zur institutionalisierten Form der Sexualität, und auch er macht den Körper zum Angelpunkt der Kulturkritik. Und wenn sich in dieser Konfrontation Goethes Sicht des erotischen Geschehens als die ‚humanere‘ erweist, so ist sie dies doch nur, insofern dessen Text den Skandal einer permanenten Bewegung der Zurücknahme unterwirft. Und das heißt: Der Vampirin werden die Vampirzähne abgeschliffen und, um „vergewaltigte Natur“ symbolisieren zu können, wird sie mit dem gängigen zeitgenössischen Code der Weiblichkeit „versöhnt“.

Zunächst läßt hier nichts einen Vampirismus vermuten. Die gespenstischen Züge, die der Text der Titelgestalt von Anfang an auf den Leib schreibt, werden erst am Ende als solche erkennbar. Zwar signalisiert das Motiv der „Blässe“ und „Kälte“ des Mädchens das Stigma der Toten, und die da „mit weißem Schleier und Gewand“ bekleidet so „sittsam still“ ins Zimmer tritt, erinnert an die in der zeitgenössischen Schauerliteratur beliebte Gestalt der „weißen Frau“[7]. Aber obwohl Goethe weder die

[6]) Georges *Bataille*, Der heilige Eros. Frankfurt 1984.

[7]) Vgl. z.B. die 1795 erschienene Erzählung „Die weiße Frau“ von Benedikte *Naubert*. Auch hier ein ‚im Grunde‘ gutes, vor allem „mütterliches“ weibliches Gespenst! In: Benedikte *Naubert*, Volksmärchen der Deutschen, Leipzig [2]1839, S. 95–154.

Anspielung auf Brot und Wein[8] noch die Erwähnung der Gespensterstunde ausläßt, bleibt für den athenischen Jüngling das heillose Wesen der jungen Frau lange im Dunkeln. Besser gesagt, er wehrt jede Einsicht ab und will von den Warnungen des Mädchens nichts hören. Von daher fällt ein bezeichnendes Licht auf eine andere Abwehr. Sie betrifft die Tatsache, daß das Bild des weißgekleideten (=unschuldigen), schreckhaft widerstrebenden Mädchens aus der zeitgenössischen Literatur nur allzu vertraut ist – einschließlich der Todesassoziationen, die sich an dieses Bild knüpfen –, daß aber gleichwohl diese „Tote" zum Inbegriff weiblicher Idealität stilisiert wurde[9]. Unter diesem Gesichtspunkt erscheint die „Natur" der Vampirin als die genuin „weibliche" Natur. Im Unterschied zu späteren Bearbeitungen des Motivs allerdings manifestiert sich die „Weiblichkeit" des Vampirs zu diesem literarhistorischen Zeitpunkt nicht in erster Linie in seinem blutigen Gelüsten. Vielmehr will sich die wilde Gier, die die Wiedergängerin beim Schlag der „dumpfen Geisterstunde" erfaßt, nicht recht ins zuvor entworfene Bild des widerstrebenden Mädchens fügen. Ganz unvermittelt, abgespalten und disparat, aber bereits ausdrücklich vom Ort des Todes aus, betritt hier der Körper die literarische Szenerie, und dies auch nur, insofern er sogleich „entschuldigt" wird. Denn nicht die Vampirin selbst hat ihr todbringendes Begehren zu verantworten. Vielmehr ist sie, ganz im Sinne des „positiven" Frauenbildes, das der Autor zu Realisation seiner „schönen und bedeutungsvollen Idee" (Korff) benötigt, ein „Opfer":

> „Opfer fallen hier
> Weder Lamm noch Stier,
> Aber Menschenopfer unerhört."

Subjekt ihrer Lust darf die Frau selbst als Vampirin nicht sein. Es ist ein fremdes Begehren, das sie treibt:

> „Aus dem Grabe *werd* ich ausgetrieben,
> Noch zu suchen das vermißte Gut,
> Noch den schon verlornen Mann zu lieben
> Und zu saugen seines Herzens Blut.
> Ist's um den geschehn,
> *Muß* nach andern gehn,
> Und das junge Volk erliegt der Wut." (H.d.V.)

---

[8]) „Brot und Wein" sind hier mehrfach überdeterminiert. Zum einen verweisen sie auf den christlichen Bezugsrahmen, zum anderen, darauf hat Emil Staiger hingewiesen, sind in der ‚Odyssee' die Lebenden als die „sich vom Brote Nährenden" ausgewiesen, während die Toten Wein schlürfen.

[9]) Vgl. auch das Tagungspapier von Dagmar *von Hoff*, Die Inszenierung des Frauenopfers in Dramen von Autorinnen um 1800.

Indem die Vampirin solchermaßen auf die passive Rolle einer bloß Ausführenden zurechtgestutzt wird, münden die Ansätze eines kritischen Weiblichkeitsdiskurses in eine Rehabilitation der „Mutter" zu Lasten der „Braut". Intentional richtet sich der Opfergedanke gegen die Verfügungsgewalt der „Mutter" und damit der Sozietät über das individuelle Subjekt. Praktisch aber zerbricht dieser Impuls an den Grenzen eines Diskursfeldes, das die „gute" Frau immer schon als „Tote" codiert. Deshalb bleibt der Vampirin hier am Ende nur eine einzige Handlungsmöglicheit: Sie muß den Tod (d.i. die Rolle der Mutter/die Kastration) von sich aus annehmen. Goethe läßt dementsprechend die „Braut" am Ende selbst um Vernichtung ihrer störenden leiblichen Existenz bitten, und nicht von ungefähr ist es die „Mutter", die den Ritus der Selbstopferung (die Initiation?) vollziehen, die „Liebende zur Ruh" bringen soll:

„Höre Mutter, nun die letzte Bitte:
Einen Scheiterhaufen schichte du;
Öffne meine bange kleine Hütte,
Bring in Flammen Liebende zur Ruh!"

Der vampirische Dichter

Ich habe bereits erwähnt, daß Goethe mit seiner „Braut von Korinth" von einem quasi ‚vampirischen" Ort aus schreibt. Dies und die Sympathie, die der Vampirin hier zuteil wird, verweist auf die veränderte Rolle, die der Literatur im achtzehnten Jahrhundert zugefallen ist. Mit der „Ausdifferenzierung der Wertsphären" (Max Weber) in der bürgerlichen Gesellschaft wurde die Literatur zu einem Medium der öffentlichen Repräsentation des Privaten. Sie übernahm es, den untergründig vorhandenen „irrationalen" Bestrebungen zum Ausdruck zu verhelfen, für die der Diskurs der Vernunft – im Unterschied zum vormals herrschenden religiösen – keinen Raum zur Verfügung hatte. Die Gestalten des Aberglaubens, die die Aufklärung aus der Wirklichkeit verbannt hatte, lebten dementsprechend als literarische Metaphern wieder auf. Nicht nur das weite Feld der Schauerliteratur, auch die Bemühungen der Klassiker um eine „Veredlung" der „nordischen" Helden- und Gespensterstoffe sowie die der Romantiker um die „Nachtseiten der Naturwissenschaft" verweisen auf das Defizit, das hier ausgeglichen werden soll. Dem Vampir kommt in diesem Zusammenhang eine ganz besondere Stellung zu, denn der bürgerliche Dichter weiß in ihm einen engen Verwandten, ja seinen metaphorischen Doppelgänger. Wie ein Vampir nämlich wirkt auch er aus dem Dunkel, dem Jenseits der bürgerlichen Öffentlichkeit; (Zer-)Störung, Kritik, Rebellion gegenüber der gesellschaftlichen Ordnung ist sein Geschäft. Die Gesellschaft soll ihn fürchten – und nähren. Als parasitären Außenseiter, einsam, gekettet an ein (Geschäfts-)Leben, das nicht seins ist, sich selbst erhaltend und legitimierend nur in der Vernichtung seines Anderen: So haben Byron und später dann Lautréamont den Dichter-Vampir stilisiert, und etwas von dieser dunklen Größe hat noch Stokers Dracula. Nicht zufällig – man denke an Goethes Konfrontation von „Mutter“ und „Braut“ – richtet sich der kritische Auftrag des Vampirs ausdrücklich gegen die Familie als Kernzelle der Gesellschaft. „Ich habe“, so schreibt Lautréamont in den „Gesängen des Maldoror“, „einen Pakt mit der Prostitution geschlossen, um Zwietracht in die Familien zu säen“[10]. Aber nur auf dem Feld der von den Zwängen des „Wirklichen“ befreiten Worte ist möglich, was Goethes Realismus ausgeschlossen hatte: ein Sieg der Lust über das Prinzip der Sorge, der „Liebenden“ über die „Mutter“. Von daher versteht sich, daß der Vampir literarisch entdeckt wird zu einer Zeit, da sich, wie Michel Foucault ausgeführt hat[11], die Wörter von den Dingen zu lösen beginnen. Unzensiert dann spricht er sich aus bei Lautréamont; erst die autonom gewordene Sprachwelt gestattet den vollen Ausdruck der von den Fesseln der moralischen Konvention befreiten Lust:

> „O! wie süß ist es, ein Kind, dessen Oberlippe noch nichts bedeckt, brutal aus seinem Bett zu reißen und die Augen, weit geöffent, so zu tun, als lege man ihm sanft die Hand auf die Stirn, um seine schönen Haare nach hinten zu streichen. Dann, plötzlich, im Augenblick, da es am wenigstens darauf gefaßt ist, die Nägel tief in seine weiche Brust zu schlagen, doch so, daß es nicht stirbt; denn wenn es stürbe, könnte man es später nicht leiden sehen. Dann, die Wunden ausleckend, trinke man sein Blut; und während dieser Zeit, die so lange dauern müßte wie eine Ewigkeit, weint das Kind. Nichts ist so gut wie dieses noch ganz warme Blut, das ihm auf die angegebene Weise entzogen wird, es sei denn seine Tränen, bitter wie Salz. Mensch, hast du nie dein Blut gekostet, als du dich einmal versehentlich in den Finger schnittest?“[12]

[10]) *Comte de Lautréamont*, Die Gesänge des Maldoror, München 1976, S. 12.

[11]) M. *Foucault*, Die Ordnung der Dinge. Frankfurt 1974, S. 368ff.

[12]) *Comte de Lautréamont* (d.i. Isidore Ducasse), Die Gesänge des Maldoror, München 1976, S. 9.

Bei Lautréamont steigert sich die Darstellung des Vampirismus zu einem Vampirismus der Sprache, der rücksichtslos alle erreichbaren Bilder und Metaphern ausbeutet und sie dem Text einverleibt. Während hier eine grausame (Sprach-)Lust dominiert, die ihre Legitimation einzig aus ihrem Vollzug bezieht, ist der Vampir in der ersten Hälfte des neunzehnten Jahrhunderts zunächst und zuerst ein kritisches Symbol, das auf die Tabuzonen des öffentlichen Lebens hinweist. Sicherlich, auch Maldoror ist eine Gestalt der ‚Negativität', ein Opfer, das nun seinerseits nach Opfern jagt, wie die „Braut von Korinth". Aber das gesellschaftliche Bezugssystem, die herrschende ‚Ordnung', wie sie in Goethes Ballade die „Mutter" repräsentiert, tritt jetzt in den Schatten der imaginär gefüllten Unordnung, der ausphantasierten Negativität. Mit der spießbürgerlichen Enge, auf die das Vampirmotiv dann bei Stocker heruntergebracht wird, haben jedoch beide Konzepte nur vermittelt zu tun; nicht als Funktion ihrer Konsolidierung, sondern als deren Subversion findet der Vampirismus Eingang in die Literaturgeschichte.

Der Widerspenstigen Zähmung: Vampirismus und Weiblichkeit

Vom düsteren Heroismus des männlichen Vampirs können dessen Schwestern nur träumen. In der Vampirin ist allemal, wie Gautier es sehr treffend ausgedrückt hat, „die Frau stärker als der Vampir"[13]. Ihre Rebellion, ihre Aktivität, ihr Begehren werden bereits im Ansatz umstellt und deformiert durch die Figuren männlicher Abwehr. Untergründig, zunächst noch an die Peripherie des Textsinns verbannt, beginnt bei Goethe die Erforschung bzw. Kolonialisierung des „dunklen Kontinents", der am Ende des neunzehnten Jahrhunderts als der der Weiblichkeit bekannt wird. Von Anbeginn an ist die Faszination des Bildes der Vampirin die eines „Geschlechts, das nicht eins ist" (Irigaray). Schrecklich und anziehend zugleich, Einheit des Widerspruchs: So inszenieren die Autoren in der ersten Jahrhunderthälfte rund um die Vampirin Spiegelungen und Metamorphosen, Übergänge zwischen Licht und Dunkel, „sittsam" gezähmter und animalischer Weiblichkeit, Übergänge auch zwischen den Geschlechtern, zwischen Leben und Tod. Ob in E.T.A.

[13]) Theophile *Gautier*, Die liebende Tote. In: D. Sturm/K. Völker. München 1971², S. 121 (Im franz. Text heißt es allerdings: „La femme me répondait du vampire", also eine kleine Sinn-Nuance!)

Hoffmanns *Vampirismus*-Geschichte aus den „Serapionsbüchern“ (1817/19) die „liebliche“ Aurelie am Ende zur Reinkarnation ihrer leichenhaft-widrigen Mutter wird; ob Coleridges reine *Christabel* (1816) streckenweise die „schlangenhaften“ Züge der geheimnisvoll-lesbischen Geraldine annimmt; ob das Bild von Gautiers *liebender Toter* (1836) zwischen dem der Kurtisane und dem des romantischen Liebchens changiert; oder ob die vampirischen Frauengestalten Poes, z.B. *Morella* (1836) und *Ligeia* (1838), als körperlose Geistesgrößen alle spezifisch „weiblichen“ Attribute ins Jenseits des Textes verweisen: ausgemessen wird der ‚weibliche‘ Kontinent zunächst als dasjenige, was sich dem auf Eindeutigkeit basierenden Rationalitätsprinzip entzieht.

Erst von hier aus wird verständlich, wieso die Metapher des „Weiblichen“ und die des „Vampirischen“ geradezu organisch zur Deckung gelangen (selbst ein so harmloser Autor wie Friedrich von La Motte-Fouqué greift momenthaft zum Vampir-Bild, um die wesenhafte Ambiguität seiner „anmutigen“ Undine zu charakterisieren). Weder tot noch lebendig ist der Vampir nämlich *die* uneindeutige Gestalt, *die* Gestalt der „Negativität“ schlechthin. Daß er von Anfang an gern mit weiblichem Antlitz ausgestattet wurde, liegt – läßt man die Argumente der Psychoanalyse einmal außer acht – vornehmlich daran, daß spätestens die Romantik „Weiblichkeit“ als ein kritisches Konzept entdeckt hat, das sich gegen die Zwangsorganisation von Kultur und Gesellschaft ausspielen läßt. Daß damit zugleich die Frau – nicht nur als Vampirin – auf den Ort des Todes und des Anderen, des Disparaten und Naturhaften festgelegt wird, läßt den Begriff zu einer Kategorie mit Hintersinn, zu einer ideologischen Falle werden.

„Weiblichkeit“ spiegelt sich zunächst in den anderen Metaphern der ‚Negativität“: im „Subjekt“ und in der „Poesie“, in der „Natur“ und im „Tod“. Alle diese Kürzel sind metaphysisch überdeterminiert; noch hatte sich nicht der Diskurs der Sexualität als der bestimmende herauskristallisiert. Das soll nicht heißen, daß es die Sache nicht gab; aber über Sexualität wurde geredet auf dem Boden juristischer, pädagogischer oder ethischer Terminologien, das Triebleben ummäntelte sich mit der Sprache der Liebe, der Freundschaft, der Natur und der Religion. Dementsprechend fixieren die Texte zwar den sexuell bestimmten Körper als Ursprungsort des weiblichen Vampirismus, markieren ihn aber zugleich als Tabu. Insofern ist Goethes Umgang mit der Vampirin hier exemplarisch. Zwar legt sich bei ihm nicht jenes vielsagende Schweigen über den

Körper, das später dann bei Coleridge, Hoffmann und Poe zum regelrechten literarischen Kunstgriff wird. Aber wie zu sehen ist, verhindern rationalisierende Textstrategien die einsinnige Ausdeutung der Vampirin als einer erotischen Metapher und hypostasieren die sich verdoppelnde vampirische Frau zum letztlich geschlechtsneutralen Symbol. Nur indem der schreckliche, körperhafte Aspekt der Vampirin/des Todes abgespalten und als „böse" von der „guten" Weiblichkeit getrennt wird, kann die nunmehr vom Trieb befreite Frau den symbolisch verklärbaren Part der Negativität übernehmen.

Die Hinrichtung

Läßt sich die Vampirin nicht in der „Mutter" zähmen, muß sie hingerichtet: nach altem Brauch gepfählt, verbrannt, geköpft werden.Erst der Mord an der Frau bringt den weiblichen Körper, die ungezähmte Vampirin zur Sprache. „Im Tod, wo wir ihn ablegen, ist der Körper da: verloren."[14] Dementsprechend erstarrte in der zweiten Jahrhunderthälfte das luxurierende Symbol zur fixen Bedeutung. Zu dem Zeitpunkt, da sich auf allen Ebenen der Gesellschaft der naturwissenschaftliche Positivismus gegenüber dem metaphysischen Weltbild durchzusetzen begann, wurde die „negative" Positionsbestimmung „Weiblichkeit" zu einer biologischen Eigenschaft umgewertet. Die Metapher von ehedem gab sich nun als Erkenntnis, und die sympathische Vampirin mutierte unversehens zum ekelhaften, durch und durch bösen „Vampir Weib", dessen man sich zu entledigen hatte. Seit Gautier fehlt in keinem Vampirtext mehr die detailliert ausgemalte Hinrichtungsphantasie; dies ist nur ein Indiz dafür, daß nun der Gesichtspunkt der Abwehr der mit dem Vampirismus bezeichneten Auflösungs- und Regressionswünsche ins Vorderfeld des Diskurses tritt. Um diesen Perspektivenwechsel und die damit verbundene Uminterpretation des Geschlechtercodes angemessen verstehen zu können, muß man ihn im Zusammenhang der wachsenden Aggressivität des kapitalistischen Systems in den Blick nehmen.

Baudelaires Vampir-Gedichte aus den „Fleurs du Mal" (1857) verzichten auf die gesamte herkömmliche Gruselstaffage, um stattdessen gänzlich unvermittelt „la femme" und „le vampire" zu identifizieren. „Du,

[14]) Christiaan L. Hart *Nibbrig*, Die Auferstehung des Körpers im Text. Frankfurt 1985, S. 14.

die du wie ein Messer in mein klagendes Herz fuhrst"[15], so beginnt der erste der beiden Texte, nachdem die Überschrift das Thema „Der Vampir" vorgegeben hatte. Daß damit die Vampirin sogleich als die phallische Frau präsent ist, kann im Sinne einer Enträtselung des tradierten Motivs gedeutet werden. Baudelaire benennt hier diejenige Angst, die in frühen Texten den tabuisierten Nährboden des Unheimlichen gebildet hatte. Deren Schockeffekt beruhte darauf, daß die geliebte Frau als Vampirin entlarvt wurde; daß diese Entdeckung sich aber, wie Christina von Braun es in einem schönen Wortspiel formuliert hat, auf die „phallsche", nämlich die Kunstfrau[16], bezog, war vor dem Hintergrund des „positiven" Weiblichkeitsideals unsichtbar geblieben. Erst auf der Basis des von Baudelaire entfalteten Problemfeldes wird zum Beispiel meine Lektüre der „Braut von Korinth" möglich. Für Baudelaire allerdings ist die „phallsche" durchaus nicht die „falsche" Frau. Vielmehr ist sie „die Frau", „das Weib" schlechthin. Sein zweites Vampir-Gedicht exponiert dementsprechend mit dem ersten Vers „La femme", also kein individuelles „Du" mehr, sondern einzig die klassifikatorische Bezeichnung des Geschlechts. Nun zeichnen sich die meisten der in der bürgerlichen Literaturepoche entworfenen Frauenbilder durch das Fehlen von Individualität, durch ihre Reduktion auf die gängigen Klischees aus. Immer jedoch geben sie sich den Anschein von Individualität, und die stereotype „Anmut" oder „Lieblichkeit" auf der einen, der „stolze Hochmut", die „Wildheit" oder abstoßende Häßlichkeit auf der anderen Seite werden Frauengestalten zugeschrieben, die zumindestens durch ihre soziale Position (etwa: die „Mutter", die „Baronesse" usw.), wenn nicht durch ihren individuellen Namen als Personen gekennzeichnet sind. Das bedeutet, daß in den früheren Texten der Konflikt zwischen „männlich" und „weiblich" konnotierten Sphären als der verschiedener Wertsysteme oder Individuen erscheint, während er bei Baudelaire – erstmalig, soweit ich es überblicke – ganz konkret als der zwischen „dem Mann" und „der Frau", als Kampf der Geschlechter also, festgeschrieben wird. Dies erklärt auch, daß bei ihm die Position des „Dritten" unbesetzt bleibt. Hier gibt es weder die „Mutter", wie bei Goethe, noch eine Vaterfigur, wie bei Coleridge, Hoffmann und Gautier. Deutlich hingegen ist diese Position schon bei Poe geschwächt. Wie sehr Baudelaire diesen geschätzt und zum literarischen Mentor erhoben hat, ist be-

[15]) „Toi qui, comme un coup de couteau/Dans mon coeur plaintif es entrée . . ."

[16]) Christina *von Braun*, Nicht Ich: Logik, Lüge, Libido. Frankfurt a.M. 1985, S. 184.

kannt. Aber auch Poes Vampirgeschichten kommen ohne ein Drittes nicht aus: Das eigentliche „Opfer“ der Vampirin ist hier – wie später dann unter ganz anderen Voraussetzungen bei Stoker – nicht der männliche Erzähler, sondern eine Randfigur des Konflikts, die zweite Frau. Baudelaires ästhetische Welt hingegen kennt nur das (männliche) Opfer und den (weiblichen) Vampir.

Strukturanalytisch betrachtet, stimmt diese Aussage zumindestens für den ersten Text („Le Vampire“) nur halb. Nachdem der Sprecher die Vampirin verflucht hat, sucht er in der vierten Strophe tatsächlich nach der Hilfsfunktion des „Dritten“:

> „Ich bat das rasche Schwert, mir meine Freiheit zu erobern; ersuchte das arge Gift, meiner Feigheit zu Hilfe zu kommen“[17].

Jedoch: daß mit „Schwert“ und „Gift“ eine männlich-phallische und eine weiblich-zersetzende Mordwaffe genannt sind, macht deutlich, daß die Situation ausweglos ist. Wenn sich *alles* unter den Kategorien des Gegensatzes darstellt, der in der Vampir-Metapher zum Austrag kommt, dann ist jeder Rettungsversuch vergeblich. Denn in den biologischen Kategorien des Geschlechts deutet sich eine „ewige“ Fatalität an, die jeder „Revolte“ trotzt. Diesem untergründigen Denkmodell entspricht es, daß „Schwert“ und ‚Gift“ ihre Hilfe verweigern und das „ewige“ Leben des Vampirs beschworen wird:

> „Ach, Schwert und Gift, sie fanden mich verächtlich und sprachen: ‚Du verdienst nicht, daß man deiner verfluchten Knechtschaft dich entreißt,
>
> Du Narr! – wenn es uns auch gelänge, dich ihrer Herrschaft zu entledigen, – deine Küsse riefen doch den Leichnam deines Vampirs zurück ins Leben!‘“[18]

Nicht allein, daß „Schwert“ und „Gift“ personifiziert werden, ist in unserem Zusammenhang von Bedeutung. Wichtiger noch ist, daß sie sprechen. Über die Sprache verfügen, heißt Machtansprüche geltend zu machen. Deshalb wurde das über Frauen verhängte Redeverbot in der Öffentlichkeit jahrhundertelang teils mit Gewalt aufrecht erhalten, und deshalb schlich sich auch immer dann eine Kampf- und Kriegsmetapho-

---

[17]) „J'ai prié le glaive rapide/De conquérir ma liberté,/Et j'ai dit au poison perfide/De secourir ma lâcheté.

[18]) „Hélas! le poison et le glaive/M'ont pris en dédain et m'ont dit: ‚Tu n'est pas digne qu'on t'enlève/A ton esclavage maudit, – Imbécile! – de son empire/Si nos efforts te délivraient,/Tes baisers ressusciteraient/Le cadavre de ton vampire!‘

rik in den Geschlechterdiskurs ein, wenn Frauen zur Feder griffen. Die wirklichen Opfer bleiben stumm, sie können allenfalls unartikuliert schreien, das hat schon de Sade gewußt[19]. Wie bei ihm deckt sich auch in Baudelaires Texten die Macht zu sprechen mit der zu töten. Demgemäß kommt in dem zweiten Gedicht („Les Métamorphoses du Vampire“) die Vampirin selbst zu Wort. Ihr Sprechen allerdings ist keine subjektive Setzung eines Willens; es ist der Körper selbst, der spricht, und die Worte „fließen“ gleichsam von selbst „aus dem Erdbeer-Munde“. Hier artikuliert sich eine Naturgewalt, die schreckliche Kehrseite der utopisch besetzten „weiblichen“ Natur in der klassischen und romantischen Literatur. Und hier wird auch die Problematik der mit dem Titel der „Weiblicheit“ verbundenen kritischen Intentionen sichtbar. Denn was jetzt als „la femme“ identifiziert und zur Sprache gebracht wird, ist ein durch seine Geschlechtsmerkmale definierter Körper, dem die Spuren seiner diskursiven Verdrängung unauslöschlich aufgeprägt sind. Baudelaire endlich erteilt dem von jedem höheren „Sinn“ abgespaltenen Körper, der absoluten Negativität, das Wort. Er setzt die Frau in die Position einer absoluten Destruktivkraft ein und benennt damit den psychologischen Abwehrmechanismus, der ihr Begehren zum tabuisierten Textzentrum des Vampirstoffs hat werden lassen. Die erste Strophe der „Metamorphosen“ bedient sich einer traditionellen Bildlichkeit: die Frau wird zur verführerischen Schlange aus dem Paradies. Auffallend jedoch ist, daß sie sich selbst – nicht einen symbolischen Apfel etwa – zum Genuß anbietet:

> „Das Weib indessen, während es wie eine Schlange auf der Glut sich wand und seine Brüste über dem Gestänge des Mieders preßte, ließ auf dem Erdbeer-Munde diese ganz von Moschus durchtränkten Worte fließen: Feucht ist meine Lippe, und ich weiß, mit welchen Künsten man am Grunde eines Bettes das seit alters lästige Gewissen auslöscht. Ich trockne alle Tränen auf meinen stolzen Brüsten, und ich mache die Greise lachen mit einem Kinderlachen. Dem der mich nackt und ohne Hüllen sieht, ersetze ich den Mond, die Sonne, den Himmel samt all seinen Sternen! Ich bin, mein weiser Freund, in allen Lüsten so erfahren, wenn ich in meinen Armen, die er fürchtet, einen Mann ersticke oder wenn ich den Bissen meine Brüste biete, –

[19]) Roland Barthes hat dies gezeigt (in: Sade-Fourier-Loyola), und Lacan hat Ähnliches im Sinn, wenn er die phallische Funktion als die symbolische herausarbeitet. – Nicht zuletzt von daher demontiert sich die Opferrolle der Goethischen „Braut“. Ihre Hypostasierung zum Symbol und ihre damit verbundende Rede setzen sie in die „phallische“ Position ein, die das Bild ihrer Unschuld leugnet, ihr Vampirismus aber bestätigt.

zaghaft und hemmungslos, zart jetzt, dann wieder kräftig – daß auf diesem Pfühl, der vor Wollust nachgibt, die Engel sich meinethalb verdammten!‘“[20]

Mit früheren Vampirgeschichten verknüpft sich diese Darstellung im Motiv einer Lust, die alle gesellschaftlichen Werte zum Einsturz bringt. Und mit der Präsentation des Körpers tritt auch das ideologische Substrat der entsprechenden Texte unübersehbar zutage. Wenn das sprechende weibliche „Ich“ tatsächlich dasjenige ist, als was es der Text ausgibt, dann gelten die Vernichtungs- und Abwehrstrategien, denen der weibliche Körper in der Vampirin im neunzehnten Jahrhundert – nicht nur in der Literatur – ausgesetzt war, dem Erhalt der Kultur. Denn hier „ersetzt“ der nackte weibliche Körper all das, was das idealistische Denken mit dem „Leben“ assoziiert hatte: den „gestirnten Himmel über mir und das moralische Gesetz in mir“, wie es in Kants Formulierung heißt. Daß dabei das französische „conscience“ (Zeile 6) beides ist, das „Bewußtsein“ und das „Gewissen“, gibt dem Original gegenüber der deutschen Übersetzung eine zusätzliche Schärfe.

Baudelaires Text nimmt eine Argumentation vorweg, die fast ein halbes Jahrhundert später in Wien der Kantianer Otto Weininger in „Geschlecht und Charakter“ (1903) auf eine theoretische Formel gebracht hat, in der das „Weibliche“ (=W) die Rolle der Materie, des Chaos, der Amoralität und damit des absoluten Nichts übernehmen sollte. „Der Sinn des Weibes ist es“, schreibt Weininger, „Nicht-Sinn zu sein. Es repräsentiert das Nichts, den Gegenpol der Gottheit.“[21] Weininger spricht im Unterschied zu Baudelaire nicht davon, was „das Weib“ „ersetzt“, sondern nur mehr davon, was es „ist“. So minimal der Unterschied erscheinen mag, so bezeichnend ist er doch auch. Denn im theoretischen Diskurs Weiningers ist die partikuläre, spezifisch männliche Perspektive unkenntlich gemacht, wohingegen sie bei Baudelaire als sol-

[20]) „La femme cependant, de sa bouche de fraise,/En se tordant ainsi qu'un serpent sur la braise,/Et rissant ses seins sur le fer de son busc,/Laissait couler ces mots tout imprégnés de musc:/ – ‚Moi, j'ai la lèvre humide, et je sais la science/De perdre au fond d'un lit l'antique conscience./Je sèche tous les pleurs sur mes seins triomphants,/Et fais rire les vieux du rire des enfants./Je remplace, pour qui me voit nue et sans voiles,/La lune, le soleil, le ciel et ses étoiles!/Je suis, mon cher savant, si docte aux voluptés,/Lorsque j'étouffe un homme en mes bras redoutés,/Ou lorsque j'abandonne aux morsures mon buste,/Timide et libertine, et fragile et robuste,/Que sur ces matelas qui se pament d'émoi,/Les anges impuissants se damneraient pour moi!‘“

[21]) Otto *Weininger*, Geschlecht und Charakter. München 1980, S. 398.

che sichtbar bleibt. In der zweiten Strophe des Gedichts nämlich kommt das männliche „Opfer" zu Wort, und damit wird verständlich, wieso jetzt die Vampirin ihren kritischen, gleichsam „positiven" Symbolgehalt verloren und sich vom Objekt einer ambivalent besetzten – weil verbotenen – Liebe zum Objekt des Hasses und des Ekels transformiert hat:

> „Als sie mir aus den Knochen alles Mark gesogen und ich ermattet mich zu ihr wandte, einen Liebeskuß ihr zu erwidern, sah ich nur einen Schlauch noch, mit verklebten Flanken, ganz von Eiter angefüllt! Ich drückte in kaltem Grauen beide Augen zu, und als ich in der Helle des lebendigen Lichtes sie wieder aufschlug, lagen da anstatt des mächtigen Gliederbalges, der sich mit Blut so reichlich vollgepumpt zu haben schien, zur Seite rasselnd mir nur des Gerippes Reste, die das Kreischen einer Wetterfahne hören ließen oder solchen Schildes, wie es an einer Eisenstange im Wind der Winternächte schaukelt."[22]

In der detailfreudigen Aggressivität, mit der der verführerische Körper der ersten Strophe demontiert wird, vollendet sich die obligatorische Hinrichtung der Vampirin, die schon in Gautiers „La morte amoureuse" einen breiten Raum eingenommen hatte. Baudelaire nämlich mordet sie gleich zweimal: zunächst, indem er sie in eine ganz und gar unselbständige, nur auf den Mann fixierte Sexmaschine verwandelt, und dann, indem er diese den abscheulichsten Verwesungsprozessen unterwirft. Es wäre jedoch zu kurz gegriffen, wollte man die Darstellung auf ihre antifeministische und sadistische Komponente reduzieren. Denn sie gibt darüber hinaus Aufschluß über den veränderten historischen Ort, von dem aus Baudelaire schreibt. Dies muß man sich klarmachen, um die Zuspitzung des Geschlechterkonflikts in der zweiten Hälfte des neunzehnten Jahrhunderts mit all ihren Implikationen zu verstehen. Ein „vampirischer Ort" ist es nach wie vor, den der Dichter einnimmt, aber die Seite des Todes kann sich nicht mehr auf die „alten Götter", d.h. auf einen transzendenten Sinn stützen.

Baudelaire hat seine „Blumen des Bösen" Gautier gewidmet, und sicherlich kannte er auch dessen Vampir-Geschichte. Das ist deshalb er-

---

[22]) „Quand elle eut de mes os sucé toute la moelle,/Et que languissamment je me tournai vers elle/pour lui rendre un baiser d'amour, je ne vis plus/Qu'une outre aux flancs gluants, toute plaine de pus!/Je fermai les deux yeux, dans ma froide épouvante,/et quand je les rouvris à la clarté vivante,/A mes côtés, au lieu du mannequin puissant/Qui semblait avoir fait provision du sang,/Tremblaient confusément des débris de squelette/Qui d'eux-mêmes rendaient le cri d'une girouette/Ou d'une enseigne, au bout d'un tringle de fer,/Que balance le vent pendant les nuits d'hiver."

wähnenswert, weil bei Gautier die „Hinrichtung" der Vampirin als ein Akt der herrschenden Gewalt (in Gestalt des Klosterbruders Serapion) erscheint, die keineswegs uneingeschränkt bejaht wird. Gautier setzt damit die Goethesche Tradition fort (übrigens soll ihn auch die Lektüre der „Braut von Korinth" zu seiner Geschichte inspiriert haben). Im Gegensatz zu dieser Tradition vollzieht sich bei Baudelaire der physische Tod der Vampirin ganz von selbst, gleichsam als Naturprozeß. Die gesellschaftliche Gewalt ist Natur geworden, und diese Wahrnehmungsweise wurzelt unmittelbar in den historischen Erfahrungen des Autors.

Am 5. März 1852 schreibt Baudelaire an seinen Vormund Ancelle: „Der 2. Dezember hat mich physisch entpolitisiert. Es gibt keine allgemeinen Ideen mehr . . ." Der 2. Dezember 1851, das ist der Tag, an dem Louis-Napoleon das französische Volk zu einer Volksabstimmung aufgerufen hatte, die „Recht und Ordnung" wiederherstellen und Schluß machen sollte mit den „üblen Machenschaften", den „Provokationen, Verleumdungen, Schmähungen" aus unzufriedenen Kreisen der Gesellschaft[23]. Angesagt war die Konsolidierung der Verhältnisse unter der Herrschaft des Kapitals, und in diesem Zusammenhang verkümmerten die sinnstiftenden Orientierungspunkte des aufsteigenden Bürgertums („Gott", „Humanität", „Nation", „Revolution" usw.) zu bloßen rhetorischen Floskeln. Baudelaire hat diese Entwicklung sehr wohl durchschaut, und seine Umwertung der Vampirin versteht sich auch vor diesem Hintergrund, denn die nun verabschiedeten „allgemeinen Ideen" waren das Bezugsfeld gewesen, das ihr ihre kritische Dignität verschafft hatte.

Mit dem Hinweis auf die politische Desillusionierung ist nur ein Aspekt der an Baudelaires Texten ablesbaren diskursiven Umschichtungsprozesse angedeutet. Der ideologische Mechanismus, demzufolge hier die gesellschaftlichen Konflikte „entpolitisiert" und als „natürliche" Konflikte (etwa als biologische Opposition von Mann und Frau) rezipiert werden, findet Unterstützung in der umfassenden „Entgötterung" der Welt, wie sie der Aufschwung der modernen Naturwissenschaften mit sich gebracht hatte. In diesem Zusammenhang veränderte sich nicht nur die Vorstellung des Todes; fast automatisch wurde der ihm assoziierte Begriff der Weiblichkeit entmystifiziert und auf seine profane sexuelle Differenzqualität reduziert. Baudelaire zieht das Resumée, vor

---

[23]) Abgedruckt bei: Wolfgang *Fietkau*, Schwanengesang auf 1848, Reinbek 1978, S. 362ff.

dem seine Vorgänger zurückgeschreckt waren: Der Tod konnte in der nachaufklärerischen Epoche nicht mehr ohne weiteres als Durchgangsstadium, als Übergang zu einem anderen Leben begriffen werden. Als „geheimer Tod" (Ariès) entzog er sich in zunehmendem Maße der alltäglichen Lebenserfahrung. Das hatte zur Folge, daß Tod nunmehr zu einer Sache der *anderen* wurde, zugleich aber als unbedingte Grenze der individuellen Realität um vieles bedrohlicher erschien als in vorbürgerlichen Gesellschaften. In dem Maße, wie die industrielle Gesellschaft versuchte, sich mit Hilfe von Technologie und Medizin der Tatsache des Todes zu entledigen, in dem Maße nahm der Tod die Gestalt einer unbekannten Macht an, die am Selbstbewußtsein des modernen Subjekts fraß. Diese Erfahrung hatte sich im Bild der Vampirin niedergeschlagen, war aber an ihr zugleich metaphysisch verdunkelt worden. Baudelaires „Metamorphosen" reflektieren so besehen auch den „modernen", den „medizinischen" Blick auf den weiblichen Körper. Im siebzehnten und achtzehnten Jahrhundert, so hat Philippe Ariès festgestellt, gestanden die Ärzte dem Toten

> „eine Art von Persönlichkeit zu, sie suggerierten, daß er noch Sein in sich habe und es sich bei Gelegenheit manifestiere. Im neunzehnten Jahrhundert wird die Medizin diesen Glauben aufgeben und sich der These anschließen, daß der Tod nicht existiert, Trennung von Seele und Körper, Deformation und Nicht-Leben ist. Der Tod ist reine Negativität geworden. Er wird keinen Sinn mehr außerhalb der charakterisierten, benannten und katalogisierten Krankheit haben, deren letzte Etappe er darstellt"[24].

Der Tod hat keinen Sinn mehr außerhalb der katalogisierten Krankheit, deren letzte Etappe er darstellt – im Zusammenhang unserer Frage nach den semantischen Verflechtungen von Weiblichkeit und Tod wirft Ariès' Beobachtung auch ein Licht auf die Diagnose, mit der das ausgehende Jahrhundert den Begriff der Weiblichkeit zur „Krankheit Frau" umgedeutet hat. In diesem Kontext markieren Baudelaires Texte das logische Ende einer literarischen Metapher, zugleich aber den historischen Beginn des „wissenschaftlichen" Diskurses über die Weiblichkeit. Ausgangs- und Endpunkt fallen zusammen auf der Basis eines Codes, der das „Weibliche" nicht nur am „Ort des Todes", sondern den Tod auch am „Ort des Bösen und Schmutzigen"[25] situiert. Baudelaires Blick auf den Tod ist durchaus zwiespältig; er kennt ihn nicht nur als den vam-

---

[24]) Philippe *Ariès*, Geschichte des Todes, München 1982, S. 460.
[25]) Vgl. *Ariès*, a.a.O., S. 726ff.

pirischen Tod, der sich den Anschein des Lebens gibt, sondern auch – romantisch – als den erlösenden Tod, „des Lebens Ziel (...) und einzige Hoffnung,/die wie ein Zaubertrank uns stärkt und uns berauscht". Bereits Hugo Friedrich hat die ungelöste Spannung zwischen den Impulsen der „Ich-Zentralisierung" und der „Auflösung" bei Baudelaire hervorgehoben[26], und wenn man sie als Spannung zwischen „männlich" und „weiblich" codierten Wertsphären liest, dann erscheint der Rückgriff auf das Vampir-Motiv als eine Notlösung, die auch – siehe Lautréamont – unter umgekehrten Vorzeichen „funktionieren" könnte.

Wie problematisch *jede* Projektion ethisch-ideologischer Konflikte auf das Feld des Geschlechterdiskurses ist, zeigt spätestens der Vampir-Film, mit dem der Markt endgültig den Diskurs des Bösen absorbiert hatte. Ob Dracula, ob weiblicher Vamp, hier wurde, wie Siegfried Kracauer es treffend formuliert hat, einerseits plakativ „mit den Gelüsten des Publikums spekuliert", andererseits aber wieder „dicke Moral aufgetragen" und der Sieg über den Vampir als Sieg des Guten in der Welt gefeiert[27].

Epilog

Ganz unverhofft stieß ich kürzlich auf eine aktuelle Variante meines Themas. Die Frankfurter Allgemeine Zeitung hatte Elfriede Jelinek geladen, um den Fragekatalog zu beantworten, den Marcel Proust seinerzeit als Gesellschaftsspiel entwickelt hatte. Die für ihr bissiges Mundwerk bekannte Autorin gab sich ihrem Ruf gemäß exzentrisch und bösartig: Leben möchte sie „vor dem Fernseher", an Männern schätzt sie vor allem „sklavische Ergebenheit" und an ihren Freunden, „wenn sie mir alles weitererzählen". Natürlich sind derartige Antworten zunächst ein gelungener Gag, eine lustvolle Selbstinszenierung der Schriftstellerin, die sich angenehm vom üblichen Bierernst abhebt. Aber wenn Jelinek auf die Frage nach ihren „Lieblingsheldinnen in der Literatur" auch *Carmilla* nennt, den „weiblichen Vampir" des irischen Autors Joseph Sheridan Le Fanu (1814–73), so „paßt" das nicht nur ins Bild. Es heißt auch, daß die Vampirinnen nicht deshalb schon begraben werden müssen, weil männliche Autoren sie am Ende dann doch umgebracht haben. Das gilt,

---

[26]) Hugo *Friedrich*, Die Struktur der modernen Lyrik, Reinbek 1956, S. 25–43.

[27]) Siegfried *Kracauer*, Der Vamp-Film. In: Kino, Essays, Studien, Glossen zum Film, Frankfurt 1974, S. 22ff.

finde ich, nicht nur für Vampirinnen. Ich möchte deshalb zum Schluß zitieren, was ein männlicher Autor einer Frau, einem „Opfer" genauer gesagt, in den Mund gelegt hat:

> „Es dauerte sehr lange, bis ich das Grauen überwandt: noch heute manchmal steigt Carmilla vor meinem geistigen Auge auf – zuweilen als das heitere, müde, schöne Mädchen; zuweilen als die fürchterliche Furie, die ich in der Kapelle sah; und oft, wenn ich aus einem Traum auffahre, ist mir, als hörte ich den leisen Schritt Carmillas vor der Zimmertür."[28]

Literaturhinweise

Eine ausführliche Bibliographie zum Thema ‚Vampirismus' sowie eine brauchbare Textdokumentation bietet: Dieter *Sturm*/Klaus *Völker* (Hrsg.), Von denen Vampiren und Menschensaugern. München: Hanser 1968.

Charles *Baudelaire*: Le Vampir; Les Métamorphoses du Vampire. In: Les Fleurs du Mal/Die Blumen des Bösen. Aus dem Französischen übertragen von Friedhelm Kemp. Frankfurt: Fischer Tb 1966, S. 56ff. und 214ff.

Samuel Taylor *Coleridge*: Christabel. In: S.T.C.: Gedichte, engl./dt., Stuttgart: Reclam 1973, S. 96ff.

Théophile *Gautier*: Die liebende Tote (La morte amoureuse). Dt. in: Dieter Sturm/Klaus Völker: (Hrsg.): Von denen Vampiren . . . a.a.O.

Johann Wolfgang *Goethe*: Die Braut von Korinth. In: Goethe, Werke (Hamburger Ausgabe) Bd. 1., S. 268ff.

E.T.A. *Hoffmann*: (Vampirismus). In: E.T.A.H., Die Serapionsbrüder. München: Winkler 1976/79, S. 929ff.

Joseph Sheridan *Le Fanu*: Carmilla, der weibliche Vampir (dt.). Zürich: Diogenes Tb, 1979.

Edgar Allan *Poe*: Bérénice; Morella; Ligeia. In: Poe, Das gesamte Werk in 10 Bänden, Hrsg. von K. Schumann und H.D. Müller, dt. von Arno Schmidt und Hans Wollschläger, Herrsching: Pawlak 1979, Bd. 2.

Bram *Stoker*: Drei Vampir-Romane. Bergisch-Gladbach: Bastei/Lübbe 1985.

Algernon Charles *Swinburne*: Satia de Sanguine. In: The Poems, Vol. I, London 1904. Dt. Nachdichtung von Otto Hauser in: A.Ch.S.: Ausgewählte Gedichte und Balladen. Berlin 1910.

---

[28]) Joseph Sheridan *Le Fanu*, Carmilla, der weibliche Vampir, Zürich 1979, S. 121/22.

Cornelia Berens

Verwischte Spuren

Die Detektivin als literarische Wunschfigur in Kriminalromanen von Frauen

1939 veröffentlicht Dorothy L(eigh) Sayers im „Illustrated Magazine" einen Artikel über „Other People's Great Detectives" und beendet ihre Überlegungen mit folgender Aufzählung:

> Dr. Priestley, Dr. Gideon Fell, Bobby Owen, Asey Mayo, Philo Vance, Roger Sheringham, Max Carrados, Hanaud, Charlie Chan, Mr. Pinkerton, Inspector Poole, Sir George Bull, Albert Campion, Colonel Gore, Sir Clinton Driffield, Superintendent Wilson, Miles Bredon, Sir Henry Merrivale, Dr. Eustace Hailey, Drury Lane ... which, if any, would you back for the immortality stakes – fifty years on the level, with a fair field and no favour?[1]

Nach Ablauf des angegebenen Zeitraums dürfte Margery Allinghams ‚Albert Campion' der alleinige ‚Überlebende' im Bewußtsein heutiger Krimileser/innen sein: Allinghams ironische Schreibweise, die Charakterisierung ihres Helden, aber auch die Zeichnung der selbstbewußten weiblichen ‚Nebenrollen' – Amandas, Campions Frau und Val Ferris', seiner Schwester – dürften nicht unerheblich dazu beigetragen haben.

Weitaus bekannter sind nach wie vor die Prototyp-Detektive Chevalier Auguste Dupin (Edgar Allan Poe), Sherlock Holmes (Arthur Conan Doyle) und Dorothy L. Sayers eigene Kreation, Lord Peter Wimsey; dieser löst seinen ersten Fall im Jahre 1923[2]. Hercule Poirot, der effeminierte belgische Privatdetektiv Agatha Christies gibt schon 1920 sein Debüt[3], während Philip Marlowe (Raymond Chandler) und Sam Spade (Dashiell Hammett), die „tough guys" der „hard-boiled-school", ihre Arbeit erst im Amerika der 30er und 40er Jahre aufnehmen. Weitere

---

[1]) Hier zitiert nach: *Mann*, Jessica: Deadlier than the Male. An Investigation into Feminine Crime Writing. Newton Abbot und London 1981, S. 11.

[2]) „Whose Body?" – London 1923.

[3]) „The Mysterious Affair at Styles". – London 1920.

Detektive überleben durch ihre, fast als Karikatur angelegten, privaten Obsessionen und Manien. Father Brown (G.K. Chesterton) begibt sich in der Priesterkutte auf Spurensuche, während Nero Wolfe (Rex T. Stout), der Feinschmecker und Orchideenzüchter, die absolute Verkörperung des „armchair-detective" repräsentiert – seine Anweisungen werden von Archie Goodwin und der Detektivin Theodolinda Bonner[4] ausgeführt.

Deutschsprachige Detektive, inspiriert von Martin Beck und seinem Team (Maj Sjöwall/Per Wahlöö), finden sich im Polizeiapparat wieder: die Kommissare Bärlach, Trimmel, Mannhardt und Hauptkommissar Bienzle sind ihren amerikanischen Fernsehkollegen (Colombo, Kojak), was den Beliebtheitsgrad angeht, allerdings weit unterlegen. Der vermeintliche Aufrührer Schimanski bildet da eine Ausnahme.

Spurensuche

Der Detektivroman in seiner klassischen Ausprägung stößt heute weithin – sowohl bei Autor/inn/en als auch bei Kritiker/inne/n – auf eine ablehnende Haltung[5]. „Jenes intellektuelle Rätselraten"[6] des omnipotenten alter deus mit Namen Detektiv, der mit intuitivem Geschick und im Besitz einer endgültigen Moral- und Rechtsauffassung jeden Fall und damit die Welt durchschaubar macht, ist als „Triumph menschlicher Rationalität"[7] sowohl Wunschvorstellung als auch Ausdruck einer Zeit und ihrer Gesellschaftsstruktur.

---

[4]) In „The Hand in the Glove". New York 1937. Theodolinda Bonner, genannt Dol, betreibt mit einer Partnerin eine eigene Detektivagentur in der Park Avenue. In „Too Many Detectives", 1938, veranlaßt Dol Archie Goodwin zu einer chauvinistischen Suada über weibliche Detektive.

[5]) Schon Raymond *Chandler* wandte sich massiv gegen den Rätselroman des Golden Age. Vgl. dazu seinen Artikel in: Vogt, Jochen (Hg.): Der Kriminalroman I und II. Zur Theorie und Geschichte einer Gattung. – München 1971, hier Bd. I, S. 164–184. Ein breites Spektrum von Autoren-, Kritiker- und Wissenschaftlermeinungen gibt folgender Band wieder: Ermert, Karl und W. Gast (Hg.): Der Neue Deutsche Kriminalroman. Beiträge zur Darstellung, Interpretation und Kritik eines populären Genres. – Rehburg-Loccum 1985 (= Loccumer Kolloquien; Bd. 5).

[6]) *Breinersdorfer*, Fred, Wider den Polizistenroman. – In: Loccumer Kolloquien 5, S. 64–68, S. 66.

[7]) *Broich*, Ulrich, Nachwort zu E.A. Poe: Detektivgeschichten. – München 1979, S. 205.

Jene erfolgreiche Lösungstechnik der „thinking machine“[8], die der/ die Leser/in bewundernd nachvollziehen kann oder in Idealkonkurrenz zum Detektiv selbst zu vervollkommnen trachtet[9], widerspreche – so die Kritik – der Wirklichkeitserfahrung und vermittle vor allem nicht die Komplexität der Entstehungsursachen von Kriminalität, indem weder Opfern noch Täter/inne/n in ihrer dialektischen Beziehungsstruktur noch der Gesellschaft, welche beide erst hervorbringt, die nötige Aufmerksamkeit zuteil werde. Dies zu leisten, ist nun aber der erklärte Anspruch des sogenannten ‚Neuen Deutschen Kriminalromans‘: Die Frage, wie und wieso Menschen strafbare Handlungen begehen, rückt – auch in der internationalen Perspektive – in den Mittelpunkt, aus dem ‚whodunit‘ entwickelt sich die ‚crime novel‘, in der es weniger um die Aufdeckung einer Tat, die Entlarvung eines Täters, als um die Ätiologie eines Verbrechens geht. Wie und mit welchen Mitteln sich die Gesellschaft gegen einen Angriff auf ihre Handlungsnormen und Wertvorstellungen verteidigt und ‚Ruhe und Ordnung‘ wiederherzustellen pflegt, ist zum Themenvorwurf der ‚Polizeiromane‘ geworden[10]. Der Detektiv feiert hier anscheinend seine Auferstehung, allerdings ist er seines ‚Scharfsinnsheldentums‘ beraubt und findet sich versetzt in eine „arbeitsteilige, berufsbestimmte und familienbezogene Alltagsexistenz“[11]. Die Möglichkeiten einer realitätsnäheren Darstellung mit sozialkritischer Perspektivierung sind damit gegeben. Inwieweit diese genutzt werden, ohne den Spannungsaspekt, der immer noch im weitesten Sinne die Gattung „Kriminalroman“ konstituiert, zu vernachlässigen, steht hier nicht zur Debatte. Ebensowenig bin ich daran interessiert, eine allgemeingültige Definition der literarischen Detektivfigur über die gesamte Gattungsentwicklung und -ausdifferenzierung hinweg zu geben[12], oder in be-

[8]) „The Thinking Machine“ ist der Titel einer Erzählungssammlung um den Detektiv Prof. S.F.X. van Dusen von Jacques Futrelle, zuerst 1907.

[9]) Aufgrund vorenthaltener Informationen oder plötzlicher Wendungen bleibt der/die Leser/in natürlich stets der/die Unterlegene.

[10]) Vgl. dazu u.a.: *Schulz-Buschhaus*, Ulrich, Die Ohnmacht des Detektivs – Literarhistorische Bemerkungen zum neuen deutschen Kriminalroman. – In: Loccumer Koll., a.a.O., S. 10–18.

[11]) Ebenda, S. 18.

[12]) Für das 19. Jahrhundert und bezogen auf die Entwicklung in Deutschland hat das in sozialgeschichtlicher und literarhistorischer Perspektivierung Hans-Otto Hügel geleistet. Er belegt ausführlich, daß „mit dem Detektionsbegriff Verbrechensaufklärung als Darstellung von Arbeit das Orientierungszentrum und in der Erzählweise des ‚sachbezogenen Erzählens‘ das Stilprinzip der Gattung bestimmt sind.“ *Hügel*, H.-O.: Untersuchungsrichter, Diebsfänger, Detektive. Theorie und Geschichte der deutschen Detektiverzählung im 19. Jahrhundert. – Stuttgart 1978, S. 57.

zug auf den Institutionalisierungsprozeß staatlicher und privater Ermittlungs- und Verfolgungsinstanzen die Verflechtungen von literarischer Präsentation, kriminologischer Theorie und kriminalistischer Praxis darzustellen[13].

Mein Interesse gilt vielmehr der Präsenz der Detektivin in der gut hundertjährigen Geschichte des Kriminalromans.

Auf der Suche nach der Thematisierung spezifisch weiblicher Erfahrung in und mit einer männlich dominierten Gattung, in der Ausnahmeerscheinungen wie Dorothy L. Sayers, Margaret Millar, Patricia Highsmith, Ruth Rendell und nicht zuletzt Agatha Christie immer wieder zu „queens of crime" stilisiert und gleichzeitig entweder in die ‚Frauenroman' oder die psychologisierende Ecke abgedrängt werden, verfolge ich die Spuren von Autorinnen, die eine Frau mit der Rolle des Detektivs betraut haben und sich damit in die Lage versetzten – so hoffte ich zumindest –, den ‚Gang der Ermittlung' auch als Prozeß der Aneignung und des Umgangs mit physischer und intellektueller Macht durch Frauen zu gestalten.

Geradezu eine Phalanx weiblicher Amateurdetektive in den neuesten Kriminalromanen von Frauen weckte meine Neugier, zumal „Miss Jane Marple" mir als einzige ‚Vorgängerin' – im Gegensatz zu den vielen bekannten (s.o.) männlichen Detektiven –, als Lektüreerinnerung präsent war – sie schien allerdings auf den ersten Blick nur schwer mit den ‚neuen' Detektivinnen vergleichbar zu sein. Sollte die „Bildergalerie des Weiblichen"[14] im Falle der Detektivin eine Leerstelle aufweisen? Bibliographische ‚Ermittlungen' ergaben keine Leerstelle, jedoch einen ‚blinden Fleck' der literarhistorischen Forschung von erheblichem Ausmaß, weist doch Michele B. Slung schon für die 40er Jahre nach, daß bis dahin „well over sixty women detectives"[15] ihrem Beruf, bzw. ihrer

[13]) Vgl. dazu *Schönert*, Jörg (Hg.), Literatur und Kriminalität. Die gesellschaftliche Erfahrung von Verbrechen und Strafverfolgung als Gegenstand des Erzählens. – Tübingen 1983 (=Studien und Texte zur Sozialgeschichte der Literatur 8).

[14]) *Bovenschen*, Silvia, Die imaginierte Weiblichkeit. Exemplarische Untersuchungen zu kulturgeschichtlichen und literarischen Präsentationsformen des Weiblichen. – Frankfurt/Main 1979, S. 42.

[15]) *Slung*, Michele B. (Ed.): Crime on Her Mind. Fifteen Stories of Female Sleuths From the Victorian Era to the Forties. Harmondsworth 1984 (1977) (zuerst: New York 1975). Hier: Introduction, S. 13–28, S. 14.

Berufung in der Literatur – sowohl in Detektiverzählungen als auch im -roman – nachgegangen waren[16].

Die ersten Indizien

In den Streit, wer als erste literarische Detektivin gelten darf, ob *Mrs. Paschal*, 1861, oder einer weiblichen Anonyma, der „*Female Detective*", 1864, diese Auszeichnung zukommt, will ich mich ebensowenig einmischen wie auf methodischer Ebene zwischen die falschen Fronten von integrativer versus radikal feministischer Theorie geraten[17]. Die Suche nach weiblich geprägter Tradition, nach Kriminalautorinnen und deren ‚Frauenbildern'[18], ist nicht der „traditionell weiblichen Arbeit des Löcherstopfens"[19] verhaftet – damit integrativ –, sondern impliziert eine kritische Auseinandersetzung mit dem Vorgefundenen und legt da-

---

[16]) Neben Michele B. Slung haben sich noch Patricia Craig und Mary Cadogan um die Detektivin bemüht: *Craig*, P. und M. *Cadogan*, The Lady Investigates. Women Detectives and Spies in Fiction. – London 1981.
Kriminalautorinnen und ihren Werken hat sich mit einer interessanten Fragestellung Jessica Mann genähert: „Is it merely a coincidence that in this century the most successful British detective novelists have been women?" *Mann*, Jessica, Deadlier than the Male. An Investigation into Feminine Crime Writing. – Newton Abbot und London 1981, S. 11.
Inzwischen gelten auch einzelnen Autorinnen monographische Arbeiten mit teils populärwissenschaftlichem Charakter: *Hitchman*, Janet, ‚Such a Strange Lady'. An Introduction to Dorothy L. Sayers. – London 1975; *Hone*, Ralph E., Dorothy L. Sayers. A Literary Biography. – Kent, Ohio 1978. Die erste autorisierte Sayers-Biographie erscheint demnächst, verfaßt von James Brabazon, und laut Jessica Mann schreibt die Krimi-Autorin Catherine Aird (d .i. Kinn Hamilton Macintosh) an einer Biographie über Josephine Tey. Über Agatha Christie umfassend jetzt in deutsch: *Morgan*, Janet, Agatha Christie. Eine Biografie. – Hamburg 1986 (zuerst London 1984 und New York 1985).
Als Beispiel für eine oberflächliche, weil Fehlurteile der Sekundärliteratur fortschreibende Überblicksarbeit ohne analytisches Interesse sei der Aufsatz von Harald Hellmann und Ulrich Hölzer genannt: *Hellmann*, H. und U. *Hölzer*, Die Morde der Lady ABC oder: „Mehr Arbeit für den Totengräber". Kriminalroman-Autorinnen. – In: Gnüg, Hiltrud und Renate Möhrmann (Hg.): Frauen – Literatur – Geschichte: schreibende Frauen vom Mittelalter bis zur Gegenwart. – Stuttgart 1985, S. 367–379, S. 538f.

[17]) Vgl. *Helmer*, Ulrike, Wohin treibt die feministische Theorie? In: Feministische Studien 5 (1986), H. 1, S. 141–148.

[18]) Zum Begriff ‚Frauenbilder' siehe: *Stephan*, Inge, „Bilder und immer wieder Bilder . . .". Überlegungen zur Untersuchung von Frauenbildern in männlicher Literatur. – In: *Stephan*, I. und S. *Weigel*: Die verborgene Frau. Sechs Beiträge zu einer feministischen Literaturwissenschaft. – Berlin 1983 (=Literatur im historischen Prozeß, NF Bd. 6), S. 15–34, hier S. 27.

[19]) *Helmer*, a.a.O., S. 143.

mit auch Begrenzungen, Selbstbeschränkungen und Illusionen über den sozialen Ort der Geschlechter und die sich verändernde Wertigkeit weiblich-männlicher Bezugssysteme frei.

> EIN WEIB ALS MEISTERDETEKTIV! Fast unmöglich will es scheinen, daß ein Weib imstande sein sollte, sich den furchtbaren Gefahren eines Berufes auszusetzen, der die *größte Kaltblütigkeit, Verwegenheit und Entschlossenheit*, verbunden mit *scharfer Beobachtungsgabe, Schlauheit und List* erfordert. Und doch *lebt und wirkt* noch heutigen Tages in den Vereinigten Staaten ein Weib, welches sich durch seine *außergewöhnliche Befähigung zum Berufe eines weiblichen Detektivs* als solcher seit einer langen Reihe von Jahren betätigt und bereits eine *hohe Zahl der großartigsten und überraschendsten Erfolge* erzielt hat. Der Name ... ETHEL KING ... ist berühmt weit über die Grenzen der Union hinaus, und *überall bringt man dieser gefeierten Meisterin Verehrung und Bewunderung entgegen.*[20]

In der „Ahnengalerie deutscher Kriminalhefthelden"[21] finden sich schon zu Beginn unseres Jahrhunderts weibliche Detektive[22]: ‚Deutschlands Meister-Detektivin', Baronesse *Wanda (!) von Brannburg* (1907/08 in 23 Ausgaben im Meteor-Verlag, Dresden) und die oben gepriesene *Ethel King*, vom Dresdner Roman-Verlag in bezug auf ein berühmtes männliches ‚Vorbild' verkaufsfördernd als „weiblicher Sherlock Holmes" bezeichnet und nun nach Amerika ‚deportiert', nehmen es u.a. mit dem „Kinderschlachter von Berlin" und dem „Frauenmörder Bloody Fox" auf[23]. Der Ideologie der Heftliteratur verpflichtet, dürfen emanzi-

---

[20]) Verlagsanzeige des Dresdner Roman-Verlags, o.J. Hier zitiert nach: *Schmidtke*, W.G., Sherlock Holmes auf der Hintertreppe. – In: Arnold, A. (Hg.): Sherlock Holmes auf der Hintertreppe: Aufsätze zur Kriminalliteratur. – Bonn 1981 (= Studien zur Germanistik, Anglistik und Komparatistik; Bd. 106), S. 7–81 und Anlagen, hier Blatt 5.

[21]) Ebenda, S. 46.

[22]) Nicht nur weibliche Detektive sind dort zu finden, sondern auch Kriminalautorinnen, wie z.B. Elisabeth von Aspern-Buchmeier. Zur weiblichen Tradition des deutschen Kriminalromans sei vorerst nur auf wenige Namen verwiesen, die bio-bibliographische Forschung erweist sich hier als besonders schwierg. Die Art und Weise der Gattungsvariation, die Bezugnahme auf englische und amerikanische Vorbilder wie auch die Einordnung in zeitgenössische Trivialliteraturmuster lassen eine ausführliche Auseinandersetzung mit den deutschen Autorinnen an einem anderen Ort als reizvoll erscheinen. Einige seien hier genannt: Eufemia von Adlersfeld-Ballestrem, Martha Albrand (Ps. Katrin Holland), Carry (Caroline) Brachvogel, Julie Burow (d.i. Frau Pfannenschmidt), Elise Fajkmajer, Auguste Groner, Cläre von Grümer, Ricarda Huch, Agnes von Klinckowström, Gertrud von LeFort, Felicitas von Reznicek, Rahel Sanzara (d.i. Johanna Bleschke), Gabriele von Schlippenbach, Marie-Sophie Schwartz, Therese Wallner-Thurm, Pauline Weise und Karoline von Woltmann.

[23]) So lauten zwei Hefttitel.

patorisch-subversive Strategien der Leser/innenlenkung kaum erwartet werden (etwa in positiver Bezugnahme auf die zeitgenössische Frauenbewegung). Im Gegenteil, der Einsatz von ‚Schlauheit und List' – Sherlock Holmes ist m.W. nie als listig bezeichnet worden – galt der Ergreifung des ‚Kinderschlachters' und bestätigte so auch die Detektivin als gute Mutter[24]. Michele B. Slung macht für den Zeitraum zwischen 1861 und 1901 etwa zwanzig „lady detectives" aus, die vornehmlich in England agieren:

> They were usually ‚over'endowed with feminine charms to compensate for their mannish profession. (. . .) finishing her off (. . .) at the matrimonial altar, in order to reassure the Victorian public of her ultimate femaleness[25].

Etwa gleichzeitig bahnte sich die „damsel-in-distress", die verfolgte Unschuld aus den empfindsamen und Schauerromanen (‚gothic novels') – von Walpole über Clara Reeve bis hin zu Ann Radcliffe – ihren Weg in die Detektiverzählungen, stieg ab in die Untiefen der ‚penny dreadfuls' und ‚dime novels', kennzeichnete den Beginn einer neuen Subgattung der „Had-I-But-Known-School"[26] und erfreut sich noch heute im „romantic thriller" der Heyne-Taschenbuchreihe trotz aller Anfechtungen einer blühenden Gesundheit.

Anna Katharine Green, deren Kriminalroman „The Leavenworth Case"[27] 1878, neun Jahre vor dem Erscheinen von Conan Doyles „A Study in Scarlet", alle Ingredienzien enthält, die später zur Gattungskon-

---

24) Zu den Mutter-Imagines in der Kriminologie vgl. *Lamott*, Franziska, Der Risikofaktor ‚Frau'. Kriminalprävention und Mütterlichkeit. – In: Monatsschrift für Kriminologie und Strafrechtsreform 68 (1985), H. 6, S. 325–339.

25) *Slung*, Michele B., a.a.O., S. 17.

26) Der Terminus stammt von *Steinbrunner*, Chris und Otto *Penzler*, Encylopedia of Mystery and Detection. – London 1976. Er bezeichnet das Erzählmuster, das vor allem von Mary Roberts Rinehart (1876–1958) perfektioniert wurde: junge, schöne Heldinnen geraten (durch unkluges Verhalten) ständig in bedrohliche Situationen und werden aus diesen von ihren Geliebten gerettet. Ihnen sinken sie dann mit dem Ausruf, „wenn ich das doch alles schon vorher gewußt hätte!" in die Arme.

27) *Green*, Anna Katharine, The Leavenworth Case. A Lawyer's Story. – New York: Putnam's Sons 1878. Jetzt wieder als Reprint mit einer Einführung von Michele B. Slung: New York: Dover 1981.
Zur Biographie Anna Katharine Greens siehe neben einschlägigen Werken wie *Steinbrunner/Penzler*, a.a.O., Reclams Kriminalromanführer, hg. v. A. Arnold und J. Schmidt. – Stuttgart 1978, S. 170 und *Barzun*, Jacques und W. *Taylor*, A Catalogue of Crime. – New York 1971; vor allem *Kindilien*, Carlin T., A.K. Green. – In: Notable American Women 1607–1950. 3 Volumes, Vol. 2, p. 79f. und The National Cyclopoedia of American Biography, Vol. IX, p. 257f. Dort ist A.K. Green unter dem Namen ihres Mannes zu finden: Mrs. Charles Rohlfs.

vention erstarren (die Leiche in der Bibliothek, den älteren unkonventionellen Detektiv, einen jungen Anwalt, der als Erzähler fungiert und in eine der beiden Schwestern, die in Mordverdacht geraten, verliebt ist, die Hausangestellten, die den Kreis der Verdächtigen erweitern, etc.), erfindet mit der Figur der Amelia Butterworth den Prototyp der weißhaarigen, emsig mit der Aufklärung mysteriöser Kriminalfälle in nächster Nachbarschaft beschäftigten, mit den Stricknadeln klappernden, Tee trinkenden und für die polizeiliche Ermittlungsarbeit häufig als Störfaktor in Erscheinung tretenden altjüngferlichen Detektivin, „the spinster-sleuth"[28].

A.K. Green stellt ihrem Serienhelden, Mr. Ebenezar Gryce, dem weit über siebzig Jahre alten renommierten Polizeidetektiv aus New York, in fünf Romanen Miss Amelia Butterworth als Assistentin zur Seite[29]. Deren detektivische Ambitionen benötigen allerdings ständig eine Rechtfertigung – „any interest I may take in this matter is due to my sense of justice" –, um nicht typisch weiblicher Neugier verdächtigt zu werden. Als Ich-Erzählerin empfiehlt sie sich den Leser/inne/n als seriöse ältere Dame, „as a woman of inborn principle and strict Presbyterian training"[30], um dann anschließend mit Vergnügen der Langeweile zu entfliehen und sich in ungewisse Abenteuer zu stürzen. Amelia gelingt es in keinem der Fälle, die Täter zu entlarven, dies bleibt Mr. Gryce vorbehalten. Ihr guter Glaube an die Menschheit, der nur schwer zu erschüttern ist, verdunkle, so Mr. Gryce, ihren Blick, und ihren logischen Schlußfolgerungen mangele es an Scharfsinn. Allerdings ist auch den Tätern mit logischer Deduktion nicht beizukommen, denn die Schauerromandramaturgie evoziert mysteriöse Effekte und in „Lost Man's Lane" einen ‚Irren' als Mörder.

---

[28]) The Oxford English Dictionary. Vol. X, London, Oxford 1961 (1933), p. 611 erklärt „spinster" in der 1. Wortbedeutung mit „A woman (or, rarely, a man) who spins" und 2. „Appended to names of women, originally in order to denote their occupation, but subsequently (from the 17th century) as the proper legal designation of one still unmarried." – *Noch* nicht verheiratet, d.h. die Frau hat ihre Bestimmung *noch* nicht erfüllt.

[29]) „That Affair Next Door", 1897; „Lost Man's Lane: A Second Episode in the Life of Amelia Butterworth", 1898; „The Circulair Study", 1900; „One of My Sons", 1901; „Initials Only", 1911.

[30]) Preface to „Lost Man's Lane", New York 1898, p. 1.

Abschied von Miss Marple

Amelia Butterworth hat zahlreiche Nachfolgerinnen gefunden: Miss Marple und Mis Maud Silver, das Phantasiegeschöpf von Patricia Wentworth[31], könnten Schwestern sein: Sie bewegen sich in den gleichen Kreisen, haben ähnliche Vorlieben, kleine Schwächen und vor allem als ihre stärkste Waffe ihren Anschein von Harmlosigkeit, den sie im Dialog mit Verdächtigen geschickt einsetzen, um ihre Gesprächspartner dann um so wirkungsvoller aufs Glatteis zu führen. In „A Caribbean Mystery" wird über Miss Marple gesagt: „She had one weapon and one weapon only, and that was conversation"[32]. In der kleinen Gemeinde St. Mary Mead erlauben die überschaubaren sozialen Strukturen nicht, daß die Menschen Geheimnisse voreinander haben – vor allem die Frauen nehmen das Amt des Sittenwächters wahr. Miss Marples Teestunden-Gespräche folgen einem „verschlüsselte(n) Klatschcode"[33]:

> Der ‚Takt', mit dem nun (. . .) geklatscht wurde, um die Gesprächsharmonie zu bewahren, war bewundernswert. Er war das Ergebnis einer langen Schulung, in Gesprächen die leisesten Nuancierungen im Tonfall wahrzunehmen und hinter dem bedeutungsvollen Schweigen die gemeinte Anspielung zu erahnen[34].

Hinter der scheinbar ruhigen Oberfläche werden Abgründe sichtbar, „vor allem hinter der Fassade anderer Frauen, die den gleichen Verhaltensnormierungen unterworfen waren, wurden die unglaublichsten Begierden vermutet"[35]. Allzu oft entlarvt Miss Marple eine ihrer Geschlechtsgenossinnen als Mörderin, die in der Tat einen letzten, verzweifelten Ausweg sieht, ihrem eingeschränkten, von Ver- und Geboten umstellten Lebensraum zu entkommen. Die ‚gefährliche Frau', deren ‚Zähmung' nicht gelungen ist, gehört zum stereotypischen Personal

---

[31]) *Wentworth*, Patricia (d.i. Dora Amy Dillon Turnbull), The Grey Mask. – Philadelphia 1929. Ein Jahr später erschien in England Agatha Christies erster Kriminalroman mit Miss Marple als Protagonistin: „The Murder at the Vicarage" (Mord im Pfarrhaus). Die Krimis beider Autorinnen sind in deutschen Übersetzungen als Taschenbücher greifbar: Agatha Christie u.a. als Scherz-Classic-Krimi, Patricia Wentworth bei Bastei-Lübbe. Als weitere ältliche Detektivin dürfte Mrs. Bradley von Gladys Mitchell noch heute bekannt sein.

[32]) A. *Christie*, A Caribbean Mystery. – London. Fontana Press 1964, p. 33.

[33]) *Althans*, Birgit, „Halte dich fern von den klatschenden Weibern . . ." Zur Phänomenologie des Klatsches. – In: Feministische Studien 4 (1985), H. 2, S. 46–53, S. 51.

[34]) Ebenda.

[35]) Ebenda, S. 50.

auch des weiblichen Krimis. Miss Marple gelingt es, durch ihre Betätigung als Detektivin, den vorgegebenen Mustern, die die middle-class-society für eine alte Dame vorgesehen hat, zu entfliehen:

> Nur ihre detektivische Arbeit verleiht Miß Marple in ‚Dummheit ist gefährlich (The Mirror Crack'd from Side to Side, 1962)' eine feste soziale Stellung und Selbstsicherheit. Am Beginn des Romans wird sie ausführlich als alte Frau geschildert, die von ihrer Betreuerin entmündigt wird. Ihre Auflehnungsversuche scheitern. Die Folge ist Krankheit. Es ist nun mehr als ein Scherz, es ist zugleich der verwirklichte Plan des Romans, daß ihr Hausarzt ihr als Hilfsmittel die Aufklärung eines Mordes ‚verschreibt'; (. . .) der Mord geschieht, Miß Marple gewinnt Aktivität und zugleich soziales Ansehen zurück, löst den Fall und befreit sich am Ende auch von ihrer Betreuerin[36].

Dorothy L. Sayers äußert in ihrer Korrespondenz mit Agatha Christie einmal ihre Vorliebe für Miss Marple:

> Eine nette alte Klatschbase ist die einzige Frauengestalt, die wirklich auf eine Detektivin paßt, und Miss M. ist reizend[37].

Diese Aussage hindert sie jedoch nicht daran, Lord Peter Wimsey eine zynische Hymne auf Fräulein Alexandra Katherina Climpson, seine Quasi-Sekretärin, anstimmen zu lassen. Miss Climpson verweist in ihrer parodistisch angelegten Überzeichnung auf das zugrundeliegende Klischee:

> ‚Fräulein Climpson ist ein Beweis dafür, wie verschwenderisch in diesem Lande die besten Kräfte ungenutzt gelassen werden. Siehe die Elektrizität. Siehe die Wasserkräfte. Siehe die Gezeiten. Siehe die Sonne! Millionen von Krafteinheiten verpuffen in jeder Minute im Raum. Tausende von alten Jungfern, die vor ungenutzten Kräften platzen, werden durch unser dummes soziales System gezwungen, ihr Leben in Pensionen oder in Stellungen als Gesellschafterinnen zu verbringen, wo ihre prachtvollen Schwatzfähigkeiten und ihre Neugierde verschwendet oder sogar der Allgemeinheit schädlich

36) *Hügel*, Hans-Otto, Untersuchungsrichter . . ., a.a.O., S. 35. Vgl. zu Miss Marple und ihrem fiktiven sozialen Umfeld auch die amüsante fiktive Biographie: *Brender*, Irmela, Über Miss Marple. (Biographische Skizzen). – Stuttgart 1983 (=Kabinett der Detektive bei Poller).
Desweiteren auch das neunte Kapitel „Grandmotherly Disguise" in *Craig*, P. und M. *Cadogan*, a.a.O., S. 164–187.
Barbara Sichtermann hat eine Neubewertung von A. Christie im Vergleich zu Virginia Woolf unternommen: B. *Sichtermann*, „Gewalt und Spitzendeckchen". In: Die Zeit, Nr. 15, April 1986.

37) Hier zitiert nach *Morgan*, Janet, Agatha Christie, a.a.O., S. 224.

werden, während das Geld der Steuerzahler zur Bezahlung von Arbeit vergeudet wird, die diesen weiblichen Wesen besonders angepaßt wäre und die jetzt von Polizeileuten wie dir ungenügend geleistet wird –' ,Ja, ja, ganz recht', sagte Parker. ,Du meinst, daß Fräulein Climpson dir gewissermaßen Suchdienste leistet?'
,Sie ist mir Ohr und Zunge', sagte Lord Peter in hochdramatischem Ton, ,und besonders Nase. Sie stellt Fragen, die ein junger Mann nicht aussprechen dürfte, ohne zu erröten. Sie wittert Unrat im Dunkeln. Sie ist tatsächlich unbezahlbar.' ,Gar keine schlechte Idee', meinte Parker.
,Natürlich – meine, daher glänzend! Denk doch nur! Man will Fragen stellen lassen. Wen schickt man? Einen Mann mit großen Plattfüßen und einem Notizbuch, der unartikulierte Brummlaute von sich gibt. Ich schicke eine Dame, die einen wollenen Jumper strickt und baumelnde Sachen um den Hals trägt. Natürlich stellt sie Fragen – jedermann erwartet das. Niemand ist überrascht. Niemand wird alarmiert. Womit die sogenannte Überflüssigkeit angenehm und nutzbringend verwendet wird. Eines Tages wird man mir ein Denkmal errichten mit der Inschrift: *Dem Manne, der Tausende von überflüssigen Frauen glücklich machte, ohne Verletzung ihrer Sittsamkeit oder Überanstrengung seiner Kräfte*.[38]

Für einen „Abschied von Miss Marple"[39] mag für Krimiautor/inn/en die Zeit gekommen sein, eine Überprüfung der Weiblichkeitsimagines und ‚Frauenbilder' in einer profunden Textanalyse steht noch aus.

A.K. Green betraut 1915 eine zweite Detektivin, die junge New Yorker Debütantin Violet Strange (nomen est omen) mit der Aufklärung mysteriöser Fälle. Violets Profession muß geheim bleiben – „In no event give away her secret"[40] –, damit sie weiterhin ungestört innerhalb der ‚highest society' ermitteln kann und ohne störende Einmischung der Polizei gesellschaftliche Skandale diskret zu vermeiden hilft. „Her way with girls was even more fruitful of result than her way with men"[41]. In „Golden Slipper" wird die von ihr überführte Täterin von den Angehörigen ihrer gesellschaftlichen Schicht gedeckt, und man stellt ihr in Aussicht, daß ihre kleptomanische Neigung mit der Liebe zu einem auf-

---

38) *Sayers*, Dorothy L., Eines natürlichen Todes. – Bern, München, Wien: Scherz 9. Aufl. 1982 (1951) (zuerst engl.: „Unnatural Death", London 1927), S. 24.

39) *Bieber*, Horst, Abschied von Miss Marple. – In: Die Zeit, 29. Januar 1983, jetzt auch in Loccumer Kolloquien, Bd. 5, a.a.O., S. 140–146.

40) *Green*, A.K., The Golden Slipper. – In: Slung, Michele B. (Ed.): Crime on Her Mind, a.a.O., S. 165–183, (zuerst: A.K. *Green*, The Golden Slipper and Other Problems for Violet Strange. – New York: Putnam's Sons 1915), hier S. 168.

41) Ebenda, S. 174.

strebenden jungen Captain ihr ‚natürliches' Ende finden würde: „the curse of longing I could not combat. But love was working a change in me."[42] Nicht sinnvolle, selbstbestimmte Tätigkeit, sondern Heirat ermöglicht ein „Happy-End" – Violet Strange trägt ihren Teil dazu bei, daß die alte Rollenverteilung aufrechterhalten werden kann. Ähneln ihr die ‚neuen' Detektivinnen der 70er Jahre unseres Jahrhunderts?

Frauen und Bildung

„Wie können wir in das Berufsleben
eintreten und trotzdem zivilisierte
Menschen bleiben"
Virginia Woolf, Drei Guineen, 1938

Die „femina sapiens' als Amateurdetektivin begegnet in einer Subgattung des Detektivromans besonders häufig, in der sich auf den englischsprachigen Roman und seine Bildungsinstitutionen beschränkenden „college novel".

In einem reinen Frauencollege geschehen bei Dorothy L. Sayers („Gaudy Night", 1935 – „Aufruhr in Oxford") und Josephine Tey („Miss Pym Disposes", 1946) mysteriöse Dinge; Unfälle und anonyme Morddrohungen beunruhigen Lehrerinnen und Schülerinnen gleichermaßen. Die modernere Variante, nachdem das Prinzip der Koedukation sich durchgesetzt hat und sogar weiblichen Professoren die ‚venia legendi' erteilt werden kann, gestalten Amanda Cross („Death in a Tenured Position", 1981) und Valerie Miner („Murder in the English Department", 1982 – „Mord auf dem Campus").

Die Zeichnung einer durchaus komplexen, psychologisch glaubwürdigen Figur ist Sayers mit der Kriminalschriftstellerin (!) Harriet Vane gelungen. Nachdem diese in „Strong Poison", durch Lord Peter Wimsey von einem Mordverdacht befreit, ‚gereinigt' wird, darf sie mit ihm gemeinsam in „Have His Carcase" einen äußerst verwickelten Mordfall lösen, um dann in ‚Gaudy Night" eigenständige Ermittlungen durchzuführen. Aber auch hier muß nach dem Willen der Autorin zum Schluß Lord Peter herbeieilen, um die Wahrheit ans Licht zu bringen. Seine Lö-

[42]) Ebenda, S. 182.

sung des Falles und die Überführung der Täterin präsentiert er äußerst redegewandt in einem langen Schlußmonolog den sprachlosen Professorinnen. Natürlich bedankt er sich galant bei Harriet für die von ihr geleistete ‚Vorarbeit' und stellt seine eigene Leistung kokett in den Schatten:

> Ich darf sagen, daß nahezu alle für die Aufstellung dieser Theorie notwendigen Daten in der sehr wertvollen Zusammenfassung der Ereignisse enthalten waren, die Miss Vane für mich erstellt und mir bei meiner Ankunft übergeben hat. Die Beschaffung der übrigen Beweise war, wie die Polizei es nennt, reine Routine.[43]

„Gaudy Night" ist eine äußerst spannend erzählte Detektivgeschichte, in der Harriets Untersuchungen einen eigenständigen Stil erlangen und sozialpsychologische Erkenntnisse zeitigen, die die Rolle der an einem College tätigen Wissenschaftlerinnen thematisieren. Wie instabil und gefährdet die gesellschaftliche Position der Wissenschaftlerinnen zu diesem Zeitpunkt (1935) noch erscheint, wie alte Rollenfestschreibungen (der Mann definiert sich über den Beruf, die Frau über ihre familiären Verpflichtungen) eine klare Trennung von privater und öffentlicher (Berufs-)Sphäre zementieren, „nämlich daß es in diesem Kollegium keine einzige Frau gibt, ob verheiratet oder ledig, die persönliche Verpflichtungen über die Berufsehre stellen würde"[44], und wie Dorothy L. Sayers diese ihre eigenen Erfahrungen am Somerville-College zur Konstruktion einer spannenden, ereignisreichen Krimi-Handlung nutzt und umsetzt, macht „Gaudy Night" auch heute noch zu einer Lektüre, die, an Sayers eigenem Anspruch gemessen – aus dem „cross-word-puzzle" eine „novel of manners" zu gestalten –, heutigen Leser/inne/n einen Einblick in einen historischen Abschnitt weiblicher Sozialisation zu geben vermag. Die Auffassungen Harriets, die hier wohl als ‚Sprachrohr' der Autorin gesehen werden darf, bleiben – was die Bestimmung der Frau angeht – in einer eigentümlichen Schwebe, was sowohl als ein Tribut an die Gattungskonformität des herkömmlichen Kriminalromans als auch als ein Spiel mit verdeckten Karten, das es in einer genauen Analyse aufzudecken gilt, gedeutet werden kann.

Das Unbehagen Julian Symons', der als Historiker des Genres auch anderen Autorinnen wenig gerecht wird, äußert sich in folgendem Fehlurteil:

---

[43]) *Sayers*, Dorothy L., Aufruhr in Oxford. Deutsch von Otto Bayer. – Reinbek 1983, S. 438.

[44]) Ebenda, S. 447.

> ‚Aufruhr in Oxford' ist durch und durch ein ‚Frauenroman' voll pseudoseriösem Geschwafel der einzelnen Personen, das sich Seite für Seite fortsetzt.[45]

Amanda Cross ist das Pseudonym für die Anglistik-Professorin Carolyn Heilbrun – „Death in a Tenured Position"[46], ein Schlüsselroman über Harvard, das erst 1977 eine Professorin in den exklusiven ‚Club' aufnahm.

Als Amanda Cross' Amateurdetektivin agiert die Literaturprofessorin Kate Fansler. Ihre beruflichen Erfahrungen und vor allem ihr reichhaltiger Lektürefundus ermöglichen ihr, z.B. einen Mord im Zusammenhang mit einem verschwundenen James-Joyce-Manuskript aufzuklären oder die Umstände des Todes ihrer Kollegin Janet Mandelbaum, der Frau, die als erste eine Professur im ‚English Department' erhalten hat, zu enthüllen. Ernste Themen werden äußerst humorvoll präsentiert, literarische Anspielungen und witzige Dialoge, Kates Selbstgespräche und die genaue Beobachtung des absurden amerikanischen Alltags im Akademikermilieu machen Amanda Cross' Romane zu einem Lektürevergnügen. Feminismus, der sich selbstkritisch ironisiert, ist ein zu seltenes Phänomen, als daß man sich die Übersetzung der Romane ins Deutsche nicht wünschen würde. Von Kate Fansler könnten deutsche literarische Detektivinnen noch einiges lernen.

Frauen und Schreiben

Die Schriftstellerin als Detektivin ist ein beliebter Topos des Kriminalromans, gibt er doch den Autorinnen die Möglichkeit, eigene Lebenserfahrung in einer Gattung zu thematisieren, die ansonsten wenig dazu veranlaßt, Interdependenzen von ‚Leben und Werk' aufzusuchen und eine oftmals als angenehm empfundene Barriere zwischen Leser/inn/en und Autorin errichtet – „the personal reticence the form allows"[47].

[45]) *Symons*, Julian, Am Anfang war der Mord. Eine Kultur- und Literaturgeschichte des Kriminalromans. Eher amüsant als akademisch. – München 1972, S. 130.

[46]) Aus Platzgründen gehe ich hier nicht weiter auf die noch genannten ‚college novels' ein. Josephine Teys „Miss Pym Disposes" ist als Penguin Taschenbuch erhältlich und Valerie Miners „Mord auf dem Campus" als Paperback bei Nikolai & Medea, Frankfurt/Main 1985. Carolyn Heilbrun engagiert sich u.a. in der feministischen Literaturwissenschaft. Ihre Krimis, die sie unter dem Pseudonym Amanda Cross veröffentlicht, sind leider nicht übersetzt, aber teilweise als Ballantine-Books in preiswerten Taschenbuchausgaben erhältlich.

[47]) *Mann*, Jessica, Deadlier than the Male, a.a.O., S. 13.

Die *Kriminalschriftstellerin als Detektivin* könnte zudem Überlegungen veranlassen, inwieweit die Ermittlungshandlung der Detektivin dem aufklärerischen Prozeß und Impetus des Schreibens vergleichbar erscheint.

Die Detektiverzählungen und -romane um Susan Dare, Ariadne Oliver und Harriet Vane scheinen jedoch vielmehr Sigrid Weigels Befund zu bestätigen:

> Eher aber wählen Schriftstellerinnen eine Heldin, als daß sie in der Erzählperspektive sich eindeutig als schreibende Frau zu erkennen geben.[48]

„Immerhin ist es beruhigend zu wissen, daß ihr Interesse am Morden mehr theoretischer Natur ist“[49] – Angst artikuliert ein Mann gegenüber der Krimiautorin Susan Dare (to dare = etwas wagen, jem. trotzen) bei ihrer ersten Begegnung, nicht zu Unrecht, denn wenig später wird er von ihr als Mörder entlarvt. Susans Freund Jim Byrne veranlaßt ihre Ermittlungen: „Sie schreiben Krimis. Ich habe ein paar gelesen, sie sind nicht schlecht. Jetzt haben Sie die Chance, sich mal an einem richtigen Kriminalfall zu versuchen.“[50] Doch Susan will sich gar nicht als Detektivin betätigen, wird aber – und auch das ist Stereotyp der Gattung in bezug auf den weiblichen Detektiv – quasi dazu gezwungen, um Freund/inn/en aus der Not zu helfen. Daß ihre ‚Arbeit‘ nicht als solche eingestuft wird, äußert sich auch in der Tatsache, daß sie natürlich außer der Dankbarkeit ihrer Bekannten keinen Lohn für ihre Anstrengungen erhält. Auch die Detektivin leistet unbezahlte Frauenarbeit.

Susan Dare gelingt aufgrund von genauer Beobachtung, Kombination von Fakten, Intuition und Einfühlung in die Psyche der Verdächtigen die Lösung der kriminalistischen Rätsel; die gleichen Eigenschaften ermöglichen ihr auch das Schreiben von Kriminalromanen. Die Art und Weise, in der die Autorin Mignon Good Eberhart ihre Heldin ein Notizbuch anlegen läßt, um „die Fülle vager Spuren und Hinweise auf konkrete Fakten zu reduzieren“[51], erinnert an die Arbeitsweise Agatha Christies, „auf ein gelbes Blatt Manuskriptpapier schrieb sie: ‚Personen; mögliche Motive; Spuren; Fragen . . .‘“[52].

Neben Miss Marple und Hercule Poirot erscheint in einigen Romanen Agatha Christies die Krimi-Autorin Mrs. Ariadne Oliver. In „Cards on

---

[48]) *Weigel*, Sigrid, Der schielende Blick. Thesen zur Geschichte weiblicher Schreibpraxis. – In: Stephan, I. und S. Weigel: Die verborgene Frau, a.a.O., S. 83–137, hier S. 95.

[49]) *Eberhart*, Mignon Good, Mörderjagd mit zarter Hand. Kriminalstories. – Frankfurt/Main, Berlin, Wien 1980 (zuerst englisch: The Cases of Susan Dare. 1934), S. 7.

[50]) Ebenda, S. 17.

[51]) Ebenda, S. 58.

[52]) Ebenda, S. 18.

the Table" (1936) arrangiert Christie eine „murder party" und konfrontiert vier Mörder mit vier verschiedenen Ermittlungsfiguren:

> The four murderers and the four sleuths – Scotland Yard. Secret Service. Private. Fiction.[53]

‚Fiction' wird hier mit zügelloser Einbildungskraft gleichgesetzt, die in der Lage ist, unter Mißachtung aller vorliegenden Fakten, ständig neue Lösungsvarianten zu präsentieren, ohne überhaupt an ihrem Realitätsgehalt interessiert zu sein. Die Einbildungskraft wird an die Person einer Frau gebunden und so im Verein mit ‚weiblicher Gabe zur Intuition' lächerlich gemacht. Nur ‚Private' (d.i. natürlich Poirot) ist in der Lage, den Fall zu lösen. Einige wenige Male wird Mrs. Oliver bei der Arbeit gezeigt, wie sie Skizzen zu einem Roman entwirft – ihr Held ist (analog zu Poirot) ein finnischer Detektiv, den die Leser viel zu ernst nehmen, was Mrs. Oliver verwundert –; seit Janet Morgans Biographie über Agatha Christie ist einiges mehr über Christies Arbeitsweise bekannt, die in Ariadne ein Medium des Ausdrucks fand:

> Ihre Skizzenbücher zeigen uns, wie ihr Geist arbeitete, wie sie einen Gedanken aufnahm, mit ihm spielte, immer neue sorgfältig durchgearbeitete Varianten entwarf, dabei den ursprünglichen Gedanken völlig umkehrte. (. . .) Wenn man ein halbes Dutzend der Bücher durcharbeitet, ist es möglich, die Ursprünge der einzelnen Handlungen zu entwirren, und es ist eine reizvolle Beschäftigung, denn sie erhellt die Art, in der Agatha einen Gedanken aufbaute, wie sie von der ersten Ahnung mit Hilfe von Assoziation, Hypothese, Paradoxon und Logik zum Konzept voranschritt.[54]

Eine ebenso beliebte Variante wie die Krimi-Autorin als Detektivin stellt – vor allem im neueren Detektivroman – die *Journalistin als Ermittelnde* dar. Allzu oft gerät dabei jedoch den Autorinnen die Charakterisierung ihrer Heldinnen zu optimistisch-idealistisch. Bei Hella Illing und Lydia Tews führt journalistisches Ethos und Pathos an den Rand von Sozialkitsch: Auf die „Spuren ins Jenseits"[55] begibt sich Monika Ritter, Reporterin der ‚Hamburger Illustrierten' – der Transport der ‚gothic novel' in die Gegenwart wird hier mit modernem Personal praktiziert; eher dem westdeutschen Sozio-Krimi verpflichtet, ermittelt die Journalistin Regina Schaube in einem Fall von Umweltverschmutzung

[53]) Hier zitiert nach: *Egloff*, Gerd, Detektivroman und englisches Bürgertum. Konstruktionsschema und Gesellschaftsbild bei Agatha Christie. – Düsseldorf 1974, S. 51.

[54]) *Morgan*, Janet, Agatha Christie, a.a.O., S. 360.

[55]) *Illing*, Hella, Spuren ins Jenseits. – Hamburg 1985.

und bewirkt damit eine „Störung der Totenruhe“[56]. Susanne Thommes entwickelt um ihre Protagonistin, die Journalistin Franza (!) Lienhardt, einen vielversprechenden Plot: Franza denkt sich einen perfekten Giftmord aus, erzählt ihren Freunden davon und muß wenig später entsetzt feststellen, daß genau ein solcher Mord sich ereignet hat – die Realität holt die Phantasie der Schreibenden ein[57]. Die amerikanische Autorin Lucille Kallen gestattet der Reporterin Maggie Rome dagegen nur – getreu dem Watson-Prinzip – Zubringerdienste: Ihr Chef, der Zeitungsinhaber, Mr. Greenfield, löst schließlich den Fall und Maggie Rome wird in einer eingeschränkten Wahrnehmung und Interpretation der Fakten zurückgelassen[58]. Das humoristische Krimikonzept um die zur Identifikation einladende, ohne Ecken und Kanten ausschließlich positiv gezeichnete Heldin, die Amsterdamer Journalistin Tonia, der lakonische Umgang mit Opfern und Tätern und das unvermeidlich harmonische Happy-End ihrer bislang sieben Bücher beschert der Niederländerin Martine Carton eine eingeschworene (weibliche) Fangemeinde, der die phantastischsten Variationen innerhalb eines vorgegebenen Rahmens immer wieder Spaß zu machen scheinen. Hier geht es weniger um spannende Deduktion, als um die treffsichere Beschreibung eines alternativen, liberalen Milieus, dessen Vertreter/innen u.a. im Konflikt mit Repräsentanten typisch patriarchalischer Gesellschaften karikiert werden[59].

Frauen und Gewalt

Das Thema, wie Frauen auf Gewalt reagieren, die ihnen alltäglich angetan wird – von der strukturellen Definitionsgewalt ‚im Namen des Vaters‘ bis zur körperlichen Gewalt – scheint zu ernst zu sein, um Eingang in den weiblichen Kriminalroman zu finden. Aber auch die Ausübung von Gewalt widerspricht zu sehr der traditionellen Frauenrolle, als daß sie zum Erscheinungsbild der weiblichen Detektive wie selbstverständlich dazugehörte.

---

[56]) *Tews*, Lydia, Störung der Totenruhe. – München 1984.

[57]) *Thommes*, Susanne, Altweibersommer. – Bergisch-Gladbach 1984.

[58]) *Kallen*, Lucille, Sag mir, wo die Frauen sind. – München 1983.

[59]) Vgl. z.B. *Carton*, Martine, Martina oder Jan-Kees verliert seinen Kopf. – Frankfurt/Main 1984 oder M. *Carton*, Victoria und die Ölscheiche. – Frankfurt/Main 1983.

Erfahrungsberichte und Memoiren realer Detektivinnen, bzw. Polizistinnen geben wenig Auskunft, was diesen diffizilen Bereich angeht[60].

Im Gegensatz zu den „tough guys“, die ihre Fäuste anzuwenden wissen und auch einiges einstecken können, erfahren wir von den Detektivinnen selten etwas über ihre Kondition, außer daß sie zu Beginn unseres Jahrhunderts noch wirkungsvoll und zum rechten Zeitpunkt in Ohnmacht fallen können. Niemals treibt es eine Detektivin durch die „mean streets“ der großen Städte, ihre ‚Klienten‘ sind „domestic murderers“[61] sie löst die Probleme mit „zarter Hand“[62] oder „auf die sanfte Tour“[63].

Drei deutsche Kriminalromane versuchen auf verschiedene Weise, eine Auseinandersetzung mit dem Thema in Gang zu setzen: Als erster deutscher „Szene“-Krimi dürfte Corinna Kawaters „Zora Zobel findet die Leiche“[64] in die Annalen der Kriminalliteratur eingehen, eine spannende und amüsante, die Innenansicht der Alternativszene liebevoll und mit kritischer Sympathie ausleuchtende, heute fast schon historisch anmutende ‚Fallgeschichte‘. Die Ansiedlung der handelnden Personen im Hausbesetzermilieu, der Versuch Zoras und Ritas, einen Supermarkt zu ‚beklauen‘, die Story von Kalle bei der Fahrkartenkontrolle sind allesamt Versuche, die Reaktionen des bürgerlichen Milieus auf das Widerstandspotential der Alternativen, ihre „kleinen Fluchten“, zu karikieren. Corinna Kawaters verriet bei einer Lesung in Hamburg, daß in ihrem ersten Entwurf Zora Zobel selbst die Mörderin gewesen sei – auf Anraten des Verlags habe sie dies später geändert: Frauen und Gewalt, das geht eben nicht so leicht zusammen.

Das Etikett „Kriminal-Satire“ weckt Erwartungen, die Elke zur Niedens „Eine Schlange frißt kein Glencheck“[65] leider nicht einlöst, pure Übertreibung eines Milieus und Überzeichnung der handelnden Figuren (wie auch der Gewaltszenen) ergeben noch keine Satire, genauso wenig wie ein Mord den Krimi konstituiert.

---

[60]) Vgl. z.B. *Kerner*, Annette, Woman Detective. – London 1954 und Uhnak, Dorothy: Policewoman. – New York 1963.

[61]) *Slung*, Michele B., Crime on Her Mind, a.a.O., S. 22.

[62]) *Eberhart*, Mignon Good, Mörderjagd mit zarter Hand, a.a.O.

[63]) „The Gentle Touch“ – „Auf die sanfte Tour“ ist der Titel einer englischen Fernsehserie um die im Polizeidienst angestellte Detektivin Maggy Forbes, dargestellt von Jill Gascoine.

[64]) *Kawaters*, Corinna, Zora Zobel findet die Leiche. – Frankfurt/Main: 2001, 1984. Inzwischen ist ein zweiter Krimi erschienen: C. *Kawaters*, Zora Zobel zieht um. – Giessen 1986.

[65]) *Nieden*, Elke zur, Eine Schlange frißt kein Glencheck. Kriminal-Satire. – Frankfurt/Main 1984.

Nach der Aufführung eines Frauentheaterstücks wird die Autorin ermordet aufgefunden – eine Kommissarin ermittelt zusammen mit der Frauengruppe, der die Ermordete angehörte, und bringt sich selbst dabei in Gefahr, aus der sie – natürlich – im letzten Moment von einem männlichen Kollegen gerettet wird. Christine Reisch-Nowacks „Rendezvous mit dem Mörder" ist im Dortmunder Weltkreis-Verlag erschienen; der Verlag bemüht sich um den ‚neuen deutschen Kriminalroman' und verlangt von den Autor/inn/en ein realistisches Krimikonzept[66]. Die Gewaltfrage wird auch bei Reisch-Nowack angesprochen, aber nur in wenigen Szenen ansatzweise behandelt; z.B. wird die Obduktion der Leiche genau beschrieben, um die Sinnlosigkeit des gewaltsamen Todes zu evozieren. Der Roman endet mit der Gerichtsszene, in der es zur Verurteilung des Täters kommen soll, „Perverse Triebbefriedigung, hatte der Staatsanwalt gesagt."[67] Die Kommissarin verläßt noch vor der Urteilsverkündung den Gerichtssaal, und so erfährt der/die Leser/in nichts über das Strafmaß und muß sich ein eigenes „Urteil" bilden.

Ein reizender Job für eine Frau

> William O. Aydelotte fragte nach den Gründen für die Popularität des Kriminalromans und sah sie in der Projektion elementarer Wünsche des Lesers auf die Figur des Detektivs. Im Gegensatz zu der gängigen Auffassung fand er im Kriminalroman jedoch kein Indiz für demokratische Gesellschaftsformen, sondern einen Ausdruck autoritärer Tendenzen in der modernen Gesellschaft.[68]

Aydelotte formuliert seine Auffassung um 1949 mit der Erfahrung des II. Weltkriegs im Rücken. Seine Ansicht ist historisch vermittelbar: Der Detektivroman ist nicht per se demokratisch oder totalitär-autoritär[69],

---

66) *Reisch-Nowack*, Christine, Rendezvous mit dem Mörder. – Dortmund 1984.

67) Ebenda, S. 154.

68) Aydelottes Aufsatz „The Detective Story as a Historical Source" von 1949/50 wird hier zitiert nach: *Egloff*, Gerd, Detektivroman, a.a.O., S. 14.

69) Walter T. Rix versucht eine Aufarbeitung des Detektivromans und seiner Popularität im Nazi-Deutschland und – in einer unerträglichen Parallelisierung – in der DDR. In: *Buchloh*, Paul G. und Jens P. *Becker*, Der Detektivroman. Studien zur Geschichte und Form der englischen und amerikanischen Detektivliteratur. Mit Beiträgen von A. Wulff und W.T. Rix. – Darmstadt, 2. erg. u. überarb. Aufl. 1978, S. 121–134. Zum Kriminalroman in der DDR siehe jetzt: *Pfeiffer*, Hans, Phantasiemorde. Ein Streifzug durch den DDR-Kriminalroman. – Berlin (DDR) 1985.

sondern erfüllt jeweils bestimmte Funktionen, die ihm von Leser/inne/n und Kritiker/innen/n zugewiesen werden. Für das 19. Jahrhundert attestiert Hügel der Gattung ‚Detektiverzählung' einen fortschrittlichen Impetus: Arbeit kann als Möglichkeit zum sozialen Aufstieg dargestellt werden, und der Leser, der sich mit dem Detektiv identifiziert – vom sozialen Aufstieg der Frau ist hier nirgends die Rede –, erfährt sein Leben, seine Biographie, als veränderbar. Die ausdifferenzierte Gattung des Detektivromans im „Golden Age", also in der Zeit von 1918 bis 1939, präsentiert sich, wie schon Colin Watson bemerkt, als „museum of nostalgia"[70]. Das „Bemühen der ‚middle class', ihr überholtes Konzept von Recht und Ordnung, Moral und individueller Lebensführung auch in einer Zeit aufrechtzuerhalten, in der ökonomische Veränderungen die Basis für ihre traditionellen Werte zerstört hatten"[71], verleiht dem Detektivroman und vor allem der Figur des Detektivs zentrale Bedeutung als Hüter dieser Werte. Die Frage ist nun, ob die literarische Detektivin mit ihren männlichen Kollegen in diesen Fragen konform geht? Kann sie ein Interesse an der Unterstützung einer patriarchalischen Ordnung haben?

> Da die kulturelle Ordnung von Männern regiert wird, aber die Frauen ihr dennoch angehören, benutzen auch diese die Normen, deren Objekt sie selbst sind. D.h. die Frau in der männlichen Ordnung ist zugleich beteiligt und ausgegrenzt.[72]

Den Kriminalautorinnen des „Golden Age", die die berühmtesten Detektivinnen erfanden, hat schon Jessica Mann in ihrer umfangreichen Studie nachgewiesen,

> that these famous women crime novelists were conventional, conformist and conservative, and that their very adherence to accepted standards in their fantasies made the product of their imaginations attractive to the public.[73]

Würde weibliche Arbeit ernstgenommen – auch und gerade von Frauen – so könnte der Beruf der Detektivin (die Arbeit ist prinzipiell definiert durch die Wiederherstellung der (männlichen) Ordnung; Unterschiede liegen darin, wie die Detektivin sich zu dieser Arbeit verhält) nicht die Folie selbstbestimmter und finanzielle Unabhängigkeit si-

[70]) *Watson*, Colin, Snobbery with Violence. Crime Stories and Their Audience. – London 1971, S. 171.

[71]) *Egloff*, Gerd, Detektivroman, a.a.O., S. 94.

[72]) *Weigel*, Sigrid, Der schielende Blick, a.a.O., S. 85.

[73]) *Mann*, Jessica, Deadlier than the Male, a.a.O., S. 13.

chernder Tätigkeit abgeben, die Vielzahl der oben beschriebenen Detektivinnen beteiligt sich an der Zementierung von Rollenzuschreibungen[74] und wirkt mit an der fortdauernden Geschlechterpolarisierung. Nur ein Nicht-Ernstnehmen der Arbeit einer Frau, der Detektivin, erleichtert die – vor allem in der Gegenwart – humorvolle Schilderung und fiktionale Verklärung.

Nun darf nicht übersehen werden, welche Freiräume, um welchen Preis auch immer und trotz alledem, die „sleuthing capacity/activity" eröffnet, welche ‚Auswege' sie Frauen anzeigt; schon deshalb ist mit einer ‚schnellen Verurteilung' vorsichtig umzugehen.

Im Anschluß an den Kriminalroman von P.D. James „An Unsuitable Job for a Woman"[75] formuliert Cora Kaplan ihre Frage: „An unsuitable genre for a feminist?"[76] Sie führt das Festhalten an alten Rollenmustern und ‚Weiblichkeitsimagines' allzu einseitig auf das Bewußtsein (und die Intention) der Autorinnen zurück. Ich meine, oben nachgewiesen zu haben, daß nicht nur das Autorinnenbewußtsein, sondern vor allem auch die Figur des Detektivs in ihrem Bezug auf die gesellschaftliche Ordnung emanzipatorische Anliegen und Strategien verhindert. Das Klima ‚machtgeschützter Ordentlichkeit' erlaubt keine verlockenden Bilder, aus dem „Stoff weiblicher Erfahrungen lassen sich keine Heldinnen entwerfen"[77], und Hiltrud Gnügs Diktum gilt auch hier:

„Schlechte Zeiten für – positive – Utopien."[78]

---

[74]) Sozialhelferische oder gar ehrenamtliche Berufe werden von Frauen als ‚Erfüllung ihrer Pflicht' (neben der Familie) angesehen und nicht als finanzielle Selbstbeschneidung und Erfahrungsreduktion, als Ausschluß von anderen Tätigkeitsfeldern, interpretiert. Ein weiteres Stereotyp der Gattung präsentiert die *Detektivin als Krankenschwester*.

[75]) *James*, P.D., Ein reizender Job für eine Frau. – Reinbek 1984 (zuerst: London 1972). Cordelia Gray, die Privatdetektivin P.D. James', verdient eine eigene Betrachtung. Sie ist im Grunde die erste realistisch gezeichnete Detektivin, die nach dem Selbstmord ihres Chefs eigenständig einen Fall bearbeitet und auch löst.

[76]) *Kaplan*, Cora, An unsuitable genre for a feminist? In: Women's Review, Number 8, June 1986, S. 18f.

[77]) *Weigel*, Sigrid, Die geopferte Heldin und das Opfer als Heldin. Zum Entwurf weiblicher Helden in der Literatur von Männern und Frauen. – In:Stephan, I. und S. Weigel: Die verborgene Frau, a.a.O., S. 138–152, hier S. 150.

[78]) *Gnüg*, Hiltrud, Der utopische Roman. Eine Einführung. – München 1983, S. 174.

Regula Venske

„Dieses eine Ziel werde ich erreichen ...“[1] – Tod und Utopie bei Marlen Haushofer

„. . . *denn sie wollte doch zurück, ohne erinnern zu können, wo das war und wie sie hinkäme.*“
(Anne Duden)[2]

„Das Weit-weg-von-allem-sein-Wollen war mein Ersatz für den Tod.“[3] Wie hier im Roman „Die Mansarde“, so gibt es auch in den anderen Romanen Marlen Haushofers sinnliche Orte der Abwesenheit, auf die die weiblichen Hauptfiguren ihr Wollen richten. Die Protagonistin der „Mansarde“ hatte als junge Ehefrau eine nicht physiologisch begründete Taubheit entwickelt, wobei die Krankeit eine „Schutzmaßnahme“ darstellte auch gegenüber der zu großen Ehesymbiose, „wir waren nicht gewöhnt an Nähe und Einssein“[4]. In der Romangegenwart ist der Ort ihrer Abwesenheit die ‚Mansarde‘, Projektionsebene für ihr Bedürfnis nach Identität ebenso wie Ausdruck der Störung der Kommunikation und der Trennung zwischen Frau und Mann. Als Ort ihrer „unbürgerlichen Ausschweifungen“, ihrer Kreativität, als „bedrohlicher Ort“ ihrer Erinnerungen ist die Mansarde ihr „Zimmer für sich allein“, wobei deren strikte „Trennung vom übrigen Haus“[5] die Spaltung der Frau versinnbildlicht: Unten waltet sie als *angel in the house*, in der Mansarde darf sich ihr anderes, ihr verrücktes Ich, „The Madwoman in the Attic“, zeigen[6].

---

[1]) Titelzitat aus Marlen *Haushofer*, Die Mansarde (1969), Neuausgabe Hamburg und Düsseldorf 1984, S. 36.

[2]) Anne *Duden*, Das Judasschaf, Berlin 1985, S. 28.

[3]) *Haushofer*, Die Mansarde, S. 201.

[4]) Ebda, S. 182 u. 109.

[5]) Ebda, S. 47, S. 93 u. 108.

[6]) Vgl. zu den Titeln Virginia *Woolf*: A Room of One's Own, London 1929, und Sandra *Gilbert*, Susan *Gubar*, The Madwoman in the Attic, New Haven/London 1979.

Im Roman „Die Tapetentür" projiziert die weibliche Hauptperson die wilden, nicht-zivilisierten Anteile ihrer Identität hinter eine imaginäre Tapetentür: Diese eröffnet den Ausweg „zurück in die verbotenen Gegenden"[7]. Andererseits schützt sie sich vor den möglichen Verwundungen der Realität, indem sie sich einspinnt in den „großen, grauen Kokon, (...) und bald konnte kein Blick von außen das dichte Gehäuse durchdringen"[8]. Während die Orte der Abwesenheit in diesen Romanen aufgespalten sind in einen eher positiv, utopisch konnotierten und einen eher negativ, pathologisch konnotierten, sind die Projektionsorte in Haushofers anderen Romanen stärker in sich selbst ambivalent. Die Wand, die die Icherzählerin im gleichnamigen Roman von der Außenwelt abschottet, bedeutet Asyl und Exil. Sie ist zugleich Todeswaffe, Ausdruck der Perversion der menschlichen Zivilisation und ein Refugium, das der Frau neue Entwicklungsmöglichkeiten bietet. Als „der letzte verzweifelte Versuch eines gequälten Menschen, der ausbrechen mußte, ausbrechen oder wahnsinnig werden"[9], ermöglicht die ‚Wand' aber auch in der Fiktion der Autorin den Ausbruch ihrer Protagonistin aus der Langeweile und Trivialität, dem Wahnsinn des bürgerlich-weiblichen Lebenszusammenhangs: Kunstgriff der Autorin für ihr Schreiben, auch dies ja ein Projektionsort der Zuflucht. (Die Tagebücher, in die sich Haushofers Romanheldinnen zurückziehen, sind ebenfalls in diesem Zusammenhang zu nennen.) In ihrem Schreiben selbst radikalisiert Marlen Haushofer die Utopie eines Alleinseins, wie es bereits in dem frühen Roman „Eine Handvoll Leben" beschworen war:

> „Sie wünschte sich, allein in einer klirrendkalten Winternacht durch einen verschneiten Fichtenwald zu gehen, auf einer sonnendurchglühten Almwiese zu liegen, mit dem Duft des wilden Thymians in der Nase (...). Selbst die Vorstellung eines kleinen, kahlen Hotelzimmers hatte plötzlich etwas Verlockendes für sie ..."
>
> „Es war ihr, als halte man sie fest und hindere sie daran, in den großen, geheimnisvollen Wald einzudringen. Aber es war gar nicht jener Wald, den sie suchte, sie wollte überallhin, wo sie allein sein konnte, befreit von der Gewalt, die mit groben und sanften Fingern an ihr zerrte und sie täglich und stündlich überwältigte mit brutalem Schmerz, Verlangen und Zärtlichkeit."[10]

---

[7]) Marlen *Haushofer*, Die Tapetentür, Wien und Hamburg 1957, S. 217.

[8]) Ebda, S. 60f.

[9]) Marlen *Haushofer*, Die Wand (1968), Neuausgabe Düsseldorf 1983, S. 110.

[10]) Marlen *Haushofer*, Eine Handvoll Leben, Wien und Hamburg 1955, S. 139f. und 182f.

Die Sehnsucht nach Alleinsein zielt auf Rückzug und Entgrenzung, sie zielt auf einen nicht definierbaren Ort („überallhin“), der prinzipiell unerreichbar ist:

> „Sie dachte an alles, was sie niemals kennen würde: die Wüste, das große Meer, Dschungel und Steppen, das Nordlicht, die Steinschluchten der fernen, großen Städte, die Parklandschaften Englands, das Geschrei und den Gestank der afrikanischen Hafenstädte und die Berge der Anden. Und das waren noch die erreichbarsten Dinge für sie. (. . .)
> Sie dachte auch an das Gebirge von Büchern, die sie niemals lesen würde, und an die Blumenfelder, deren Duft sie nicht erreichte, (. . .) und an das Gewimmel von feuchten Augäpfeln, langen Wimpern, glänzendem Haar, an die Schönheit der Erde, die verdarb, ohne von ihr bewundert zu werden. Sie dachte an die Zärtlichkeiten weißer, brauner und gelber Kinder, an ihren Duft, und an die Umarmungen von fremden Männern, die sie niemals kennen würde.
> Ihr Verlangen nach dem Unerreichbaren verwandelte sich langsam in Traurigkeit.“[11]

Lebens-Sehnsucht – „Ersatz für den Tod?“ So wie die Orte, die ihn metaphorisch ersetzen, wird auch der Tod in Marlen Haushofers Romanen ambivalent. Die Frau will den Tod – sie will weit weg von allem sein – und zugleich will sie ihn nicht – sie will das unerreichbare Leben. Das Begehren nach dem Unerreichbaren ist aber eines, das weder gestillt werden kann, noch gestillt werden darf:

> „Sie selbst konnte nur lieben, was für sie schwierig und unerreichbar war und sich ihr immer wieder entzog. Es gab nichts Enttäuschenderes, als eine Aufgabe gelöst, eine Sehnsucht gestillt zu haben und plötzlich ohne Wunsch zu sein.“[12]

Das Begehren will den Tod – „während sie schwerelos und glückselig in einer großen Stille dahinstarb“, heißt es über die erotische Entgrenzung, die Vereinigung mit dem Mann[13], aber die Erfüllung des Begehrens wäre der Tod: das Nicht-Begehren. Wenn das Begehren wichtiger ist als die Erfüllung, müssen wir analog das Wollen der Frau wichtiger als den Tod sehen. Er steht für Abwesenheit und Unerreichbarkeit: der „Ort“ des Todes ist U-topie.

In „Eine Handvoll Leben“ läßt sich Elisabeth, die „aufsässigste“ der

---

[11]) Ebda, S. 140f.
[12]) Ebda, S. 182.
[13]) Ebda, S. 164.

Haushoferschen Heldinnen (Kyra Stromberg)[14], zunächst aus dem unbefriedigenden parasitären Ehefraudasein in einen Ehebruch treiben; die Begegnung mit dem Liebhaber verdeutlicht ihr schmerzhaft die Tatsache ihres Alleinseins und erinnert sie an ihr Verlangen nach dem Unerreichbaren, nach Alleinsein als Autonomie. So verkörpert der Liebhaber, wie im späteren Roman „Die Wand", lediglich einen „brutalen Eingriff von außen"[15], der den Auslöser für ihren Entschluß darstellt, ihre Familie zu verlassen. Sie täuscht einen Selbstmord im Fluß vor und bricht auf in die Freiheit. Vergleichbar Max Frischs Stiller, verübt sie einen sozialen Freitod – sie tötet ihr altes Leben und die damit verbundene Rolle – nicht aber Selbstmord im physischen Sinne. Im Unterschied jedoch zum „Stiller"-Roman, wird das Leben danach nur wenig ausphantasiert, von den Abenteuern in den „Frösten der Freiheit"[16] erfahren wir wenig. Den „Zwiespalt ihres Lebens"[17], ihre konfligierenden Wünsche nach Freiheit *und* Geborgenheit, hat Elisabeth mit ihrem Weggang nicht lösen können. Aus Schutz vor ihren Hingabewünschen, aus Schrecken wohl auch über sich selbst, hatte sie doch in ihrem Wunsch, sich zu befreien, Mann und Kind tot gewünscht, ist sie „nie wieder eine enge Bindung eingegangen"[18]. Im Grunde hat sie ihrer Vergangenheit damit eine „entsetzliche Treue"[19] bewahrt. Magnetisch zieht die Vergangenheit Elisabeth in der Romangegenwart an den Ort ihres früheren Lebens zurück – wie ein Gespenst[20] oder wie einen Mörder an den Tatort?

Die Rückkehr stellt wohl in erster Linie einen Kunstgriff im Roman dar, um die Erinnerung der Protagonistin in der Einheit von Ort und Zeit zu ermöglichen; inhaltlich ist der Aufbruch wichtiger, der Entschluß zu „völliger Rücksichtslosigkeit"[21]. Dabei impliziert die dem

---

[14]) Kyra *Stromberg*: ‚Alle Spuren führen in die Kindheit. Zum Wiedererscheinen der Romane von Marlen Haushofer', in: Bücherkiste, No. 12/84 sowie ‚Wider die große Vergeblichkeit', in: Süddeutsche Zeitung, 3.10.1984.

[15]) Eine Handvoll Leben, S. 143.

[16]) Vgl. Gisela von *Wysocki*, Die Fröste der Freiheit, Frankfurt/M. 1980, nach einem Zitat von Marieluise Fleißer.

[17]) Eine Handvoll Leben, S. 129.

[18]) Ebda, S. 183.

[19]) Ebda, S. 187; vgl. auch den Titel: Schreckliche Treue einer Erzählung Marlen *Haushofers*.

[20]) Als „lebenden Leichnam" hat Oskar Jan Tauschinski die Romanfigur bezeichnet, ‚Morbus Solitudo', in: Wiener Bücherbriefe 16 (1970), S. 109f.

[21]) Eine Handvoll Leben, S. 184.

Freiheitsbegriff innewohnende Dialektik auch Rückhaltlosigkeit. So erinnert sich Elisabeth an die Bahnreise in die ‚Freiheit‘:

> „Am Morgen bemerkte sie, daß ihr Gegenüber sie begehrlich anstarrte, und sie begriff, daß sie endlich allein war. Es gab keinen Vater, Gatten oder Freund, der sie schützen konnte. Sie saß nicht mehr im Schoß der Familie, eingesperrt, aber behütet und geliebt. Die Freiheit starrte ihr entgegen aus den kalten, lüsternen Augen dieses fremden Mannes.“[22]

Das Fortgehen aus der Ehe bedeutet nicht den Austritt aus der Männerwelt insgesamt, im Gegenteil tritt Elisabeth in diese mit dem Verlassen der machtgeschützten Privatsphäre der bürgerlichen Ehefrau in anderer Weise gerade ein.

So, wie der „soziale Freitod“ also ambivalent zu begreifen ist, ist umgekehrt auch der biologische Selbstmord mehrdeutig. In „Eine Handvoll Leben“ findet sich eine Szene – vor dem Aufbruch der Heldin – wo sie ins Wasser geht, an der Grenze zum Selbstmord. „Sie wußte, daß der nächste Schritt sie über das alte Ufer hinaus ins Grundlose tragen werde . . .“[23] Jedoch spürt sie die „heimliche Wärme“ der Erde unter ihren Füßen und erkennt, „daß sie lieber jede Erniedrigung auf sich nehmen als diese Wärme verlassen wollte.“ Sie wird von Liebe zum Leben, auch zu sich selber, erfüllt; später täuscht sie den Selbstmord im Wasser nur vor.

Solch symbiotische Erlebnisse mit der Natur, bei denen ein möglicher Selbstmord zugleich als Befreiung imaginiert wird, finden sich auch bei anderen Autorinnen[24]. Zum Beispiel endet Kate Chopins Roman „The Awakening“ (1899) damit, daß die Protagonistin ins „offene“ Meer – vergleichbar dem „offenen“ Romanende – hinausschwimmt. Sie entkommt damit ihrer Ehe, dem Mann und den Kindern, die sie „versklavt“ haben. Auch wenn ihre Situation in der Metapher vom „Vogel mit gebrochenem Flügel“ ihren Ausdruck findet, so handelt es sich doch um eine Freiheit beschwörende Phantasie. Edna, die verheiratete Frau, wirft ihren Badeanzug, „das unangenehme, kratzende Kleidungsstück von sich, und zum erstenmal in ihrem Leben stand sie nackt im Freien, der Sonne preisgegeben, dem Wind, der ihr entgegenschlug, und den Wellen, die sie einluden. Wie sonderbar und erhaben es ihr vorkam, nackt unter

[22]) Ebda, S. 185.

[23]) Ebda, S. 180.

[24]) Als neueres Beispiel sei hier noch Barbara *Frischmuths* Text: Entzug – ein Menetekel der zärtlichsten Art, Pfaffenweiler 1979, genannt.

dem Himmel zu stehen, wie herrlich! Sie fühlte sich wie ein neugeborenes Wesen . . ."[25] Der Schritt in den Selbstmord erscheint als sinnliche Verführung. Dabei spielt die Verschmelzung mit dem Naturelement, bei Haushofer im Unterschied zu Chopin mehr noch als die Beziehung zum Wasser die zur „festen Erde", eine wichtige Rolle. In Karin Strucks „Lieben" wird ein Selbstmord im Schnee wie ein „Liebeserlebnis" phantasiert. Frei nach Hans Castorp, irrt die Protagonistin im Kreis:

> „Was bedeutet der Schnee? Eine Eigenschaft des Schnees genügt, um ihn zur Mutter zu machen."[26]

Befragt nach dem Selbstmord einer ihrer Protagonistinnen im Meer, antwortete Marguerite Duras:

> „Ja, aber es ist . . . ich weiß nicht, ob es ein Selbstmord ist. Sie vereinigt sich wie ein Meer . . . sie vereinigt sich mit dem indischen Meer, wie mit einer Art Mutter-Meer."[27]

Die Beispiele ließen sich endlos fortsetzen[28], der psychoanalytische Topos: Todessehnsucht als Sehnsucht nach regressiver Verschmelzung, Symbiose mit der Mutter, ist längst zum Klischee geworden. Die Bilder von Chopin und Duras könnten einem Werbefilm entstammen.

Doch bleibt ein utopischer Rest, und die psychoanalytische Deutung der literarischen Phantasien muß in eine gesellschaftliche Dimension münden: Offensichtlich bietet sich für die Phantasie der schreibenden Frauen kein anderer Ausweg aus dem uneigentlichen Leben, als die Flucht in den Selbstmord. Da das Begehren aber eigentlich auf die Darstellung des Fortgehens gerichtet ist, ohne daß vorstellbar wäre, was jenseits des „alten Ufers" liegt, überwiegt in der Beschreibung die lustvolle Komponente. Christa Wolf schreibt über Karoline von Günderrode: „Sie war lebens-, nicht todessüchtig. Sie geht aus dem Nicht-Leben, nicht aus dem Leben."[29] Analog können wir die Todesmetaphern bei Marlen Haushofer auch als Wunsch nach subjektiver und sozialer Entgrenzung, als Utopie deuten.

Aber machen wir es uns nicht zu einfach: Die Metapher für eine sozia-

---

25) Kate *Chopin*, Das Erwachen. Reinbek bei Hamburg, Januar 1983, S. 178.

26) Karin *Struck*, Lieben, Frankfurt 1977, 1981^3, S. 240.

27) Marguerite *Duras*, in: Michele *Porte*: Die Orte der Marguerite Duras, Frankfurt 1982, S. 80.

28) Vgl. bei Marlen *Haushofer* noch die Erzählungen Die Höhle und Die Vergißmeinnichtquelle, neu abgedruckt in: Marlen *Haushofer*, Begegnung mit dem Fremden, Düsseldorf 1985.

29) Christa *Wolf*, Lesen und Schreiben, Darmstadt und Neuwied 1982, S. 282.

le Utopie beinhaltet damit den Preis einer psychisch-subjektiven Regression. Dieser Zusammenhang findet sich in „Eine Handvoll Leben“ selbst thematisiert:

> „Aber mit einemmal war die Wirklichkeit nicht mehr vertraut und harmlos, sondern eine Märchenwelt von gigantischem Ausmaß; wer ihr entkommen wollte, mußte es mit dem Leben bezahlen. (. . .)
> Und wohin führte die Tür aus diesem Land? War das die Ewigkeit: die unaufhörliche, gesteigerte Wiederholung der alten Kinderängste?“[30]

Auch die Aufwertung der Todesmetapher ist noch in sich ambivalent. Zwar haben wir die Frau damit aus ihrer Rolle als passivem Opfer befreit – im „sozialen Freitod“ geht es um die aktive Tötung der weiblichen Rolle, bei den körperlichen Selbstmordphantasien geht es auch um Sinnlichkeit, um Symbiose, Glück – aber der Ort der Inszenierung ist nach wie vor der weibliche Körper. Bevor Elisabeth ins Wasser gehen will, als sie ihre „entsetzliche Sklaverei“, die sexuelle Anhängigkeit vom Mann, erkennt, heißt es:

> „Sie wußte, daß sie sich befreien mußte von dieser Gewalt und daß sie ihren Körper, der daran verloren war, zerstören mußte, um wieder frei zu sein.“[31]

„Weil du dir nur nützen kannst, indem du dir schadest“, sagt Malina in Ingeborg Bachmanns Roman zum weiblichen Ich. Ist denn einem weiblichen Begehren nichts anderes vorstellbar, als immer nur dieses Zurückkehren an den Ausgangspunkt? „Töte ihn! töte ihn!“ fordert Malina das weibliche Ich auch heraus[32]. Und in Marlen Haushofers früher „Geschichte vom Menschenmann“ fordert die Frau schließlich die ‚große Göttin‘ auf, ihren Mann „auszulöschen“: „töte ihn, große Mutter – er ist ein Ungeheuer!“[33]

Der Blick auf den Zusammenhang „Frau und Tod“ verstellt eine wesentliche Herausforderung der Haushoferschen Texte, in denen es nämlich auch um die aktive Tötung des Männlichen geht. Elisabeth, die sich zunächst bei dem „Wunsch, Toni, Lenart und das Kind möchten tot sein und sie befreit von der unerträglichen Last des Gefühls“ ertappt hat, weiß, daß sie mit ihrem Fortgehen das Bild des Kindes in sich „getötet“

---

[30]) Eine Handvoll Leben, S. 162f.
[31]) Ebda, S. 179.
[32]) Ingeborg *Bachmann*, Malina, Frankfurt 1971, S. 328 u. 321.
[33]) Die Geschichte vom Menschenmann, zuerst abgedruckt 1956, siehe in: Begegnung mit dem Fremden, S. 228.

hat[34]. Unter dem schönen Schein gleichgültiger Freundlichkeit brodelt es in der Phantasie auch der Ehefrau aus „Die Mansarde“:

> „Hubert (saß) vor dem Fernsehgerät und starrte auf den Bildschirm. (. . .) Der Kristallaschenbecher stand auf dem Tisch und sah sehr schwer aus. Ich hätte Hubert ganz leicht damit erschlagen können, aber ich spürte nicht das geringste Verlangen, es zu tun. Genausogut hätte ich mich selber erschlagen können, heute würde das keinen Unterschied mehr ausmachen.
> Hubert wandte den Kopf und lächelte mich an. ‚Kannst du mir ein Butterbrot bringen‘, sagte er, ‚und eine Flasche Bier?‘ Ich ging in die Küche und richtete ihm ein paar Brote her und trug sie samt dem Bier ins Wohnzimmer. Hubert sah sehr harmlos aus. Ein Mann in mittleren Jahren, der täglich in seine Kanzlei geht, um seine Familie zu versorgen und das Haus zu erhalten. Ich sah, daß sein Haar am Hinterkopf ein wenig schütter war, und das rührte mich sehr . . .“

> „Wenn Hubert dann bleich und übernächtigt vor seinem spartanischen Frühstück sitzt, könnte ich ihm eine Semmel an den Kopf werfen. Ich tue es natürlich nicht, aber ich sähe gern, wie er es aufnähme.“[35]

Nicht in allen Romanen Marlen Haushofers werden die Rachegelüste und aggressiven Gefühle der Frau in Rührung oder Lächerlichkeit aufgelöst. Zu weitreichenden Konsequenzen gelangte sie im Roman „Die Wand“, den ich als vor-feministischen Roman einer „Entmannung“ interpretiere[36].

Eine Frau, zu Besuch im Wochenendhaus von Verwandten, wird über Nacht durch eine plötzlich vorhandene Wand von der übrigen Außenwelt abgeschnitten und muß sich einrichten auf das Überleben allein in der Natur. Jenseits der Wand herrscht der Tod, die Versteinerung alles Lebendigen. Die Metapher der Versteinerung findet sich bei Haushofer derart häufig, daß wir sie hier im Zusammenhang mit ihrer sonstigen Verwendung sehen müssen. In „Die Mansarde“ wird die Zivilisationskritik der Icherzählerin auf der Folie des Untergangs des Römischen Reichs geübt; die tagebuchschreibende Frau träumt „von zerfallenen Städten und von Landschaften, in denen es keine Menschen mehr gibt,

[34]) Eine Handvoll Leben, S. 183 u. 187.

[35]) Die Mansarde, S. 62 u. 146.

[36]) Regula *Venske*: ‚„. . . das Alte verloren und das Neue nicht gewonnen . . .“ – Marlen Haushofer‘, in: Inge *Stephan*/Regula *Venske*/Sigrid *Weigel*, Frauenliteratur ohne Tradition? Neun Autorinnenporträts, Frankfurt 1987.
Der Ausdruck „Entmannung“ bezieht sich auf den Titel von Christa Reinigs Roman, Düsseldorf 1976.

nur verwitterte Statuen.“[37] In „Die Wand“ vergleicht die Icherzählerin die Leichname der Menschen jenseits der Wand mit „Ausgrabung[en] in Pompeji“[38]. Der Bezug vom Römischen Reich zur Gegenwart wird in „Die Mansarde“ hergestellt, wenn sich die Nekrophilie der Zivilisation in Huberts musealer Vorliebe spiegelt, mit der er bereits seine Frau angesteckt hat: Beide genießen es, die gemeinsamen Sonntage im Kriegsmuseum zu verbringen, „diesem friedlichen Totenreich“[39].

Auch die Metapher der Wand zieht sich durch Marlen Haushofers gesamtes Schreiben. In der späteren Kindheitsautobiographie „Himmel, der nirgendwo endet“ (1969) bezeichnet sie das gestörte Kommunikationsverhältnis zwischen Mutter und Tochter:

> „Ganz langsam wächst eine Wand zwischen Mutter und Tochter auf. Eine Wand, die Meta nur in wildem Anlauf überspringen kann.“[40]

Das Bild der Wand ist ambivalent. Es formuliert metaphorisch Trennung als Störung und Trennung als Schutz. Die gesteigerte Sensibilität braucht die Schutzhaut gegen das totale Eindringen der Außenwelt:

> „Es gab kein Innen und kein Außen mehr, keine Grenze, die sie von den Bettlern und schmutzigen Gassenkindern trennte. Elisabeth war durchlässig geworden, und alle Welt durchströmte sie. Es war, als hätten sich ihr Fleisch und ihre Knochen in Flüssigkeit aufgelöst . . .“[41]

Im Unterschied dazu schützt sich die Icherzählerin in „Wir töten Stella“ hinter einer „unsichtbare[n] Wand“ vor dem „Grauenhaften“, das ihrer „zerbrechlichen Glaswand“ aber schon „so nahe gekommen“ ist, „daß ich seinen Atem und Gestank spüren konnte“: „aber ich wünschte nicht, die Wand zu durchbrechen, die mich von diesem Schmerz noch trennte“, heißt es schließlich[42]. Das Verhältnis von Innen und Außen, die Metaphorik von Wand, Schutz-Haut, Glasglocke, von Versteinerung und Erstarrung gegenüber Auflösung und Empfindlichkeit prägt Haushofers gesamtes Schreiben.

Begreift man die *Wand* als eine Metapher für die Isolation der weiblichen Hauptfigur, so wird die Einsamkeit, in die auch die anderen „Heldinnen“ Haushofers gestellt sind, mit diesem Roman gleichsam von innen

---

[37]) Die Mansarde, S. 98.

[38]) Die Wand, S. 56.

[39]) Die Mansarde, S. 18.

[40]) Marlen *Haushofer*, Himmel, der nirgendwo endet (1969), Düsseldorf 1984, S. 15.

[41]) Eine Handvoll Leben, S. 165; vgl. dort auch die ‚Wand‘-Metaphern S. 81 u. S . 176.

[42]) Marlen *Haushofer*, Wir töten Stella (1958), Neuausgabe Düsseldorf 1985, S. 46 u. S. 58.

heraus radikalisiert und durchquert: insofern nämlich, als es sich auch bei dieser weiblichen Person um eine literarische Projektionsfigur für Marlen Haushofers autobiographische Einsamkeit handelt, die eine doppelte war: Einsamkeit einer bürgerlichen Ehefrau, deren Leiden am Geschlechterverhältnis sich vor der modernen Frauenbewegung nur individuell äußern konnte, und darüber hinaus die Einsamkeit einer schreibenden Frau.

Begreift die Icherzählerin einerseits die Einsamkeit hinter der Wand als Fortsetzung ihres bisherigen Lebens, das schon ein ‚Überleben' war[43], so hat in anderen Aspekten doch ihr „früheres Leben ein jähes Ende" durch die Wand gefunden, insofern als es auf einer „Lüge", auf mangelnder Kommunikation mit den Mitmenschen basierte und „in jeder Hinsicht ungenügend" war[44]. Es war ein Leben, „eingesperrt in steinernen Häusern hinter Rolläden und Vorhängen", und: eingesperrt in die Weiblichkeitsmuster und die determinierende Rolle einer bürgerlichen Hausfrau und Mutter,

> „in einer Welt, die den Frauen feindlich gegenüberstand und ihnen fremd und unheimlich war."[45]

Aus den vorgegebenen Bildern, die ihr Leben bestimmten, kann sich die Frau nun lösen. In ihrem einsamen, autarken Leben in der Natur kommt ihr das Bewußtsein abhanden, eine Frau zu sein. Mal ist sie „ein Kind, das Erdbeeren sucht, dann wieder ein junger Mann, der Holz zersägte, oder (. . .) ein sehr altes, geschlechtsloses Wesen", bis sie zu dem Punkt gelangt, wo sie „einem Baum ähnlicher als einem Menschen" ist[46].

Neben der Durchquerung von Weiblichkeitsbildern geht es jedoch in diesem Roman noch um mehr: um die Überwindung des tötenden männlichen Prinzips. Schon Dagmar Lorenz hat darauf hingewiesen, daß

> „die meisten Kritiker seinerzeit die Kernstelle des Romans: die Ermordung des letzten überlebenden Mannes durch die letzte Frau [bemerkenswerterweise übersahen]. Die Unterbewertung dieses Details erklärt die Fehlbeurteilung von „Die Wand" als eine Geschichte des Überlebens oder eine Robinsonade im 20. Jahrhundert"[47].

---

[43]) Vgl. Die Wand, S. 26f.

[44]) Ebda, S. 263 u. 61.

[45]) Ebda, S. 191 u. 83.

[46]) Ebda, S. 82.

[47]) Dagmar C. *Lorenz*, ‚Marlen Haushofer – eine Feministin aus Österreich', in: Modern Austrian Literature, Vol. 12, Nr. 3/4, 1979, S. 171–191, S. 184.

Die Lektüre des gesamten Romans wird gelenkt durch die Andeutungen der Icherzählerin, daß sie – unter dem Schutz der Wand – von einer Katastrophe heimgesucht wurde, daß ihr Hund inzwischen nicht mehr lebt, oder daß ihr Stier mit ein paar Axthieben hingeschlachtet wurde. Die kontinuierlich aufgebaute Spannung kulminiert am Schluß in der „Begegnung“ mit einem anderen menschlichen Wesen, einem Mann, der ebenfalls unter der Wand überlebt hat.

> „Ich wußte sofort, daß etwas Schreckliches geschehen war. (. . .) Ein Mensch, ein fremder Mann stand auf der Weide, und vor ihm lag Stier. Ich konnte sehen, daß er tot war . . .“[48]

Ohne die Besinnung zu verlieren, aber auch ohne sich zu besinnen, läuft die Frau ins Haus, holt die Flinte und handelt: „Ich zielte und drückte ab . . .“

Eine kühle Geschäftsmäßigkeit des Handelns, eine lakonische Beschreibung: Es geht hier nicht um Reue. Ebensowenig geht es um Haß: Sie tötet den Mann, weil das die einzig angemessene, lebensnotwendige, ja konsequente Handlung ist, aus Notwehr. Er selber, als Objekt ihrer Handlung, ist aber völlig uninteressant – nach der Tat gelten ihre ersten Gedanken den Tieren, sie beachtet ihn gar nicht weiter. Schließlich:

> „Ich wollte ihn gar nicht deutlicher sehen. Sein Gesicht war sehr häßlich. Seine Kleider, schmutzig und verkommen, waren aus teurem Stoff und von einem guten Schneider genäht. Vielleicht war er ein Jagdpächter wie Hugo oder einer jener Anwälte, Direktoren und Fabrikanten, die auch Hugo so oft eingeladen hatte. Was immer auch er gewesen sein mochte, jetzt war er nur tot.“[49]

Daß sie ihn getötet hat, töten mußte, ist im Roman keine weitere Frage. Eine Frage ist jedoch, warum er ihre Tiere hingeschlachtet hat. Die Frage nach dem Motiv dieser verrohten Handlung eines – offensichtlich der bürgerlichen Schicht entstammenden – Mannes bildet die Schreibmotivation der Icherzählerin, die, um sich vor dem Grübeln, dem Wahnsinn zu schützen, ihren Bericht schreibt als „letzte[n] Versuch“, zu ergründen: „warum der fremde Mann meine Tiere getötet hat.“[50] Eine mögliche Erklärung findet sie in der Arbeitsteilung zwischen den beiden Geschlechtern: Lieben versus Töten.

---

48) Die Wand, S. 272.
49) Ebda, S. 273.
50) Ebda, S. 275.

„Vielleicht war der Mensch, der ihn [ihren Stier] erschlagen hat, wahnsinnig; aber selbst sein Wahnsinn hat ihn verraten. Der heimliche Wunsch zu morden, muß immer schon in ihm geschlafen haben. Ich bin sogar geneigt, ihn zu bedauern, weil er so beschaffen war, aber ich würde immer wieder versuchen, ihn auszumerzen, weil ich nicht dulden könnte, daß ein so beschaffenes Wesen weiterhin morden und zerstören kann. (. . .) Ich habe viel über diese Dinge nachgedacht, und vielleicht bin ich jetzt so weit, daß ich auch die Mörder verstehen kann. Ihr Haß auf alles, was neues Leben erschaffen kann, muß ungeheuer sein. Ich verstehe es, aber ich muß mich gegen sie zur Wehr setzen, ich persönlich."[51]

In einer realistischen Lesart wird die Wand als eine Wunderwaffe der Mörder, als Ausgeburt einer männlichen Zivilisation, deren Impetus der Neid auf die Gebärfähigkeit der Frauen ist, verständlich. Gleichzeitig wird aber – und hier wird die Wand als solche uninteressant – die Katastrophe als in der männlichen Normalität bereits angelegte Konsequenz begriffen.

Von dem anderen, mörderischen Prinzip hat sich die Icherzählerin verschiedentlich abgegrenzt. Immer wieder, wenn sie für ihren Lebensunterhalt oder den der ihr anvertrauten Tiere auf die Jagd gehen muß, betont sie, wie verhaßt ihr diese Tätigkeit ist.

„Diesen Abscheu vor dem Töten verlor ich nie. Er muß mir angeboren sein . . ."

„. . . und ich fühlte mich krank. Ich wußte, es kam davon, daß ich immer wieder töten mußte. Ich stellte mir vor, was ein Mensch empfinden mag, dem Töten Freude macht. Es gelang mir nicht."[52]

Umso verwunderlicher muß die ‚Leichtigkeit' und Kaltblütigkeit erscheinen, mit der sie schließlich den Eindringling tötet. Handelt es sich denn eigentlich um einen Eindringling von außen? Bei einer metaphorischen Lesart müssen wir die Bedeutung der Wand als Schutzhaut, die zwischen Drinnen und Draußen trennt, hier noch einmal differenzieren. Obwohl die Wand, anders als die ‚dünne Haut', unter die so viel dringt: Lärm, Blicke, Gewalt, keine durchlässige Membran mehr ist und die Außenwelt scheinbar total abschottet, dringt dennoch die Gewalt der Außenwelt – männliche Gewalt – in die „Idylle" der Frau ein. „Männlichkeit" ist der Frau längst unter die Haut gedrungen.

Solange der Mann eindeutig ‚außen' steht, ist das Feindbild für die

[51]) Ebda, S. 162.
[52]) Ebda, S. 124 u. 140f., s. auch S. 43.

Frau klar: Ihre Energien können sich auf Ablehnung konzentrieren. Dieser plakative, leichtere Weg entspricht aber nicht Haushofers Denkmodell. Im Roman „Die Mansarde“ wird die Figur einer alten Baronin entworfen und ridikulisiert, deren Leitmotiv die Lebensweisheit „An allem sind die Männer schuld, ich hoffe, Du siehst das endlich ein“ ausmacht[53]. Sie selber hatte ihren Gatten ermorden wollen, doch war ihr der leider mit seinem ‚Freitod‘ zuvorgekommen, so daß sie sich nun haßerfüllt mit der „Aufzählung aller Todesarten, die sie dem Baron zugedacht hatte: vergiften, erschlagen, erstechen, elektrische Fallen im Badezimmer und so weiter“ zufrieden geben muß[54]. Daß die Baronin mit ihrem steinern scheinenden Busen selbst ein Beispiel für die die Zivilisation kennzeichnende Versteinerung bei lebendigem Leibe abgibt, veranschaulicht Marlen Haushofers Sichtweise, daß sich die einzelnen Individuen quer zur Geschlechtsdifferenz verhalten können und nicht einfach unter die prinzipielle Dichotomie der Geschlechter subsumiert werden können.

Auch in „Wir töten Stella“ geht es, wie es bereits die aktivische Formulierung des Titels verdeutlicht, um die Komplizenschaft der Frau in der männlichen Ordnung, ihre Mitschuld am Tode eines jungen Mädchens. Der Ehemann der Icherzählerin hat die ihnen anvertraute Pflegetochter Stella für ein sexuelles Abenteuer benutzt und anschließend, wie es seine Art ist, das Liebesverhältnis ‚liquidiert‘[55], indem er sie einfach ignoriert, vergißt. Stella, die eigentlich „zu den Lebenden“ gehörte, „das junge Leben“ war[56], verübt Selbstmord. Während die Icherzählerin daher ihren Mann des Mordes anklagt:

> „Richard ist ein Ungeheuer: fürsorglicher Familienvater, geschätzter Anwalt, leidenschaftlicher Liebhaber, Verräter, Lügner und Mörder.“[57]

ist sie selber beides: Täterin und Opfer. So vergleicht sie sich mit dem jungen Mädchen:

> „um wieviel endgültiger bin ich tot als du!“ Auch sie selber, das Mädchen, das sie einmal war, ist gemordet worden:
> „Das kleine Mädchen von damals war tot, erwürgt und verscharrt von großen geschickten Händen.“[58]

[53]) Die Mansarde, S. 88.
[54]) Ebda, S. 92.
[55]) Wir töten Stella, S. 55.
[56]) Ebda, S. 25 u. 11.
[57]) Ebda, S. 25.
[58]) Ebda, S. 32 u. 48.

Die Dichotomie zwischen den Geschlechtern stellt sich bei Marlen Haushofer also keineswegs als einfache Polarität dar, sondern wird verkompliziert durch die Sichtweise, daß die Frau in der patriachalischen Ordnung „zugleich beteiligt und ausgegrenzt“[59] ist.

Die Frau in „Die Wand“ ist aber so weit aus der Ordnung ausgetreten, daß sie nicht mehr zu den Kompromissen bereit ist, mit denen sich Haushofers andere Heldinnen immer wieder der zerstörerischen Gewalt unterwerfen. Gleichzeitig zeigt Haushofer, daß die Gewalt dieser Ordnung so stark ist, daß sie auch innerhalb des utopischen Raums der Frau weiterlebt, so daß ihre ‚Befreiung‘ auf paradoxe Art selbst eine Tötung erfordert.

Diese ungeheuerliche ‚Botschaft‘ ihres Romans wurde in der Rezeptionsgeschichte geflissentlich ignoriert. Auch die Rede vom „Überleben nach dem Dritten Weltkrieg“, von Atomapokalypse etc. läßt den Roman ja insofern innerhalb der bestehenden Ordnung, als er damit wieder auf eine Opfergeschichte hin interpretierbar wird – mit Opfern lassen sich Frauen gut identifizeren[60]. Dagegen treibt Haushofer ihre Kritik des Männlichen hier auf den Punkt: *Die* Form von Männlichkeit, die als Unfähigkeit zu lieben und Haß auf das kreatürliche Leben sich in Anlage und Erscheinung als Gewalt offenbart, muß überwunden werden, will die Frau eine Chance haben zu leben. Dies wird aber nicht in selbst angreifender, kriegerischer Form gedacht, sondern als radikale Abwendung und Trennung der Frau. Die Tötung findet ‚unter der Glasglocke‘, d.h. im Innern der Frau statt: als „Entmannung“.

Mit dem Akt des Tötens handelt die Frau im Widerspruch zu einer Definition von Weiblichkeit als Sanftmut, Passivität etc. Marlen Haushofer läßt die weibliche Hauptfigur in „Die Tapetentür“ darüber nachdenken:

> „Gestern auf dem Heimweg Ärger mit einem zudringlichen Menschen, dem ich sehr gerne einen Tritt versetzt hätte. Leider bin ich dazu erzogen worden, keine Tritte zu versetzen, so daß ich, im Notfall, wahrscheinlich gar nicht mehr dazu imstande wäre.“[61]

---

59) Vgl. Sigrid *Weigel*, ‚Der schielende Blick. Thesen zur Geschichte weiblicher Schreibpraxis‘, in: Inge *Stephan*/Sigrid *Weigel*, Die verborgene Frau. Sechs Beiträge zu einer feministischen Literaturwissenschaft, Berlin 1983, S. 85.

60) Vgl. zur Rezeption Marlen Haushofers ausführlicher Regula *Venske*: "‚Vielleicht, daß ein sehr entferntes Auge eine geheime Schrift aus diesem Splitterwerk enträtseln konnte . . ." – Zur Kritik der Rezeption Marlen Haushofers‘, in: „Oder war da manchmal noch etwas anderes?“ Texte zu Marlen Haushofer, Frankfurt 1986, S. 43–66.

61) Die Tapetentür, S. 22f.

Eine vergleichbare Stelle findet sich etwa 20 Jahre später bei einer modernen, *nach* der Frauenbewegung schreibenden Autorin:

> „Hallo Schöne, so ganz allein heute abend.
> Die Person wendete nicht den Kopf, aber sie zischte sich selber, natürlich bei geschlossenen Lippen, fucking hell zu.“[62]

Bei der Rezeption Marlen Haushofers scheint mir eine Selbstzensur sogar bei Feministinnen dazu zu führen, daß auch wir mit geschlossenen Lippen murmeln, so daß, auch wenn wir das Wort „Tötung“ sprechen, doch immer nur „Tod“ zu hören ist. Beispielhaft ist, daß im Rahmen eines Seminars auf der Vierten Hamburger Frauenwoche 1984[63] der Roman von den Teilnehmerinnen zum Teil vehement abgelehnt wurde. Es sei furchtbar, daß die Frau am Schluß einen Mann tötet, das könne ja wohl keine Frauenutopie sein. Wiederholt war „überlesen“ worden, daß der Eindringling zuvor die Tiere der Frau niedermetzelt, und die Entschuldigung der Notwehr wollte man für sie nicht gelten lassen. Dann sei der Roman eben von der Autorin schlecht konstruiert, wenn die Frau ihre „Utopie“ mit einem Totschlag verteidigen müsse. Die Vehemenz der Abwehr hängt meiner Meinung nach zusammen mit der weiblichen Sozialisation, die nicht nur die eigenen Aggressionen tabuisiert, sondern selbst Verteidigungsimpulse hemmt – an Rache, die in jedem Befreiungskampf eine Rolle spielt, ist dann schon gar nicht mehr zu denken.

Selbst der Komplex ‚Literarische Tötungsphantasien‘, bei dem es mehr um das aktive Moment der Tötung am Beispiel Marlen Haushofers gehen sollte, wie hier ausgeführt, wurde für die Tagungssektion „Frauen und Tod/Tötung“ auf der 3. Tagung von Frauen in der Literaturwissenschaft[64] auf den einen Aspekt ‚Literarische Selbstmordphantasien von Frauen‘ beschränkt. Keine explizite Zensur, aber eine strukturell-organisatorisch implizite: Das Papier sollte in einen Diskussionszusammenhang mit den anderen passen, und da überwog eben der erste Aspekt.

---

62) Anne *Duden*, Das Judasschaf, S. 20.

63) Regula *Venske*: ‚Das versiegelte Innere‘, vgl. dazu die Informationsbroschüre 4. Hamburger Frauenwoche: Frauen Macht Politik, veranstaltet von Frauen lernen gemeinsam e.V., Hochschule für Wirtschaft und Politik und Asta der Universität Hamburg, 26.–31.3.84, S. 169f. An dem Seminar nahmen etwa 60 Frauen unterschiedlichen Alters und aus unterschiedlichen Berufs- und Lebenszusammenhängen teil.

64) ‚Frauen-Literatur-Politik‘, Hamburg, 16.–19. Mai 1986.

Bei Marlen Haushofer fiel der Aspekt der Tötung einer direkten Ablehnung zum Opfer. In seiner Rückerinnerung schreibt ihr literarischer Mentor, Lektor, und leider auch selbsternannter Zensor:

> „Außer den Romanen, von denen schon berichtet wurde, hat Marlen, viel früher, noch einen Roman geschrieben. Er war großartig geschrieben, er war lebendig [!], plastisch, er hatte alles, was ein Roman haben soll. Aber [sic!] er erzählte, daß irgendwo einige Frauen sind und es auf sorgsam ausgeklügelte Manier schließlich dazu bringen, daß ein Mann von ihnen umgebracht wird, ohne daß sie als Täterinnen belastet sind. Ende des Romans. Der klassiche [?] ungesühnte Mord. Vielleicht war ich zu vorsichtig, zu altmodisch: Ich riet ihr, dieses Buch nicht zu publizieren. Und da sie sich auf mich verließ, hat sie das Manuskript keinem Verleger vorgelegt. Ich möchte es wieder lesen, aber ich glaube bis heute, daß ich recht hatte."[65]

Umso wichtiger müßte es für uns heute sein, solchen „verschollenen" Texten und Gedanken nachzugehen. Wenn auch das Begehren wichtiger ist als der Tod, so kann doch *unser* Begehren nicht auf den vorgeschriebenen Tod zielen. Der Tod bleibt nicht nur metaphorisch. Im Roman „Die Tapetentür" entscheidet sich die Protagonistin am Schluß gegen den Selbstmord, für ein Leben, das allerdings den Schmerz auf sich nimmt:

> „Zwischen Töten und Sterben ist ein Drittes: Leben." (Christa Wolf)[66].

[65]) Hans *Weigel*, ‚Marlen Haushofer', in: In memoriam, Graz, Wien, Köln 1979, S. 79–90, S. 88f; die ca. 200 Seiten des Manuskripts seien „spurlos verschwunden", so Klaus Antes, der als Sujet des Romans die „Geschlechter-Krise" nennt: „Während eines Festes stoßen Frauen, nach einem diabolischen Plan, einen Mann in eine Schlucht." (Klaus *Antes*, Ein unlebbares Leben, in: Marlen *Haushofer*, Die Wand, Frankfurt/Berlin 1985, S. 281f.)

[66]) Christa *Wolf*, Kassandra. Erzählung, Darmstadt und Neuwied 1983, S. 134.

Johanna Bossinade

Nichtlebend, untot. Zur literarischen Existenz der Frau am Beispiel von Heinrich Böll (Antigone-Modell)

I. Sein oder Nichtsein. Eine Frauenfrage?

Nicht recht lebend, nicht ganz tot

Die Allianz von „Tod und Weiblichkeit" verdankt sich alten und weitverzweigten Traditionen. Mit Beginn der europäischen Renaissance erfuhr der ihnen zugrunde liegende Imaginationsprozeß Nuancierungen ganz besonderer Art. Die Beatrice aus Dantes „Göttlicher Komödie" (1306–1321) schreitet einer Reihe von Geschlechtsgenossinnen voran, die a priori nicht anders mehr denn als „tote Frau" im Text erscheinen. Unter dem Druck zunehmender Entfremdungserfahrungen erreichte der Trend um 1800 einen neuerlichen qualitativen Sprung. Im Umfeld der Romantik, siehe etwa Novalis „Hymnen an die Nacht" (1797), figuriert die Frau vollends als die „Tote des Textes", will sagen als jener an die Zwänge des Rationalismus geopferte, „subjektive" Teil des männlichen Selbst, den dieser im literarischen Diskurs sehnsuchtsvoll zu bewahren oder neu zu beleben sucht. Die Autoren des Fin de Siècle sollten sich dem Problem dann mit gesteigertem ästhetischen Spürsinn widmen. Hugo von Hofmannsthal beispielsweise läßt in seinem „Vorspiel zur Antigone des Sophokles" (1900) eine der berühmtesten Toten der Weltliteratur in vollem Glanz, aber *als* Tote und vor dem inneren Auge eines Mannes wieder auferstehen. Doch von der Antigone später.

Eigentlich müßte die Literatur gar nicht bemüht werden, da schon ihr Grundmaterial, die Sprache, als Grabstätte des Weiblichen begriffen werden kann. Namentlich die diversen Strukturalismen haben den Ausblick auf ein Gebiet eröffnet, in dem sich das weibliche Geschlecht als originäres Subjekt der Aussage nicht mitteilt. Die Frau zementiert das Haus der Sprache, aber sie wohnt nicht darin[1]. Unterdes beruft sich speziell das Diktum von Jacques Lacan, wonach es *Die* Frau nicht gibt, auf das Fundament einer phallisch gesteuerten Systematik. *Die* Frau gibt es nicht, weil der bestimmte Artikel auf ein Universales hinzielt, das ihr Geschlecht wesentlich nicht bezeichnen kann. Während sich der Mann durch die väterlich-phallische Funktion im Prozeß der Subjektwerdung als „alles" einschreibt, sieht sich die Frau auf die Seite des „nicht-alles" verwiesen, die dem symbolischen Ort zur Säule dient. Folglich gibt es sie nur als die, die „sich" nicht zu sagen oder zu schreiben weiß, die nicht existiert und nichts bedeutet[2]. „Hat nicht jeder Psychoanalytiker eine ‚tote Frau', eine sprachlose Mutter, Hafen der Fortpflanzung zur Hand, unhörbar, um dem ‚Analytikerwort' mehr Gewicht und Glaubwürdigkeit zu verleihen?" fragt Julia Kristeva[3]. In der Tat kann, wird der gesamte Mortifikationsprozeß am weiblichen Geschlecht überblickt, leicht der Eindruck entstehen, daß nur eine „tote Frau" eine gute Frau sei. Hélène Cixous indes sagt von sich: „Wenn ich nicht schreibe, ist es, als wäre ich tot "[4]. Wie reimt sich das?

Festzuhalten wäre zunächst, daß der Tod der Frau auf der Motiv- oder Handlungsebene eines Textes sich mit der Nichtexistenz der Frau auf der sprachkulturellen Ebene des Textes kreuzen und zu einem nachgerade unentrinnbar erscheinenden Tötungsgeflecht verdichten kann. Auf die textanalytische Arbeit bezogen besagt das, daß sie, wenn ein Zuviel an Unverbindlichem umgangen werden soll, bei den Handlungsfiguren von Tod und Tötung nicht stehen bleiben darf. Nicht zu bestreiten ist, daß auch unzählige männliche Helden der Literatur das Leben eingebüßt haben. Es kommt also darauf an, bei der Frage nach der „toten Frau" die Strukturen der sprachlich-symbolischen Ordnung, in die ihre Existenz oder Nichtexistenz jeweils eingetragen ist, sehr aufmerksam mit im Blick zu behalten.

Nun könnten die letzteren Worte, in denen die Meditation Hamlets über Sein oder Nichtsein anklingt, dazu veranlassen, das Problem der

---

[1]) Vgl. Luce *Irigaray*: Éthique de la différence sexuelle, Paris 1984, S. 105.

[2]) Siehe: Le séminaire de Jacques Lacan, livre XX: Encore, Paris 1975, darin: Dieu et la jouissance de Lafemme, S. 68f., 75; Une lettre d'âmour, S. 74f.

[3]) Julia *Kristeva*: Die Chinesin. Die Rolle der Frau in China, Frankfurt/M. u.a.1982 (1974), S. 248f.

[4]) Hélène *Cixous*: Die unendliche Zirkulation des Begehrens, Berlin 1977 (1976), S. 8.

weiblichen Existenz von der „ontologischen" Seite her anzugehen. Die Rede vom Tod der Frau wäre dann etwa dem folgenden Ablauf gemäß auf die korrelativen Bezüge zum Sein der Frau hin zu überdenken: Wer „ist" eigentlich die, von der es so hartnäckig heißt, sie sei „tot"? „Ist" sie vielleicht nur als „Totes"? Aber was meint unter solchen Umständen „tot"? Wäre die „tote Frau" nurmehr eine Metapher für eine ganz bestimmte Form der Existenz, und zwar der Existenz sowohl dieser Frau, wie auch derjenigen des Mannes, dessen Frau sie ist? Für eine Art Schwundform im einen, ein voller gemaltes Profil im anderen Fall?

Die Frau, so kommentiert Cixous den Hegelschen Diskurs, „existiert", aber nicht zu sehr[5]. In offenkundiger Parallele will der Lacansche Satz eine gewisse Existenz dessen, was er zugleich in Abrede stellt, nicht leugnen. Die „tote Frau" ist demnach nicht ganz tot, ihren vielbelauschten Schwanengesängen im Feld der kulturellen Inszenierung zum Trotz. Lebend ist sie deswegen noch lange nicht, so oft sie immer in Umkehrung des Todes-Topos als Sehnsuchtsbild des Lebens zitiert werden mag. Die Frage nach Sein oder Nichtsein der Frau sieht sich mithin vor Hürden gestellt, die Hamlet – den freilich auch keine Gretchen –, also rein auf eine andere Existenz abgeklärten Fragen belasteten – so nicht gekannt haben dürfte. Zum einzelnen Dasein gehört, gleichviel auf welcher Ebene man es konzeptionell ansiedelt, ein Ende, wie selbst ein jeder Anfang als Anfang vom Ende gedacht werden kann. Was aber wäre, zum Beispiel, das Leben der Frau, wenn es nicht zu Ende gelebt werden kann, wenn die Frau als „nicht ganz tot" zu gelten hat? Was wäre umgekehrt der Tod der Fau, wenn ihm nichts vorangeht, das sich ohne essentielle Einschränkung als Leben definieren läßt?

Von diesem Punkt an beginnt sich der Gedankengang im Zirkel üblicher Weiblichkeitskonstruktionen zu drehn. Ausgelöst ist die Bewegung durch die Frage, die den Voranstoß gab. Sobald man nämlich „eine Frage zum Sein zuläßt, wenn man Ontologie zuläßt, nun, dann ist man gleich geschnappt von einem gewissen Typus des männlichen *Wunschs*, der den philosophischen Diskurs antreibt (. . .)"[6]. Dieser Wunsch will auf eine Eindeutigkeit hinaus, in der sich die Frau, Luce Irigaray zufolge, nicht wiederfindet: „Sie kann sich nicht auf ein Sein, ein Subjekt, ein Ganzes

[5]) Hélène *Cixous*: Schreiben, Feminität, Veränderung, in: alternative 108/109: Das Lächeln der Medusa (1976), S. 138.

[6]) *Cixous*, Zirkulation, a.a.O., S. 22.

beziehen, das jeweils als einfach bezeichnet werden könnte"[7]. Projiziert man die Frau auf die Seite des Nichtseins, dann wird ihre Komplexität, wird Komplexität überhaupt negiert; führt man sie auf das Ufer des Seins, dann ist es nicht ihrs. Daß die Kulturgeschichte des Weiblichen sich dennoch genau in derartigen Alternativbezügen abgespielt hat, bekräftigt in einem akuten Bezug den von Jacques Derrida im Anschluß an Nietzsche vorgetragenen Befund, wonach die Ontologie das Problem der letzthinnigen Unentscheidbarkeit aller Fragen unter Verschluß gehalten habe[8]. An dem davon hergeleiteten Projekt, die Verdrängung des Offenen und Ungewissen so weit als möglich wieder rückgängig zu machen, haben sich Frauen unter je wechselnden Blickwinkeln beteiligt. Dabei hat sich wohl nach vielerlei Richtung hin die hohe, noch kaum ausgeschöpfte Nützlichkeit des Konzepts der Unentscheidbarkeit erwiesen, während seine Grenzen dort aufdämmern, wo es selbst als eine letzte Grenze verstanden wird. Ein Denken, das in Unentscheidbarkeiten schwelgt, wird dazu neigen, die Probleme zu vergessen, die es aufwirft, oder anders: es verzichtet darauf, neue Einstellungen dazu zu entwickeln. Sehr vereinfacht läßt sich das an der Thematik des Ursprungs illustrieren. Es ist ein im weitesten Sinn „poststrukturalistisches" Theorem, daß der Ursprung nicht einheitlich und eindeutig, also „ohne mögliche Aporie"[9] sei, sondern vielfältig gebrochen und von allem Anbeginn an verloren. Ineins damit konnte das für die Frau errichtete Verbot, sich ihre Beziehung zum Anfang, zur Mutter vorzustellen, in seiner ganzen Grundlosigkeit sichtbar werden[10]. Die Frage erhebt sich jetzt: Inwieweit muß die Frau, falls überhaupt, an das Verbot sich auch fernerhin halten?

Das Denken der Aporie

Doch nicht dieser letzte Punkt, sondern das Stichwort der „Aporie" mag dazu dienen, ein paar grundsätzliche Erläuterungen an sich zu binden. Die sollen dann wiederum mit den Fragen der literarischen Figuration zusammenfließen und in einen gemeinsamen Problembereich einmünden.

[7]) Luce *Irigaray*: Speculum. Spiegel des anderen Geschlechts, Frankfurt a.M. 1980 (1974), S. 285.

[8]) Jacques *Derrida*: Éperons/Les Styles de Nietzsche, Chicago/London 1979 (1978), S. 102–104.

[9]) *Irigaray*, Speculum, a.a.O., S. 204.

[10]) *Irigaray*, Speculum, a.a.O., S. 104.

Der dem Begriffsraster der griechischen Philosophie entlehnte Terminus Aporie (=Weglosigkeit, Ausweglosigkeit) zielt auf Denkschwierigkeiten oder Denkunmöglichkeiten, die stellenweise das Konzept der Unentscheidbarkeit tangieren und zum Teil auch schlichtweg auf Spekulation oder Trugschluß beruhen. Unter Berücksichtigung solcher Divergenzen wird sich sagen lassen, daß die grundlegenden Aporien des menschlichen Daseins, die sich aus dessen Endlichkeit, Sprachlichkeit und Geschlechtlichkeit ergeben, vom Standort des weiblichen oder männlichen Subjekts aus verschiedene Dimensionen annehmen. Der Mann transzendierte sein Geschlecht in das allgemeine Geschlechtswesen Mensch, die Frau blieb der Schranke ihres Geschlechts verhaftet, das allgemein wurde nur in der äußersten Reduktion; sofern es das Geschlecht in Reinkultur repräsentierte. Dadurch, daß dem weiblichen Geschlecht Grenzen gezogen wurden, die zum einen extrem eng, zum anderen extrem variabel und dehnungsfähig sind, konnte es als eine Aporie für sich erscheinen: als „Aporie Frau". Der weibliche Mensch existiert, ohne nach menschlichem Maß existieren zu können. Während der Mann in die Haut des Menschen schlüpfte, durfte die Frau aus der Haut der Frau nicht heraus. Sämtliche Wege im Bereich des Menschlichen sind ihr über den Umweg der männliche Existenz vermittelt, die sie auf eben dieser Bahn zu sich selbst bringt. Von daher erklärt sich, daß die Frau ihr symbolisches Leben im Dämmerschein eines Zwischen fristet, aus dem sie nach jeder gewünschten Zielseite abrufbar ist. Der Vater-Mann-Gott „wird das ‚Zwischen', das niemandem gehört, zu einer Höhle machen, die zu seinem Reichtum beiträgt"[11]. Die Vereinnahmung gipfelt in dem Paradox, daß ausgerechnet die Frau bzw. das primär ihr zugeordnete Weibliche als Repräsentanten des Menschlichen auftreten, in so verschiedenen kulturellen Epochen wie der Klassik und dem Expressionismus zumal.

Von der paradoxalen und aporetischen Struktur der weiblichen Existenz bleiben die literarischen Handlungsfiguren des Todes nicht unberührt. Kommt in einem Text ein Mann zu Tode, endet das Leben eines Subjekts, das sich von den eigenen Traditionen her, mag es sie billigen oder nicht, zu einem ewigen Dasein berufen weiß. Seit der Antike haben sich die Phantasien eines Lebens nach dem Tode vom „Geist" oder der „unsterblichen Seele" des Mannes leiten lassen. Frauen durften, so sie Glück hatten, unter spezifischen Auflagen daran teilhaben. Das Ge-

[11]) *Irigaray*, Speculum, a.a.O., S. 293.

burtsrecht auf die Ewigkeit blieb ihnen versagt, wie ja auch die bestimmenden Jenseits- und Unterweltsmächte zunehmend männliches Geschlecht erhielten. Persephone und Hekate sanken, gleich so vielen, zu zweitrangigen Göttinnen herab, und die ganze Schar von Parzen, Medusen, Sirenen, Erinnyen, Harpyen, Hexen, usw., die den abendländischen „Text" bevölkert, kündet von einer Urgewalt, die in dieser Gestalt immer schon eingedämmt ist. Stirbt also eine Frau im Text, weiß man nie so genau, wohin sie geht. Womöglich mußte Dante seine Beatrice deshalb so weit erhöhen? Und wurden in der bürgerlichen Literatur der beiden letzten Jahrhunderte deswegen so auffallend viele Frauen zu Grabe getragen? Nur schnell weg damit, bevor die ungesicherte Dauer und Substantialität der eigenen, männlichen Existenz allzu klar erinnert werden mußte?

In diesem Paradox krönte die Logik von Herrschaft, Angst und Rache sich selbst. Nachdem der menschlicherseits unaufhebbare Mangel an Sicherheit dem weiblichen Geschlecht zu seiner kulturellen Repräsentation einmal zugeschoben worden war, droht die Frau dem Mann beständig die Möglichkeit der Katastrophe – letztlich des Todes – vor Augen zu führen; wobei er hinwiederum solche Spannungen nutzt, um den Mangel bearbeiten zu können. So sähe sich die Frau durch die Funktionalisierung „ihrer" Aporie zum Fluchtweg aus der existenziellen Daseinsproblematik in einem zwiefachen Sinn depraviert. Sie hätte nämlich das Stigma der unleugbaren Ungewißheit der conditio humana auf sich zu nehmen, ohne sich zugleich mit ihrer nun verdoppelten Bürde aktiv auseinandersetzen zu können. Das männliche Geschlecht bietet ihr umgekehrt nicht das gleiche Zeichen, das ihr zum Anlaß zu einer Reflexion über die fundamentalen und uneinholbaren Spaltungen des irdisch-materiellen Daseins, etwa der zwischen Leben und Tod, hätte werden können. Gravierender noch: Indem die Frau in den ästhetischen Produktionen des Mannes zum Ort und Fixpunkt dieses Zwischen erhoben wurde, wurde geleugnet, daß sie vom Spaltungsprozeß überhaupt betroffen sei. Das Hinscheiden von Ersten Bewegern wie Gott, Geist oder ego cogito, die dem Denken der Aporie stets den Riegel vorgeschoben hatten, machte den Posten der weiblichen Indetermination dann desto weniger entbehrlich, als wenigstens eine Existenz in ihrer relativen Unangefochtenheit erhalten bleiben sollte. Wollten wir schließlich das gesamte Verstrickungsverhältnis zu einem Satz zusammenfassen, der die klassischen Aporien des weiblichen Daseins im selben Gedankengang übersteigt, so wäre zu behaupten, daß diese Aporien ebensoviele Versuche sind, ohne Aporie zu denken. Denn ginge nicht ihr zentrales Movens, die „Leidenschaft für einen ordentlich eingegrenzten Ursprung"[12], an der Denkschwierigkeit des vielfach, mindestens aber zweifach geteilten Ursprungs alles Menschlichen mit fest verschlossenen Augen vorüber?

Bei aller Reserve bleibt natürlich die Möglichkeit offen, daß vom Umgang der Alten mit den Aporien ihres Denkens die eine oder andere Regel zu lernen wäre. Manch knifflige Frage zum Beispiel wurde nicht in dem Rahmen bewältigt, in dem sie sich stellte, sondern durch eine Verschiebung des übergreifenden Problemhorizonts. Der bekannteste Fall ist Achilleus, der seiner Schildkröte in dem Augenblick davoneilen konnte, als die Philosophie das Zenonsche Axiom der unendlichen Teilbarkeit fallen ließ. Die Widrigkeiten der weiblichen Existenz freilich werden nicht schon dadurch hinfällig, daß man das gesamte Gebäude der patriarchalischen Subjektkonstitution für null und nichtig erklärt. Dazu ist es viel zu hautnah mit der weiblichen „Lebensgeschichte" verklammert, und: „... man kann in aller Naivität anfangen, jedoch naiv weitermachen, nein, das geht nicht"[13]. Andererseits ist es kaum sinnvoll, Denkschwierigkeiten lösen zu wollen, die in sensu stricto nicht Fragen der Frauen selbst artikulieren. Besser, man gibt sie an die Urheber zurück, und noch besser, die ganze Art der Problemstellung, Aporeme inclusive, wird ihrerseits thematisiert und problematisiert. Durch ein allezeit auch meta-thematisches Vorgehen läßt sich eine Dynamik des Fragens einleiten, die den Zusammenhang des Systems mit einbegreift, innerhalb dessen sich eine bestimmte Struktur zum unauflösbaren, oder augenscheinlich unauflösbaren Widerspruch verfestigt. Zu fragen wäre: Was ist der Beweggrund einer Aporie? Wie funktioniert sie? Welche anderen gibt es oder welche anderen verhüllt sie? Auf den literarischen Text mit seiner hohen Zeichendichte übertragen, können solche Abwägungen einen aufschlußreichen Analyseraster ergeben. „Aufschlußreich" dem Anspruch gemäß, wonach es notwendig ist, Zugänge zu der feinwüchsigen Textur eines Werks zu schaffen; die Verbindungsstelle zwischen topischen, metaphorischen und motivischen Figuren einerseits und der mehr untergründigen Sprachbewegung andererseits aufzusuchen; um von dorther zu erfragen, wie es kommt, daß die Todes- und Lebensbilder der Frau in einen Strudel so extrem gegensätzlicher

[12]) *Irigaray*, Speculum, a.a.O., S. 294.

[13]) Hélène *Cixous*: Weiblichkeit in der Schrift, Berlin 1980 (1979), S. 91.

Deutungs- und Bewertungsprozesse geraten können, wie es auch und nicht zuletzt bei den explizit geschlechtsbezogenen Lektüren der Fall ist.

Hiermit bin ich bei meinem Punkt, der in einem globalen Bogen direkter angepeilt sei. Als Grunddilemma vieler Studien zum literarischen „Frauenbild" läßt sich nennen, daß die „tote Frau" derart unvermittelt neben die Frau als Lebenssymbol rücken kann, daß über eine historische Typologie hinaus kaum gesicherte Aussagen über die eine oder die andere Form der Zuordnung zu machen sind; wohingegen die Konzentration auf die reine Sprachbewegung des Textes dazu verleiten kann, diese bereits für das Non plus ultra des je einzelnen Werks zu halten. Mir scheint, daß sich im einen, dem älteren, und dem anderen, dem jüngeren Fall zwei eng miteinander verwandte Problemzüge schneiden. Das ist erstens die Crux des traditionellen Frauenbildes bzw. des weiblichen Orts in der Sprache selber. Und das ist zweitens die Fragwürdigkeit eines jeden analytischen Verfahrens, das die Tendenz zur Eindimensionalität, oder, moderner ausgedrückt, zum Reduktionismus, nicht als unvermeidliche Begleiterscheinung des eigenen Tuns, sondern als dessen Grundlage selbst ansieht.

Die in dem ersten Aspekt angesprochene Problematik einer monogeschlechtlich fixierten Unbestimmbarkeit des Seins wäre wie folgt zu pointieren: Die Frau ist weder die große Tote, Tötende oder Getötete noch die große Lebende der Literatur, sondern sie ist von ihren generellen sprachlichen und ästhetischen Voraussetzungen her weder noch: weder tot, noch lebendig. Als Nichtlebende/Untote verfügt sie über die Grenzexistenz eines Zombies, der alle Erscheinungsformen durchläuft, ohne um ihren Anfang und ihr Ende zu wissen. Mal in der Reizmaske strahlender Schönheit, mal mit der abstoßenden Fratze des Morbiden, von den Zwischenstufen gar nicht zu reden, sucht sie die Welt der Sterblichen heim. Das ewige Leben der Frau? Hier ist es.

Aber so gewichtig Traditionen sind, sind sie doch niemals „alles". Seit den letzten zehn, fünfzehn Jahren zumal werden Prozeduren erprobt, die das verdrängte Weibliche durch gezieltes An-ihnen-vorbeischreiben aus den alten Bindungen herausflechten sollen. Allerdings wären solche Experimente kaum durchführbar, wenn ihnen der Text, namentlich der literarische Text, aufgrund seiner besonderen Schichtungsformen nicht ein paar Schritte entgegenkäme. Da sich Literaturanalysen an dieser prinzipiellen u n d an der jeweils spezifischen Kompliziertheit ihres Gegenstandes auszurichten haben, läuft das ganze fast automatisch auf das Postulat einer Kombination von verschiedenen, sorgfältig aufeinander bezogenen und aufeinander abgestimmten methodisch-theoretischen Ansätzen hinaus. Bei der Behandlung der Fragen von „Tod und Weiblichkeit" etwa hätten sich eine themen-, bild- und motivgeschichtliche und die im engeren Sinn sprachanalytische Untersuchung wechselweise zu durchdringen. Obgleich gegen die darin verfaßt liegende Begriffstrennung von seiten der neueren Zeichentheorien allerhand eingewendet werden könnte, muß das die Effektivität der mit hinreichendem Bedacht mehrfach oder gar heteronom verankerten Praxis nicht per se schmälern. Deren Bestrebung sollte es auf jeden Fall sein, daß man die „tote Frau" nicht irrigerweise für tot, und das „Lebenssymbol Frau" nicht allzu schnell für einen Ausdruck weiblichen Lebens hält.

Meine nachfolgende Textbetrachtung wird, ihres ausgesprochen exemplarischen Charakters wegen, die Forderung nach einer komplexen Analyse nur sehr bedingt einlösen können[14]. Ihre Ausgangsfrage: Wie hat es angefangen? nimmt die klassische Ursprungsfrage auf, ohne deren Entscheidungslogik mit zu transportieren. Es kann ja mehrere Anfänge geben. Hier wurde die griechische Tragödie gewählt, die in umgestaltendem Rückbezug auf mythische Vorlagen die aporetische Struktur der weiblichen Existenz in zukunftsträchtiger, d.h. paradigmenbildender Weise in Szene gesetzt hat. Anschließend werde ich an einem aktuelleren Beispiel darlegen, daß Wiederbelebungsversuche an der „toten Frau", die sich auf mehr oder weniger isolierter Basis vollziehen, ihr Objekt noch „toter" machen können, als es ohnedies schon war.

II. Antigone und kein Ende

Die Metapher des Lebend-begraben-seins

Wer noch nicht wußte, welch zentrale Stellung die Antigone-Figur in der gegebenen Kultur einnimmt, wird es spätestens seit der Studie von George Steiner (1984) wissen. Es fehlt diesem bestens fundierten Werk nur eine Kleinigkeit: eine Stellungnahme aus weiblicher Sicht. Die Lücke wäre an und für sich kaum überraschend, wenn nicht eine solche Stellungnahme vorgelegen hätte. In anderen Worten: Den Antigone-Kommentar von Luce Irigaray (1974) sucht man vergebens. So viel Material

[14]) Der vorliegende Aufsatz ist Teil einer größeren Arbeit zu dem gesamten Thema.

Steiner heranträgt und so differenziert er argumentiert, verharrt er doch im Rahmen der Tradition, die er beschreibt. Eben diese Tradition, nämlich die Auseinandersetzung männlicher Künstler und Gelehrter um eine von ihnen selbst geschaffene, mindestens aber angeeignete Frauengestalt, wird bei Irigaray thematisch. Speziell aus der Hegelschen Antigone-Interpretation zieht sie das Resümee, daß sich darin das nostalgische Verlangen des Geistes nach jener Zeit artikuliere, als das vom Blut lebende (=familial gebundene) Subjekt noch vorhanden war[15]. Es würde sich lohnen, Steiners Ansätze von Irigaray her zu spezifizieren, oder andersherum, Irigarays Perspektiven sich mit Hilfe der Erkenntnisse Steiners weiter auskristallisieren zu lassen. Ich begnüge mich einstweilen damit, die Vorgaben beider an einem Hauptknotenpunkt zusammenzuführen und tentative Schlüsse über die paradigmatischen Grundlagen der weiblichen Existenz daraus abzuleiten.

Steiners Hauptthese lautet, daß die klassische Antigone-Kreon-Konfiguration die Strukturen unserer Sprache und unseres Denkens und Darstellens (Grammatik, Topik, Metaphorik, usw.) nachhaltig geprägt haben. Der antigoneische Grundkonflikt zwischen Frau und Mann, Staat und Gewissen, Alt und Jung, Toten und Lebenden, könne deshalb immer aufs neue reaktiviert werden. Falls dies wirkungsgeschichtliche Gewicht richtig eingeschätzt ist, müßte die Antigone-Figur charakteristische Einschreibungsmomente der abendländischen Weiblichkeitskonzeption in sich tragen. Meines Erachtens berührt Steiner solche Momente, ohne die Implikationen geschlechtsspezifisch auszuloten. Antigones Schlußmonolog, so führt er aus, zeigt die unmenschliche Einsamkeit und Qual ihres Endes, das eigentlich kein Ende ist. In der lichtlosen Felsengruft eingesperrt, aus Tod-und-Leben verbannt, kommt ihr keiner zu Hilfe, weder von den Toten noch von den Lebenden. Antigone gehört weder zu den Toten, noch zu den Lebenden. Das Erschreckende ihres Endes ist, daß es sich mit der unerträglichen Vorstellung des Nichts verknüpft[16].

Einen bewußteren Widerhall findet diese „erschreckende" Weder/Noch-Existenz in Irigarays Lektüre. Der Staat, so stellt sie fest, wagt es nicht, die Frau öffentlich zu töten. Er läßt ihr darum etwas Luft: den

[15]) Luce *Irigaray*: Die ewige Ironie des Gemeinwesens . . ., in: Speculum, a.a.O., S. 266–281, Zitat S. 273.

[16]) George *Steiner*: Antigones. The Antigone myth in Western literature, art and thought, Oxford u.a. 1986 (1984), siehe insb. S. 279, 281f., 287.

Totenkult oder das rein vegetative Leben. Das einzige, was sie daraufhin noch tun kann, ist, sich umzubringen. Auf eine eigene ethische Aktion von Frauen kann sich, nachdem ihr das Gesetz just dies verboten hat, Antigones Handeln nicht mehr stützen. So wird denn die Schwester, auf daß der Bruder – das Begehren der Mutter – ewig lebe, in der Gruft vor der Stadt lebend begraben sterben[17].

Mit der antigoneischen Metapher des „Lebend-begraben-seins" scheint mir ein Hauptnerv der weiblichen Existenz, so wie sie in unserer Kultur jahrhundertelang inszeniert worden ist, getroffen zu sein. Gibt es ein prägnanteres Bild? Brennpunktartig ziehen sich in Antigones Untergang, ihrem ausweglosen Abstieg in die unterirdische Kammer, die paralysierenden Widersprüche des klassischen Frau-Seins zusammen. Die Unzugehörigkeit und Unentschiedenheit ihres Verbleibs, ihr andauerndes Oszillieren zwischen Oben und Unten, Anfang und Ende, Leben und Tod, all das kennzeichnet die antike Heldin wie zahllose Frauengestalten nach ihr als einen existenziellen Zwitter. Daß im Verlauf der Literaturgeschichte gerade die Grenzgängerin des Menschlichen zu einem Symbol der Menschlichkeit erhoben wurde, paßt in die paradoxale Logik des Ausgangsentwurfs. Oder auch nur seiner späteren Deutung: so etwa, wenn sich in Antigones Entscheidung für die „chthonische Wertordnung" nichts geringeres als ihre „freie Individualität" ausdrücken soll[18].

Werfen wir einen Blick auf einige szenisch-metaphorisch bedeutsame Schnittpunkte der sophoklischen „Antigone" (441 v.Chr.). Unerlöst steigt die Nachfahrin der mythischen Urmutter Gaia, die königlichem Gebot zuwider ihren verfemten toten Bruder Polyneikes bestattete, in die Felsengruft hinab: „. . . um mein Schicksal, das unbeweinte, trauert keiner der/Meinigen"[19]. (A, 73) Kreons Verdikt läßt ihr keine andere Wahl als die, vom Erdboden zu verschwinden:

> Bringt sie weg, sofort! Und in das umwölbte
> Grab schließt sie ein, wie ich gesagt,
> und laßt sie dort ganz allein zurück, wenn sie sterben
> und unter solchem Dach lebend hausen muß.
> Wir sind rein, was dieses Mädchen betrifft;
> sie wird nur des Mitwohnens hier oben beraubt. (A, 73)

---

[17]) Ich beziehe mich hier auf Luce Irigarays Antigone-Kommentar in: Éthique de la différence sexuelle (siehe Anm. 1), insb. S. 105, 114ff.

[18]) Siehe Kurt *Hübner*: Die Wahrheit des Mythos, München 1985, S. 209.

[19]) Der Tragödientext wird abgekürzt zitiert als „A", Seitenzahl nach dem Komma, nach der folgenden Ausgabe: Sophokles. Antigone (=Reclam Universal-Bibliothek Nr. 7682 (2)), Stuttgart 1981.

Antigone wird „des Mitwohnens hier oben beraubt“, weil sie dem geschriebenen Gesetz der Polis nicht gehorchen kann. Sie ist dem ungeschriebenen Gesetz der Familie, der Natur und der Götter verpflichtet. Dies aber darf und kann sie nicht so befolgen, wie sie es will: absolut. Ihr Dilemma treibt sie in ein Exil, an dem gemessen so manche Unterweltswanderung der Literatur, unter ihnen der Höllenbesuch im Danteschen Epos, als ein schwacher Reflex erscheint. Antigones Weg ist ausweglos:

> Seht mich, meines Vaterlandes Bürger,
> den letzten Weg
> gehen, das letzte Licht der
> Sonne sehen
> und dann nie wieder. Mich führt nun lebend der all-
> bettende Hades
> zu Acherons
> Küste (. . .). (A, 67)

Im Reich des Hades ist sie nicht willkommen, vom Ort der Lebenden ist sie verstoßen. Was bleibt, ist die Grauzone zwischen den Fronten: „Nein, von den Freunden so ganz verlassen gehe ich/Unglücksweib/lebend in der Toten Gruft“. (A, 75) Noch unverhohlener klingt der Schmerz über das indifferente Zwischen in der zweiten Strophe des Klagelieds an:

> . . . zum gewölbten Verlies einnes unerhörten Grabes ich gehen
> muß.
> Io! Ich Arme,
> weder bei Sterblichen noch bei Toten
> geduldet, nicht bei Lebenden, nicht bei Gestorbenen. (A, 71)

Ein Bote schildert im nachhinein die Erfüllung ihres Schicksals. Der lebend eingemauerten Frau gab man Nahrung mit in wohlbedachter Proportion: zum Sterben zuviel, zum Leben zuwenig. Als Kreon sie nach langem Ringen („O weh, mühsam nur kann ich mich selbst überwinden/zu dieser Tat“, A, 89) wieder heraufholen lassen will, ist es zu spät. Antigone hat sich inzwischen erhängt. Ihre Todesart drückt einem halt- und grundlos gewordenen Dasein das Siegel auf:

> In der hintersten Ecke des Grabes,
> am Halse aufgehängt, erblicken wir das Mädchen,
> in eine gedrehte Schlinge aus feiner Leinwand geknüpft,
> und ihn hingesunken, an der Hüfte sie umschlingend,
> beklagend den Verlust des Bettes hier oben
> und des Vaters Tat und das unselige Lager. (A, 97)

So also pendelt sie zwischen Himmel und Erde. Die Stimme erstickt, der Atem abbgewürgt, die Arme erschlafft, die Füße vom Boden gelöst – paradigmatisches Urbild einer Existenz in der Schwebe. Für den Kreon-Sohn Haimon, der die tote Braut, derweil er selber zu Tode verblutet, umklammert hält, ist sie schon nicht mehr erreichbar. Das „vom Blut lebende Subjekt" ist dahin. Es hatte der Erkenntnis des Chors: „Bei weitem ist Besonnenheit/das höchste Glück" (A, 107) zu weichen, um forthin über dem Abgrund zu kreisen bzw. in einer endlosen Spirale von literarischen Neuadaptionen wieder aufzuerstehn.

Wiederkehr der ewigen Schwester

Die Wiederkehr der Verdrängten mußte nicht durchweg unter dem Namen Antigone erfolgen. Wozu die suspendierte Existenz der Frau gut ist, ist an mancher ihrer Schwestergestalten sogar in verschärften Konturen abzulesen. Der auf das mittelalterlich-christliche Weltbild noch weitgehend eingestimmte Dante zum Beispiel mochte der antiken Dame lediglich ein bescheidenes Plätzchen unter den edlen Heiden im sechsten Kreis des Läuterungsbergs einräumen. Doch wer A/ntigone sagt, kann auch B/eatrice sagen und durch sie hindurch die Annäherung an die „unerträgliche Vorstellung des Nichts" (Steiner) riskieren. Auf die Fürbitte seines „Himmelsweibes" gestützt, lernt das männliche Text-Ich der „Göttlichen Komödie" im Bezirk des „Limbus", der Vorhölle also, das Elend jener Unentschiedenen kennen, die weder Himmel noch Hölle haben mochte: „der Schlechten jämmerliche Schar,/die Gott und seinen Feinden mißbehagen./Dies Jammervolk, das niemals lebend war . . ."[20]. Dem Erzähler selbst wird der Übergang über den Acheron ins Schattenreich der toten Seelen ebensowenig verwehrt wie der Aufstieg zum überirdischen Göttlichen oder die wohlbehaltene Rückkehr in rein weltliche Gefilde. Seine verstorbene Braut indes, die ihm die Lebensreise deutet, ist in dieser Konfiguration wie in einem eigens für sie errichteten Limbus gefangen: Gott zwar nah, aber auf ewig zwischen ihn und den Mann gestellt, den sie ihm zuführt. Ihre schrankenlose Unbestimmtheit ermißt sich an der Deskription der Effekte, die ihre Schönheit im Betrachter auslöst. In eine weniger pure, dafür solidere Form der Präsenz ist ihre Erscheinung nicht einholbar. Als der Schleier der Beatrice fällt, nimmt

[20]) *Dante*: Göttliche Komödie, hrsg. von Paul Th. Hoffmann, Berlin o.J., S. 38.

der Poet die geliebten Augen bezeichnenderweise nur noch als Abbilder des Urbilds vom Einen wahr[21].

Wo die tote Beatrice ihren lebenden Schützling sicher über den Totenfluß geleitet, läßt bei Hugo von Hofmannsthal ein männliches Textsubjekt die tote Antigone über den Acheron ins Leben, genauer: in sein Leben zurückkehren. Sie erglänzt vor dem inneren Auge eines Theaterbesuchers als ein wundersam schönes und stummes Kunst-Objekt. Wie einst Moses das geteilte Meer durchmaß, ohne von einer der beiden Seiten erfaßt zu werden, durchschreitet die Virgo in heiliger Unberührtheit den unsichtbaren Korridor zwischen den Zonen des Todes und des Lebens:

> Mein Blick schwankt durch die schweren Mauern da,
> so wie durch Wasser, und, und ich seh die Jungfrau
> Antigone, das funkelnde Gefäß
> des Schicksals,
> (. . .)
> sehe ihre schlanken Schultern,
> das schlichte Haar, entgegen mir bewegt sich
> ihr Fuß und ihr Gewand, auf ihrer Stirn
> sind sieben Zeichen des ganz nahen Todes!
> Sie geht durch eine Ebbe. Links und rechts
> tritt in durchsichtigen erstarrten Wogen
> das Leben ehrfürchtig vor ihr zurück![22]

Sollte das Beschreibungsbild dieser Antigone Anklänge an die Pandora aus Goethes „Pandora"-Festspiel von 1808 („Wie glänzt das Gefäß! O wie faßt es sich schlank!"[23]) erwecken, dann bezeugt das nur einmal mehr die innige Verflochtenheit aller mythischen und literarischen Frauenbilder. Im besonderen jedoch scheint es die Vermutung bestätigen zu wollen, daß ein Großteil der nachantiken Antigone-Literatur die Wiederkehr einer mit Tabu belegten und ins Unterirdische verschobenen Existenz zelebriert. Für den männlichen Sprecher und Betrachter ist die tote Schwester eine schmerzvoll betrauerte Abspaltung seiner selbst; für die Schwester ist dieser Teil, den sie darstellt, das Ganze: das Ganze ihrer Existenz. Darüber hinaus hat sie keine.

---

[21]) Siehe *Dante*, Komödie, a.a.O., S. 293.

[22]) Hugo *von Hofmannsthal*: Vorspiel zur Antigone des Sophokles (1900), in: Gesammelte Werke in zehn Einzelbänden, hrsg. von Bernd Schoeller, Frankfurt a.M. 1979, Bd. 3, S. 484.

[23]) Johann Wolfgang *von Goethe*: Pandora. Ein Festspiel (1808), zitiert nach: Sämtliche Werke (=dtv Gesamtausgabe), München 1963, Bd. 11, S. 255.

Eine Konjunktur ganz eigener Art erreichte die Antigone als „Bewältigungsfigur" in der deutschsprachigen Literatur um und nach 1945. Wo es darum ging, die Erfahrung des Dritten Reiches mit literarischen Mitteln zu verarbeiten, bot sich diese Gestalt mit ihrem angestammten Handlungskontext von Krieg, Tod, Blut, Gewalt geradezu an. Dementsprechend rückte in die Kreon-Position jetzt „Hitler" ein.

Differenzierter betrachtet, bestand ein vordringliches Anliegen der „Bewältigungsliteratur" darin, das durch die nationalsozialistische Ideologie und Praxis außer Kraft gesetzte Fundamentalgewicht der Spaltung zwischen Leben und Tod ins Gedächtnis zurückzurufen. Der deutsche Faschismus war bekanntlich eine hochgradig nekrophile Bewegung. Um die angestrebte ewige Identität mit sich zu erreichen, die nur der Tod gewährt, mußte der Eigenanspruch des Lebens, der der Frau sowieso, ausgelöscht werden. Zentrales Modell der „Reichsliteratur" war denn auch der Soldat. Anzunehmen ist auf diesen zeitspezifischen Kontext hin, daß subversive Wiederbelebungsversuche der Differenz zwischen Leben und Tod mit Hilfe der „Bewältigungsfigur" Antigone zu Lasten der Differenz der Geschlechter gingen, falls nicht im selben Zug das betreffende textuelle Paradigma einer gründlichen Revision unterlag. Eine Antigone, die als kompromißlose Vertreterin der Menschlichkeit lediglich die Rechte anderer verficht – diese anderen sind so gut wie nie Frauen – wird ihr eigenes „Lebensrecht" vergessen, präziser: es erschöpft sich in der ersten Tat. Der Vergleich mit einer männlichen „Bewältigungsfigur", etwa Borcherts Heimkehrer Beckmann, kann das Problem veranschaulichen: Beckmann klagt seinen Anspruch auf das Leben ein, um das man *ihn* betrogen hatte. Zu überlegen wäre, inwiefern als die eigentlichen Protagonisten der Antigone-Literatur um und nach 1945 das männliche Opfer männlicher Gewaltherrschaft (Polyneikes) und der männliche Vollstrecker dieser Gewaltherrschaft (Kreon) genannt werden müßten.

Eine eingehendere Sichtung der verschiedenen Antigone-Positionen in der neueren deutschsprachigen Literatur dürfte noch ausstehen. Sie hätte sich im besonderen der Frage anzunehmen, wie sich die kollektive und die individuelle historische Erfahrung eines äußersten Maßes an Destruktivität von einer weiblichen Textposition her artikulieren lassen, wenn eine einflußreiche weibliche Modellfigur als Bollwerk gerade gegen solche Destruktivität fungiert hat und noch weiterhin fungiert. Mit kritischem Blick könnten dazu die einschlägigen Werke von u.a. Böll,

Brecht, Döblin, Hochhuth, Langgässer und Weil überprüft werden. Daß dabei interessante Beobachtungen zu machen sind, beweist nicht zuletzt das Beispiel Grete Weil. In ihrem Roman „Meine Schwester Antigone" (1980) ist die Auseinandersetzung eines jüdischen weiblichen Ich mit der heroischen griechischen „Schwester" zu einem durchgängigen Thema ausgebaut. Hier jedoch werde ich mich einem anderen, nämlich dem Romanbeispiel von Heinrich Böll zuwenden. Nicht um ihm das letzte Wort zu geben, sondern um einen bestimmten Problemaspekt der auf die Antigone gemünzten Revisionsbemühungen daran herauszusortieren.

III. Die Revision des Antigone-Modells am Beispiel von Heinrich Böll

Heinrich Böll und die Antigone-Tradition

In welch hohen Graden Heinrich Böll die Leni, Hauptprotagonistin seines Romans „Gruppenbild mit Dame" (1971; Nobelpreis 1972), mit den Zügen einer Antigone-Gestalt ausgestattet hat, ist, so weit ich sehe, von der Böll-Forschung noch nicht erkannt oder angemessen eingeschätzt worden. Wiewohl die mysteriöse „Dame" im Zentrum des Bildes zu Rätseln hinreichend Anlaß gab, hat man sie vorrangig am Bezugsmodell der „subversiven Madonna"[24] zu erschlüsseln gesucht. Selbst dem Autor muß die Anlehnung an das antike Paradigma nicht unbedingt bewußt gewesen sein, was nicht heißen soll, daß es in anderen Teilen seines Werks nicht eine markante Rolle spielte. Ein erstes Indiz hierfür ist die autobiographische Mitteilung Bölls, daß er von der abendländischen Gewaltliteratur vom Schlage eines „Bellum Gallicum" gar nicht, von der griechischen Antigone hingegen tief beeindruckt sei; und einst sogar den Schulunterricht geschwänzt habe, um die Übersetzung daran allein fortzuführen[25]. Den sichtbarsten Niederschlag fand dies Interesse in einem Drehbuchentwurf für Volker Schlöndorffs Beitrag zu dem Film „Deutschland im Herbst" von 1978. Unter dem Titel „Die verschobene

[24]) Vgl. Renate *Matthaei* (Hrsg.): Die subversive Madonna. Ein Schlüssel zum Werk Heinrich Bölls, Köln 1975.

[25]) Siehe Heinrich *Böll*/Christian *Linder*: Drei Tage im März. Ein Gespräch, Köln 1975, S. 85, und: Heinrich Böll: Was soll aus dem Jungen bloß werden? Oder: Irgendwas mit Büchern, München 1984[2] (1981), S. 53.

Antigone" kombinierte Böll ein Fragment der Sophokles-Tragödie, nämlich das Streitgespräch zwischen Antigone und Ismene, mit einer aktuellen Gremiendiskussion zu einer szenischen Satire, die voller Bezüge auf die politischen Eskalationen im „heißen Herbst" des Jahres 1977 steckt. Die Abqualifizierung der beiden griechischen Schwestern zu „rebellischen", „aufsässigen" oder „terroristischen Weibern" durch frustrierte Kulturfunktionäre[26] weist unüberhörbar auf die öffentliche Verdammung der RAF-Angehörigen Ulrike Meinhof und Gudrun Ensslin hin. Doch wie auch immer, im Schlaglicht der Böllschen Szenenfolge steht die „antigoneische", die auf Menschlichkeit bedachte Frau, die gegen die Krankheit jenes kollektiv verdrängten Todes- und Vernichtungsfurors angetreten war, von der sie jetzt ihrerseits eingeholt zu werden droht.

Antigone als „Bewältigungsfigur" der deutschen Misere vor und nach 1945 – im „Gruppenbild"-Roman ist sie in einer sehr verdeckten Form wiederzufinden. Stellen wir unseren Suchbemühungen eine kleine Revue persönlicher Ansichten des Verfassers als Wegweiser voran. So ist zunächst zu beachten, daß Böll sich von Vokabeln wie „Bewältigung" ausdrücklich distanziert hat, um seine Auseinandersetzung mit der deutschen Vergangenheit nicht in eine abschließende Perspektive bringen zu lassen[27]. Mit derselben Idiosynkrasie hängt zusammen, daß der Autor sowohl im künstlerischen wie im außerkünstlerischen Bereich großen Wert legte auf eine Offenheit der Existenz: „Sterben, absterben, oder sogar lebend tot sein; das letztere hat mich sogar schon als Kind erschrocken gemacht. Die Angst vor fix und fertigen Menschen"[28]. Diesen „Zustand des Fertigseins" (ebd.) lokalisierte er unter anderem in jener neuen „Männlichkeitsliteratur" nach dem zweiten Weltkrieg, die nicht der „historischen Last, dem historischen Schmerz und Leiden der Frauen entspricht, auch nicht während des Krieges"[29]. Die „Ikonisierung" der Madonna, so lautet ein weiterer Einwand gegen die kulturelle, insbesondere die patriarchalische kulturelle Norm, macht sie „rein, fixiert, im Grunde getötet"[30]. In seiner Stockholmer Nobelvorlesung

---

[26]) Siehe Heinrich *Böll*: Die verschobene Antigone (1978), in: Werke, hrsg. von Bernd Balzer, Köln o.J., den Band: Hörspiele, Theaterstücke, Drehbücher, Gedichte I, S. 613f.

[27]) Siehe Heinrich *Böll*: Deutsche Meisterschaft, in: text & kritik Heft 33: Heinrich Böll (1972), S. 3.

[28]) *Böll/Linder*, Drei Tage im März, a.a.O., S. 70.

[29]) Heinrich *Böll*/Dieter *Wellershoff*: Gruppenbild mit Dame. Ein Tonband-Interview, in: Matthaei (Hrsg.), Madonna, a.a.O., S. 154.

[30]) Schreiben und Lesen. Ein Gespräch zwischen Heinrich Böll und Karin Struck (1973), in: Heinrich *Böll*: Einmischung erwünscht, Köln 1977, S. 64.

(1973) schließlich setzte sich Böll gegen den Hang nach „fix und fertig geklärten Problemen“ zur Wehr. Aufgabe des Schriftstellers sei es dagegen, in die „Zwischenräume“ einzudringen, denn, so die Frage, „wo kommen wir ohne diesen Zwischenraum aus, diesen Rest, den wir Ironie, den wir Poesie, den wir Gott, Fiktion oder Widerstand nennen können?“[31]

Diesen Rest, den wir auch Frau nennen können? Das Stichwort „Zwischenraum“ zwingt die Ergänzungsfrage regelrecht hervor. Ineins damit ist der Horizont umrissen, unter dem die Konfigurationen des „Gruppenbildes“ ins Auge gefaßt werden können. Wenn nämlich Bölls fiktionales Projekt zu einem wesentlichen Teil in der Ent-Ikonisierung der getöteten Frau – Antigone ist nur eine jener vielen „reinen“ Madonnen – besteht, dann wird zu erkunden sein, bis zu welcher Tiefe die Grenzpfähle des einseitig abgesteckten Zwischen in seinem Roman gelockert werden dürfen.

Der antigoneische Intertext

Von den Saussureschen Arbeiten zum Ana-/Paragramm sind viele Anregungen ausgegangen. Michael Riffaterre hat das Konzept des Paragramms (1979) auf den literarischen Text appliziert, dessen Bedeutungsproduktion nie bloß diskursiv, sondern grundsätzlich außerlinear verlaufe. Da ein solcher Text, so Riffaterre, stets wiederholt, wovon er spricht, bedarf die Lektüre keines isolierten Schlüsselworts, um sein Verweissystem zu decodieren. Sie kann sich vielmehr auf Rekurrenzen und Äquivalenzen stützen, die als Varianten einer komplexen und von jedem Einzelwort unabhängigen semantischen Struktur fungieren. Auf Grund dessen ist der Kern eines Paragramms in der Transformation einer semantischen Größe zu entdecken, welche sich nach Art einer Matrize in anderen Elementen, etwa Sätzen, expandiert. Indem jene anderen Elemente die semantischen Komponenten des Kerns aufgreifen und weiterentwickeln, wird seine innere Konstruktion über den ganzen Text ausgestreut. Der semantische Kern verhält sich also in dem Umfang wie das Symptom einer Neurose, wie ihn seine Verdrängung anderswo im Text in einer wahren Explosion von metonymischen und metaphorischen Sequenzen wieder aufsteigen läßt. Das semantische System des Textes er-

[31]) Heinrich *Böll*: Versuch über die Vernunft der Poesie. Nobelvorlesung (1973), in: Böll, Einmischung, a.a.O., S. 33.

scheint insgesamt als die verwandelte oder veranschaulichte Referenz einer Vorgabe, die ihrerseits die Variante eines anderen, älteren Textes sein kann. Nimmt der Leser den Text im Text nicht wahr, oder ist eine bestimmte literarische Tradition durch die kulturelle Evolution verloren gegangen, dann bleibt der Text selbst davon unbetroffen. Er kann seinen Leser um die Erkenntnis eines Intertextes bereichern, doch ist er immer auch ohne dies zu lesen[32].

Das referierte Konzept ermöglicht es uns, dem Böllschen Roman einen antigoneischen Intertext zu entnehmen, ohne daß wir auf ein eindeutiges Schlüsselwort angewiesen wären. Als semantische Matrize fungiert hier eine kernpunkthafte Szene, die als abgewandeltes „Symptom" noch einmal rekurriert, um sich über diesen Strang zu einem dichten Verweisungsgeflecht auf den sophokleischen Urtext zu entbinden. So gewiß der Roman ohne die Kenntnis jener Vorgabe zu lesen ist, so gewiß vermag sie den Katalog seiner Lesarten um eine stringente Variante zu erweitern.

Den Zeitkontext der epischen Szene bilden die Kriegsjahre des Dritten Reiches, Ort der Handlung ist, sinnigerweise, eine *Friedhofs*-Gärtnerei. Mit der jungen Kranzbinderin Leni, dem russischen Kriegsgefangenen bzw. Zwangsarbeiter Boris und dem deutschen Nazi-Fanatiker Kremp sind die drei klassischen Positionen Antigone, Polyneikes und Kreon besetzt. Während einer Betriebspause bietet Leni dem Russen eine Tasse Kaffee an, was der Nazi als offenen Affront auslegt: Russen sind laut Führerbefehl als Untermenschen zu behandeln. Über derlei Vorschriften jedoch setzte sich Lenis Menschenfreundlichkeit souverän hinweg. Unter Mißachtung des eigenen Schutzbedürfnisses wiederholt sie die Geste, die von einer Augenzeugin ihrer vollen symbolischen Tragweite nach erfaßt wird:

> Niemand konnte das, was sie tat, anders auslegen: als reine naive Menschlichkeit, und die war zwar Untermenschen gegenüber verboten, und doch, wissen Sie: das sah ja sogar ein Kerl wie der Kremp, daß Boris ein Mensch *war*: er hatte ja Nase und zwei Beine und sogar ne Brille auf der Nase, und er war sensibler als die ganze Mischpoke da zusammen. Der Boris wurde einfach durch Lenis mutige Tat zum Menschen gemacht, zum Menschen erklärt – und damit hatte es sich, trotz all der miesen Dinge, die da noch kommen sollten. (G, 175f.)[33]

---

[32]) Michael *Riffaterre*: La production du texte, Paris 1979, darin: Paragramme et signifiance, insb. S. 76f., 79, 86, 88.

[33]) Der Romantext wird abgekürzt zitiert als „G", Seitenzahl nach dem Komma, nach der folgenden Ausgabe: Heinrich *Böll*: Gruppenbild mit Dame (=dtv 959), München 1985[13] (1971).

Die Frau, die den politisch verfemten Mann durch eine liebende Tat und unter Einsatz des eigenen Lebens „zum Menschen erklärt“ – das ist sozusagen das Antigone-Modell in der Nußschale. Ein zweiter Zeuge liefert fast noch das „Schlüsselwort“ dazu, wenn er rekapituliert: „Das wars. Das war Lenis Entscheidungsschlacht“ (G, 174). Mit der Kaffeestunde ist die weibliche „Entscheidungsschlacht“ noch nicht zu Ende, da Leni sich prompt in den Russen verliebt und ein gefahrvolles, wenngleich nicht unfruchtbares Verhältnis mit ihm eingeht. Vor den Luftangriffen der Alliierten ziehen sich die beiden in die Katakomben des benachbarten Friedhofs zurück, wo sie ihre Hochzeitsnacht feiern und Leni später ihren Sohn Lev zur Welt bringt. Als eine Art Heilige Familie steigen die Drei nach Kriegsende aus der Krypta des Todes ans Licht des Lebens herauf.

Bereits dieser Aufstieg signalisiert, daß das Böllsche Paragramm die Antigone-Handlung in umgekehrter Richtung entrollt. Nicht vom Leben zum Tod, sondern vom Tod zum Leben schreitet die Heldin voran. Verstärkt wird die umgekehrte Bewegung, die den Intertext zum Contratext macht, durch die variierende Wiederaufnahme der schwesterlichen Entscheidungstat. Denn nach Verlassen des unterirdischen Verlieses ist der Kampf um das bedrohte Humane noch nicht ausgestanden. Nachdem Leni der nationalsozialistischen Kriegsgesellschaft getrotzt und sie überlebt hat, muß sie der bundesdeutschen Nachkriegsgesellschaft ins Auge sehen, die ihre eigenen Kreons und schützenswerten Brüder hat. Allgemeiner gewendet: Die Besetzung des Gruppenbildes kann sich je nach Zeitlage ändern, die Dame indes steht an ihrem Platz und auf ihrem Posten. In die Herrscher-Position treten nun profitsüchtige Geschäftemacher ein und der inzwischen verstorbene russische „Untermensch“ wird durch den Verfemten der neuen Gesellschaft abgelöst. Dies ist Mehmet, der türkische Gastarbeiter. Auch mit ihm verschanzt sich Leni in der „Höhle“ einer Wohnung, auch hier geht sie schwanger aus dem Verhältnis hervor, auch hier wird neues Leben das Licht der Welt erblicken. Die Ökonomieritter in ihren vollklimatisierten Neubauten nehmen soviel „chthonische“ Lebensart keineswegs gelassen hin: „Aber verdammt noch mal', und hier wurde Werner Hoyser zum erstenmal, wenn auch nur vorübergehend, aggressiv, ‚so gemütlich wie Tante Leni möchte ich es auch einmal haben“. (G, 328).

Aus dem letzten Beispiel ist zu ersehen, daß sich Bölls Umdeutung der Antigone nicht auf die strikt handlungsmäßige Linie beschränkt. Sie

„expandiert“ daneben in metaphorischen und topographischen Bezügen, hier etwa durch die paradoxal konstruierte Opposition von „Hochhausarchitektur“ und „Gruftkomplex“. Das Hosyersche „Hochhaus am Rhein“ mit seinen exklusiven Apartements (vgl. G, 313) gibt sich als Wohnraum nur aus. In Wirklichkeit ist es, strategisch gelegen, phallisch aufragend und gänzlich durchautomatisiert, eine Schaltzentrale der Macht. Demgegenüber gestaltet sich die Friedhofsgruft zu einem Hort von Leben und Wärme. In der katakombischen Zuflucht aller Verfolgten von der christlichen Urgemeinde bis zum antifaschistischen Widerstand kehrt Leni mit ihrem Heros ein, um einer Frühlingsgöttin gleich neu hervorzusteigen. Hierzu stimmt treffend der Name des Ortes, hat Leni doch die „Privatkapelle der *Beauchamps*“ (G, 212; Hervorh. von mir) gewählt. Die Einöde vor der Stadt, wo Antigone starb, ist bei Böll zu einem schönen Feld des Lebens erblüht, während die Stadt mit ihren trutzigen Türmen zu einer unwirtlichen Ruine verkommt. Als Leni, Antigone rediviva, dann selbst in dieser Stadt wohnt, ist ihr Quartier eine vollgestopfte, überbelegte und verschlampte Altbauwohnung. Zur „Brutstätte eines – sagen wir es ohne Emotion – Kommunalismus“ (G, 331) gestempelt, wird sie völlig logisch die Abrißwut der städtischen Bauspekulanten auf sich ziehen. Uns freilich gewährt sie einen Einblick in die Hauptstrategie des Böllschen „Bewältigungs“-Projekts. Denn immer und überall da, wo im „deutschen Alltag“ die Differenz von Leben und Tod einer allumfassenden Starre weicht, sucht der Roman die Keime des Lebens wieder einzupflanzen. Eines Lebens, so wäre zu ergänzen, dem die Tragödie des Sophokles ihrerzeit das Abschiedszeremoniell bereitete.

Die Strategie der Vermeidung

An diesem Punkt setzen die Überlegungen zur textlichen Feinstruktur ein, in deren Verlauf zu zeigen sein wird, welche Vermeidungen die oben angedeutete Romanstrategie in sich birgt. Die Leitfrage könnte sein: Soll denn Leni bloß leben, um für die nächste „Entscheidungsschlacht“ gerüstet zu sein? Die „tote Frau“ lebt, es lebe die „tote Frau“? Überlebt in ihr etwa nur der schattenhafte Untergrund des Textes, also die Antigone-*Funktion*?

Das narrative Gefüge des „Gruppenbildes“ läßt sich als eine koordinierte und zentrierte Multiperspektivität qualifizieren. Eine als „der Verf.“ gekennzeichnete Ich-Instanz ist ständig im Text präsent, um die verschiedenen Äußerungen zur Mittelpunktsfigur Leni zu einem kohärenten Zeit- und Lebensbericht zusammenzuschmieden. Fragt man nun, wie sich Leni von jenem zentralen Fokus her ausnimmt, sieht man sich sogleich mit einem Beschreibungsstil konfrontiert, den ich als „Eros der Sachlichkeit" auf den Begriff bringen möchte. Die darin enthaltene Gegensätzlichkeit reflektiert die ambivalente Einstellung auf das Objekt der Darstellung. Einerseits zieht die „spontane Sinnlichkeit" der Dame (vgl. G, 32f.) das erotische Interesse auf sich. Da sie aber gleichzeitig „sachlich" (vgl. G, 8), wie ein Ding gesehen werden soll, wird die Lust zur Annäherung auf die Beschreibung der „Sache selbst" umgelenkt. Infolge dieser Umdisposition steht die beschriebene Figur zwischen den Polen von Anziehung (Eros) und Distanz (Sachlichkeit) wie eingefroren. Schon der Eröffungszug des „Verf.s" macht klar, daß es zum Zusammenprall zweier Instanzen im Text – der das möglicherweise nicht „überlebte" – nicht kommen soll. Das Buch beginnt mit einer Liebeserklärung, die in die Form eines Steckbriefs eingelassen ist:

> Weibliche Trägerin der Handlung in der ersten Abteilung ist eine Frau von achtundvierzig Jahren, Deutsche; sie ist 1,71 groß, wiegt 68,8 kg (in Hauskleidung), liegt also nur etwa 300–400 Gramm unter dem Idealgewicht; sie hat zwischen Dunkelblau und Schwarz changierende Augen, leicht ergrautes, sehr dichtes blondes Haar, das lose herabhängt; glatt, helmartig umgibt es ihren Kopf. Die Frau heißt Leni Pfeiffer, ist eine geborene Gruyten, sie hat zweiunddreißig Jahre lang, mit Unterbrechungen versteht sich, jenem merkwürdigen Prozeß unterlegen, den man den Arbeitsprozeß nennt: fünf Jahre lang als ungelernte Hilfskraft im Büro ihres Vaters, siebenundzwanzig Jahre als ungelernte Gärtnereiarbeiterin. (G, 7)

Objektive Zahlen, exakte Daten und tabellarische Hypergenauigkeit kontrastieren mit Unbestimmtheiten, die das sinnliche Fluidum der Person zu wahren suchen. Die Augen „changieren" zwischen zwei Farben, das Haar ist „lose" und „helmartig" zugleich, das „Idealgewicht" wird eben nicht erreicht und die „Unterbrechungen" im Arbeitsprozeß geben zu denken. Umgekehrt verweist der eingeklammerte Zusatz „im Hauskleid" auf eine Intimität, die bereits eingegrenzt ist, und steht das Semikolon, der Strichpunkt, für eine Offenheit, die bloß halb durchlässig ist. Die Lücken, Relativierungen, Anspielungen („unterlegen haben") bringen die Statistik nicht durcheinander, sondern haben ihren vorgezeichneten Platz darin. Keine Sentimentalität bitte, sagt dieser Stil; die Reize des Sensuellen sind groß, aber durch die Anvermählung an das, was ihnen abträglich ist, d.h. mit nüchternen Augen betrachtet, werden sie in einer erträglichen Balance gehalten. Die gleiche sprachliche Attitüde, die den Zwischenraum, „den wir Ironie nennen können“, demonstrativ in Pacht nimmt, prägt auch die Wahrnehmung eines von Leni selber entworfenen und in Handarbeit gefertigten Bildes. Es handelt sich um die Reproduktion eines menschlichen Auges, die, laut Notiz des Erzählers,

> – nicht bunt, sondern farbig – eineinhalb mal eineinhalb Meter groß über dem Sofa hängt, und – wenn auch unvollendet – eine unbeschreibliche kosmische Wucht und Zärtlichkeit ausstrahlt; nicht viel-, sondern nachzählbar achtschichtig hat sie ihr unvollendetes Lebenswerk angelegt – sie mag von den sechs Millionen Zäpfchen inzwischen vielleicht dreißigtausend, von den einhundert Millionen Stäbchen etwa achtzigtausend eingetragen haben – sie hat den Querschnittcharakter vermieden, statt dessen hat sie es horizontal angelegt, wie eine unendliche Ebene, über die man hinwegschreitet, einem noch zu bildenden Horizont entgegen (G, 347).

Was für ein Überfluß – Millionen Stäbchen, Millionen Zäpfchen, dazu noch „horizontal angelegt“! Wer in der „unendlichen Ebene“ dieser Grottenlandschaft nicht versinken will, bedarf offenbar eines Fixpunktes, der gleichwohl nicht zu nah sein sollte. Indem der „Verf.“ einen Blick auf Lenis gemaltes Auge riskiert, vermag er ihrem leiblichen Auge auszuweichen. Die so bewirkte Substitutionsbewegung vervollständigt den „Eros der Sachlichkeit“ auf eine Strategie der Vermeidung hin, die hier, im Schlußteil des Romans, besonders deutlich zum Tragen gelangt. Denn nicht genug damit, daß der „Verf.“ vor die als verführerisch erkannte „Höhle“ von Lenis Auge eine Abbildung schiebt, er ersetzt zuletzt ihre ganze Person. Als es endlich zu einer Begegnung mit dem Objekt seiner Anziehung kommen soll, ist ihm bewußt: da „gab es kein Ausweichen mehr, es mußte der Wirklichkeit ins Auge geblickt werden (. . .)“ (G, 347). Doch statt nun Lenis Lebendigkeit aus nächster Nähe zu goutieren, beschafft er sich eine Art „Spatz in der Hand“ (vgl. G, 343), damit er die begehrte Taube auf dem Dach lassen kann. Zu dem vereinbarten Hausbesuch bei Leni bringt der „Verf.“ seine neue Freundin Klementina mit, die eigens für ihn dem Keuschheitsgelübde eines katholischen Schwesternordens abschwor. Das deutet zwar auf seinen ursprünglichen Wunsch nach Leni hin, verrät aber im selben Moment, daß er zur Erfüllung des Wunsches die eigene Keuschheit nicht ins Treffen zu führen wagt. Die Notlösung zwingt ihn am Ende dazu, im Hinblick auf die weibliche Ersatzfigur Klementina mit einem gewissen Doppelsinn einzugestehen, sie leiste ihm „ungeschätzte Dienste“. (G, 372)

Die Dame des Gruppenbildes bleibt somit, zahlreicher Annäherungsversuche an das „vom Blut lebende Subjekt“ ungeachtet, in der idealen, weil ewig unentschiedenen Distanz der jungfräulichen Schwester-Braut, als die ihre griechische Ahnfrau in die Literaturgeschichte eingegangen ist. Die Verlebendigung einer mortifizierten Existenz wird auf der Bild- und Handlungsebene des Romans zum Programm gemacht, von seiner Beschreibungsästhetik und seinen konfigurativen Einstellungen jedoch nicht oder nur teilweise nachvollzogen, was summa summarum die Todesstruktur – unter dem Anschein des Gegenteils – konsolidiert.

Dieser Schluß impliziert nicht, daß es dem Roman an reflexiver Besinnung fehle. Entsprechende Momente sind z.B. in den Kommentaren und Selbstaussagen der „Verf.“-Figur durchaus vorhanden. Insofern jedoch, als die Bezugnahme auf geschlechtsspezifische Dilemmata nur wiederum eine relativ isolierte, hier: die diskursive Ebene des Werks, nicht aber die größere Gesamtheit seiner Zeichen und Strukturen affiziert, wird das sie begründende Zwangsverhältnis noch tiefer eingegraben. Daraus folgt der paradoxal anmutende Tatbestand, daß die Einsicht in die Problematik der weiblichen Figur in nahezu unübertreffbarer Eindrücklichkeit formuliert ist, während sie qua Einsicht trotzdem oder eben deshalb kaum anders als in einer vom Textzusammenhang gleichsam abgelösten Form zu haben ist. Exemplarisch zeigt das ein Passus auf einer der letzten Seiten des Romans. Er offenbart die Quintessenz nicht nur des vorliegenden, sondern nachgerade des ganzen abendländischen „Textes“, für den die simultane Präsenz zweier lebendiger Individualitäten so wenig denkbar ist, daß fortwährend eine von ihnen, stets dieselbe, in ein „acherontisches“ Dunkel abgeschoben werden muß. Erscheint diese Mechanik in der Antigone des Sophokles präformiert, so ist sie bei Böll zu einer Art von letztem Satz komprimiert, der sämtliche Antinomien, Aporien und Paradoxien der weiblichen Existenz in sich vereint. Ausgesprochen wird er wohl kaum zufällig von der ismenehaften Substitut-Figur Klementina:

> ‚Ja, es gibt sie, und doch gibt es sie nicht. Es gibt sie nicht, und es gibt sie‘. (G, 349)

Nachschrift: Apologie zur Entweihung von Krypten

Setzen wir hier einen Schnitt, um als Nachlese ein, zwei tastende Gedanken zum Problem der Erneuerung vorzutragen. Wenn, wie das Beispiel Böll belegt, die Weder/Noch-Existenz der „toten Frau“ unter den Bildern eines blühenden Lebens fortgesetzt werden kann, stellt sich die

Frage nach den Chancen der Revision mit verstärktem Nachdruck, aber auch in ihrer ganzen Schwierigkeit. Damit sich die Richtung einer möglichen Antwort erschließt, will ich einmal, im Rückgriff auf den eingangs zitierten Theoriekomplex, eine von Derrida formulierte These näher heranziehen. Derzufolge ist es ein lohnendes Unternehmen, im Text der Geschichte der Philosophie wie auch im sogenannten literarischen Text bestimmte Markierungen ihr Werk tun zu lassen, sie zu analysieren. Bei den im Analogieschluß als „Unentscheidbarkeiten" bezeichneten Phänomenen handelt es sich um sprachliche und semantische Eigentümlichkeiten, die innerhalb einer binären Opposition nicht festzunageln sind. Zwar bewohnen sie diese Opposition, doch widerstehen sie ihr und „desorganisieren" sie sie auch, ohne daß sie jemals nach dem Modell der spekulativen Dialektik von einem dritten Term kassiert werden könnten[34].

Nach Maßgabe des Postulats, Unentscheidbarkeiten im Text so viel wie möglich zur Geltung zu bringen, mag sich erhellen, daß das klassische textuelle Zwischen der Frau nicht ein wirklich „offenes" Gelände darstellt, sondern ein schalltoter Raum, eine symbolische Sackgasse ist. Sobald und solange die Frau auf diese Position eingeschworen werden kann, ist sie einem Oppositionsmechanismus überantwortet, der sie nach Belieben auf eins der hierarchisch gestuften Podeste von Ja oder Nein dirigiert. Unentscheidbar im Sinne von nicht usurpierbar, nicht präjudizierbar würde das Zwischen erst, wenn es sich auszuweiten vermöchte in und zu Bewegungsabläufen, deren Zielorte von keiner textlichen bzw. textanalytischen Warte aus mehr festzulegen sind. „Ungreifbar" wären dann *die* Frau/*das* Weibliche, die genausowohl zwischen zwei Stellen unterwegs, als immer auch an einem bestimmten Kreuzungspunkt beheimatet, nein nicht zwangsweise sind, sondern sein können.

Wie sind solche Impulse im Text zu initiieren oder zu intensivieren? Zugespitzt auf das Antigone-Modell lautet die Frage so: Wie wäre die Grabkammer, in die Antigone hinuntersteigt, um in der weiteren Folge als symbolische Krypta, als struktureller Abgrund des Textes zu wirken, zu entsiegeln? Einfache paragrammatische Umschreibungen der kryptischen Existenz genügen nicht, da und insofern sich ihre Matrix in veränderter Gestalt wieder einsammeln läßt. Doch wenn nun die Krypta in einen größeren Raum hineingestellt würde, der es erlaubte, zwischen ihr und einer/jeden anderen Behausung eine irreduzible Beziehung herzu-

---

[34]) Jacques *Derrida*: Positions, Paris 1972, S. 58f.

stellen? Die Vorstellung ruft sofort die Antigone-Schwester Ismene auf den Plan, die ja in ihrem thebanischen Stadtpalast nur auf andere Art „lebend begraben“ ist. Ohne eine Wiederbegegnung mit der Schwester und ohne den unbeschränkten Austausch ihrer „Orte“ wird Antigone ewig die Schwester-Braut, und wird Ismene ewig die Mutter-Gemahlin des Mannes bleiben. Nicht Antigone (Leni) hier, Ismene (Klementina) dort und jede an ihrem Platz wäre die Devise. Sondern in Gang gesetzt werden müßte für beide eine wechselvolle Wanderschaft von, zu und zwischen den Stätten des Todes und des Lebens, des Anfangs und des Endes, des Tages und der Nacht. Ein im gleichen Rhythmus alternierendes Transparentwerden der Krypten auf ihr Umfeld und des Umfelds auf die Krypten hin ließe diese ihren Charakter als unüberschreitbare und unhintergehbare letzte Station der weiblichen Lebensreise verlieren.

Die Entriegelung von „des Mädchens steingemauerter,/hohler Todesbrautkammer“ (A, 97) setzt voraus, daß Antigones Abschied von Theben selber der Abschied zu geben ist. In alle Winde zu zerstreuen wäre der trennende Strich, der mit herrscherlicher Gebärde die eine Frau von der anderen und beide von einem vielförmigen, vermischten und ungewissen Dasein isoliert. Das Drama des Sophokles „markiert“ den betreffenden Strich, was im Rückverweis auf die Derridasche Terminologie heißen soll: hält die ultimativ letzte Sekunde fest, bevor mit der Frau auch die Anerkenntnis der fundamentalen Unentschiedenheit allen Lebens verschwindet, und der Text nur noch um die gewaltsam erzeugten eigenen Leerstellen gravitiert. Allein dies Moment schon macht das antike Werk, allerdings einem anderen als dem gewohnten Verständnis nach, zu einer Pflichtlektüre. Suchen doch viele der nach ihm kommenden „Gruppenbilder mit Dame“ den Einschnitt eher hinwegzuretuschieren. Die letzten Verse, die Antigone in der Tragödie spricht, beinhalten einen Zorn und eine Trauer, deren Dimension wir vielleicht zu erahnen beginnen. An diesen Abschied wäre schreibend, denkend, fühlend neu wieder anzuknüpfen. Hier sein Wortlaut:

> O thebischen Landes Vaterstadt
> und ihr früher geborenen Götter,
> abgeführt werd ich nun und darf nicht mehr bleiben.
> Schaut, Thebens Führer,
> auf die einzige der Königinnen, die noch übrig,
> was – von welchen Männern! – ich erleide,
> weil ich Heiliges für heilig gehalten. (A, 77)

Genia Schulz

Medea. Zu einem Motiv im Werk Heiner Müllers

In Müllers frühen, „realistisch" an einer Geschichte und ihrer Bedeutung orientierten Dramen, die von männlichen Rollen beherrscht werden[1], haben die Frauen, wenn sie überhaupt auftreten, einen definierten Ort. Sie bestimmen sich durch ihre „Natur", ihre Fähigkeit, männliches Begehren auf sich zu ziehen, schwanger zu werden und zu gebären. In einer vom Geschichtsdenken durchdrungenen Ästhetik verkörpern sie damit ein Paradox: sowohl das Prinzip der Kontinuität des Naturkreislaufes, als auch das der Zäsur, etwas Neues in die Welt zu setzen[2]. In Texten wie „Liebesgeschichte" (1953), „Die Umsiedlerin oder das Leben auf dem Lande" (1961) und „Der Bau" (1964) verkörpert die Frau als Schwangere in Analogie zum gesellschaftlichen Aufbau das Prinzip Hoffnung, aber sie eröffnet gleichzeitig eine eigene weibliche Welt, die dem männlichen Denken unzugänglich und von den männlichen Wünschen abgetrennt ist. Die Frau als Mutter ist nicht mehr die Frau des Mannes.

Im „Bau" entscheidet sich die Ingenieurin Schlee, ihr Kind, das sie vom verheirateten Parteisekretär Donat (sein Name kommentiert ironisch diese Gabe) bekommen wird, allein zur Welt zu bringen und den Vater auf seine Bitte hin zu verleugnen, damit sein politischer Auftrag nicht durch den „Fehltritt" gefährdet wird. Noch fällt der „großen Produktion", dem Bau einer neuen Gesellschaft, einer neuen Zeit, die Frau als Trägerin der „kleinen Produktion" zum Opfer, werden die Liebe und das gemeinsame Kind verraten, als Naturrelikte verworfen, aber Schlee versteht ihr Kind als Bestandteil des „Morgen", der Zukunft, und argu-

[1]) Das gilt für die Produktionsstücke „Der Lohndrücker", „Die Korrektur", „Der Bau", die Antikenbearbeitungen „Philoktet", „Der Horatier", das Lehrstück „Mauser".

[2]) Die folgenden Überlegungen zur Typologie der Frauengestalten bei Müller gehen auf Einzelinterpretationen im Kontext meiner Müller-Monografie (Stuttgart 1980) und des Essay „Abschied von Morgen. Zu den Frauengestalten im Werk Heiner Müllers" (in: Text und Kritik, Heiner Müller, H. 73, Januar 1982) zurück.

mentiert ähnlich wie Donat mit der historischen Bedeutung ihrer „Produktion". Auch in der Komödie über die Bodenreformen, „Die Umsiedlerin oder Das Leben auf dem Lande", werden Mann und Frau vornehmlich in ihrer Eigenschaft als Produzenten gesehen, doch die unterschiedlichen Begründungen für ihr Verhalten zeigen zugleich, daß die Frauen sich in einer doppelten Emanzipation befinden: einer allgemein gesellschaftlichen und einer spezifisch weiblichen. Wenn Niet und Flinte 1, die von ihren Männern verlassenen Frauen, sich in der gemeinsamen Arbeit verbünden, dann nicht nur, um eine freie Bauernstelle ökonomisch zu nutzen und ein Zeichen weiblicher Solidarität in der grundsätzlich als egoistisch dargestellten Männerwelt zu setzen, sondern auch, um ihre Eigenständigkeit zu erproben. Die Emanzipation der Frauen ist mit der Erfahrung des Verrats verbunden: alleingelassen, werden sie sich ihrer eigenen Kraft allererst bewußt. „DAMIT ETWAS KOMMT MUSS ETWAS GEHEN DIE ERSTE GESTALT DER HOFFNUNG IST DIE FURCHT"[3].

Die Frauengestalten des Frühwerks – exemplarisch das Mädchen in der „Liebesgeschichte" – zeichnen sich durch sprachliche Reduktion wenn nicht gar Verweigerung aus, bleiben dem dargestellten Männerblick (und dem Leser) psychologisch dunkel, unerklärt, stehen wie Fremdkörper zwischen den Aktionen und Kämpfen der Männer (Schlee) oder symbolisieren als episches Element im Geschichtsdrama den stummen Strom des Lebens (die Umsiedlerin Niet). Alle drei Frauen stören zwar durch den „Natureinbruch" ihrer Schwangerschaft die Pläne der Männer, fordern sie zur Reflexion über ihre gesellschaftlichen Absichten und ihre eigenen Gefühle heraus, wie das Schlußwort der Schlee im „Bau", in dem sie ihr Lachen über das Ansinnen des Parteisekretärs, vor einem Parteigremium seine Vaterschaft zu leugnen, deutet:

> „Es war dein ungeborenes Kind in mir das über dich gelacht hat, es lebt morgen, nicht mehr dein Kind, wenn ich dir die Lüge sage, die du brauchst, wer braucht sie außer dir, und wenn du sie brauchst, wer braucht dich? (. . .) Wer braucht die Sterne! Ich werde also lügen für dich und das ist die Wahrheit: dein Kind wird keinen Vater haben, wir werden uns mit Genosse anreden wie vorher, ich werde den Vogel nicht einscharren, der im Frühjahr singt, du wirst die Sonne nicht aus dem Himmel reißen, der Schnee wird nicht liegenbleiben bis zum nächsten Winter."[4]

[3]) H. *Müller*, Mauser, Berlin 1978, S. 68. Der Text fährt fort: „Die erste Erscheinung des Neuen der Schrecken". Vgl. auch H. *Müller* zu einer Diskussion über Postmodernismus in New York, in: H. *Müller*, Rotwelsch, Berlin 1982, S. 98.

[4]) „Der Bau", in: H. *Müller*, Geschichten aus der Produktion 1, Berlin 1974, S. 136.

Die Revolutionärin Dascha in „Zement" (1971), Frau des Revolutionärs Gleb Tschumalow, die in den Wirren des russischen Bürgerkriegs für ihren Mann gefoltert wird und in der Konfrontation mit Tod und Todesqualen die Weihen der Männlichkeit erwirbt, spielt das Spiel der Selbstverleugnung und politischen Zwecklügen nicht mehr mit. Mit den Frauengestalten in „Zement", besonders der Dascha, wird das Paradox von Kontinuität und Zäsur neu bestimmt. Die Todesnähe – statt Liebe, Schwangerschaft, Geburt – setzt eine (auch erotische) „Destruktivität" der Frau in Gang, die sich als eigene „mythologische" Kraft im historischen Fortschritt entfaltet. Die Verhärtung („Zementierung") im revolutionären Prozeß hat aus der Gattin und Mutter eine Kämpferin gemacht: „Die Privilegien, Krieger/Sind abgeschafft. Der Tod ist für alle."[5] Aus dieser Erfahrung heraus versteht sie die Treuepflicht als Relikt der Vergangenheit und wird in der Abwesenheit des totgeglaubten Mannes zur allgemeinen Geliebten todgeweihter Revolutionäre. In ihrem Mann, der unerwartet aus dem Bürgerkrieg heimkehrt, kann sie nurmehr „den" Mann sehen, das „Tier". Ihrer Mutterpflicht entledigt sie sich, um sich dem Aufbau einer neuen Gesellschaft zu widmen: „Mir ist wichtig, daß unsere Kinder in den Heimen nicht mehr auf Stroh schlafen", – aber die eigene Tochter stirbt im Hungerjahr 1921 in einem dieser Heime. Im Verlauf des Bürgerkriegs von konterrevolutionären Soldaten gefangen und unterm Strick vor die Wahl zwischen Beischlaf und Tod gestellt, entscheidet sich Dascha für den Tod und feuert, nachdem sie gerettet worden ist, nachträglich (und symbolisch – wie das Gewehr in der Hand der Frau ohnehin als Zeichen der „Vermännlichung" funktioniert) in den Leib des schon erschossenen Offiziers, fordert dann ihren Retter auf, dessen Werbung sie zuvor abgewiesen hatte: „Ich hatte keine Lust auf ihre Liebe/(*Streift ihm die Schlinge über den Kopf*)/Vor diesem Strick. Ich will mit Ihnen schlafen/Genosse Badjin."[6] Während die Liebe zu Mann und Kind, zur „Familie" als Stätte der Reproduktion dem Bann der Vergangenheit verfallen, manifestiert sich in der Nähe zum Tod ein selbstbestimmtes Begehren der Frau, eine Lust, deren Trieb-

---

Das Lachen der Frauen signalisiert in Müllers Werk in unterschiedlichen Konstellationen die Überlegenheit, wenn nicht Verachtung gegenüber dem Mann; ohne eindeutig determiniert zu sein, funktioniert es als Provokation (vgl. das Mädchen in „Liebesgeschichte" und bes. Dascha in „Zement"). Das Motiv des Lachens in den Medea-Versionen seit Euripides wäre eigens zu untersuchen.

[5]) H. *Müller*, „Zement", in: Geschichten aus der Produktion 2, Berlin 1974, S. 74.

[6]) ebd. S. 97.

dynamik allerdings noch ideologischer Beurteilung unterliegt: „In mir ist etwas das den Junker will, Gleb/So wie der Hund die Peitsche will und nicht will./Das muß ich aus mir reißen jedesmal/Wenn ich mit einem Mann im Bett lieg."[7] Die Gleichheit im Tode, die die Revolution gebracht hat, wird von der Frau als Kraftpotential verstanden, die eigenen Wünsche zu erproben und durchzusetzen, buchstäblich ohne Rücksicht. Ihr Mann, den sie verlassen wird, kommentiert diesen Zustand verzweifelt und fasziniert zugleich: „Halb noch ein Weib und halb aus Eisen". „Halb Furie, halb Grazie" sagt bei Kleist Achilles von Penthesilea[8], und in Grillparzers Medea-Version „Das goldene Vließ" heißt es von der Hauptfigur (in der sich wiederum im ersten Teil Züge der Penthesilea erkennen lassen): „Halb Charis steht sie da und halb Mänade[9]". Im Topos der „Halbierung" kommt sowohl die gespaltene, zerbrochene Identität der Frau im Aufbruch zum Ausdruck als auch der gespaltene Blick des Mannes auf sie, wenn sie seinem Bild von ihr nicht mehr entspricht. Die literarischen Bearbeitungen des Medea-Mythos seit der Antike[10] haben diesen Zug betont: halb Tier, halb Göttin ist Medea jenseits der menschlichen Ordnung und dennoch als Liebende in sie verstrickt, (wobei gerade die Liebe das „Tierische" und „Göttliche" am Menschen exponiert). In Medea wird die Frau als das Andere, der Ordnung nicht assimilierbare, – auch nicht als „Ironie des Gemeinwesens" (Hegel) – begriffen. Als Frau, die weder Ursprung hat noch ist, wird sie zum Bild grundsätzlicher Bedrohung der männlichen Ordnung, eine Herausforderung, auf die es keine Antwort gibt.

Von einem Revolutionär, Sohn der Bourgeoisie, der den vollständigen Zusammenbruch seiner Familie im Revolutionsprozeß als eine Art „optimistische Tragödie" erfährt, wird Dascha auf der Folie des Mythos heroisiert:

---

[7]) ebd. S. 107.

[8]) H. v. *Kleist*, „Penthesilea", 21. Aufritt, Vers 2457.

[9]) F. *Grillparzers*, Sämtliche Werke, 5. Ausgabe in 20 Bänden, hg. von August Sauer, Stuttgart o.J., Bd 5, „Das goldene Vließ", S. 20 („Der Gastfreund").

[10]) Hier sei auf die Medea-Dramen-Anthologie von J. Schondorff (Hg.) verwiesen (München, Wien, 1963) mit einem Vorwort von K. Kerényi. Sie enthält die Medea-Dramen von *Euripides, Seneca, Corneille, Cherubini, Grillparzer* (nur: „Medea"), *Jahnn, Anouilh*, R. *Jeffers* und M. *Braun*. Des weiteren auf die beiden Medea-Dramen von F.M. *Klinger*, „Medea in Korinth" (1786) und „Medea auf dem Kaukasos" (1790) in: F.M. Klingers Sämmtliche Werke in 12 Bänden, Stuttgart und Tübingen 1842, sowie das Monodrama von F.W. *Gotter*, das das Geschehen ausschließlich aus der Perspektive der Heldin und auf das Motiv der Rache reduziert darstellt.
Die letzte größere Arbeit zu diesem Themenkomplex ist von K.O. *Kenkel*, Medeadramen – Entmyhtisierung und Remythisierung. Euripides, Klinger, Grillparzer, Jahnn, Anouilh, Bonn 1979.

„Ich habe sie immer bewundert. Sie sind eine Medea. Und eine Sphinx für unsere Männeraugen, (. . .) die vom Wundstar unserer Geschichte geblendet sind. Medea war die Tochter eines Viehhalters in Kolchis. Sie liebte den Eroberer, der ihrem Vater die Herden wegnahm. Sie war sein Bett und seine Geliebte, bis er sie wegwarf für ein neues Fleisch. Als sie vor seinen Augen die Kinder zerriß, die sie ihm geboren hatte und in Stücken ihm vor die Füße warf, sah der Mann zum erstenmal unter dem Glanz der Geliebten, unter den Narben der Mutter, mit Grauen das Gesicht der Frau."[11]

Dem zerstörten Blick des Mannes bleibt das Gesicht der Frau ein Rätsel; er erkennt nur die Funktionen, die die Frau in seiner Ordung für ihn hat: den Glanz der Geliebten, die Narben der Mutter. Aber im Umsturz, im Dämmerlicht zwischen den Ordnungen erscheint das Gesicht der archaischen Frau. Das Grauen, das es auslöst, ist ein Effekt des Vergessens ihrer Vorgeschichte, ihrer Entmachtung, ihrer zur zweiten Natur gewordenen Unterdrückunng. Auch die Grausamkeit Medeas antwortet auf die erfahrene Beleidigung. Schon die antike Tragödie über die „Wahrheit des weiblichen Urwesens" läßt sich so verstehen:

„Nach der modernen Anschauungsweise scheint es so, als ob Euripides Medea, nachdem er sie entmythologisiert hat, zur Vertreterin des unterdrückten weiblichen Geschlechts gemacht und eben darum mit dessen gefährlichen Eigenschaften ausgestattet hätte. (. . .) auf die Bühne tritt in der nach ihr genannten Tragödie das weibliche Geschlecht als Naturgewalt, als Element, als richtende Macht[12]".

Männer haben die Geschichte, die sozialen Ordnungen gemacht, indem sie den Sieg über die Frau errangen. Die antiken Tragödien zeigen das letzte Aufbegehren der Verliererinnen in ihrem Untergang. Das Weibliche, will es sich selbst behaupten, (re-)konstituieren, muß als Verwerfung der sozialen Ordnung auftreten, als Provokation, die noch nicht weiß, wohin sie will[13]. „Etwas hat aufgehört/Was anfängt ist noch blind[14]". Der erste Schritt zum Umsturz der männlich bestimmten Ordnung ist die Artikulation der Beleidigung, die der Frau und ihrer

[11]) H. *Müller* „Zement", a.a.O. S. 114.

[12]) Karl *Kerényi* in seinem Vorwort zur Medea-Anthologie (Anm. 10) a.a.O. S. 22 f.

[13]) „Die Frau kann eine Art Negativität, eine Beunruhigung darstellen, die die Macht bis zum Punkt ihrer Infragestellung treibt", sagt Julia Kristeva in einem Gespräch 1976 (alternative, Nr. 108/9, S. 168). Im Kontext ihrer Analyse zur „Revolution der poetischen Sprache" (dt. Fm. 1979) ergibt sich eine Verbindung zwischen dem so bestimmten „Weiblichen" und der modernen Kunstproduktion, die auch für Müllers Texte zu untersuchen wäre. Vergl. dazu Verf.: ",Bin gar kein oder nur ein Mund'. – Zu einem Aspekt des ‚Weiblichen' in Texten Heiner Müllers". in: J. *Stephan*/S. *Weigel* (Hg.), Weiblichkeit und Avantgarde, Berlin 1987.

[14]) Dascha in „Zement", a.a.O. S. 79.

„Geschichte" widerfuhr. In den Erynnien der „Orestie" des Aischylos wie in der „Medea" des Euripides ist diese Beleidigung festgehalten und wirkt als latente Bedrohung der errichteten Ordnung, der „naturgegebenen Verhältnisse". Medea ist in diesem Kontext das „entweibte Weib", die „unmütterliche Mutter", die „männliche Frau", ein weiblicher Kronos, der die Zeit für den Augenblick der Rache stillstehen läßt.

Dem Grauen, bei Müller Reaktion des Mannes auf die Wiederkehr des Verdrängten, entspricht in Walter Benjamins Kommentar von 1927 zu Gladkows Roman „Zement" (der Vorlage des Müllerschen Dramas), noch euphorische Faszination über den Eintritt der Frau in den Geschichtsprozeß, mit dem ein anderes Weltalter begründet und die Frage der Sphinx, was der Mensch sei, neu gestellt wird:

> „Allmählich prägt sich, anders als die aufgeklärten Philantropen es erwartet haben (wie für Rußland so auch für Europa), das wahre Antlitz einer Emanzipation der Frau. Wenn wirklich die Befehls- und Herrschergewalten weiblich werden, dann wandeln sich diese Gewalten, wandelt das Weltalter, wandelt das Weibliche selber sich. Wandelt sich nicht ins vage Menschliche, sondern es schickt sich an, ein neues, ein rätselhaftes Antlitz erstehen zu lassen: ein politisches Rätsel, wenn man so will, ein Sphinxgesicht, mit dem verglichen alle Boudoirmysterien verbrauchten Scherzfragen ähnlich sehen."[15]

Grauen und Faszination gehören zur Rezeption des Medea-Mythos seit der Antike. All ihren Handlungen haftet etwas Ungeheuerliches an; selbst da, wo sie „menschlich" motiviert werden, verdanken sie sich übermenschlichen Kräften. Medea ist als Enkelin des Sonnengottes und als Tochter einer Zauberin mit den hellen und dunklen Mächten im Bunde. Aus Liebe zu Jason, dem Argonautenführer, der in ihr Land Kolchis eindringt, um das goldene Vlies (zurück) zu erobern – eine Machtinsignie mit magischer Bedeutung[16] –, verrät sie ihren Vater, ihr Vaterland, ermordet ihren Bruder und stiftet später die Töchter des Pelias zum Vatermord an, um ihrem Mann auf den Königsthron zu verhelfen. Vertrieben nach Korinth, wo Kreon dem Paar Exil gewährt, wird sie von

[15]) Walter *Benjamin*, Gesammelte Schriften III, Ffm. 1972, S. 62.

[16]) Nach Alexander Kluge und Oskar Negt liegt der Wert des Vlieses – materialistisch gedeutet – nicht in seinem Gold (das goldene Widderfell als Zeichen der Viehhaltergesellschaft), sondern in seiner Rückseite, wo Schiffahrtswege der Antike verzeichnet waren: eine Eroberungskarte (*Negt/Kluge*, Geschichte und Eigensinn, Ffm. 1981). Seit Benjamin Hederichs Mythologischem Lexikon, das die deutschen Klassiker für ihre Antikenbearbeitungen zu Rate zogen, ist der Deutung des Argonautenzugs als Kolonisationsunternehmen der Weg bereitet (vgl. aber auch Senecas „Medea" 2. Akt, 3. Szene, Chorlied).

Jason verlassen, der die Königstochter Kreusa heiraten will. Medea, von Kreon erneut verbannt, läßt die Rivalin durch ein vergiftetes Kleid verbrennen, das auch den Vater Kreon erfaßt, und tötet schließlich ihre eigenen Söhne, um Jason in dem zu treffen, was von ihm weiterleben würde. Jason wird als Schatten seiner selbst umherirren und von den Trümmern seines Eroberungsschiffes Argo erschlagen werden, Medea ihre Bahn als Giftmischerin und gefährliche Zauberin fortsetzen. Zentrum der Dramenhandlung fast aller Medea-Versionen ist die Szene in Korinth, Vorbereitung und Ausführung der Rachetaten nach dem Verrat Jasons.

Im Mythos (und so in den „Argonautica“ des Apollonios Rhodios, einem späthellenistischen Epos, nacherzählt) steht das Handeln Medeas noch unter göttlichem Gebot. Hera, die Jason schützt, läßt die Kolchertochter in Liebe zu dem Eroberer entbrennen, der ohne ihre Hilfe den lebensgefährlichen Prüfungen und Hindernissen bei der Eroberung des Vlieses und der Heimfahrt nicht gewachsen wäre. Ihr verdankt er sein Leben und den Erfolg des Unternehmens. Als die Argonauten zusammen mit Medea von den Kolchern verfolgt werden, ermordet sie ihren Bruder, zerstückelt die Leiche und wirft die Teile einzeln auf den Fluchtweg, damit die Kolcher durch das Einsammeln und Bestatten aufgehalten werden[17]. Bis auf Euripides, bei dem diese Tat in Medeas Argumentation gegen Jason keine Rolle spielt, stellen fast alle der folgenden Medeadramen mehr oder minder deutlich einen Zusammenhang zwischen dem Brudermord und dem Kindermord her. Mit der Rache an Jason, rächt und „sühnt“ Medea auch den Tod ihres Bruders (so ausdrücklich bei Seneca und in F.M. Klingers „Medea in Korinth“), den Verrat am Vater und am Vaterland.

Während Jasons Bluttaten im Dienste seines Ehrgeizes stehen, seinem Streben nach Heldenruhm und Königsthron, sind die Greueltaten der „Meisterin des Bösen“ Liebesdienste, seien sie von den Göttern veranlaßt oder aus eigenem Begehren heraus begangen. Ihr Rachefeldzug gegen Jason, als er diese Liebe verrät, entspricht in seiner Grausamkeit sowohl der Leidenschaft ihrer Liebe zu ihm als auch den gemeinsamen Taten der Vergangenheit. Jason, der mit der Heirat der Königstochter den gesellschaftlichen Status seiner Familie heben will, verhält sich zwar nach den Vorstellungen der antiken Gesellschaft durchaus opportun, ignoriert aber die eigentümliche Vorgeschichte seiner Karriere, den gewal-

---

[17]) Zu den unterschiedlichen Versionen zum Mord an Medeas Bruder vgl. *Ranke-Graves*, Griechische Mythologie, Quellen und Deutung, Reinbek 1960, Bd. 2, S. 232 f.

tigen Anteil, den Medea daran hat, und er übersieht, daß eine Liebe, die sich derart „ungewöhnlich" über alle Gesetze hinwegsetzt, in ihrer verletzten Ehre zu maßloser Rache greifen wird. Als Kreon in Sorge um seine Tochter die unheimliche Frau mit ihren Kindern aufs Neue verbannen will und damit der Demütigung durch Jason eine weitere – gesellschaftliche – hinzufügt, hält der Realpolitiker und Pragmatiker Jason eine Vermittlung zwischen Medea und dem Herrscher noch für möglich und verkennt, daß durch die Verletzung ihrer Gefühle und ihrer Ehre Medea sich ihrer ursprünglichen Identität und Macht wieder bewußt geworden ist und das Feld der rationalen Argumentation verlassen hat.

Vergleicht man die mythologische Vorgabe und den Kern ihrer literarischen Bearbeitungen mit der „Medea" in „Zement", fallen die Unterschiede ins Auge: Dascha wird nicht von ihrem Mann wegen einer anderen Frau verlassen, lebt nicht im Exil, ist nicht als eroberte Fremde mit erneuter Ausweisung bedroht, ihr Eintritt in die revolutionäre Bewegung dient nicht dem Ruhm ihres Mannes, sondern einer Emanzipation, an der sie selbst teilhat. Weder war sie übermenschliche Zauberin mit königlich-göttlicher Herkunft, die sie für ihren Mann verraten und geopfert hätte, noch bringt sie ihre Kinder um[18]. Die Konstellatin Dascha/Gleb in der Szene „Medeakommentar" in Analogie zur großen Auseinandersetzung Medea/Jason zeigt eine signifikante Umkehrung des mythischen Modells: Dascha wird ihren Mann, der sie liebt und den sie liebt („Aber ich weiß nicht mehr/Was das ist, eine Liebe"), verlassen um ihrer Eigenständigkeit willen, und Gleb findet sich, wenn auch verzweifelt, mit dem Entschluß seiner Frau ab. Er versucht ihn nicht als persönliche Kränkung, sondern als Bestandteil des historischen Prozesses, der seine Opfer fordert, zu verstehen. Die Medeafigur in „Zement" ist dialektisch angelegt: als Kommentar der Frau zu einer von Männern bestimmten Geschichte, Erfahrung politischer Gewalt als (sexueller) Vergewaltigung. Der Eintritt in die revolutionäre Bewegung, Reaktion auf Ohnmacht und Erniedrigung, erscheint als eine Sublimierung des archaischen Racheverlangens (ein Gedanke, der auch an einigen männlichen Figuren in „Zement" entfaltet wird). Das verweist auf die andere Seite des Medea-Kommentars. Er ist auch eine Antwort der Revolution,

[18]) Eine vage Analogie wird durch den Umstand hergestellt, daß Dascha ihre Tochter in ein Heim gegeben hat, um ihre revolutionäre Aufgabe erfüllen zu können und das Kind dort an Hunger stirbt. Historisch-politische Gründe (Bürgerkrieg, Blockade) und persönliche sind untrennbar verbunden.

der marxistisch verstandenen Geschichte, auf den archaischen Krieg zwischen Mann und Frau. So funktioniert dieser Kommentar wie eine „Fußnote", die – nach J. Derrida – die Tendenz hat, sich als Ergänzung an die Stelle des Kommentierten zu drängen, es außer kraft zu setzen[19]. Der Optimismus, der in der Auflösung des Mythos in Geschichte liegt, behauptet sich auch dort, wo Dascha als „Medea" die angestammte Rolle als nährende, behütende Mutter und Lebensbegleiterin des Mannes verläßt. Der allgemeine Umwälzungsprozeß hat das (Selbst-)Verständnis der Frau als Besitz des Mannes und die geschlechtsspezifische Ausgrenzung aus der Geschichte zum Bewußtsein gebracht. Hinter diesen Erkenntnisstand kann die Revolutionärin nicht zurück, sie bricht auf ins Ungewisse: „Ich kann dir nicht erklären, was ich nicht weiß."

Das Mythische am Medea-Modell hat Müller in der Theaterpantomime „Medeaspiel" (1974) als Dialektik des Mythos vorgeführt. Beispielhaft ist hier die Unterdrückung der Frau als Objekt männlicher Verfügung ins Bild gesetzt. Liebeswerben, Zeugung, Geburt und Sterben der Kinder im Krieg erweisen sich für die Frau als Formen ihrer Erniedrigung zum Werkzeug, bis sie – wie es am Ende heißt – ihr Gesicht abnimmt, das Kind zerreißt und die „Teile" in die Richtung des Mannes wirft. „Aus dem Schnürboden fallen Trümmer Gliedmaßen Eingeweide auf den Mann[20]". Die Theatermaschinerie kommt dem sprach- und lautlosen Aufstand zur Hilfe. Am Schluß der stummen Bilder über die immer gleiche Zurichtung der Frau zerstört sie ihre „Produktion" und damit den Bann der ewigen Reproduktion der Verhältnisse – Ende des Mythos als sein Bestandteil, die Selbstbefreiung der Frau „ohne Gesicht" als eigener Mythos.

In Müllers 1982 veröffentlichtem Text „Verkommenes Ufer Medeamaterial Landschaft mit Argonauten"[21] besteht der Mittelteil aus einer Art Monodrama, das in äußerster Kondensierung die Medeageschichte (Auseinandersetzung mit Jason, Rachetat an Kreusa, Kindermord) enthält, eingefaßt von Anspielungen, Assoziationen, Bewußtseins- und Traumpartikeln (Teil I und III), die von ferne an die Argonautensaga und das Schicksal Jasons erinnern. Der erste Teil, 1955 entstanden, entfaltet im Stil von Benn, Pound und T.S. Eliot ein zeitgenössisches Ambiente. An einem „See bei Straußberg" gibt es eine „Spur/Flachstirniger Argonau-

[19]) Jacques *Derrida*, Grammatologie, Ffm. 1974.
[20]) H. *Müller* „Die Umsiedlerin oder Das Leben auf dem Lande", Berlin 1975, S. 17.
[21]) H. *Müller* in: „Herzstück", Berlin 1983, S. 91–101.

ten": Keks- und Zigarettenschachteln („Casino"), Kothaufen, „Fromms Act" Präservative. Die Spuren der „Besatzer" verweisen aufs Allgemeine: immer wieder betreten Eroberer fremdes Ufer, „besteigen" die Frauen, lassen eine verwüstete Landschaft zurück, zerstören die Kultur und werden schließlich zum Bestandteil ihrer eigenen Zerstörung; im Baum hängt das morsche Schiff Argo, das dem Anführer am Ende den Schädel zertrümmert[22]. Müller hat in Jason, als dem „ersten Kolonisator, der auf der Schwelle vom Mythos zur Geschichte von seinem Fahrzeug erschlagen wird", eine „Figur der Grenzüberschreitung" gesehen[23]. „Daß das Vehikel der Kolonisierung den Kolonisator erschlägt, deutet auf ihr Ende voraus."[24] Präfiguriert ist das Ende in der Ermordung der Söhne Jasons durch Medea, die, wie das mütterliche Schiff Argo, „Vehikel" seiner Eroberungspolitik ist. Das „Verkommene Ufer" als Grenzraum zwischen Wasser und Land, ist nicht mehr Ort des Aufbruchs und der Landung, sondern Sinnbild einer stillgestellten Geschichte nach der Katastrophe, – der persönlichen Jasons nach dem Tod seiner Söhne, jeder Kolonisation von der Antike bis in die Gegenwart und konkret der politisch-historischen in der Mitte des 20. Jahrhunderts in der Mitte Europas: Deutschland. Der häßlich-banale Alltag der Überlebenden gleicht einer kulturellen Müllhalde, in der die Menschen wie Untote „weitermachen", als wäre nichts geschehen:

> „Sie hocken in den Zügen Gesichter aus Tagblatt und Speichel
> Starrn jeder in der Hose ein nacktes Glied auf gelacktes
> Fleisch Rinnstein der drei Wochenlöhne kostet Bis der Lack
> Aufplatzt Ihre Weiber stellen das Essen warm hängen die Betten in die Fenster bürsten
> Das Erbrochene aus dem Sonntagsanzug Abflußrohre
> Kinder ausstoßend in Schüben gegen den Anmarsch der Würmer
> Schnaps ist billig
> Die Kinder pissen in die leeren Flaschen
> Traum von einem ungeheuren
> Beischlaf in Chicago
> Blutbeschmierte Weiber
> In den Leichenhallen"[25]

[22]) Das Motiv des im Baum hängenden Schiffs dürfte Müller der Erzählung von Anna Seghers, „Das Argonautenschiff" (1948), entnommen haben.

[23]) H. *Müller*, Brief an den Regisseur der bulgarischen Erstaufführung von Philoktet, in: Herzstück, a.a.O. S. 104.

[24]) H. *Müller*, „Deutschland spielt noch immer die Nibelungen" – Der DDR-Dramatiker Heiner Müller über seine Theaterarbeit zwischen Ost und West, in: Der Spiegel, vom 9.5.1983.

[25]) H. *Müller*, „Verkommenes Ufer . . .", in: Herzstück, a.a.O. S. 91 f. (die weiteren Zitate aus diesem Text sind nicht mehr eigens nachgewiesen).

Hier knüpft der Text an ein vorangegangenes Motiv an: „Die zerrissenen Monatsbinden Blut/Der Weiber von Kolchis". Die schäbige Gegenwart ist mit der mythologischen Archaik durch Blut – Vergewaltigung, Geburt, Tod – verbunden, über alle historischen Zäsuren und Fortschritte hinweg. In den vielfältigen Ausscheidungsprozeduren, die hier aufgelistet werden, klingt sowohl das Thema der Geburt als auch ihrer Rücknahme und Verhinderung an („*Aber du musst aufpassen (...) Stoss mich komm Süsser*"); in den „Fischleichen" hört man das Laichen mit, die akustische Unterschiedslosigkeit verweist auf eine der Bedeutung. Während die Toten – auf die der jüngsten Vergangenheit wird angespielt – unwiderruflich begraben sind, „Erde von den Überlebenden beschissen", gibt es eine Figur, die – wie eine Pietá in Szene gesetzt – auf ihre Wiederauferstehung zu warten scheint: „Auf dem Grund aber Medea den zerstückten/Bruder im Arm Die Kennerin/Der Gifte". Wie eine Mutter ihr Kind, wie eine Liebende den Geliebten, hält Medea ihren Bruder, das Opfer ihrer Liebe zu Jason. Die Wendung „Bruder im Arm" korrespondiert einer Stelle bei Grillparzer, wenn Medea Jason erinnert:

> Weißt du wie ich den Bruder hielt im Arm,
> Der todesmatt von deinem grimmen Streich
> Bis er sich losriß von der Schwester Brust
> Und, Deinem Trotz entrinnend, Tod in Wellen suchte[26]?

In die Meereswellen scheint Medea bei Müller ihrem Bruder gefolgt zu sein. Hier beginnt sie – wie Ophelia in der „Hamletmaschine" auf dem Grund der „Tiefsee" das Ende des Dramas Geschichte verkündet – „von Grund auf" ihre Rache einzuklagen; im Arm das Mahnmal ihrer mit Jason gemeinsamen Schuldvergangenheit und die Begründung ihrer Wiederkehr als Schlächterin. Der körperliche Kontakt („im Arm") verweist auf eine nicht nur bei Grillparzer betonte enge Zuneigung der Geschwister, die, psychologisch betrachtet, das Verbrechen für Medea zum Trauma macht[27]. In H.H. Jahnns „Medea", der die griechische mit noch archaischeren Mythen amalgamiert, ist das Bild des Bruders

---

[26]) F. *Grillparzer*, Das goldene Vließ, a.a.O. S. 173 („Medea").

[27]) Bei Grillparzer, aber auch schon in Apollonios Rhodios' Epos „Argonautica" (ca. 290 v. Chr.), das im Programmheft der Bochumer Uraufführung des „Verkommenen Ufer ..." abgedruckt ist, legt Medea nicht selbst Hand an, sondern führt Jason den Bruder zu. Bei Apollonios Rhodios benutzt sie sein Vertrauen zu ihr, um ihn erfolgreich in den Hinterhalt zu locken; hier ist es auch Jason, der die Leiche zerstückelt, um den Geist der Rache abzutöten. Bei Jahnn schließlich ist die Beziehung zwischen Bruder und Schwester – in Anlehnung an den Isis und Osiris-Kult – inzestuös gefärbt.

an das eines vergangenen Glücks geknüpft[28]. Bei Müller, wo die Erwähnung des Bruders (insgesamt fünfmal auf sechs Textseiten) immer wieder wie eine blitzartige Assoziation den Argumentationsschwall skandiert, ist der Bruder zunächst Stellvertreter aller Toten, Opfer der Eroberungsgeschichte, des Verrats. Medeas dreimal wiederholte Forderung, „Du bist mir einen Bruder schuldig Jason", wird unmittelbar an die Aussicht geknüpft, die eigenen Söhne, die ihr Jason, wie er sagt, für den Bruder gegeben hat, „zurückzugeben", „zurückzunehmen": „Liebst du sie deine Söhne/Willst du sie wiederhaben deine Söhne." Diese Medea versteht sich als Schwester, nicht als Mutter[29]. Die Söhne gehören dem Vater (nie fällt das Possessivpronomen „unsere"), symbolisieren seine Zukunft und den Verrat der Mutter an ihrer Herkunft. Dem Mann gehören Gegenwart und Zukunft, Medea die Vergangenheit: „Mein Eigentum die Bilder der Erschlagnen/Die Schreie der Geschundnen mein Besitz".

Doch mit dem Bruder und der damit angedeuteten Geschwisterbeziehung wird auch auf eine andere Werteebene verwiesen: „eine antipatriarchale, antiödipale, antifamiliale Tendenz, wie sie die Anti-Ödipus-Theoretiker Deleuze und Guattari am Fall Kafka aufgezeigt haben. Im Unterschied zum „Ödipus-Inzest" mit der Mutter betonen sie am „Schizo-Inzest" mit der Schwester die „Fluchtlinie" aus der Ordnung, dem Familien- und Ehezyklus, der „zirkulären Reproduktion". Die Schwester stehe (in Kafkas Werk) „auf der Seite des Klassenkampfs, auf der Seite der Dienstmädchen und der Huren".[30]

In Müllers Geschichtsikonologie kontrastiert die „horizontale" Geschwisterallianz gegen die „vertikale" Geschlechterfolge. Diese läuft auf

[28]) „Wär niemals dieser Mann
nach Kolchis vorgedrungen, in finstrer Halle,
jungfräulich noch lebt ich, tanzend
in schwarzer Säulenhalle, unverweslich
des Helios Sproß, mit meinem Bruder"

H.H. *Jahnn*, Werke und Tagebücher, Bd. 4, Hamburg 1974, S. 524 hg. von Th. Freeman und Th. Scheuffelen.

[29]) Die besondere Wertschätzung des Bruders vor allen anderen Bindungen hat in der antiken Literatur ihr Vorbild in der Antigone von Sophokles, die ihren Gesetzesbruch gegenüber ihrer Schwester mit der Unersetzbarkeit des Bruders begründet; für einen Gatten oder eigene Kinder würde sie so rigoros nicht sein – als seien diese ersetzbar (Vers 905–910). Dieser Position liegt die Vorstellung zugrunde, die Geschwisterverpflichtung habe vor allem anderen Vorrang, weil es sich hier um völlig gleiches Blut handle; schon das der eigenen Kinder dagegen ist „gemischt".

[30]) Gilles *Deleuze*/Félix *Guattari*, Kafka. Für eine kleine Literatur, dt. Ffm. 1976, S. 92.

Fortschritt und Kontinuität hinaus, jene auf ein Ausweichen, Umgehen, Verlassen der Ordnung des Gesetzes. Während in Müllers Werk der Generationskonflikt am Modell Hamlet und am Modell Ödipus entwickelt wird, steht der Name Elektra für die Geschwisterbeziehung, in der mit einem letzten Schritt der Rache das Schlachtfeld Familie verlassen wird. „Im Jahrhundert des Orest und der Elektra, das heraufkommt, wird Ödipus eine Komödie sein", heißt es in „Projektion 1975"[31], in der den vergangenheitslüsternen Hamlet und Ödipus – immer mit der väterlichen Leiche und dem eigenen Spiegelbild befaßt – die Muttermörder und Geschwister des Terrors gegenüberstehen, die den Tod planen und ausführen, ihn aus dem Reich des Unbewußten befreien. Den Abschlußmonolog in der „Hamletmaschine" spricht Ophelia als Elektra. Zukunft – nicht als Fortsetzung der Geschichte, sondern als Utopie jenseits von Geschichte und Politik[32] ist bei Müller mit der Bruder-Schwester Konstellation gegen das ödipale Dreieck als Rotation der Vergangenheitsbewältigung gerichtet. (In diesen Kontext gehört auch der obsessive Gebrauch des Wortes „Braut" im „Medeamaterial", das Medea zwar, wie sie behauptet, „schwer von den Lippen" geht, aber umso häufiger in vielen Kombinationen ausgesprochen wird (insgesamt 14mal). Die Braut ist eine weibliche Grenzfigur zwischen den Ordnungen: nicht mehr Tochter, noch nicht Frau, begehrt, aber noch nicht in Besitz. In seiner Büchnerpreisrede „Die Wunde Woyzeck" bezeichnet Müller Ulrike Meinhof als eine Schwester Woyzecks und als Braut Kleists[33].

Ausschließlich aus der Perspektive Medeas und in einem überwältigenden Tempo wie im Zeitraffer behandelt „Medeamaterial" die Tragödie der alternden, verlassenen Frau (ähnlich wie in Jahnns Version als Klage über das erotische Desinteresse ihres Mannes formuliert) und den durch diesen Verrat belebten Erinnerungen an die gemeinsame „Blutspur", den Preis, den sie für ihre Leidenschaft bezahlt hat. Medea versteht sich jetzt

---

[31]) in: Die Umsiedlerin oder Das Leben auf dem Lande, a.a.O. S. 117.

[32]) H. *Müller* im Gespräch mit Sylvère Lotringer, „Mauern", Berlin 1981 in: *ders.*, Rotwelsch, Berlin 1982, S. 62:
„Das Problem ist, daß Utopie und Geschichte sich immer weiter voneinander entfernen. Es ist unmöglich geworden, sich die Utopie innerhalb der historischen Prozesse vorzustellen. Die Utopie steht heute jenseits oder neben der Geschichte, jenseits oder neben der Politik."

[33]) „Die Wunde Woyzeck", in: Theater Heute 1985, H. 11, S. 1. In diesem Zusammenhang ist auch Müllers Interesse am (bundes-)deutschen Terrorismus der 70er Jahre zu verstehen, an dessen Protagonistinnen, Meinhof und Ensslin, die Medea-Elektra-Gestalten in ihrer Unerbittlichkeit, ihrer Rücksichtslosigkeit (auch gegenüber den eigenen Interessen), ihrer Todesverachtung und ihrer Verzweiflung erinnern.

als Bestandteil der Unterwerfung, besinnt sich aber auch auf ihre (frühere) Identität. Auf Jasons Kolonisator-Frage: „Was warst du vor mir Weib“, antwortet sie mit ihren Namen[34], der ihre übermenschlichen Kräfte bezeichnet, die sie einst dem Eroberer zur Verfügung stellte. Mit ihrem eigenen „Brautkleid“, Sinnbild ihrer gespaltenen Identität als Liebende und Überläuferin, vernichtet sie die „neue Braut“ ihres Mannes. Ihre Kinder sollen Zuschauer sein in dem mörderischen Lehrstück, in dem die Rivalin in Flammen aufgeht:

> „Jetzt schreit sie Habt ihr Ohren für den Schrei
> So schrie als ihr in meinem Leib lagt Kolchis
> Und schreit noch Habt ihr Ohren für den Schrei
> Sie brennt Lacht ihr Ich will euch lachen sehn
> Mein Schauspiel ist eine Komödie Lacht ihr
> Wie Tränen für die Braut Ah meine kleinen
> Verräter Nicht für nichts habt ihr geweint
> Aus meinem Herzen schneiden will ich euch
> Mein Herzfleisch Mein Gedächtnis Meine Lieben
> Gebt mir mein Blut zurück aus euren Adern
> In meinen Leib zurück euch Eingeweide
> Heute ist Zahltag Jason Heute treibt
> Deine Medea ihre Schulden ein
> Könnt ihr jetzt lachen Der Tod ist ein Geschenk
> Aus meinen Händen sollt ihr das empfangen“[35]

Der Verrat der Söhne, die jetzt das einzige Mal als „meine Kinder“ angesprochen werden, liegt in ihrem „falschen“ Gefühl. Sie stehen aus Mitleid auf der Seite der Rivalin/des Vaters und sehen eine Tragödie, statt das Schauspiel der Mutter – die Inszenierung ihrer Macht – als Komödie zu begreifen und die Verlierer zu verlachen. Sie reagieren als bürgerliche Theaterzuschauer, nicht als Revolutionäre[36]. Kinder des Verrats (aus dem Verrat heraus empfangen und geboren) bleiben sie ihrer Herkunft treu[37]. In Müllers Metaphorik der Mutterschaft verrät jedes Kind

---

34) „Ich bin Medea“ – die magische Nennung des eigenen Namens als (Handlungs-) Programm ist als Formulierung der Selbstbesinnung seit Senecas „Medea superest“, „Medea fiam“ – „Medea nunc sum“ in Variationen ein Topos in allen Medea-Versionen.

35) „Verkommenes Ufer . . .“ in: „Herzstück“, a.a.O. S. 97.

36) Hier wird ein Grundmotiv der Lehrstückes Brechts, in deren Tradition Müller steht, mit dem tödlichen Urteil über das falsche (Mit-)Gefühl aufgenommen. Wie der junge Genosse der „Maßnahme“ in den Armen des Chors empfangen die Kinder Medeas den Tod durch die mütterlichen Hände als Geschenk, werden wieder Bestandteil ihres Leibes.

37) Die Kinder als „Verräter“ ihrer Mutter gibt es schon bei Grillparzer; hier wird

seine Mutter schon als Ungeborenes, das von ihrer Substanz zehrt, – eine Schuld, die nie abgegolten werden kann. Aus dieser Grundverschuldung des Menschen kann konsequent nur der Kindermord befreien, der gleichzeitig eine Wiederaneignung des Kindes durch die Mutter bedeutet: „Gebt mir mein Blut zurück aus euren Adern“ und „Der Tod ist ein Geschenk/Aus meinen Händen sollt ihr das empfangen“. In der Rhetorik des Gebens und Nehmens (so auch die zwei Söhne für einen Bruder), „quittiert“ Medea am „Zahltag“ auch ihren eigenen Verrat an ihrer Herkunft. Im Verstummen der ermordeten Kinder kommen deshalb die Schreie von Kolchis zur Ruhe: „Und nichts mehr“ bleibt übrig. Die „vollkommene Stille“[38] umschreibt den Willen zu einer endgültigen Negation, die Medea als Subjekt/Objekts der Kolonisation (als Fremde, als „Hausfrau und Mutter“) herbeiwünscht:

> „Mit diesen meinen Händen der Barbarin
> Händen zerlaugt zerstickt zerschunden vielmal
> Will ich die Menschheit in zwei Stücke brechen
> Und wohnen in der leeren Mitte Ich
> Kein Weib kein Mann“

Dies ist nicht nur eine radikale Absage an die Vorstellung einer Versöhnung zwischen den Geschlechtern und im weiteren Sinne zwischen den Antagonisten der Geschichte (z.B. den „weißen“ Kolonisatoren und den „farbigen“ Kolonisierten[39]). Die „leere Mitte ist auch das Bild für einen utopischen Ort der Nicht-Identität. „Ich/Kein Weib kein Mann“ läßt als Negativbestimmung vielen Namen Raum: eine Göttin (als Enkelin des Sonnengottes wird die mythologische Medea auf einem Drachen- oder Schlangenwagen in die Luft entführt und damit einer irdischen Rache an ihrem Verbrechen enthoben); ein Engel der Geschichte, der die Zukunft zertrümmert, um die Trümmer der Vergangenheit zu rä-

aber ihre Hinwendung zu Kreusa psychologisch motiviert: sie fürchten sich vor der schreckenerregenden Mutter. Gleichwohl ist ihr Verhalten als Verrat an der mütterlichen Ordnung bzw. ihrer archaischen, weniger „zivilisierten“ Kultur zu interpretieren. Bei Müller fällt eine solche psychologische Motivierung aus. Entscheidend ist der Blick Medeas auf ihre Kinder, der sie zu Verrätern stempelt.

[38]) – so die „Szenenanweisung“ am Ende der Jahnnschen „Medea“.

[39]) Bei Jahnn ist Medea als Schwarze grundsätzlich nicht an die Welt der Weißen (Griechen) assimilierbar. Ihre Haut zeigt ihre Identität (auch als häßlich gewordene Alte) und die „gemischte“ ihrer Söhne. Müller hat dieses irreduzible „Sein“ der identitätsstiftenden Haut(farbe) im „Auftrag“ (1979) dem gebrochenen Bewußtsein des weißen Intellektuellen und Klassenverräters gegenübergestellt und als eigentliche revolutionäre Kraft behauptet („Der Auftrag“, in: Herzstück, a.a.O.).

chen[40]; ein Tier oder eine Wilde, Barbarin, deren Zähmung zum Menschen mißlang[41]. In jedem Fall ein Ich, das nicht nur nicht eins ist, sonder nicht bestimmbar.

Es gibt zu dieser Stelle eine syntaktisch-rhythmische Analogie in der „Hamletmaschine", in der der Hamletdarsteller sagt: „Ich will eine Maschine sein. Arme zu greifen Beine zu gehen kein Schmerz kein Gedanke."[42] Streng parallelisiert, wird der Schmerz mit dem „Weib" verbunden, der Gedanke mit dem „Mann". Die Maschine wäre dann die „leere Mitte", Maschine im Leerlauf, ohne „Gang". Der Wunsch des Mannes ist: „Ich will eine Frau sein", eine „Maschine"; die Frau will in der leeren Mitte, „dazwischen" wohnen, jenseits der geschlechtlichen Determination. (Auch Dascha antwortet im „Medeakommentar" auf die Vorstellung Glebs, ein weiteres Kind zu haben: „Ich will kein Weib sein", und später: „Wär ich ein Mann[43]".)

Für Medea, die einst „Tier" war, „eh mich ein Mann zu seiner Frau gemacht hat", dann sein „Werkzeug", „Sprosse" auf der Leiter des Ruhms, Gebärerin seiner Söhne, „Milchkuh" und schließlich „Fußbank" ihrer Kinder, bereitet diese Erfahrung der Reduktion zur Funktion den Wunsch nach einer Wohnung in der leeren Mitte vor, weil sich

---

[40]) Müller hat Walter Benjamins „Engel der Geschichte" aus den „Geschichtsphilosophischen Thesen" signifikant umgedeutet. Während bei Benjamin gerade der Fortschritt als „Sturm vom Paradiese her" den Engel daran hindert, die Trümmer der Vergangenheit, auf die er blickt (der Zukunft den Rücken zugewandt), zusammenzufügen, so daß die messianische Utopie in einem Augenblick des Innehaltens läge (daß es so weitergeht, ist die Katastrophe), ist für den „glücklosen Engel" bei Müller der Stillstand das Trauma. „Hinter ihm schwemmt Vergangenheit an", vor ihm staut sich die Zukunft, drückt ihm die Augen ein (so daß er sie genausowenig sehen kann wie der Engel Benjamins). Nur die eigene Kraft der Bewegung in der Versteinerung „auf dem schnell verschütteten Stehplatz" könnte einen Neubeginn der Geschichte ermöglichen. (H. *Müller* Der glücklose Engel, in „Theaterarbeit", Berlin 1975, S. 18 und: *Rotwelsch* a.a.O., S. 87 und W. *Benjamin*, Illuminationen, Ffm. 1969, S. 272 f.).

[41]) – so bei *Klinger* und bei *Grillparzer*. In Klingers „Medea in Korinth" wird dabei auch die Tragik eines göttlichen Wesens gezeigt, das durch die Liebe zu einem menschlichen werden will und durch den Verlust der Liebe zu seinem ursprünglichen Wesen zurückkehrt: „Ich ziehe mich in mich zurück" (a.a.O. S. 196). „Ich bin Medea, bin nicht eure Mutter." (S. 213) – (zu ihrer Mutter Hekate:) „Mutter! hülle mich in deine düstre Wolke, daß ich nicht fühle! daß ich nicht sey! Vollbracht ist die That! Ich hab' mit den Menschen durch mein eigen Leben gerissen. Hier steh ich im Dunkel der Nacht, fürchterlich groß!" (S. 216) – und am Ende: „Dann flieh' ich von meinem Drachen gezogen, in die Felsenhöhlen des Kaukasos, starre hin in meiner schrecklichen Größe, betrachte mich in meinem furchtbaren Selbst!" (S. 224).

[42]) H. *Müller* „Hamletmaschine" in: „Mauser", Berlin 1978, S. 96.

[43]) „Zement" a.a.O. S. 107 und 109.

hier keine Bindung an Vergangenheit und Zukunft, Herkunft, Heimat und Familie als Schuldenlast aufdrängt. Für den Hamletdarsteller mündet der Überdruß an der Geschichte und seiner Rolle in ihr als Sohn, Nachfolger, bestellter Rächer, Ideologe seiner Handlungen zwar in dem Wunsch, eine Frau/Maschine zu sein, aus der Verantwortung auszusteigen, aber er tritt dennoch als „Bluthund" in der angestammten „Rüstung" wieder ins Spiel der Macht ein. Mit den letzen Worten der Frau/Ophelia wird dagegen eine Aktion proklamiert, die allerdings im Widerspruch zur Szenenanweisung steht, in der sie in einem Rollstuhl von Männern gefesselt und zum Schweigen gebracht wird. Text und Bild sind gespalten wie die Identität der Sprechenden in Ophelia und Elektra in Opfer und Rächer; gleichzeitig klingt der Schlußmonolog, als spräche ihn Medea nach dem Kindermord: kein Mädchen (dafür stehen die Namen Ophelia und Elektra auch), sondern eine Frau, die die Erfahrung der Geburt hinter sich hat. In der Szenenanweisung heißt es: „Tiefsee . . . Leichenteile treiben vorbei", als wäre wieder vom zerstückelten Bruder auf dem „Grund" die Rede:

> „Im Herzen der Finsternis. Unter der Sonne der Folter. An die Metropolen der Welt. Im Namen der Opfer. Ich stoße allen Samen aus, den ich empfangen habe. Ich verwandle die Milch meiner Brüste in tödliches Gift. Ich nehme die Welt zurück, die ich geboren habe. Ich ersticke die Welt, die ich geboren habe, zwischen meinen Schenkeln. Ich begrabe sie in meiner Scham. Nieder mit dem Glück der Unterwerfung. Es lebe der Haß, die Verachtung, der Aufstand, der Tod. Wenn sie mit Fleischermessern durch eure Schlafzimmer geht, werdet ihr die Wahrheit wissen."[44]

Die apokalyptische Hell/Dunkel-Opposition am Beginn (Reich der Finsternis/Reich des Lichts) korrespondiert der Prophetie im letzten Satz, dem Einbruch der Gewalt einer weiblich allegorisierten Wahrheit als Schlächterin in die „Schlafzimmer"[45]. In der radikalen Kastrationsdrohung (als die sich Medeas Ermordung der Söhne auch verstehen läßt), wird „in Namen der Opfer" die tötende Frau mit der Wahrheit

---

[44]) „Hamletmaschine" a.a.O. S. 97.

[45]) Die Zusammenstellung von Sexualität (der Frau) und Todesdrohung (für den Mann) im Drama hat Marianne Schuller als Selbsttötungsphantasie des Mannes/männlichen Autors gedeutet. Damit hätte diese masochistische Männerphantasie – die jede Medea-Bearbeitung zweifellos auch ist – eine grundsätzlich subversive Tendenz gegen die männliche Ordnung (M. *Schuller*, Die Nachtseite der Humanwissenschaften, in: „Die Überwindung der Sprachlosigkeit. Texte aus der neuen Frauenbewegung, hg. von G. Dietze, Darmstadt, Neuwied 1979, bes. S. 45 ff.).

verknüpft. Das zielt auf eine Vereinnahmung der Frau als utopisches Bild einer universalen Rache für die Toten der Vergangenheit und die Unterdrückten der Gegenwart. Das Bild bezeichnet aber auch ein Innehalten, den angehaltenen Atem angesichts der Todesdrohung, die Besinnung, die der Schock freisetzen könnte: DIE ERSTE ERSCHEINUNG DES NEUEN DER SCHRECKEN.

Im „Medeamaterial" wird weniger pathetisch, weniger stellvertretend als im „Ophelia-Elektra-Monolog" der Wunsch nach Rückzug auf einen utopischen Nicht-Ort zwischen den Geschlechtern im Riß zwischen der zerstückelten Welt als einzig bewohnbarer Instanz außerhalb der sich reproduzierenden Gewaltgeschichte artikuliert, der Rückzug auf sich selbst als Wunde – „Freiraum zwischen Tier und Maschine, in dem die Utopie einer menschlichen Gemeinschaft aufscheint."[46]

Müllers Medeamaterial entstand Ende der 60er Jahre im Zusammenhang mit seinen Antikenadaptionen und ist unverkennbar auf der Folie des Euripideischen Tragödie zu lesen. Gleichwohl lassen vielfältige Verbindungen zu den bekannten Medeabearbeitungen von Seneca, Corneille, über Klinger, Gotter, Grillparzer, Jahnn und weniger bekannten Nachkriegsfassungen (Jeffers und M. Braun) die textuelle Verwertungsmaschine erkennen. Der Beziehung zu Grillparzers romantischer Trilogie „Das goldene Vließ", die von der Problemstellung her die erste „moderne" Medea-Version ist (selbst wenn sie besonders in ihrer sprachlichen Qualität epigonal geblieben ist), soll hier abschließend und stellvertretend nachgegangen werden. Es handelt sich bei Grillparzer – ähnlich wie bei Müller – um ein „Dramatisches Gedicht in drei Abteilungen", in dem Medea als Bestandteil der Argonautengeschichte verstanden wird. Neben Motivübernahmen (der „Verrat" ihrer Kinder, der „Bruder im Arm") erkennt man das Problemfeld der Selbstentfremdung im Prozeß der Eroberung und des Erobertwerdens, das die beiden Texte objektiv gemeinsam haben. Es geht um das Eindringen in eine fremde Kultur und ihre Unterwerfung, um die Erinnerung an die Blutspur, die, diesen Prozeß begleitend, aus der Vergangenheit in die Gegenwart, schließlich die Zukunft (in Gestalt der ermordeten Kinder) reicht. Medea, im romantischen Licht die unheimliche, unzähmbare, magische Kräfte beherrschende Naturgewalt, funktioniert als traumatische Erinnerung an das, was der männliche Krieger nach getaner Tat vergessen möchte: seine Verbrechen, seien sie selbst begangen oder veranlaßt, sein

---

46) H. *Müller* „Brief an den Regisseur . . ." in: Herzstück a.a.O. S. 104.

„Unvermögen", Gewalt anzuwenden und gleichzeitig zivilisiert zu bleiben, seine „Unvernunft", in Medea das unbegreiflich Andere zu begehren, über das er nie vollständige Kontrolle erreichen kann. Medea wird zum Alptraum Jasons:

> „Entsetzliche! Was rasest du gen mich?
> Machst mir zu Wesen meiner Träume Schatten,
> hältst mir mein Ich vor in des deinen Spiegel.
> Und rufst meine Gedanken wider mich?"[47]

Der Zusammenprall zweier Kulturwelten, zweier Machtsphären (die sich bei Grillparzer auch als männliche und weibliche dechiffrieren lassen) wird bei der ersten Begegnung mit Medea von Jason als Ergänzung der Gegensätze gefeiert. Doch mit der Eroberung und Entjungferung beginnt auch die Entmachtung; die Durchsetzung der griechischen, männlichen Ordnung verlangt als ersten Schritt das Vergessen:

> Jason: „Vergiß, was du gehört, was du gesehn,
> Was du gewesen bist auf diese Stunde.
> Aietes' Kind ist Jasons Weib geworden,
> An dieser Brust hängt deine Pflicht, dein Recht.
> Und wie ich diesen Schleier von dir reiße,
> Durchwoben mit der Unterird'schen Zeichen,
> So reiß' ich dich von all den Banden los,
> Die dich geknüpft an dieses Landes Frevel.
> Hier, Griechen, eine Griechin! Grüßet sie!"
> (Er reißt ihr den Schleier ab)
> Medea, danach fassend: „Der Götter Schmuck!"
> Jason: „Der Unterirdschen! Fort!"[48]

Jasons Liebe zu Kreusa ist der Versuch, den Barbaren in sich bei einer kulturvollen, gesitteten, vernünftigen Frau zu vergessen. Kreusa ist gleichsam seine „Erste Liebe"[49], die die Zeit vor dem Eintritt in die Geschichte verkörpert, Zeit der glücklichen „unschuldigen" Kindheit, in der er als Thronfolger Kreusa versprochen war. Die Zeit des Erwachsenseins, die Abhängigkeit von Medeas niederer Magie auf seinem freudlosen Weg nach oben, die gemeinsame Verstrickung in Verbrechen, – all das soll Kreusa vergessen machen:

---

[47]) *Grillparzer*, „Das goldene Vließ", a.a.O. S. 174 („Medea").
[48]) ebd., S. 100 („Die Argonauten").
[49]) vgl. H. *Müller* „Der Auftrag", in: Herzstück a.a.O.

„Mach, daß ich nie der Väter Land verlassen,
Daß ich bei euch hier in Korinthos blieb;
Daß ich das Vließ, ich Kolchis nie gesehn,
Ich nie gesehn sie, die nun mein Weib.
Mach, daß sie heimkehrt in ihr fluchbeladnes Land
Und die Erinnerung mitnimmt, daß sie da gewesen;
Dann will ich wieder Mensch mit Menschen sein."[50]

Kulminationsszene des Konflikts zwischen Erinnern und Vergessen ist der Versuch Medeas, bei Kreusa in die Schule zu gehen, wirklich Griechin zu werden, sich die fremde Kultur zu eigen zu machen. Sie will ein Lied aus Jasons Kindertagen auf der Leier, dem serenen apollinischen Instrument, lernen und ihn damit zurückgewinnen, aber das mühsam Einstudierte weist Jason zurück; er kann die Vermischung der beiden Zeiten nicht ertragen. Im Mißlingen des Liedvortrags, im Zerbrechen der umkämpften Leier symbolisiert sich das Mißlingen einer Assimilation, die auf Unterwerfung beruht. Das selbstverordnete Zivilisierungsinstrument steht für Medeas Preisgabe ihrer Identität als Kolcherin und Zauberin, aber es steht auch für ihre Identität als Liebende, die sie durch Jasons Ablehnung ebenfalls verloren hat. Wenn sie sich selbst später als „ein entsetzlich greulich Wesen/Mir selbst ein Abgrund und ein Schreckensbild" bezeichnet, hat sie den Blick der anderen auf sie schon übernommen und kann sich auch als furchterregende Magierin nicht mehr identifizieren; ihr Persönlichkeitskern, „Medea" zu sein (selbst bei Seneca, der sie zur monströsen Mänade gemacht hat, eine gleichsam anerkennende Zuschreibung), ist zerbrochen. In der Psychologisierung der Figurenkonstellation bei Grillparzer zeigt sich der Stand historischer Erkenntnis. Daß die Kinder auf die Seite der stärkeren Zivilisation (Kreusa) übertreten, bekräftigt den Verrat Jasons und stößt Medea aus dem Familienverband vollends in die Isolation. Der Mord an ihnen ist wie eine glücklose Wiederaneignung, „falsch", wie die Wiederaneignung des goldenen Vlieses durch die Argonauten. Die Brücken der Vergangenheit sind zerbrochen, eine Zukunft nicht gegeben, die Sonne ist keine helfende verwandte Gottheit, sondern bescheint gnadenlos ihren Zustand der Fremdheit und Selbstentfremdung – „Die Welt eine leere Wüste" –, in der sie sich mit Jason trifft. Denn auch der Eroberer hat sich auf der Spur seiner Taten verloren, ist seiner eigenen Geschichte nicht gewachsen. Schon seine Liebeserklärung an die Kolcherin begleite-

[50]) *Grillparzer*, „Das goldene Vließ", a.a.O. S. 173 („Medea").

te die Erkenntnis: „Ich selber bin mir *Gegenstand* geworden/Ein andrer denkt in mir, ein andrer handelt.[51]" Dafür, daß er sich als Objekt seiner Gefühle erfahren muß und Objekt seiner Eroberungsgeschichte bleiben wird, verklagt er später Medea auf sein verlorenes Eigentum: das sich selbst gewisse Subjekt:

> „Heb dich hinweg zur Wildnis, deiner Wiege,
> Zum blutgen Volk, dem du gehörst und gleichst.
> Doch vorher gib mir wieder, was du nahmst:
> Gib Jason mir zurücke, Frevlerin!"[52]

Die Beziehung zwischen Grillparzers Argonautendrama und Müllers Text liegt in der Selbstentfremdung, die den Prozeß der Eroberung auf der Seite der Täter wie der Opfer begleitet, ohne daß eine moralische Beurteilung den aufgebrochenen Konflikt schlichten könnte. Der Abgrund zwischen den sich und einander fremden Geschlechtern/Kulturen betrifft beide Seiten. Der Mann/Sieger ist kein seiner selbst mächtiges Subjekt der Eroberung und die Frau nicht nur Objekt und Opfer. Sie „kollaboriert" – sei es mit ihrer Erniedrigung zum „Werkzeug", sei es als Schlächterin in eigener Sache –, und ihrem Aufstand sind die Züge seiner Vorgeschichte eingeschrieben.

Am Ende von Müllers „Medeamaterial" reagiert Medea auf die Ansprache Jasons (er nennt ihren Namen), indem sie an ihm vorbei fragt: „Amme kennst du diesen Mann". So löscht sie – sei es im Wahn nach der Tat oder in bewußter Abwendung – die gemeinsame Geschichte aus ihrem Bewußtsein, verrät sie so radikal, wie es Jason nie vermochte. Im folgenden Teil „Landschaft mit Argonauten", der sich als Versuch Jasons lesen läßt, sich selbst zu (er)kennen, lösen sich Fragmente aus der Geschichte des umgetriebenen Helden und Motive aus dem literarischen Arsenal des Autors Müller (Philoktet, Prometheus, Odysseus) in einer kollektiven Ich-Stimme auf, werden immer wieder diffus anonym jenseits der geschlechtsspezifischen Determination:

> „Soll ich von mir reden Ich wer
> Von wem ist die Rede wenn
> Von mir die Rede geht Ich wer ist das
> Im Regen aus Vogelkot im Kalkfell

---

[51]) ebd., S. 91 („Die Argonauten").

[52]) ebd., S. 173. Medea antwortet:
„Zurück willst du den Jason? – Hier! – Hier nimm ihn! –
Allein wer gibt Medeen mir, wer mich?"

Oder anders Ich eine Fahne ein
Blutiger Fetzen ausgehängt Ein Flattern
Zwischen Nichts und Niemand Wind vorausgesetzt
Ich Auswurf eines Mannes Ich Auswurf
Einer Frau Gemeinplatz auf Gemeinplatz Ich Traumhölle
Die meinen Zufallsnamen trägt Ich Angst
Vor meinem Zufallsnamen"[53]

Folgt man dem Bild von der Frau als Landschaft, dann geht auch die Geschichte Medeas in die Anonymität einer nachkatastrophischen Industrie- und Kulturwüste ein. „Ein Fetzen Shakespeare" zitiert Eliots „waste land"[54], „der Rest ist Lyrik", Hamlets Ende auf dem Leichenberg, das Schweigen, das der Stille am Ende des Medeateils entspricht. War dieser „Material" im Sinne eines äußerst kondensierten Stoffs, in dem sich Motive aus anderen Medea-Versionen zur präzisen Zurichtung der Medeagestalt einfügen, so ist der „innere Monolog" (Jasons) ein zersprengter, in Schichten des Unbewußten, Traumhaften, Traumatischen gleitender Bewußtseinsstrom, in der die gelegentlichen Selbst-Identifizierungen als Eroberer („Ich meine Seefahrt/Ich meine Landnahme") untergehen. Ohne seinen Konterpart Medea, die sich ausdrücklich auf ihren Namen besinnt, um handlungsmächtig zu werden, fällt die Identität des Helden auseinander[55].

Die Organisation des Gesamttextes zeigt eine für Müller typische Konstellation. Das moderne Bewußtsein, gebrochen, melancholisch, ist männlich konnotiert, zeigt den „Heldendarsteller" als nicht mehr mit seinen Taten, seiner Geschichte identifiziert (Modell Hamlet). Ohne Halt bewegt er sich in der Landschaft seines Bewußtseins. Seine Sprache ist „Lyrik", Leier. Demgegenüber steht die Frau in einem archaischen Dis-

---

[53]) H. *Müller* „Verkommenes Ufer . . ." a.a.O. S. 98.

[54]) Ebd., S. 100. Der Einfluß von T.S. Eliots „Waste Land" läßt sich besonders in der „Hamletmaschine" nachweisen. Müller hat die Lyrik Eliots wiederholt als eine seiner wichtigen frühen Lektüreerfahrungen genannt.

[55]) Die „Brüchigkeit" des Helden, seine Entheroisierung ist seit Euripides ein Topos in der Jason-Darstellung; vgl. dazu Kurt *von Fritz*, , „Die Entwicklung der Jason-Medeasage und die Medea des Euripides", in: ders., Antike und moderne Tragödie. Neun Abhandlungen, Berlin 1962.
Besonders in den Argonautica des Apollonios Rhodios ist Jason ein mutloser grübelnder Melancholiker, der selbst zur Ausfahrt der Argo erst angetrieben und ermutigt werden muß und später ohne Medea zu jeder Heldentat unfähig wäre. Die Epitheta, mit denen er charakterisiert wird, erinnern immer wieder an den Zauderer der Weltliteratur, Hamlet.

kurs der Rache; ein mit seiner Tat identifiziertes „Subjekt“ verbindet Vorzeit und Gegenwart (dabei archaisiert Müller den Stoff über die antike Fassung hinaus: schon bei Euripides schreckt Medea vor ihrer Tat einen Augenblick lang zurück und spaltet sich in Mutter und Rächerin. Bei Müller bleiben die beiden Rollen identisch. Im Kindermord rächt sich Medea auch für ihre Mutterschaft). Konträr zu Grillparzer, der den Vertreter der „höheren“ Kultur, Jason, in Jamben sprechen läßt und damit die gehobene Sprache der klassischen deutschen Antikenadaption zitiert, und Medea, die Wilde, in freien Rhythmen („Natur“, wie sie erst der Sturm und Drang und dann die Romantik entdeckten), ist Müllers Medeamonolog streng in fünfhebigen Jamben verfaßt, während das mit Jason konnotierte Sprachmaterial freirhythmisch ist.

Erst im Zusammenprall und Auseinanderdriften der beiden Diskurse gewinnt die Wahl des mythologischen Stoffs ihre Bedeutung. Während in „Zement“ die Zuordnung mythologischer Figuren zu einem historischen Prozeß immer in Gefahr ist (unabhängig von der immanenten Qualität der einzelnen Prosaeinschübe) angegliedertes Bildungszitat, poetische Überhöhung zu bleiben, die den Handlungsgang nicht stört, sondern in welt- und menschheitsgeschichtliche Zusammenhänge stellt, funktioniert der mythische Stoff im „Verkommenen Ufer“ als Sprengsatz, weil er nicht Erklärung ist, sondern Rätsel bleibt.

Die Folgen ihrer Tat sind – auch für Medea selbst – dunkel. Ihr Wunsch, eine „leere Mitte“ zu bewohnen (was auch als eine Metapher des Weiblichen zu lesen ist), verweist auf eine radikale Rückkehr in sich selbst, Rück-Schritt aus der männlichen Ordnung, Verneinung der Welt. So nähert sie sich dem Bild der Frau als Selbstmörderin in Müllers Werk, das neben dem der Frau, die aus dem Naturkreislauf heraus- und in den Geschichtsprozeß eintritt, um ihn zu sistieren, zu einem geheimen Leitmotiv geworden ist. Die tötende und sich tötende Frau sind durch die (Selbst) Aggression, die Verweigerung gegenüber der (Männer) Welt und die Rücknahme der eigenen „Produktion“, den Haß auf die Gebärfähigkeit, verbunden[56].

Müllers gelegentlich formulierter Glaube an die „Dritte Welt“ ließe neben der allegorischen Übersetzung Medeas als der kolonisierten Kollaborateurin, die an einem unerträglichen Punkt der Demütigung die

[56]) 1966 nahm sich Müllers Frau Inge, mit der zusammen er einige seiner ersten Stücke geschrieben hatte, das Leben. In den danach verfaßten Texten Müllers hat die Verbindung von Tod und Frau das Bild der Lebensspenderin endgültig abgelöst.

herrschende Ordnung umstürzt, eine andere Lesart zu: eine dritte Welt, einen dritten Weg als Zwischenraum jenseits der Ordnungen, als Aufbruch ohne bestimmbares Ziel, Tat ohne Zukunfts- und Sinngarantie. In der gleichsam zerborstenen Organisation des Gesamttextes „Verkommenes Ufer Medeamaterial Landschaft mit Argonauten" kommt das zum Ausdruck. Sein assoziativ-additiver Titel und dessen sukzessiver Abbau im Textaufbau ist Programm: Material über den Zustand der Welt, Sprachmaterie, die noch nicht endgültig einer Verarbeitungsmaschine unterworfen wurde, Versuch eines nicht-kolonisierten Schreibens, Preisgabe der Usurpation des „Verstehens".

Renate Berger

Metamorphose und Mortifikation
Die Puppe

Was ist eine Puppe?

Die Anfänge dessen, was unter diesem Begriff verstanden wird, liegen im Dunklen. Soweit wir heute wissen können, waren im Umgang mit ihr magisch-religiöse und spielerische Elemente verbunden.[1]

Ansätze einer klareren Funktionsbestimmung und -trennung zeichnen sich seit dem Mittelalter ab. Als Modepuppe oder Spielzeug konnte ihr Wert für Erwachsene (oft Frauen)[2] oder Kinder (meist Mädchen)[3] annähernd klassifiziert werden (Abb. 1); über ihren Einfluß auf die kindliche und weibliche Phantasie wissen wir viel weniger.

Was ist eine Puppe?

Als Hand-Werk, Kunst-Werk, schließlich als Industrieprodukt[4] setzt sie die Beziehung zu Menschen voraus: in der Herstellung, im Gebrauch, im imaginären Bedeutungsfeld.

Wie Gemälden oder Statuen wohnt auch ihr ein „Zauber" inne[5], und die frühe Gleichsetzung von Bild und Abgebildetem[6] ist für die Puppe bis heute wirksam geblieben, ganz gleich, ob sie nach Vorstellungen vom Menschen, nach bestimmten Personen oder einem aus verschie-

---

[1]) Antonia *Fraser*, Puppen, Frankfurt a.M. 1963, S. 6 f.; Mary *Hiller*, Puppen und Puppenmacher, Frankfurt a.M. 1968, S. 23 f.; Eileen *King*, Puppen und Puppenhäuser, Zollikon 1977, S. 31, 132 f.

[2]) *Fraser* 1963, S. 39–45, 80; *Hiller* 1968, S. 43–45, 47; *King* 1977, S. 38–39, 49, 62–63.

[3]) *Fraser* 1963, S. 30 f. (zur Puppensammlung der Queen Viktoria), 63, 99 f., 106; *Hiller* 1968, S. 25, 181, 192–194; *King* 1977, S. 43, 55–56.

[4]) Cf. dazu Georgine *Anka*/Ursula *Gauder*, Die deutsche Puppenindustrie 1815–1940, Stuttgart 1978.

[5]) Cf. dazu Ernst *Kris*/Otto *Kurz*, Die Legende vom Künstler, Ein geschichtlicher Versuch (1934), Frankfurt a.M. 1979, S. 100 f.

[6]) Cf. *Kris/Kurz* 1979, S. 105.

denen Elementen zusammengesetzten Modell geformt wurde. Aus diesem Grund muß die Überlegung, welchen Motivkreis die Entwicklung der Puppe von steifen zu mechanisch bewegten Formen erahnen läßt, für jedes Beispiel neu gestellt werden. Zwar ist sie als Darstellerin, Funktionsträgerin, als Teil von Inszenierungen der Wirklichkeit verpflichtet, doch kann ihr „Zauber" rational faßliche Gebrauchswerte vergessen lassen.

Die Affinität von Puppe und Frau, um die es im folgenden gehen soll, ist eine Sonderform der Affinität von Puppe und Mensch überhaupt. Vor allem Männer haben ihr in der Literatur, in Kunst und Kunstgewerbe, in pornografischem Zusammenhang Dauer und eine manchmal bedrückende Präsenz verliehen.

Wenn von der Puppe, Figurine oder Kunstfrau gesprochen wird, handelt es sich um schwer voneinander abgrenzbare Begriffe, die das jeweils Gemeinte nur anzudeuten vermögen. Das kann noch nicht anders sein.

Der männliche Traum, aus eigener Kraft, unabhängig von Frauen weibliche Geschöpfe hervorbringen zu können, geht bis in die Antike zurück. Die Überlieferung läßt keinen Zweifel daran, daß Statuen, Puppen, Automaten, Androide etc. ihre Entstehung oft weniger dem Wunsch verdanken, den Voraussetzungen von Leben auf die Spur zu kommen, als der Weigerung, sich mit dem zu befreunden, was Männern in Gestalt von Frauen konkret entgegentritt. Die Puppe kann weiblichen Körpern, die künstliche der organischen Form abgenommen sein; um Leben zu imitieren, wird weder an Material, noch an Erfindungsgeist, noch mit Worten gespart.

Was ist eine Puppe, wozu kann sie dienen?

Im Rahmen der Legende vom Künstler hat sie ihren unbestrittenen Platz, seit Rousseau[7] die Künstlerproblematik mit der künstlicher Frauen konsequenter als Autoren vor ihm verknüpfte. Erst zu Beginn des 20. Jahrhunderts ist mir ein Fall bekannt, bei dem die Puppe als Äquivalent einer lebendigen, namhaft zu machenden Frau in Auftrag gegeben wurde. Dieser Fall bezeichnet einen Höhe- und Endpunkt jener Puppenthematik, die noch von mythologischen Versatzstücken bestimmt ist.[8]

---

[7]) Annegret *Dinter*, Der Pygmalion-Stoff in der europäischen Literatur, Heidelberg 1979, S. 99.

[8]) Hans Bellmer beginnt 1933 mit der Entwicklung von Puppen; mit ihm fängt ein neues Kapitel des Puppenthemas an. Er greift so weit über die mythologisch geprägten Motive hinaus, daß er in diesem Rahmen nicht behandelt werden kann. Hans *Bellmer*, Die Puppe, Frankfurt a.M./Berlin/Wien 1983.

Imago

Eine der ersten künstlichen Frauen des griechischen Mythos[9], von der wir wissen, Pandora, hatte ursprünglich positive Bedeutung (Abb. 3).[10] Als Epiklese der Göttin Ge entsprach Pandora, d.h. die alles Gebende, dem Bild der Gütigen, Erschaffenden, Spendenden und wies nur in einer Variante beängstigende Züge auf.[11]

Erst Hesiod kombinierte wenige, in sich widersprüchliche[12] Elemente des Mythos und formte sie in „Werke und Tage“ negativ um.[13] Zeus will Prometheus für seine Anmaßung strafen und weist Hephaistos an, aus Erde und Wasser eine Jungfrau zu formen, die „schön“, „lieblich“, „züchtig“ erscheinen soll – wofür er die Hilfe Aphrodites, der Charitinnen und Horen in Anspruch nimmt. Athena soll sie „Werke [z.B. Weben] lehren“ und trägt die letzte Verantwortung für Pandoras Erscheinung. Aphrodite gibt ihr „zehrende Sehnsucht“ und „lähmenden Kummer“, Hermes „hündischen Sinn“ und „betörende Schalkheit“ mit auf den Weg – ambivalente, nicht nur andere, sondern auch sie selbst schädigende Gaben.[14]

Die ursprünglich alles Gebende wird in Hesiods Umformung zu einer Nehmenden. Als Mittel zum Zweck, als Mittlerin zwischen Zeus und den Menschen kann sie jedoch nur weitergeben, was sie von anderen bekam.

Hesiod setzt die zu schädigenden Menschen nur mit Männern gleich:

---

[9]) In der Ilias XVIII, 417–421, ist von zwei goldenen Jungfrauen die Rede. Vergl. dazu Johann Heinrich Füsslis Gemälde „Thetis bittet den auf die zwei künstlichen goldenen Jungfrauen gestützten Hephaistos um Waffen für Achilleus (1803), in: Ausstellungskatalog „Johann Heinrich Füssli“, Kunsthalle Hamburg 1975, Nr. 127.

[10]) Die Künstlerin Rose Garrard, die das Wort von Mary Daly unterschreiben könnte, „We must deal with the fact that patriarchal myths contain stolen mythic power“, hat sich mehrfach mit dem Thema „Pandora“ beschäftigt. Ausstellungskatalog „Rose Garrard, Between ourselves, Ikon Gallery, Birmingham 1984, S. 3, 13f.

[11]) *Paulys* Real-Encyclopädie der classischen Altertumswissenschaft, 36. Halbbd., 1949, S. 530–531.

[12]) Otto *Lendle*, Die „Pandorasage“ bei Hesiod, Textkritische und motivgeschichtliche Untersuchungen, Würzburg 1957.

[13]) Cf. Gerhard *Vogel*, Der Mythos von Pandora, Die Rezeption eines griechischen Sinnbildes in der deutschen Literatur, Hamburg 1972, S. 15, 72f.

[14]) Hesiod, Werke und Tage, 54–84.

„Früher lebten ja doch die Stämme der Menschen auf Erden
Allem Elend fern und ohne beschwerliche Mühsal,
Ohne Krankheit und Schmerzen, die jetzt die Männer vernichten".[15]

Das Übel ist nach Hesiod weiblich. Er läßt die Grenzen zwischen der eben noch als Kunst-Jungfrau beschriebenen Pandora und der zu den Menschen-Männern geschickten Person verschwimmen, und das eben noch nach Zeus' Absichten ausstaffierte und ferngesteuerte Geschöpf wird gleich darauf als von eigenen Gedanken gelenktes Wessen begriffen:

„Aber das Weib hob ab den großen Deckel des Kruges
Und ließ alles heraus, den Menschen übel gesonnen."[16]

Nur Elpis, die Hoffnung, bleibt im Gefäß zurück.

Das Übel wird vom Initiator, Zeus, und den ausführenden Göttinnen und Göttern abgelöst und auf Pandora übertragen. Indem Hesiod sie zur Stammmutter des „schlimmen Geschlechts" der Frauen erklärt, die „unheilbringend unter den sterblichen Männern wohnen", überträgt er – nicht ohne Selbstmitleid – das Pandora angedichtete Charakteristikum, ein Übel zu sein, auf alles, was weiblich – lebendig – sterblich ist.[17]

Nach Lendle ist es das erste Mal, daß „ein Dichter, von dem wir wissen, die überkommenen Vorstellungen des Epos" durchbricht und „etwas gänzlich Neues, Unerhörtes, seine Meinung" mythologisch legitimiert[18], und es mag kein Zufall sein, daß dieser Vorgang sich in Form misogyner Attacken zeigt. Vermutlich haben wir es hier mit einer historischen Nahtstelle zu tun, die im Hinblick auf die Frage, wieweit das Ausbilden männlicher Subjektivität, männlicher Identität in patrilinearen Gesellschaften Haß auf Frauen bzw. Abwertung oder den Wunsch nach Vernichtung alles Weiblichen voraussetzt, Aufschluß geben kann.[19]

Die Kunst-„Jungfrau" bei Hesiod hat noch einen Namen, der auf mutterrechtliche Zusammenhänge verweist; das Kunst-„Mädchen" in Ovids Dichtung von Pygmalion[20] ist namenlos[21] und auch nach dem Über-

---

[15]) H. d. V. Ibid. 90–93.

[16]) Ibid. 94–95.

[17]) Hesiod, Theogonie, 591–592.

[18]) *Lendle* 1957, S. 90f.

[19]) *Vogel* 1972, S. 13f., 160f.

[20]) Zu den Belegen für die Gestalt eines Pygmalion vor Ovid cf. *Dinter* 1979, S. 12–16.

[21]) Zur Namensgebung der Statue cf. *Dinter* 1979, S. 85, Anm. 107.

gang von der elfenbeinernen Statue zum Wesen aus Fleisch und Blut kein mit eigenem, wenn auch negativ gedeuteten Willen ausgestattetes Geschöpf mehr wie Pandora.

Pygmalions Abscheu vor Frauen, den Propoetiden, verleitet ihn, eine Statue zu schaffen, die einem weiblichen Wesen nur prinzipiell ähnelt, d.h. mit einer „Gestalt, wie keine Frau auf Erden sie haben kann".[22] Da er selbst für das nötige Material, die Form gesorgt hat, betrachtet er sie als eigenes Geschöpf und Besitz.

Doch der perfektionierten Kunstfigur, die unbeweglich und stumm Pygmalions Aktivität herausfordert (er küßt, umarmt, beschenkt, er kleidet, schmückt und bettet sie sanft wie eine Frau) fehlt das Wichtigste: Leben.

Für Pygmalion stehen die optischen und haptischen Qualitäten der Kunstfigur im Vordergrund; ansonsten benutzt er sie wie ein Kind seine Puppe, nur daß er – anders als ein Kind – das Spielzeug nicht beiseitelegt, sondern das anfangs bewußt ausgegrenzte Leben herbeizusehnen beginnt, als der manipulierte Reiz sich erschöpft hat und keine, endgültig keine Re-Aktion erfolgt.

Das Venusfest gibt ihm Gelegenheit zur Bitte um eine Frau, die dem „Mädchen aus Elfenbein gleichen" soll, doch die Göttin errät seinen wahren Wunsch und erfüllt ihn.[23] Daß ein Frauenhasser nicht bestraft, sondern ausgerechnet von Venus belohnt wird, ist nur verständlich, wenn man bedenkt, daß sie sich so an den Propoetiden rächt, die sich nicht dem System der Tempelprostitution unterwarfen, „die Göttin nicht anerkannten, d.h. sich ihr in der Praxis entzogen: Diese taten, was im Tempelbezirk und im Auftrag der Göttin geboten war, außerhalb und ohne jeden Auftrag, jedoch ganz gewiß zum eigenen Gewinn. Mit anderen Worten, sie durchbrachen das Monopol, das das Heiligtum ausübte".[24]

Diese Kontroverse klingt noch in Pierre Firens' Ovid-Illustration nach (Abb. 4.). Er kombiniert Pygmalions Werkstatt mit einem Ausblick in die Natur: Dort verwandeln sich die Propoetiden in Stein – hier sehen

---

22) Ovid, Metamorphosen X, 248–249, im folgenden zitiert nach der Übersetzung Michael *von Albrechts* in der Ausgabe München 1981.

23) Ovid, Metamorphosen X, 270f.

24) Heinrich *Dörrie*, Pygmalion, Ein Impuls Ovids und seine Wirkungen bis in die Gegenwart (Rheinisch-Westfälische Akademie der Wissenschaften, Vorträge, G 195), Opladen 1974, S. 24, 13.

wir einen leidenschaftlich bewegten Mann, der sich die Statue ins Leben wünscht. Es ist das Stadium vor der Metamorphose.

Pygmalion hatte mit der Kunstfigur gesprochen – sie blieb stumm; er hatte sie lebendig geträumt – doch sie blieb starr. Venus ist generös genug, Leben zu spenden: „Er tastet noch, da wird das Elfenbein weich, verliert seine Starrheit, weicht zurück und gibt den Fingern nach, so wie Wachs vom Hymettus an der Sonne geschmeidig wird, sich unter dem Druck des Daumens zu tausenderlei Gestalten formen läßt und in der Hand des Bildners immer bildsamer wird".[25]

Das Elfenbein soll Fleisch, in erster Linie und vor allem Fleisch, Beseelung nur soweit zugelassen werden, als Pygmalion sich unangefochten als Schöpfer und Mann zu behaupten vermag. Was Venus der Namenlosen mit auf den Weg gibt, ist dürftig genug: Scham, Scheu, Bewunderung und die Gebärfähigkeit einer Menschenfrau; und als überzeugendster Beweis von Leben, d.h. reibungslosem Funktionieren darf gelten, daß sie nach neun Monaten niederkommt. Lebend werden der Figur nur Eigenschaften zuteil, die Pygmalion gutheißt und seine Handlungen abspiegeln. Sein Kuß bewirkt ihr Erröten, sein Anblick Scheu und Bewunderung, und der erste Blick ihrer Augen umfaßt mit ihrem Schöpfer zugleich den Himmel, umkleidet Pygmalion mit der Aura der unsterblichen Götter.

Die Figurinen bei Hesiod und Ovid entspringen männlichem Ungenügen an lebendigen Frauen.

Hesiod verformt die gütige Allgeberin Pandora zur destruktiven, Männern verderblichen Gestalt und totalisiert diese Auffassung, indem er sie auf alle Frauen überträgt und ins Auswegslose münden läßt. „Das Übel- und Strafesein der ersten Frau besteht darin, Frau zu sein, das Übel, die Strafe ist die Frau selbst."[26] Konsequent weitergedacht bedeutet dies, daß allein die Ausrottung alles Weiblichen jenen Zustand vor Pandoras Erscheinen wieder herbeiführen könnte, in dem sich Hesiod die Menschheit als rein männlich und deshalb vollkommen zurechtdenkt.[27]

Auch Ovids Pygmalion überträgt seine an den Propoetiden gebildete Vorstellung von weiblicher Verderbtheit (vitia plurima)[28] auf alle

[25]) Ovid, Metamorphosen X, 283–287.
[26]) *Lendle* 1957, S. 87.
[27]) Ibid. S. 90f.
[28]) *Dörrie* 1974, S. 14.

Frauen und zieht die Trennungslinie zwischen ihnen und der von ihm gestalteten und deshalb perfekten Figurine: Mit ihrer Oberfläche beschäftigt kehrt er in sich selbst zurück, und nur eins fehlt zum endgültigen Triumph – Kommunikation, wie sie nur das unportionierbare und Überraschungen bereithaltende Leben bietet, also das, was ihm bei Frauen seiner Umgebung, sofern sie eigene Ziele verfolgen, zuwider ist. Venus stiftet das Nötige zu seinem Glück, Leben in kümmerlicher Ausprägung, sobald es nicht den Leib, sondern die Seele der zur Frau erhobenen Statue betrifft, Qualitäten, die nur in Reaktionen auf Pygmalion ihren Sinn erfüllen. Und es genügt ihm.

Damit sind zwei Vorstellungen geschaffen: die künstliche Frau als Strafe Gottes (Zeus'), als ferngesteuertes, auf sämtliche Frauen übertragbares Negativimago und als Alternative zum weiblichen Menschen, an der sich mit der Unvollkommenheit alles Lebendigen behaftete Frauen messen, vor der sie sich beschämen lassen müssen. Die Sehweise, auf der solche Vorstellungen beruhen, richtet Extreme aus, über deren Diskussion alles, was an weiblicher Realität erkennbar wäre, verloren zu gehen droht. Niemals mitgedacht wurde und wird aber auch das männlich zu denkende Äquivalent weiblicher Unvollkommenheit: der Unheil stiftende bzw. idealtypische Mann, dessen optische und haptische Qualitäten so breit und detailversessen diskutiert würden, wie sein Gebrauchswert, seine Defizite. Denn der Leib des Mannes hat ihm selbst zu genügen. Er ist – darüber herrscht Konsens – Prüfstein seiner Autonomie, doch niemals ein von ästhetisch verbrämten Machtgelüsten des anderen Geschlechts verformtes, notdürftig beseeltes und namenloses Stück Fleisch. Beide der oben genannten Vorstellungen sind realitätsflüchtig und bilden Hohlformen für ein Verlangen, das sich an weiblich gestalteten Oberflächen inspiriert. Als Ergebnis von Selektionsprozessen steht die jungfräulich Figurine in einem jedesmal neu aufzuklärenden Verhältnis zur Wirklichkeit. Ihr Leib wird auf Linie gebracht, und was uns als ihre Lebendigkeit vor Augen geführt wird, erweist sich allein als Rudiment dessen, was den weiblichen Menschen in geistig-seelischer Hinsicht ausmachen könnte. Im Moment der Metamorphose, des Übergangs vom künstlichen zum belebten Zustand, stirbt sie sich ab.

Imitatio

Wie werden die von Hesiod und Ovid erdachten Grundvorstellungen zur künstlichen Frau weitergeführt – was kommt hinzu?

Eine der frühen Satiren Jean Pauls erschien 1789, im ersten Jahr der Französischen Revolution. „Der dritte Adam oder der zweite Pygmalion; das ist: kurze doch getreue Nachricht von den Eigenschaften des Leibes und der Seele meiner von mir selbst erfundenen und verfertigten Gattin aus Holz; nebst dem Vorschlag an die Männer, sich auch dergleichen zu verfertigen oder doch verfertigen zu lassen und als ehemalige Gehülfen stat der zeitherigen Frauen sich beizugesellen" lautet der Titel, und er kann als Programm gelesen werden.[29]

Über die Figur des Adam und Anspielungen im Text auf den innerkirchlichen Diskurs (etwa zur Frage, ob Frauen eine Seele hätten) wird der Erbsündegedanke im Hinblick auf Eva – die Frau – integriert (hier gibt es Berührungspunkte mit Hesiod) und die Figurine gegen lebendige (und das heißt auch bei Jean Paul defizitäre) Frauen eingetauscht. Etwas kommt hinzu: Er sieht Männer als seine Adressaten an und achtet darauf, ihren Vorlieben Rechnung zu tragen.[30] Der Lust am Gestalten der Figur, die uns Ovid so überzeugend schildert, ist jetzt Mühsal beigemischt, deshalb wird der Schöpfungsakt delegiert, das Unikat dient als Muster und geht in Serie. Die Kunst-Frau ist zur Ware geworden.

Anders als in Ovids Erzählung ist sie bei Jean Paul nicht aus einem Stück, sondern aus Materialien verschiedener Herkunft zusammengesetzt. Ein ausrangierter Moses bietet Stoff für den Rumpf, eine Hutmacherin stellt einen Haubenkopf zur Verfügung, nachdem sich der ursprüngliche Plan, den sprechenden Kopf von Roger Bacon[31] zu übernehmen, nicht realisieren ließ. Der Ich-Erzähler drückt der Puppe die Holzaugen heraus und silberne hinein; er kombiniert Menschenzähne und solche aus Rinderknochen; er füllt ihre Adern mit blauem Wachs, um sie zart erscheinen zu lassen und überzieht sie schließlich mit der Haut einer Pariserin, die der ihm befreundete Doktor Foppelius eilfertig

---

29) Jean Pauls Sämtliche Werke, Historisch-kritische Ausgabe, Hg. Eduard *Berend*, 1. Abt., Bd. 1, Weimar 1927, S. XXIX.

30) Ibid., S. 494, 496, 498.

31) Liselotte *Sauer*, Marionetten, Maschinen, Automaten, Der künstliche Mensch in der deutschen und englischen Romantik, Bonn 1983, S. 15. Helmut *Swoboda*, Der künstliche Mensch, München 1967, S. 51f.

zur Verfügung stellt. Die Natur liefert den Fundus. Pflanzen, Bäume, Tiere, Menschen werden ihrer Substanzen beraubt, ihrem Ursprungsort entfremdet, einem Fertigungsprozeß unterzogen und schließlich von weit her an die Puppe herangeführt. Damit sie nicht zum Wagenlager heterogener Substanzen verkommt, sondern den Sinn eines Ganzen erfüllt, werden die handwerklichen Fertigkeiten des Ich-Erzählers auf eine harte Probe gestellt. Nur die Fiktion eines Ganzen rechtfertigt seine Manipulationen. Er schnitzt so lange an ihren Gliedern herum, bis sie sich der jeweiligen, mit der Mode wechselnden Kleidung anpassen. Doch die größte Herausforderung stellt ihr Kopf dar. Er ist Testfall für die Illusion des Lebens, Prüfstein schließlich auch für die im Eifer um Volumen und Oberflächengestaltung beinah in Vergessenheit geratene „Seele". Wie ist sie beschaffen? Männliche Wünsche geben ihr Maß, Ziel, Variabilität. Unterschiede in der Spannweite, wie sie zwischen der Schwinge einer Adlerin und dem Flügel eines Huhns bestehen, werden nicht diskutiert, wohl aber der Abstand zwischen Schamhaftigkeit und ihrem durch Rouge besiegelten Reflex, der über die situationsbedingten Grenzen des Errötens hinausweist.[32]

Ein Vorwurf an Frauen oder an die Natur selbst, die der männlichen Forderung nach Schamhaftigkeit beim anderen Geschlecht so wenig Rechnung trägt, daß sie nicht durch Schminke die Überlegenheit naturbelassener Männer signalisiert?[33]

Die Furcht vor dem Eigenleben der Puppe ist rege wie bei Hesiod, doch gibt es ein Mittel, ihr beizukommen: „Wollte Gott, der Leser könnte sich auf die Drechselbank noch heute setzen, mit der ich durch geringe Aenderung in der Physiognomie meiner Frau alle die darauf folgenden Aenderungen der Seele ausarbeite, die ich zu unserem Ehestande nicht missen kann: schien mir z.B. ihre Stirn zu eckicht und hartsinnig, so brachte ich sie unter mein Eisen und hobelte damit einige Nachgiebigkeit nach Vermögen hinein . . ."[34]

Was fehlt ihr noch? Ein Magen (das entlastet die Börse des Gatten),

---

[32]) Jean Paul, Bd. 1, 1927, S.514f.
Scham als wesentlicher Beigabe der Kunst-Frau kommt bei Ovid, später auch in Johann Jakob Bodmers Erzählung „Pygmalion und Elise" (1747) ein hoher Stellenwert zu; cf. Hans *Sckommodau*, Pygmalion bei Franzosen und Deutschen im 18. Jahrhundert, Wiesbaden 1970, S. 68.

[33]) Wieland (1770) bringt die Schminke der Frauen mit dem Pandora-Mythos in Verbindung; cf. *Vogel* 1972, S. 60.

[34]) Jean Paul, Bd. 1, 1927, S. 509.

ein Herz (Sitz des „weiblichen Aberglaubens"), jene Körperregion, die im Passus über platonische Liebe nicht mit bedacht werden muß, und – eine Zunge. Jean Paul greift die Vorstellung von der vitia aller Frauen auf und reiht sich in die Tradition malträtierter Frauenköpfe ein.[35] Der Ich-Erzähler ersehnt die „glückliche Stummheit" seiner Puppe. Er kehrt das bürgerliche Bildungsstreben, was zur Zeit der Französischen Revolution auch Frauen zu erfassen drohte, um und träumt von Institutionen, die „angenehmen Damen" schweigen lehren, denn die „wahre Beschneidung" ihrer Physiognomie schneidet seiner Auffassung gemäß nicht tief genug, bewirkt kein Verstummen.[36] Das erreicht nur der Tod. Im Abnutzungsprozeß wird das Altern der Puppe hämisch paraphrasiert; Verfall oder Abnutzung – ein Ende ist abzusehen.

Eindeutiger noch als bei Jean Paul ist die reibungslos funktionierende Holzpuppe Olimpia in E.T.A. Hoffmanns Novelle „Der Sandmann" (1815) Entwurf, der die Wirklichkeit beschämen kann.[37] In Olimpia findet der Student Nathanael den künstlichen Resonanzboden, auf dem er sich entfalten, von dem er sich nähren kann, ohne durch Lebensregungen gestört zu werden. Man kann Olimpia als Parodie auf die kastrierte[38], von fremden Interessen gesteuerte Bürgerstochter verstehen. Doch auch ihre lebendige Gegenspielerin Clara entgeht nicht der Zurichtung. Sie beginnt mit Blicken und Worten. Clara muß sich genau begutachten lassen. Da ist kein Vergleich zu weit hergeholt, keine Regung persönlich genug, um nicht schonungslos ausgezerrt und besprochen zu werden,

---

[35]) Das wird auch auf einem Nürnberger Kupferstich (um 1650) deutlich: Über Festland und Meer, auf Schiffen und mit Lasttieren werden Frauenköpfe herangeschafft und in einer Werkstatt von Männern mit Hammer und Zange traktiert oder im offenen Feuer verbrannt. Die Köpfe wirken wie solche von lebendigen, nicht von toten Frauen. In den beigegebenen Inschriften spiegelt und begründet sich das Tun der Männer; so heißt es an einer Stelle: „Starck aufs maul Sie hat ein böse zungen". Abb. in: Renate *Berger*/Daniela *Hammer-Tugendhat* (Hg.), Der Garten der Lüste, Köln 1985, S. 157 oben. Cf. *Dörrie* 1974, S. 77, Anm. 7. Luise *Frei*, Die Frau, Scherz-, Schimpf- und Spottnamen, Stuttgart 1981, S. 61f.

[36]) Jean Paul, Bd. 1, 1927, S. 515–516.

[37]) In Rudolf *Drux* (Hg.), Die lebendige Puppe, Erzählungen aus der Zeit der Romantik, Frankfurt a.M. 1986, S. 41–83. Dazu: Peter *von Matt*, Die Augen der Automaten, E.T.A. Hoffmanns Imaginationslehre als Prinzip seiner Erzählkunst, Tübingen 1971, S. 76ff.

[38]) „Die anthropologische Begründung der weiblichen Rolle gipfelt etwa in den Ausführungen des Philsophen Johann Gottlieb Fichte (1762–1814), daß „dem Weibe" von Natur aus „kein Geschlechtstrieb, sondern nur Liebe" innewohne; „und diese Liebe ist der Naturtrieb des Weibes, einen Mann zu befriedigen". *Drux* 1986, S. 256.

und zwar von Männern, die sich selbst keiner körperzentrierten, jede Regung belauernden Kontrolle von seiten des andern Geschlechts unterziehen müssen. Wir finden hier noch die aus der gleichen Naivität gespeiste Sicherheit sich selbst, dem männlichen Körper gegenüber, wie Ovid sie Pygmalion verlieh. Die abendländische Bildtradition muß zur Prüfung beliebiger Frauen herhalten; diesem Arsenal entnimmt noch der unscheinbarste Mann Rechtfertigung und Sachverstand im Hinblick auf den weiblichen Menschen.[39] Ohne mit gleicher Elle gemessen zu werden, darf er sich als Richter fühlen; doch wo Schönheit zugesprochen wird, liegt der Gedanke an Mängel nur allzu nahe.[40]

In einer Erzählung Karoline Engelhards, „Die lebendige Tote und tote Lebende – Wahre Begebenheit" von 1823, appelliert die verstorbene Gattin ebenfalls an den Augen- und Tastsinn ihres Mannes. An der Oberfläche ihres Körpers sucht er seine Empfindungen so zu aktivieren, daß es ihm gelingt, untröstlich zu bleiben.[41]

---

[39]) E.T.A. Hoffmann beschreibt das in „Der Sandmann" am Beispiel von Clara wie folgt: „Für schön konnte Clara keineswegs gelten; das meinten alle, die sich von Amtswegen auf Schönheit verstehen. Doch lobten die Architekten die reinen Verhältnisse ihres Wuchses, die Maler fanden Nacken, Schultern und Brust beinah zu keusch geformt, verliebten sich dagegen sämtlich in das wunderbare Magdalenenhaar und faselten überhaupt viel von Battonischem Kolorit. Einer von ihnen, ein wahrer Fantast, verglich aber höchstseltsamer Weise Claras Augen mit einem See von Ruisdael, in dem sich des wolkenlosen Himmels reines Azur, Wald, und Blumenflur, der reichen Landschaft buntes, heitres Leben spiegelt. Dichter und Meister gingen aber weiter und sprachen: ‚Was See – was Spiegel! – Können wir denn das Mädchen anschauen, ohne daß uns aus ihrem Blick wunderbare himmlische Gesänge und Klänge entgegenstrahlen, die in unser Innerstes dringen, daß da alles wach und rege wird? Singen wir selbst dann nichts wahrhaft Gescheutes, so ist überhaupt nicht viel an uns und das lesen wir denn auch deutlich in dem um Claras Lippen schwebenden feinen Lächeln, wenn wir uns unterfangen, ihr etwas vorzuquinkelieren, das so tun will als sei es Gesang, unerachtet nur einzelne Töne verworren durcheinander springen.'" In: *Drux* 1986, S. 59–60. Solche und ähnliche Vergleiche anzustellen, war auch für Laien eine Art Sport.

[40]) „Huldigungen" sind oft so angelegt, daß sie das Verlangen nach Kontrolle von Frauen kaum tarnen. Sehr direkt ausgesprochen schließlich bei D.H.*Lawrence*, „Frauen sind so selbstsicher", in: Pornographie und Obszönität und andere Essays . . . Zürich 1971, S. 65. Ein spätes Beispiel dafür findet sich in F. Scott *Fitzgeralds* Fragment „Der letzte Taikun", Frankfurt a.M. 1962, S. 129–130: „Er betrachtete ihre Bewegungen mit angespanntem Interesse und doch halb befürchtend, ihr Körper könne irgendwo versagen und den Zauber brechen. Er hatte schon Frauen bei Probeaufnahmen beobachtet und gesehen, wie ihre Schönheit mit jeder Sekunde dahinschwand, als hätte eine reizende Statue zu gehen angefangen – mit den mageren Gliedmaßen einer Ausschneidepuppe."

[41]) Die Erzählung ist abgedruckt bei *Drux* 1986, S. 175–185.

Hinter einem Vorhang verborgen, doch jederzeit zugänglich, steht sie als „schönes rosiges zartes Mädchen – lieblich aufschauend, als schwebe auf dem lächelnden Munde die Frage: ‚was willst Du? Soll ich näher treten?'"[42]

Engelhard paraphrasiert Ovids Version im Hinblick auf das Äußere, Jungfräuliche und seelisch Rudimentäre, Fügsame der Gestalt – mit einem wesentlichen Unterschied. Anders als Pygmalion legt es der Gatte nicht darauf an, ihren Leib zu „verbessern", sondern empfindet ihn als vollkommene Frucht der Natur. „Es ist dies der Triumph meiner Kunst, daß ich sie mir erhalten konnte."[43] Obgleich er „alles, was sie war, liebte und wünschte" beachten will (viel scheint das nicht zu sein), muß er sich auf rituelle Liebes- und Ehrenbezeugungen beschränken.[44] Die oft mit der Entstehung von Figurinen verbundene dritte Instanz[45] nimmt hier sein Freund und Bewunderer ein: „Du hast gleich einem Gott", sagt er, „eine Erscheinung von Staub dem Staube abgenommen und die geliebte Gestalt blühend neben Dich gefesselt".[46]

Prometheus und Pygmalion verbinden sich im bürgerlichen Gelehrten, der Naturgesetze am weiblichen Körper außer Kraft setzen will. Er übernimmt die Rollen des Liebhabers, Arztes, Kranken, Gatten, schließlich Gottes und teilt seinen letzten Triumph mit einem Freund. Vergessen ist die demütigende Konkurrenz der „Insekten – die, was ich mit unendlicher Lust umfaßte, zernagen, entstellen, auseinander tragen".[47] Indem er ihnen die Tote vorenthält, reißt er sie aus dem Kreislauf der Natur.

Jetzt speichert sie seine Vergangenheit, seine Lust, seinen Schmerz, bleibt kaum verändert dem Leben entrückt, während er altert. Doch die einseitigen, Kommunikation vortäuschenden Rituale erschöpfen sich bald. Obwohl er dem Wunsch seiner Frau, als Arzt zu helfen, nachkommt, fühlt er sich in Gegenwart ihrer Überreste dem Leben „abgestorben, wie sie lebendig tot" ist.[48] Als Konserve bewahrt sie einen der Wirklichkeit entnommenen Zustand, um ihn als ewig zu denken.

---

[42]) H.d.V., *Drux* 1986, S. 178.
[43]) Hervorhebung im Originaltext; *Drux* 1986, S. 178.
[44]) H.d.V., *Drux* 1986, S. 178.
[45]) Cf. *Sckommodau* 1970, S. 57.
[46]) *Drux* 1986, S. 184.
[47]) Ibid. S. 179.
[48]) Ibid. S. 185.

Executio

Für Kinder und Frauen des 18. und frühen 19. Jahrhunderts[49] scheinen Puppen einen fest umrissenen Gebrauchswert und einen abschätzbaren Imaginationswert zu haben. Für Männer derselben Zeit dagegen ist eine sich vielfach differenzierende, selten eindeutig zu klärende Wirkungsgeschichte ins Auge zu fassen. Entscheidend sind Phantasien mit der Tendenz, von weiblicher Realität abzusehen.

Dies trifft für ein Selbstbildnis aus Wachs, einem der klassischen Materialien für Figurinen, nicht zu: die lebensgroße Gestalt der im 18. Jahrhundert für die Qualität ihrer anatomischen Modelle berühmten Anna Morandi-Manzolini (1716–1774). Sie stellt sich beim Sezieren eines Gehirns, also jener Arbeit dar, auf der ihr professioneller Erfolg beruht (Abb. 6.).[50]

Wachsmodelleurinnen[51] und -modelleure dieser Zeit konnten nicht nur mit Bestellungen für wissenschaftliche Zwecke, sondern auch mit Auftraggeberinnen wie „jene Gräfin von Harcourt" rechnen, „die 1769, untröstlich über den Tod des geliebten Gemahls, dessen Wachsfigur in Lebensgröße ausführen ließ und ihn sich, mit dem Schlafrock bekleidet, in einem Fauteuil neben ihr Bett setzte".[52]

Ziel ist in beiden Fällen ein der Realität verpflichtetes Abbild, das stellvertretend für Verstorbene Bestandteil einer Inszenierung wird, die später in Wachsfigurenkabinett und Panoptikum[53] ihren intimen Charakter zugunsten einer ins Öffentliche überführten Anschauung verliert.

Ein Anreiz für Männer, sich mit der Lebenswirklichkeit von Frauen auseinanderzusetzen, war die Idee des „Formens". Schon Pygmalion war in dieser Hinsicht gefordert: „Die unwissende Statue, deren Bewußtsein ja erst gebildet werden muß (tabula rasa), ist das ideale Objekt für Belehrungen jeder Art". Er bildet nicht nur ihr Bewußtsein, sondern versteht sich auch als sexueller Lehrmeister.[54]

---

[49]) Charlotte *Angeletti*, Geformtes Wachs, Kerzen – Votive – Wachsfiguren, München 1980, S. 34; cf. Anm. 2 und 3. Als Modepuppen waren große und kleine „Pandoren", wie sie genannt wurden, vor Einführung der Modejournale in Gebrauch.

[50]) *Angeletti* 1980, S. 26, Abb. 60.

[51]) *Angeletti* 1980, S. 30–32.

[52]) *Angletti* 1980, S. 31.

[53]) *Angeletti* 1980, S. 31 f.

[54]) *Dinter* 1979, S. 81; 75–84, 88.

Im frühen 19. Jahrhundert gibt es Beispiele dafür, daß der Formwille nicht beim Körper haltmacht, wie es Sören Kierkegaard im „Tagebuch des Verführers" (1843) schildert. Für seine Strategie darf er sich auf Pygmalions Geliebte[55] berufen, ohne mehr an Einsatz zu bringen als seine Bildung, Beobachtungsgabe und das Einschätzen der wenigen Bewegungen, die der bürgerliche Verhaltensfonds für Frauen bereit hält. Anders als Pygmalion will Kierkegaards Verführer keinen idealtypischen Frauenkörper, sondern Seelenzustände nach seinem Willen formen. Auch er entzieht sich der Wirkung eines fremden – weiblichen – Willens und gewinnt, wovon andere nur träumen: völlige Macht über eine Frau.

Als Bewohnerin eines Puppenheims in Stil Ibsens, wenn auch unter verschärften Bedingungen, mußte sich zeitweise Wanda von Sacher-Masoch begreifen.[56] In ihren Memoiren „Meine Lebensbeichte" (1906) beschreibt sie ihre Entwicklung bis in die späten 80er Jahre als einen Domestikationsprozeß. Sie schildert, wie sie allmählich auf die Wünsche eines noch im masochistischen Verlangen dominierenden Gatten abgerichtet wurde. Zwar sieht sie ihn als Opfer einer von ihm selbst nicht verschuldeten Anlage – andererseits bot ihm die Gesellschaft (als Mann) Möglichkeiten, die dazu führten, daß er bedenkenlos andere – seine Frau, seine Kinder, sein Dienstpersonal – zu Opfern, in Einzelfällen auch zu freiwilligen Mitspielerinnen machte.

Was aus der Sicht Leopold von Sacher-Masochs an unverzichtbare Fetische (Pelz, Peitsche) gebunden war und weder mit dem Naturell seiner Frau, noch mit ihren Wünschen harmonierte, unterwarf sie einem Ritual, das sich für ihn bereits Jahre vor ihrer Verbindung ausgebildet und schließlich in „Venus im Pelz" (1870) literarisch gestaltet hatte, ein ihr fremd bleibendes Ritual: unabänderlich wie der Tod.[57]

Das „Formen" von Frauen wurde von verschiedenen Seiten als Herausforderung begriffen; doch erst zu Beginn des 20. Jahrhunderts führte

---

[55]) Sören *Kierkegaard*, Tagebuch des Verführers, Frankfurt a.M. 1983, S. 216; cf. S. 226. Wenn er Bedenken hätte, so kommen sie in einem der letzten Sätze zum Ausdruck, als er sich der Vorstellung einer Metamorphose bedient: „Ich habe sie geliebt; aber von jetzt an kann sie meine Seele nicht mehr beschäftigen. Wäre ich ein Gott, dann würde ich das für sie tun, was Neptun für eine Nymphe tat, sie in einen Mann verwandeln." Ibid. S. 227.

[56]) Elisabeth *Friedrichs*, Die deutschsprachigen Schriftstellerinnen des 18. und 19. Jahrhunderts, Stuttgart 1981, S. 261. Angelika Aurora (auch Wanda) von Sacher-Masoch, geb. Rümelin (1845–nach 1906); sie schrieb auch unter dem Pseudonym Wanda von Dunajew.

[57]) Wanda *von Sacher-Masoch*, Meine Lebensbeichte, Memoiren, Berlin/Leipzig 1906, S. 185, 281, 396, 422.

man den Sinn dieser Ambition ad absurdum: Das Absprechen von Fähigkeiten, das Zuschreiben von Defiziten erreichte mit Otto Weiningers „Geschlecht und Charakter" (1903) einen Höhepunkt und kam noch in einer Replik seines Verehrers Karl Kraus zum Ausdruck. 1909 konfrontierte er in der „Fackel" „weibliche Leser und männliche Leserinnen" mit dieser Gleichung:

Die Frauenseele =

$$\frac{x^2+\sqrt{31\cdot 4-20+4\cdot 6}\;-(4\times 2)+y^2+2xy}{(x+y)^2-3\cdot 8+6-6\cdot 2}-(0\cdot 53+0\cdot 47)$$

Die Auflösung folgte im nächsten Heft:

$$\frac{x^2+\sqrt{31\cdot 4-20+4\cdot 6}\;-(4\times 2)+y^2+2xy}{(x+y)^2-3\cdot 8+6-6\cdot 2}-(0\cdot 53+0\cdot 47)=0$$ [58]

Das Leugnen von Potenzen, wie es in Weiningers Gleichsetzung von Weiblichkeit und Unwert, in der Totalisierung des sexuellen Aspekts bei ihm und Karl Kraus zum Ausdruck kam, ist um 1900 nichts Originäres mehr; doch können auch abgegriffene Gedanken durch Zuspitzen neue Schärfe gewinnen. In solchen „Scherzen" oder aus heutiger Sicht parteilichen bzw. pathologisch anmutenden Aussagen liegt eine Verzerrung, der Frauen sich zu stellen hatten: als Individuen und biologisch faßbare Gruppierung.

Bei Hesiod und Ovid stand das Zurichten weiblicher Körper im Vordergrund; wenige nicht-leibliche Eigenschaften wurden zweckgebunden ergänzt. Um die Mitte des 19. Jahrhunderts sind Manipulationen, Übergriffe auf weibliches Entgegenkommen angewiesen, um sich – unterstützt von gesellschaftlichen, den einzelnen Frauen oft auswegslos erscheinenden Bedingungen – wie im „Tagebuch des Verführers" oder im Fall der Wanda von Sacher-Masoch zu realisieren. Gemessen an dieser Entwicklung ist die Puppe als Äquivalent der zu formenden Frau ein Atavismus.

Folgte man Weininger, so wäre bereits um die Jahrhundertwende buchstäblich ein Nullpunkt erreicht, eine endgültige Absage an die Vorstellung, es sei möglich, weiblichen Unwert durch Erziehung zu kompensieren – doch die Idee von den in Puppen mitgemeinten Frauen lebt im Film, im pornografischen Umfeld, in der Kunst bis hin zu Hans Bellmer und Allen Jones immer wieder auf.

---

[58]) Die Fackel vom 11.X.1909, S. 15; Die Fackel vom 25.X.1909, S. 29.

So wie nach Drux fast alle literarischen „Kunstfiguren als Diener, Knechte und Hilfsarbeiter fungieren oder – eben Frauen sind“[59], so sind der dienenden Funktion des weiblichen Körpers, der Austauschbarkeit seiner Teile und Demontage keine Grenzen gesetzt. In der Kunst nicht – im Leben nicht – nach dem Tod nicht.

Für das von zahllosen Modellen verkörperte „Prinzip Frau“ gibt es kein Recht am Bild. Deshalb hält jede Manipulation für Menschen, die in weiblichen Körpern stecken, eine Drohung bereit: Was am „Prinzip Frau“ vorgeführt wird, kann in Wirklichkeit jeder einzelnen widerfahren.

An der Puppe bilden sich lebendige oder leblose Frauen ab ohne negative Begleiterscheinungen für ihre Verwerter, denen weibliche Willensbekundungen lästig[60], Tote unästhetisch sind. Die Vermutung Krafft-Ebings, „daß die Leiche, welche allein menschliche Form mit vollkommener Willenlosigkeit verbindet, deshalb ein krankhaftes Bedürfnis befriedigt, den Gegenstand der Begierde sich ohne Möglichkeit eines Widerstandes schrankenlos unterworfen zu sehen“[61], sollte für die Puppe als Frauenersatz mit berücksichtigt werden. Ob die Tatsache, daß Bilder[62], Statuen[63], Gummipuppen[64], isolierte weibliche Körperteile (Abb. 8) Menschen (die sie im Einzelfall sogar repräsentieren) vorgezogen wurden und werden, neue Aufschlüsse über Formen des Nekrofetischismus geben können, muß offen bleiben.

---

[59]) *Drux* 1986, S. 247.

[60]) Cf. *Sauer* 1983, S. 214–215.

[61]) Richard *von Krafft-Ebing*, Psychopathia sexualis, München 1984, S. 83. Cf. dazu: Hans *von Hentig*, Der nekrotrope Mensch, Vom Totenglauben zur morbiden Totennähe, Stuttgart 1964.

[62]) Cf. dazu das Kapitel über die gemalte Geliebte in: *von Matt* 1971, S. 38 ff. Bei Jean Paul, Bd. 1, 1927, S. 518 heißt es: „Freilich könnte man aus der Universalhistorie etwas borgen und einwenden, die Fürsten wären in weibliche Portraits so verliebt, daß sie kaum eine lebendige Dame, geschweige denn eine weibliche Statue ehelichten. Es ist wahr, das Portrait der Prinzessin wird von ihr eingepackt vorausgeschickt, nur dieses kennt und liebt der Prinz, zumal da es wie jedes Original auch viel schöner ist als die nachkommende lebendige Kopie, und mit diesem Gemälde vollzieht der Regent sein Beilager, so wie kurz darauf mit der lebendigen Kopie die Vermählung durch Gesandte ohne die lächerliche Zeremonie des dazwischenliegenden Schwertes ordentlich vor sich geht. Allein warum lieben Gekrönte das Gemälde so innig?“

[63]) Besonders deutlich in Heinrich Heine, Florentinische Nächte (1836), in: *Drux* 1986, S. 187–233. Cf. *von Hentig* 1964, S. 37–48, wo er sich mit der „Liebe“ zu Statuen auseinandersetzt und Informationen zum Pygmalionismus bzw. Eidolismus sammelt.

[64]) Cf. Heide *Hering*, Weibs-Bilder, Zeugnisse zum öffentlichen Ansehen der Frau, Reinbek bei Hamburg 1979. Bis heute werden solche Puppen als Waren angeboten, und

In jedem Fall sind es Ersatzhandlungen, die das Entstehen, den Gebrauch, die Zerstörung künstlicher und schließlich sogar lebender Frauen bewirken. Sie zeigen, auf welche Art Männer sich fürchten, falls Frauen aus dem winzigen Kreis treten, den die männliche Phantasie um sie gezogen hat.

In „Der galante Schütze" beschreibt Charles Baudelaire eine Frau, die von ihrem Mann zur „unentrinnbaren und unerbittlichen Muse" stilisiert und als wundervoll und gräßlich zugleich empfunden wird. Dieser Mann verfehlt als Schütze am Schießstand das Ziel. Von seiner Treffsicherheit hängt nichts ab; er will nur die Zeit totschlagen. Als seine Frau (um das Wundervolle und Gräßliche an ihr nachzuvollziehen, ist der Text zu kurz) ihn auslacht, verspottet, sagt er zu ihr: „‚Achten Sie auf die Puppe dort hinten, ganz rechts, die ihre Nase hoch in der Luft trägt und so stolz dreinblickt. Nun, mein Engel, ich stelle mir vor, das seien Sie.' Und er schloß die Augen und drückte ab. Die Puppe wurde glatt enthauptet."[65]

---

die Beziehung zu lebendigen Frauen schon im Prospekt hergestellt. Im März 1987 verschickte das Versandhaus Beate Uhse, Flensburg, einen Prospekt, in dem weibliche Körperteile, sieben weibliche Puppen und eine männliche Puppe angeboten wurden.

Zum „Teil"-Angebot gehören ein Frauenkopf mit „erregungswirksamer Saugpumpe, regulierbarer Vibration und Saug-Lutsch-Mund. Inkl. Batterien" und ein „Body Luxus-Torso" (er reicht vom Brust- bis Vaginalbereich) mit pneumatisch regulierter „Vagina-Paßform".

Für Frauen, „die schweigsame und stets liebesbereite Männer mögen" ist der „Super Man Tom" vorgesehen. Die lebensgroßen, stehenden, knieenden oder gebückten Puppen sind nach Alter, Haarfarben, rassischen Merkmalen (es gibt weiße Puppen und eine schwarze, eine japanische „Geisha"-Puppe) differenziert.

Angeboten wird eine „Lolita" für den, der „blutjunge, knackige Girls mag", eine aufrecht knieende „Blondie" „für extremes Intim-Vergnügen", eine gebückt knieende „Rosi" („Alle Lustlöcher mit Vibration! Demütig kniet Rosi und bittet um Befriedigung"), eine Negerpuppe „Blackie" („Pralle Brüste, saugende Vagina und Analvergnügen sind selbstverständlich"). Körper und Gesichter sind kaum individualisiert, eher schematisch ausgebildet. Das einzige identitätsstiftende Merkmal, der Name, weist hier eher auf Alters-, Rassen- oder die Klassifizierung nach Haarfarben, die auch für Frauen üblich sind, hin oder auf den Zweck („Party-Puppe").

Körperöffnungen – der maulsperrenartig aufgerissene Mund, Vagina und Anus – werden im Prospekt beschrieben, die Beziehung zu lebenden Frauen hergestellt. Für das „Super-Luxus-Modell", „Die rote Lola" wird mit einer Frau geworben, die sich in prostituiertenhafter Pose den Betrachtern zuwendet und neben die eine Sprechblase mit den Worten gesetzt ist, „Lassen Sie doch mal die Puppen tanzen!" Alle Zitate sind dem Prospekt entnommen.

[65]) In: Der Rabe Nr. 15, Zürich 1986, S. 60.

In Tommaso Landolfinis Erzählung „Gogols Frau“ (1954) kommt der Zerstörung einer Gummipuppe noch größere Bedeutung zu.[66] Landolfinis Gogol pflegt die Oberfläche und das Volumen dieser „Gattin“ so zu variieren, daß sie stets einen neuen Typus verkörpert, ohne sich im Kern (vor allem in der Biegsamkeit ihres Rückgrats) zu verändern. Jahre nach der „Hochzeit“ stattet er sie mit dem Namen Caracas und damit einem Anflug von Identität aus.

In Gogols Vorstellung altert sie (was er vorwurfsvoll vermerkt), steckt ihn mit Syphilis an (ohne je das Haus verlassen zu haben), gibt sich „trotz seines strengen Verbots einsamen Lüsten“ hin, betrügt ihn etc. Solche Vergehen lassen den Gatten in „Tränen von diesmal mannhafter Bitterkeit“ ausbrechen. Sein Selbstmitleid kennt keine Grenze, endlich sind „Gründe“ auf dem Tisch, die seinen Plan rechtfertigen.[67] Er tut sich leid, hat aber Kraft genug, seine Luftpumpe, der er zahllose Varianten von Caracas mit verdankt, als Exekutionshilfe einzusetzen. „Er steckte“ der Puppe, so berichtet der Ich-Erzähler und Zuschauer der Szene, „die Kanüle in den After und begann zu pumpen . . . Dabei weinte er und schrie außer sich: – Wie ich sie liebe, mein Gott, wie ich sie liebe, die Arme, Beste! . . . Aber sie muß platzen“. Und „fuhr so fort, sie wechselweise zu beschimpfen und zu beklagen“.[68] Von der Form, vom Kopf ausgehend, erfaßt die Metamorphose schließlich ihre „Geschlechtsteile, jene rosigen, zart behaarten Organe, die Nikolaj Wassiljewitsch so liebte“, auch sie „wuchsen ungeheuerlich an. Nikolaj Wassiljewitsch aber schwitzte, weinte, flüsterte: o Teure, o Heilige, o Beste und pumpte weiter. Sie zersprang plötzlich und sozusagen in allen Teilen: das heißt, ihre Haut platzte nicht an einer bestimmten Stelle, sondern überall gleichzeitig und flog in kleinen Fetzen in die Luft. Die Stücke sanken je nach Größe langsam zu Boden; ich erinnere mich genau an ein Stück Mund und Wange, das an einer vorstehenden Kante der Kaminplatte hängen blieb; an anderer Stelle lag ein Fetzchen ihrer Brust . . .“ Alle Erscheinungsformen der Puppe, d.h. die vielen „Frauen“ verblassen in der Erinnerung angesichts dieser letzten, tödlichen Metamorphose.

---

[66]) In: Klaus *Völker* (Hg.), Künstliche Menschen, Dichtungen und Dokumente über Golems, Homunculi, Androiden und liebende Statuen, München 1971, S. 410–423. Über Nikolaj Gogols Beziehung zu Puppen, Automaten etc. cf. Abram *Terz* (Andrej Sinjawski), Im Schatten Gogols, Berlin/Frankfurt a.M./Wien 1979, S. 374 ff.

[67]) Völker 1971, S. 418, 420.

[68]) Ibid. S. 420.

Abb. 1: Mademoiselle Catharina, 1743.

Abb. 2: Auftauchen einer Erdgöttin.
Schwarzfigurige Lekythos, Paris.

Abb. 3: Jean Baptiste Régnault: „Pygmalion", 1785.

Abb. 4: Pierre Firens. Illustration zu Ovids „Metamorphosen" in der Übersetzung von N. Renouard, 1619.

Abb. 5: Jean Louis La Grenée „Pygmalion inamouré de la statue". Salon 1759

Abb. 6: Anna Morandi-Manzolini (1716–1774): „Selbstbildnis"

Abb. 7: Wanda von Sacher-Masoch, Foto.

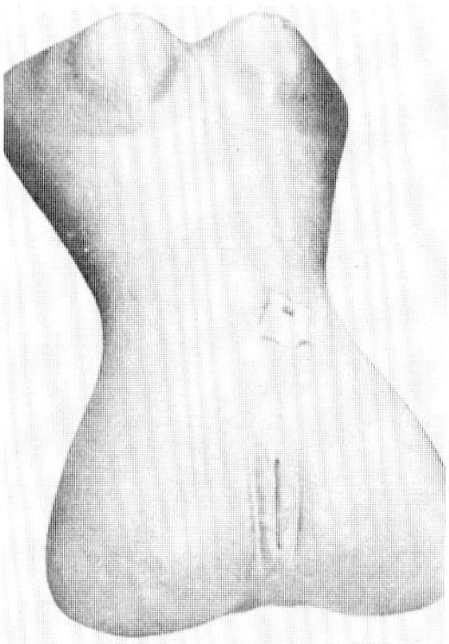

Abb. 8 „Body Luxus-Torso".

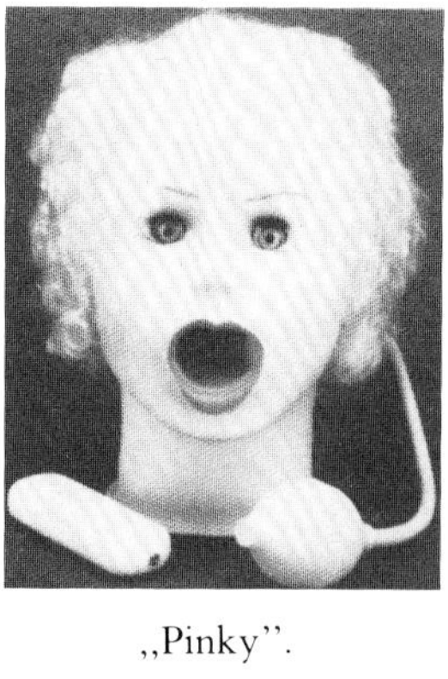

„Pinky".

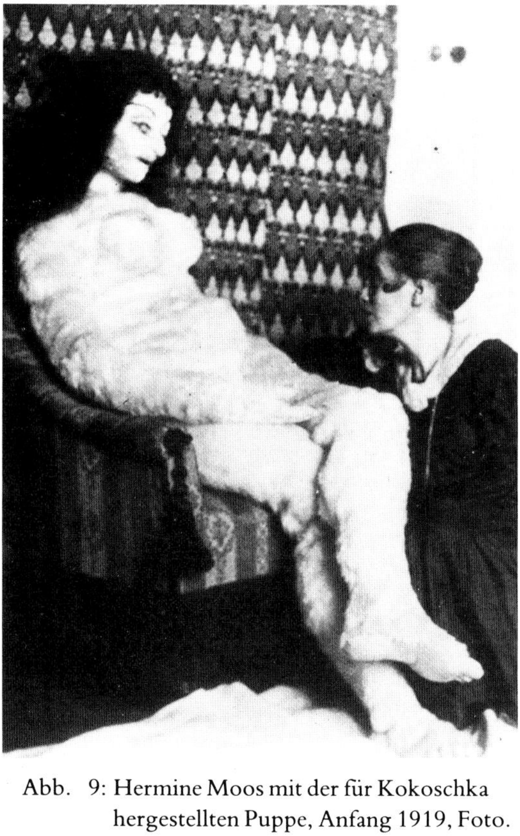

Abb. 9: Hermine Moos mit der für Kokoschka hergestellten Puppe, Anfang 1919, Foto.

Gogols Abschied endet mit dem Ruf: „„Ins Feuer, ins Feuer! Ins Feuer auch mit ihr!‘ und er wirft den Resten noch „ein kleines Männchen aus Gummi . . . das man dem Anschein nach den Sohn der Caracas hätte nennen können“, hinterher.[69]

Baudelaires Protagonist handelte im Sinne jenes galanten Sadismus, der in manchen Zirkeln zum guten Ton gehörte; doch wer annimmt, das Ende von Gogols „Gattin“ sei anders motiviert, zum Platzen komisch, wird durch die altrussische Formel „o Teure, o Heilige, o Beste“ irritiert.

„Verehrung“ – derzeit ein Surrogat für die Frauen vorenthaltene Achtung – wäre, ernst gemeint, kaum vereinbar mit dem Köpfen, dem Verbrennen ihrer Stellvertreterinnen, der Puppen.

Qui non celat, amare non potest.[70]

Die Kunstgeschichte des frühen 20. Jahrhunderts kennt einen Fall, in dem sich ein Großteil der bisher erwähnten, literarisch vorgeprägten Motive realisiert.

Oskar Kokoschka war zweiunddreißig Jahre alt und unterrichtete an der Dresdner Akademie, als er im Sommer 1918 bei der Kunstgewerblerin Hermine Moos[71] eine lebensgroße Puppe bestellte.

Über die Geschichte des Auftrags informieren vor allem:

1. zwölf Briefe des Künstlers an Hermine Moos vom Juli 1918 bis zum April 1919[72]
2. ein Abschnitt aus Kokoschkas Erinnerungen, „Mein Leben“ (1971)[73]
3. Skizzen, Fotos, Gemälde.

Das heißt, wir sind im wesentlichen auf Kokoschkas Sicht der Ereig-

---

[69]) Ibid. S. 421–423. Zum Problem von Puppenverbrennung und Abwehrzauber cf. Handwörterbuch des deutschen Aberglaubens, Bd. VII, Berlin/Leipzig 1935/36, S. 391.

[70]) *Stendhal*, Über die Liebe, Frankfurt a.M. 1975, S. 368.

[71]) Die jüdische Kunstgewerblerin war 1918/19 etwa 25- bis 30-jährig; sie lebte in München-Schwabing, Kunigundenstr. 29. Oskar Kokoschka, Briefe I, 1905–1919, Hg. Olda *Kokoschka*/Heinz *Spielmann*, Düsseldorf 1984, S. 371 und Oskar Kokoschka, Briefe II, 1919–1934, Hg. Olda *Kokoschka*/ Heinz *Spielmann*, Düsseldorf 1985, S. 286.

[72]) Kokoschka I, 1984, S. 290–302, 304–306, 309, 312–313. Die Originale mit Skizzen befinden sich im Besitz von Prof. Dr. Walter Henn, Braunschweig. Die von Paul Westheim bereits 1926 publizierten Briefe sind unvollständig und fehlerhaft wiedergegeben. Kokoschka I, 1984, S. 371.

[73]) Oskar *Kokoschka*, Mein Leben, München 1971.

nisse angewiesen.[74] Sie äußert sich einmal zeitgleich zur Entstehung der Puppe und einmal Jahre später retrospektiv. Aus der Vorgeschichte, der Liebe des Künstlers zu Alma Mahler und ihrem Scheitern, entwickelt sich sein Vorhaben.

Das erste, was am Umgang Kokoschkas mit Moos auffällt, ist sein Freimut und die Genauigkeit, mit der er benennt, was er will. Seine Wortwahl im Hinblick auf die Puppe läßt auf einen Entrealisierungsprozeß schließen, der vom „Weib" aus zum „Idol" übergeht und schließlich im „Fetisch" den Übergang von Hoffnung zur Enttäuschung vollzieht.[75] Der Künstler verlangt nicht wenig. Ihm geht es um die Illusion, „daß ich beim Ansehen und Angreifen das Weib meiner Vorstellung lebendig zu machen glaube".[76] Deshalb ist es ihm unmöglich, selbst Hand anzulegen, im Gegenteil; Kokoschkas Wunsch zu beleben muß sich auf ein von anderen gestaltetes und von handwerklichen Spuren gereinigtes Objekt stützen. Nur so trägt es die Illusion.

Seine Anweisungen konzentrieren sich auf optische und taktile Eigenschaften. Dabei sind Portrait- und Altersähnlichkeit an Alma Mahler orientiert. Alles übrige soll nach verschiedenen Vorbildern gearbeitet werden. Für Haut und Brüste hat Hermine Moos an Rubens' „Hélène Fourment", für den Übergang vom Brustkorb zu den Hüften an Frauengestalten von Niklaus Deutsch, Hans Baldung Grien und Grünewald ein Muster zu nehmen, für die Füße die der Tänzerin Karsavina und gebräuchliche Damenschuhe.[77] Was Augen, Hände und die farblich differenzierten, von Glätte und Körnigkeit bestimmten Übergänge einer Frauenhaut angeht, entschließt er sich zu der Bitte: „nehmen Sie Ihren eigenen Körper zum Modell . . ."[78]

Kokoschka geizt nicht mit Komplimenten, um zu mildern, was als Zumutung zurückgewiesen werden könnte; er appelliert an die Erfindungsgabe und die „weiblichen Nerven" der Kunstgewerblerin, ihre ganze „Geduld und Sensualität", ihr „großes Einfühlungstalent", ihren Fleiß

---

[74]) Briefe von Hermine Moos haben sich nicht erhalten. Auch Alma Mahlers Kommentar zur Puppe ist kurz. Alma *Mahler-Werfel*, Mein Leben, Frankfurt a.M. 1960, S. 110. Ob die Tatsache, daß sie wenige Wochen nach dem Fertigstellen der Puppe ihre Briefe von Kokoschka zurückverlangte, damit in Verbindung steht, bleibt unklar.

[75]) In den Briefen an Hermine Moos wird sie mit folgenden Begriffen umschrieben: Weib, Geliebte; Wunschgeschöpf, Wunschgeliebte, Heldin, Phantasiefürstin, geisterhafte Gesellschafterin, Idol; künstliche Frau, Puppe, Fetisch. Cf. Anm. 72.

[76]) Kokoschka I, 1984, S. 290.

[77]) Ibid. S. 291, 300, 301.

[78]) Ibid. S. 304.

und, als es an die „parties honteuses" geht, an ihre Diskretion.[79] All dies fesselte sie an einen (wohl bald unbequem gewordenen) Auftrag, der sie in eine widrige Intimität zu ziehen drohte. Dabei bleibt Kokoschkas Angst, die Puppenmacherin könne versagen, stets fühlbar.

Er besteht auf Handarbeit, doch treibt ihn der Gedanke an jedwede Materialität (Watte, Daunen, Mastix, Roßhaar, Seide, Leinwand, Samt, Frauenhaar, Puder, Nuß- und Obstsaft, Goldstaub, Wachshäutchen u.a. – manches davon ist in der Nachkriegszeit schwer und nur durch Freundinnen und Bekannte beschaffbar) zur Verzweiflung, weil er in den Spuren des Fertigungsvorgangs (Nähte, Stecknadeln, Drahtenden) die Grenze seiner Täuschung ahnt.

„Sie werden", schreibt er Hermine Moos, und es klingt fast wie ein Befehl, „den Fetisch so lebenswahr herausputzen, daß ich meine Träume von nun an nicht mehr damit überlasten muß, ihn mir täglich neu zusammen klauben zu müssen aus Erwartungen und Erinnerungen".[80]

Um ihren „Zauber" entfalten und Kokoschka der Mühe entheben zu können, das Imago der verlorenen Geliebten stets neu in sich zu formen, darf ihm die Puppe nicht vertraut werden. „Nicht wahr, liebes Frl. Moos, Sie erlauben nicht, daß man micht quält für viele Jahre meines Lebens, indem Sie dem tückischen realen Objekt – Watte, Stoff, Zwirn, Chiffon oder wie die gräßlichen Dinger alle heißen mögen – erlauben, sich in seiner ganzen irdischen Eindeutigkeit aufzudrängen, wo ich ein Wesen mit den Augen zu umfassen meine, welches z w e i d e u t i g ist, tot und lebendiger Geist![81] Jedes Hand-Werk setzt Gewöhnung an das Material und die Idee des Hergestellten voraus. Einen Fetisch, der lebenden Personen und einer Auswahl ihrer Körperteile, Frauengestalten der Malerei, einem Tierschädel, einigen Skizzen und den Phantasien des Auftraggebers ähneln würde, kann es nicht geben. Auch treibt der Grad der ersehnten Illusion Puppenmacherin und Auftraggeber unweigerlich in die Auseinandersetzung mit sperrigen Materialien hinein. Als die Puppe Ende März/Anfang April 1919 in Dresden ankommt, genügt ein Blick, um das Scheitern seiner Hoffnungen zu erkennen. Kokoschka läßt die Sache nicht auf sich beruhen, sondern denkt unverzüglich über die Restverwertung nach. Bevor er sie in sein zeichnerisches und malerisches Œuvre überführt, sucht er dem für die ursprünglichen Zwecke untauglichen Objekt einen letzten Nutzen zu entreißen.

---

[79]) Ibid. S. 291, 299, 306.
[80]) Ibid. S. 290.
[81]) Ibid. S. 301.

In Kokoschkas Erinnerungen fallen die Stichworte Pandora, Pygmalion, Orpheus und Eurydike – Wegmarken, die das assoziative Feld abstecken, aus dem er sein Vorhaben gedeutet wissen will.

Gesellschaftlich abgesichert – in dieser Beziehung geht Kokoschka kein Risiko ein – wird es durch Dr. Posse; er übernimmt die Funktion der bei der Entstehung fast aller Figurinen unverzichtbaren dritten Instanz. Der Direktor der Dresdner Galerie, ein Junggeselle und Sammler, hatte ihn in sein Haus aufgenommen; Kokoschka revanchierte sich mit „lustigen pornographischen Zeichnungen", denen Posse in stillen Stunden durch „Gold und Siberfarben ... erst den richtigen Glanz gab".[82] Auch war er zartfühlend genug, seinen Gast vor jeder Mahlzeit daran zu erinnern, „daß die Stühle, auf denen wir saßen, mit der gegerbten Haut der Hintern der Hofdamen aus der Zeit Augusts des Starken bespannt waren" und der Schonung bedurften.[83] Posse nahm warmen Anteil am Puppenprojekt. Damit war die Grundlage für eine Inszenierung geschaffen, aus der wohl Kokoschka, nicht aber die Puppe unbeschadet hervorging.

Für das „imaginäre Spiel" mit der „effigie Alma Mahlers" benutzte er eine Hausgehilfin Posses, Hulda (ihren Nachnamen erwähnt Kokoschka nicht).[84] Der Künstler versah sie sofort mit einem anderen, seiner Nationalität angenäherten, verniedlichenden Namen („Reserl") und kleidete das „Ding", wie er sie noch nannte, als Kammerzofe nach der Pariser Mode ein; diese Rolle sollte sie auch für die Puppe übernehmen. Obwohl ihm „Reserls" Avancen lästig waren („die verdammte Kuh liebt mich unglücklich, statt mich ordentlich und unauffällig zu bedienen ... sie geht mir auf die Nerven wie ein Bottich Schmieröl, in den man aus Versehen geraten ist"),[85] gefiel ihm, „wie leicht sie errötete, doch jetzt dachte ich mit Spannung an die Ankunft der Puppe, für welche ich auch Pariser Unterwäsche und Kleider gekauft hatte, um endlich die Alma-Mahler-Geschichte in Ordnung zu bringen und um nicht erneut der fatalen Pandorabüchse zum Opfer zu fallen, von der ich bereits genug Unheil erfahren hatte".[86]

Wenn wir bedenken, daß die Vorstellung von Leben in vergangenen

[82]) Oskar *Kokoschka*, Mein Leben, München 1971, S. 188.

[83]) Ibid.

[84]) Ibid. S. 189f. H. d. V.

[85]) Kokoschka II, 1985, S. 86–87. Diese Bemerkung bezieht sich auf eine Situation, die 1923 von Kokoschka kritisiert wurde.

[86]) Kokoschka 1971, S. 190. H. d. V.

Jahrhunderten durch Wachsfiguren, Puppen u.ä. leichter und wenigstens kurzfristig erweckt werden konnte, scheint die Täuschbarkeit der Menschen nachgelassen zu haben, obwohl fortgeschrittene Techniken der Illusion entgegenarbeiten. Aller Prothetik zum Trotz kann Leben nur durch Leben ersetzt werden, will es sich im vollen Wortsinn behaupten.

Als Kokoschka die Puppensendung öffnet, wird er mit einem „Monstrum", der dunklen Seite seiner Hoffnungen konfrontiert. Doch nicht jene letzte Fassung des für die „Nachahmung eines zottigen Bettvorlegerbären" geeigneten „Fetzenbündels" (wie er im ersten Zorn schreibt), sondern Kokoschkas Auge führt die Enttäuschung herbei. Sein langjährig geschulter, professioneller Blick fällt auf ein Hand-Werk, und das hat mit der erwarteten „Geliebten" so wenig gemein wie eine Puppenhülse mit dem Schmetterling, der ihr entflog.[87]

Über die Angst der Puppenmacherin vor ihrem Auftraggeber läßt sich nur spekulieren. Auf einem Foto scheint Hermine Moos' fragend-melancholischer Blick die Wirkung ihrer Bemühungen vorauszusehen (Abb. 9.), und der plump und pelzig wirkende Puppenleib beweist, daß die mit Augen meßbare „schöne" Form zugunsten eines taktilen Illusionismus geopfert wurde, auf den der Künstler äußersten Wert legte. Offensichtlich war es nicht möglich, Kokoschkas Augen- und Tastsinn gleichermaßen zu befriedigen. Nach der ersten Erbitterung weist „eine plötzliche Erleuchtung" den Weg zu fernerem Gebrauch. Als „Reserl" auf Kokoschkas Anweisung hin Gerüchte über „den Liebreiz, die mysteriöse Herkunft" der „stillen Frau" in Dresden ausgestreut und Neugier genug erweckt hat, lädt er Freundinnen und Freunde zum Puppenvernichtungsfest ein.[88] Es fehlt dabei weder an Champagner, musikalischer Begleitung noch an professionellem Rat von seiten einer „Kurtisane" und findet seinen Abschluß darin, daß Kokoschka und sein Hausvater am nächsten Morgen von der Polizei geweckt werden, die dem Hinweis nachging, daß sich im Garten eine Leiche befände. Dort lag „die Puppe, wie von Blut übergossen, mit abgerissenem Kopf".[89] Ein Anlaß zur Heiterkeit – „Auch die Polizisten mußten lachen, trotzdem haben sie mich wegen Erregung öffentlichen Ärgernisses notiert. Aber dank Dr. Posses Verbindungen ging es noch glimpflich ab . . . Ich konnte mir in Dresden damals wirklich alles erlauben".[90]

[87]) Kokoschka I, 1984, S. 312.
[88]) Kokoschka 1971, S. 191f.
[89]) Kokoschka 1971, S. 192.
[90]) Kokoschka 1971, S. 192.

Ängstlich darauf bedacht, seinen Ruf als Exzentriker zu wahren, hatte Kokoschka schon vor dem Krieg manche Unbequemlichkeit auf sich genommen: Mal galt es, in Gesellschaft einen Ochsenknochen zu benagen, mal, Besucher eines Wachsfigurenkabinetts zu schrecken; doch erst mit Hilfe der Puppe gelingt ihm der Durchbruch zur modernen PR-Maßnahme.[91] Der Künstler riskierte wenig. Gemessen am Massensterben im ersten Weltkrieg mochte eine executio in effigie an provokativem Wert verloren haben. Das Einschreiten der Polizei beruhte auf dem Irrtum, bei der Gestalt mit dem abgerissenen Kopf handle es sich um eine Tote. Mit Ausnahme des alten Dieners, der Kokoschka nach Ankunft der Puppensendung verließ[92], ist es schwer, auch nur die Spur eines Protests ausfindig zu machen. Zustimmung war ihm sicher. Dabei wirkte die Puppe als allgemein-weibliche Form, ohne daß die Gedankenverbindung zu Alma Mahler aufgegeben wurde. Ihr Ende, sorgsam geplant und von befreiendem Gelächter begleitet, wurde wie alle Exekutionen mit einem „Begräbnis“ abgeschlossen, ein Part, den hier die städtische Müllabfuhr übernahm.

Gerüchte hatten der „stillen Frau“ den Weg gebahnt; zwischen Stummheit und Geschwätz liegt die Zone, die das erzwungene Schweigen von Frauen im öffentlichen Diskurs markiert und zugleich als idealer Projektionsraum dient.[93] Innerhalb der symbolischen Ordnung können Puppen für die in Wirklichkeit verfehlten lebendigen Frauen besudelt, geköpft, exekutiert werden. Ihre Materialität, ihr Ding- und Warencharakter senkt die Hemmschwelle für manipulative Akte, die in der Theorie an Menschen nicht straflos vollzogen werden dürfen. Deshalb hat der „Scherz“, der Herrenwitz einen hohen Stellenwert, weil er im Rahmen der symbolischen Ordnung jedes Experiment begrüßt, einen Gewöhnungsprozeß einleitet, der zur psychischen Unberührbarkeit führen und Folgenlosigkeit in strafrechtlicher Hinsicht bewirken

---

[91]) In: Ausstellungskatalog „Oskar Kokoschka 1886–1980“, Kunsthaus Zürich, Zürich 1986, S. 338. Zu Kokoschkas Interesse für Wachsfiguren cf. Gerhard Johann *Loschka*, Oskar Kokoschka: Maler und Dichter, Frankfurt a.M. 1972, S. 24–25.

[92]) Kokoschka kommentierte den Vorfall so: „Der Diener muß infolge der spektakulären Ankunft der Puppe einen apoplektischen Anfall bekommen haben. Reserl fand ihn nach langem Suchen bekleidet in seiner Kammer. Er hatte sich nicht gerührt. Dann kündigte er mir seine Dienste auf, und ich mußte ihn gehen lassen. Es war tragikkomisch, als er mit seinem Köfferchen das Haus verließ, den Wedel in der Hand, mit dem er das Treppengeländer abstaubte“. Kokoschka 1971, S. 190–191.

[93]) Cf. Sigrid Weigel, Der schielende Blick, in: Inge *Stephan*/Sigrid *Weigel*, Die verborgene Frau, Berlin 1983, S. 83f.

kann[94], selbst wenn es jemandem in den Sinn kommt, die Probe aufs Leben zu machen.

Das Übel nach Hesiods Lesart, Pandora, und Pygmalions Entwurf einer idealtypischen, d.h. willfährigen Frau sollten sich für Kokoschka im Fetisch vereinen; doch wie alle frühen Versuche, Alma Mahler zu „formen", verfehlte er in der Puppe ebenfalls sein Ziel.[95] Solch ein Formwille zwingt das weibliche Objekt zur Flucht oder in eine Metamorphose, die, falls es sich um ein Lebewesen handelt, mit Absterben oder Tod, wenn es um eine Puppe geht, mit deren Zerstörung endet. Jeder Formwille ist auch destruktiv; denn Auswahl, Kombination setzen die Absage an eine Gesamtheit, an Teile des in der Realität Vorgefundenen voraus. Dieser gewöhnliche und notwendige Vorgang erhält in Beziehung zu Puppen (sofern sie Ideen des „Weiblichen" verkörpern) programmatischen Charakter; sie wirken als Gleichnis und Drohung, wie sie uns von Hesiod bis Jean Paul, Baudelaire bis Landolfini einsichtig ist. Dabei steht die verwirrende Fülle von Materialien und Techniken, die Leben nachahmen wollen, in keinem Verhältnis zum stets unbefriedigenden Ergebnis. Selbst bei toten Objekten gibt es eine Grenze für Willkür. Die Phantasie kommt um Auseinandersetzungen mit der Wirklichkeit nicht herum. Künstliche Frauen rufen die Erinnerung an reale Lebewesen um so heftiger zurück, als man sie zu leugnen sucht. Deshalb verweist die Puppe auf leere Stellen im Bewußtsein ihres Schöpfer.

Was fehlt?

Kokoschka gibt den entscheidenden Hinweis, wenn er in seinen Erinnerungen eine Gestalt nennt, deren Affinität zu Pygmalion unübersehbar ist: Orpheus.[96]

---

[94]) Daß ein Gefühl für die Bedeutung der executio in effigie noch lebendig ist, zeigt u.a. die Reaktion führender Politiker im Deutschen Bundestag, die die Tatsache, daß demonstrierende Bauern im März 1987 eine Puppe, die den Freiherrn von Heeremann darstellte, verbrannten und eine Puppe, die den Landwirtschaftsminister Ignaz Kiechle repräsentierte, strangulierten, öffentlich verurteilten.

[95]) Alma Mahler kommentierte die Puppengeschichte, über die sie, den bisher publizierten Erinnerungen nach nicht genau informiert war, folgendermaßen: Kokoschka „. . . hatte mich endlich da, wo er mich immer haben wollte: ein gefügiges, willenloses Werkzeug in seiner Hand!" Alma *Mahler-Werfel*, Mein Leben, Frankfurt a.M. 1960, S. 110. Cf. dazu die Interpretation von Joseph Paul *Hodin*, Oskar Kokoschka, Eine Psychographie, Wien/Frankfurt/Zürich 1971, in der es u.a. heißt (S. 273): „Indem er so die gefährliche Frau zu einer Puppe erniedrigt, fügt er ihr dasjenige Schicksal der vorlorenen Individualität zu, das er im Grunde für sich selbst so sehr ersehnt und fürchtet." Zu Kokoschkas Weininger-Rezeption cf. *Lischka* 1972, S. 49f.

[96]) Ovid, Metamorphosen X, 1–86. Die Pygmaliongeschichte ist Teil der Gesänge des

Pygmalion bittet um die Belebung der Statue und ist zufrieden damit, wie Venus seinen Wunsch erfüllt. Orpheus beruft sich auf Amor, als er um die Belebung der toten Eurydike bittet; doch im Moment des Übergangs stößt sein ungeduldiger Blick sie in den Hades zurück.

Die lebensspendende und die tödliche Metamorphose sind nicht als Antipoden zu begreifen, wenn sie im Rahmen der symbolischen Ordnung auf der Abwesenheit eines hartnäckig in Anspruch genommenen Gefühls gründen.

Die Rede des Orpheus, die Rede Pygmalions, die in Gerüchte und Geschwätz versickernde Rede Kokoschkas bilden einen Wortteppich, dessen strahlende Muster nicht darüber hinwegtäuschen, daß er an den Rändern auszufransen droht. Als Teil solcher Muster besiegelt die Puppe ein von manchen Männern ersehntes Verstummen des andern Geschlechts. So ist die zurückgewiesene Gattin des Orpheus – die Statue Pygmalions – die „stille Frau“ eines Kokoschka nichts als Gleichnis: „symbole de l'absence de l'amour“.[97]

Orpheus. Kokoschka selbst beschäftigte sich seit 1915 mit der Konzeption eines Dramas „Orpheus und Eurydike“, in dem er sich mit seiner Liebe zu Alma Mahler auseinandersetzte.

[97]) Simone *Viarre*, Pygmalion et Orphée chez Ovide (Met. X 243–297), in: Revue des Etudes Latines 46, 1968, S. 247.

Kurzbiographien

Cornelia Berens, geboren 1957 in Düren, Studium der Germanistik, Romanistik und Kunstgeschichte an der RWTH Aachen, 1982 Magisterprüfung, 1983 bis 1985 wissenschaftliche Mitarbeiterin und Lehrbeauftragte am Literaturwissenschaftlichen Seminar der Universität Hamburg, seit Sommer 1985 Graduiertenstipendium der Universität Hamburg für das Dissertationsprojekt: ‚Dichterbilder', Lebensmuster und Literaturmuster, Die Aktualität biographischen Erzählens in den kulturellen Diskursen der Bundesrepublik Deutschland und der DDR, 1968–1982. Geplanter Abschluß im Sommer 1987. Arbeitsschwerpunkte: Gegenwartsliteratur, DDR-Literatur, Literaturtheorie, Frauenliteratur und feministische Literaturwissenschaft. Veröffentlichungen: Rezensionen zur soziologischen Biographieforschung und zum biographischen Erzählen u.a. in „Komparatistische Hefte", Bayreuth, Tagungsberichte im Rundbrief „Frauen in der Literaturwissenschaft", Hamburg, Artikel „Franz Fühmann" im Metzler Autorenlexikon, 1986.

Renate Berger, Kunsthistorikerin an der Universität Marburg, lebt in Hamburg. Publikationen u.a.: Malerinnen auf dem Weg ins 20. Jahrhundert, Köln 1986; „Und ich sehe nichts, nichts als die Malerei", Autobiographische Texte von Künstlerinnen des 18. bis 20. Jahrhunderts, Frankfurt a.M. 1987.

Johanna Bossinade, geb. 1945 in Hannover, Studium der Germanistik, Theater- und Literaturwissenschaft in Groningen, Utrecht und Köln, Promotion über die späten Dramen Ödön von Horváths, Veröffentlichungen zu verschiedenen Autorinnen und Autoren wie Bachmann, Horváth, Schnitzler, K. May, N. Sachs, sowie über verschiedene Themen wie Faschismusdarstellungen, Exilproblematik, Tiermetaphorik, usw.; ist zur Zeit mit einer größeren Arbeit über die „Problematik der weiblichen Existenz in der Literatur" im Rahmen eines Frauenforschungsprojekts an der Universität von Amsterdam beschäftigt.

Elisabeth Bronfen, geboren 1958 in München. Studium der Anglistik, Amerikanistik, Romanistik und Germanistik an der Harvard University (Magister 1980) und der Ludwig-Maximilians-Universität München (Promotion 1985). Zur Zeit Akademische Rätin auf Zeit am Institut für Englische Philologie der Universität München. Veröffentlichungen: Der literarische Raum. Eine Untersuchung am Beispel von Dorothy M. Richardsons Romanzyklus „Pilgrimage", Niemeyer Verlag, 1986, sowie Aufsätze und Rezensionen.

Karin Hanika, geb. 1958, Diplom-Soziologin, Studium der Kunstgeschichte, Politik und Europäischen Ethnologie in Marburg. Seit 1985 Mitarbeiterin der Forschungsgruppe FrauenKunstGeschichte.

Dagmar von Hoff, geboren 1956 in Hamburg; Studium der Germanistik, Politologie und Erziehungswissenschaft, I. und II. Staatsexamen in Hamburg; Arbeitsschwerpunkte: Romantik, Theater und Film; Abschluß der Dissertation „Das weibliche Drama als Drama des Weiblichen“ (Dramen von Autorinnen um 1800), Juni 1987; derzeit Lehrbeauftragte am Literaturwissenschaftlichen Seminar der Universität Hamburg.

Michiko Mae studierte in Japan und Deutschland Germanistik, Vergleichende Literaturwissenschaft und Kulturpsychologie und promovierte an der Universität Saarbrücken mit der Arbeit: „Motivation und Liebe. Zum Strukturprinzip der Vereinigung bei Robert Musil“ (die in der Reihe „Musil-Studien“ 1987 im Fink-Verlag erscheinen wird). Zwischen 1981 und 1985 war sie wissenschaftliche Mitarbeiterin an der Arbeitsstelle für Robert-Musil-Forschung in Saarbrücken, seit 1985 ist sie als Lektorin für japanische Sprache und Kultur an der Philipps-Universität Marburg tätig. Veröffentlichungen über Musil und zu kulturvergleichenden Themen (Japan und Deutschland). Ein Schwerpunkt ihrer Arbeit liegt in der Frauenforschung.

Helga Meise, geboren 1953. Studium in Marburg/L. und Hamburg. Promotion 1982. Lektorin für Deutsche Sprache in Paris seit 1983. Veröffentlichungen über Lacan, Frauenromane im 18. Jahrhundert, Ingeborg Bachmann, Marguerite Duras. Mitarbeit bei „Tumult‘. Verschiedene Funkarbeiten.

Wiltrud Neumer-Pfau, geboren 1943 in Worms. Ausbildung und Berufstätigkeit als Fremdsprachenkorrespondentin. Studium der Klassischen Archäologie, Orientalistik, Kunstgeschichte und Vorgeschichte in Mainz, Saarbrücken, Göttingen und Hamburg. Promotion 1981 in Hamburg mit der Dissertation: „Studien zur Ikonographie und gesellschaftlichen Funktion hellenistischer Aphrodite-Statuen“ (Bonn 1982). Lehrauftrag an der Universität Hamburg 1983/84. Kurse in der Erwachsenenbildung. Seit 1985 Deutschlehrerin für Ausländer in Hamburg. Arbeitet über Frauen in der Antike. Publikationen: Die kämpfenden Göttinnen vom großen Fries des Pergamonaltars, Visible Religion II, 1983. Der halbierte Mann, die rotierende Frau oder: das stilistische Eigenleben der Stilanalyse, Hephaistos V/VI, 1983/84. Amazonen, „Emma“ 3, 1985. Die nackte Liebesgöttin, Visible Religion IV–V, 1985–1986.

Genia Schulz, geb. 1951, Studium der Germanistik und Politologie in Berlin, Aufsätze zu Brecht, Krakauer, R.D. Brinkmann, Heiner Müller, Wolfgang Hilbig u.a., Buchveröffentlichungen: Heiner Müller (Sammlung Metzler), Stuttgart 1980; „Die Ästhetik des Widerstands“ – Versionen des Indirekten in P. Weiss' Roman, Stuttgart 1986 (Promotion).

Inge Stephan, geb. 1944, Professorin am Literaturwissenschaftlichen Seminar der Universität Hamburg. Veröffentlichungen: J.G. Seume. Ein politischer Schriftsteller der deutschen Spätaufklärung (1973), Literarischer Jakobinismus (1976), Die verborgene Frau (1983) (zus. m. S. Weigel), Lenz und Lenzrezeption in Deutschland (1984) (zus. m. H.G. Winter), Hrsg. von Sammelbänden zur Frauenforschung, Aufsätze zur Literatur des 18., 19. und 20. Jahrhunderts, zur Frauenliteratur und zur Feministischen Literaturwissenschaft.

Regula Venske war nach juristischen Studien in Heidelberg, dem Studium der Germanistik und Anglistik in Hamburg als Lehrbeauftragte am Literaturwissenschaftlichen Seminar der Universität Hamburg und am John F. Kennedy-Institut für Nordamerika-Studien der FU Berlin tätig sowie Lektorin an der University of London/Queen Mary College. Dissertation(sprojekt) über „Konstruktion und Kritik des Männlichen in zeitgenössischer deutschsprachiger Literatur von Frauen"; wissenschaftliche und journalistische Publikationen vor allem im Bereich feministischer Literaturwissenschaft/Rhetorik, Literatur von Frauen im 19. Jahrhundert und in der Gegenwart.

Silvia Volckmann, geb. 1952, studierte Germanistik, Philosophie und Romanistik in Köln. Wiss. Mitarbeiterin am Institut für deutsche Sprache und Literatur der Universität Köln. Promotion mit einer Arbeit über das Naturbild in der deutschen Gegenwartslyrik. Verschiedene Aufsätze zur Literatur des 20. Jhs.

Johanna Werckmeister, geb. 1959, Studium der Kunstgeschichte, Archäologie, Ägyptologie und Europäischen Ethnologie in Marburg. Seit 1985 Mitarbeiterin der Forschungsgruppe FrauenKunstGeschichte.

ABBILDUNGSNACHWEISE

zum Beitrag Wiltrud Neumer-Pfau

Abb. 1: Die Nereiden betrauern den aufgebahrten Achill. Korinthische Hydria (Detail) um 570–550 v. Chr. Paris, Musée du Louvre E 643.
Foto nach: Charbonneaux, Arch., Abb. 79.

Abb. 2: Grabstele eines jungen Mannes und dessen kleiner Schwester. Aus Attika, um 540/30 v. Chr. Marmor. Gesamthöhe 4,10m. New York, Metropolitan Museum 32.
Foto nach: Charbonneaux, Arch., Abb. 190.

Abb. 3: Eine Sphinx packt einen nackten Krieger. Griechische Gemme, Anfang 5. Jh. v. Chr. London, British Museum 1933.10–15.1.
Foto nach: Boardman, Abb. 362.

Abb. 4: Die Sirenen versuchen, Odysseus mit ihrem Gesang zu betören. Attischer Stamnos (Detail) um 475 v. Chr. London, British Museum E 440.
Foto nach: Buschor, Musen, Abb. 39.

Abb. 5: Eos verfolgt den trojanischen Prinzen Tithonos. Nach S. Kaempf-Dimitriadou, Die Liebe der Götter in der attischen Kunst des 5. Jahrhunderts v. Chr. (= ANTIKE KUNST, Beiheft 11, 1979) Nr. 173, Taf. 8,6

Abb. 6: Grabrelief der Hegeso, Tochter des Proxenos, mit ihrer Dienerin. Aus Athen, Ende 5. Jh. v. Chr. Athen, Nationalmuseum 3624.
Foto nach: Dörner, Abb. 78.

Abb. 7: Selbstmord der Kanake. Lukanische Hydria (Detail) um 420 v. Chr. Bari, Museo Provinciale 1535.
Foto nach: Charbonneaux, Cl., Abb. 336.

Abb. 8: Eurydike mit ihrem Mann Orpheus und Hermes (links). Römische Marmorkopie nach einem griechischen Original um 420 v. Chr. Höhe 1,06m. Neapel, Museo Nazionale Archeologico.
Foto nach: Dörner, Abb. 48.

Abb. 9: Trauernde Sirenen halten die Namenstafel einer Person „Sasama“. Westgriechischer Grabstein hellenistischer Zeit. Istanbul, Archäologisches Museum 1073.
Foto nach: Buschor, Musen, Abb. 58.

Abb. 10: Die Erinyen/Eumeniden schlafen während Orests ritueller Reinigung durch Apollon in Delphi. Apulischer Glockenkrater (Detail) um 390/80 v. Chr. Paris, Musée du Louvre K 710.
Foto nach: Charbonneaux, Cl. Abb. 350.

ABBILDUNGSNACHWEISE ZUM BEITRAG MICHIKO MAE

Abb. 1: Shunshō. Die Dichterin Murasaki Shikibu. Blatt aus dem Album „Farbige Bildnisse von hundert berühmten Dichtern" (Nishiki Hyakunin Isshu Azuma Ori). 1775. In: Lubor Hájek, Japanische Graphik, Prag 1976, Abb. 34.

Abb. 2: Die Bilderrolle zu Genji-Monogatari Azumaya I. Nagoya, Sammlung des Tokugawa Kunstmuseums.

Abb. 3: Maler unbekannt. Porträt Chikamatsu Monzaemon. Anfang 18. Jh. Aus: Chikamatsu-Monzaemon-shū, Gesammelte Werke, Bd. 2, S. 5 (Nihon Kotenbungakuzenshū, Bd. 44, in Japanisch).

Abb. 4: Arishima Takeo, Foto, Juli 1911. In: Arishima Takeo, Nihonbungaku Arubamu Nr. 9, Tokyo: Chikuma-Shobō, S. 1 (in Japanisch).

Abb. 5: Sasaki Nobuko, Foto. In: Kunikida Doppo, Nihonbungaka Arubamu Nr. 18, Tokyo: Chikuma-Shobō 1956, S. 31 (in Japanisch).

ABBILDUNGSNACHWEISE ZUM BEITRAG KARIN HANIKA UND JOHANNA WERCKMEISTER

Abb. 1: John Everett Millais, „Ophelia", 1851/52, Öl/Lw., 75 x 122 cm, London, Tate Gallery. Abb. in: Encyclopedia of World Art, Bd. XI, Tf. 302.

Abb. 2: Eugène Delacroix, „Ophelia", 1838, Öl/Lw., 38 x 46 cm, München, Bayerische Staatsgemäldesammlungen. Abb. in: Kat. Eugène Delacroix 1798–1863, Bremen 1964, S. 114.

Abb. 3: Federico Faruffini, „Sacrificio al nilo", 1865, o.A., Rom, Galeria d'Arte Moderna. Abb. in: Philippe Jullian: Mythen und Phantasmen in der Kunst des fin de siècle, Berlin 1971, S. 145.

Abb. 4: Fernand Khnopff, „Iris“, 1894, Zeichnung, Frontispitz zu Pol de Mont: Iris, Anvers 1894. Abb. in: Robert Delevoy/Catherine de Croes/Gisèle Ollinger-Zinque: Fernand Khnopff, Brüssel o.J., S. 98.

Abb. 5: Albert Ciamberlani, „Ophelia“, um 1900, Öl/Lw., 40,5 x 65,3 cm, Brüssel, Musées Royaux des Beaux Arts de Belgique. Abb. in: Art nouveau belgique, Brüssel 1980, S. 339.

Abb. 6: Alfred Kubin, „Sumpfpflanzen“, 1903/06, Chinatusche, Tusche u. Aquarell, 12,5 x 25 cm, München, Spangenbergverlag. Abb. in: Robert L. Delevoy, Der Symbolismus in Wort und Bild, Genf 1979, S. 186.

Abb. 7: Max Klinger, „Die Verlockung“, Zeichnung, 13,6 x 17,5 cm, Leipzig, Museum der Bildenden Künste. Abb. in: Hans W. Singer (Hrsg.): Zeichnungen von Max Klinger, Leipzig 1912.

Abb. 8: Edward Burne-Jones, „Depths of the Sea“, 1886, Gouache a. Holz, 195,6 x 76,2 cm, Cambridge/Mass., Fogg Art Museum, Harvard University. Abb. in: Günter Metken: Die Präraffaeliten, Köln 1974, Abb. 97.

Abb. 9: Edvard Munch, „Liebespaar in Wellen“, 1896, Lithographie, 32,2 x 43 cm, Oslo, Munch-museet. Abb. in: R.L. Delevoy, a.a.O., S. 136.

Abb. 10: Gustav Klimt, „Die Sirenen“, um 1889, Öl/Lw. 82 x 52 cm, Wien, Zentralsparkasse. Abb. in: R.L. Delevoy, a.a.O., S. 131.

ABBILDUNGSNACHWEISE ZUM BEITRAG RENATE BERGER

Abb. 1: Mademoiselle Catherina. Druck aus dem Jahr 1743 nach einem Gemälde in Vauxhall, auf dem eine Laufpuppe vorgeführt wird. In: Hiller, Mary, 1968, S. 113, Abb. 120.

Abb. 2: Auftauchen einer Erdgöttin. Schwarzfigurige Lekythos (Paris). In: Gerhard Vogel, Der Mythos von Pandora, Die Rezeption eines griechischen Sinnbildes in der deutschen Literatur, Hamburg 1972, Abb. 1.

Abb. 3: Jean Baptiste Régnault. Pygmalion. 1785. Paris, Louvre. In: Dörrie 1974, Abb. 14.

Abb. 4: Pierre Firens. Illustration zu Ovids „Metamorphosen“ in der Übersetzung von N. Renouard 1619. In: Dörrie 1974, Abb. 4.

Abb. 5: Jean Louis La Grenée. Pygmalion inamouré de la statue. Salon 1759. Helsinfors, Athenaeum. In: Dörrie 1974, Abb. 9.

Abb. 6: Anna Morandi-Manzolini (1716–1774). Selbstbildnis, lebensgroß. Bologna, Anatomisches Institut der Universität. In: Charlotte Angeletti, Geformtes Wachs, Kerzen – Votive – Wachsfiguren, München 1980, Abb. 60.

Abb. 7: Wanda von Sacher-Masoch, Foto. In: Wanda von Sacher-Masoch, Meine Lebensbeichte, Memoiren, Berlin/Leipzig 1906, Frontispitz.

Abb. 8: „Body Luxus-Torso". „Pinky".

Abb. 9: Hermine Moos mit der für Kokoschka hergestellten Puppe, Anfang 1919, Foto. In: Oskar Kokoschka, Briefe I, 1905–1919, hg. von Olda Kokoschka und Heinz Spielmann, Claasen Verlag: Düsseldorf 1984 (im Abbildungsteil ohne Nummer).

Umschlagabbildung:
Carlos Schwabe, Tod und Totengräber, 1895. Reproduktion mit freundlicher Genehmigung des Musée du Louvre, Paris.